정치현장에서 진단하는 한국 정당과 민주주의

정치현장에서 진단하는
한국 정당과 민주주의

초판 1쇄 발행 2017년 12월 19일

지은이 윤종빈·정회옥 외 | 미래정치연구소 편

펴낸이 김선기
펴낸곳 (주)푸른길
출판등록 1996년 4월 12일 제16-1292호
주소 (08377) 서울시 구로구 디지털로 33길 48 대륭포스트타워 7차 1008호
전화 02-523-2907, 6942-9570~2
팩스 02-523-2951
이메일 purungilbook@naver.com
홈페이지 www.purungil.co.kr

ISBN 978-89-6291-433-7 93340

• 이 도서의 국립중앙도서관 출판시도서목록(CIP)은 서지정보유통지원시스템 홈페이지(http://
seoji.nl.go.kr)와 국가자료공동목록시스템(http://www.nl.go.kr/kolisnet)에서 이용하실 수 있습니
다.(CIP제어번호: CIP2017033040)

이 저서는 2016년 대한민국 교육부와 한국연구재단의 지원을 받아 수행된 연구임(NRF
-2016S1A3A2924104).

미래정치연구소 학술 총서 시리즈 06

정치현장에서 진단하는 한국 정당과 민주주의

윤종빈·정회옥 외 | 미래정치연구소 편

푸른길

머리말

　이 책은 전문가 집단면접조사(FGI: Focus Group Interview) 방법을 통해 한국 정당정치의 현황과 사회통합의 가능성을 진단하고자 하는 목적으로 작성되었다. 이 작업은 명지대 미래정치연구소가 수행하고 있는 한국연구재단의 「한국사회과학지원사업(SSK: Social Science Korea)」의 여러 프로젝트 중의 하나로서 집단면접조사라는 새로운 방법론을 사용하여 전문가들의 생생한 현장 목소리를 담아내고자 한 노력의 결실이다. 본 연구팀은 한국사회의 시민−정당 연계와 정당 개혁, 사회통합 관련 경험적·실증적 연구를 진행하고자 지난 4년여 간 유럽, 미국, 일본 등 해외 다양한 지역의 정당·의회 관계자 및 학자들을 대상으로 심층 면접을 진행하여 실제적인 정보를 수집해 왔다. 그러나 안타깝게도 한국 사례의 경우 유권자들을 대상으로 한 설문조사만을 2014년, 2015년, 2017년 세 차례 실시함으로써 정치권의 다양한 행위자의 입체적인 상호작용을 분석·연구하는 데 경험적 자료가 다소 부족했었다. 이에 본 연구팀은 SSK 사업의 소형 단계를 마무리하는 시점에 연구결과와 분석의 엄밀성과 구체성을 확보하기 위하여 국내 정당 및 선거 관계자와의 인터뷰 자료를 구축하고자 전문가 집단면접조사를 기획, 실시하였다. 집단면접조사를 위해 2016년 4월 초부터 본격적인 준비에 들어갔으며, 4월 중순에 인터뷰 방향과 구체적인 예상 질문들을 확정하였고 인터뷰 대상자들을 섭외하기 시작하였다. 4월 26일 첫 인터뷰를 시작으로 6월까지 약 두 달간 인터뷰를 진행하였고 7월 초 추가 인터뷰 등을 끝으로 조사를 마무리하였다. 이후 인터뷰 내용을 정리 및 분석하는 과정을 거쳤다.

이 책은 전문가 면접조사 내용을 분석한 결과물로서 총 3부로 이루어져 있다. 제1부는 '정당정치 개혁'이라는 큰 주제하에 한국의 정당정치와 민주주의 발전, 정당정치에 대한 유권자들의 신뢰 및 만족도, 정당개혁의 방향 등에 대해 살펴보고 있다. 취약한 한국 정당정치의 문제점을 지적하고 이를 해결하여 민주주의 발전에 기여할 수 있는 방안을 모색한다. 제2부는 '시민-정당 연계와 소통'을 주제로 유권자와 정당 및 의원들과의 소통 방식, 소통이 정치참여에 미치는 영향 등에 대해 고찰한다. 시민과 정당 연계의 방식의 현황과 개선되어야 할 방향, 시민정치교육을 통해 정당이 유권자와 소통할 수 있도록 하는 방안, 정치인들이 직접적으로 유권자와 소통하는 것의 중요성과 의미 등에 대해 논의한다. 마지막으로 제3부는 '사회통합'이라는 주제를 가지고 한국 사회 내 다양한 사회적 갈등 요인, 갈등 요인이 야기하는 사회적 균열, 그리고 사회갈등과 균열을 해결하고 통합하기 위한 정당의 역할 등을 살펴보고 한국 정당정치에 주는 시사점에 대해 논의한다.

한국 정당정치의 위기는 정당의 대표성과 소통의 부재 때문이기도 하지만 정당정치 발전을 위한 진단과 처방이 제자리걸음을 하고 있기 때문이기도 하다. 이제까지는 정당의 위기를 정밀하게 진단할 수 있는 데이터가 충분하게 축적되지 못했는데 이는 관련 자료와 정보를 투명하게 제공하지 않고 때로는 폐기하는 정당에게 일차적인 책임이 있지만, 진단과 처방을 위한 데이터 축적을 게을리한 학자와 전문가의 책임도 상당히 크다고 생각된다. 이러한 문제점을 인지하고 본 연구는 전문가 면접조사를 통해 보다 생생한 현장의 목소리를 들어봄으로써 한국 정당정치의 미래와 사회통합을 위한 실질적인 방안을 찾고자 노력하였다. 실험적으로 시도한 전문가 집단 면접조사의 내용이 아직은 방법론적으로 미흡하고 한계점이 많이 있지만, 본 조사를 토대로 향후 후속 연구들이 활발히 이루어져 연구의 대상과 범위를 확대하는 계기가 되기를 기대한다.

2017년 12월

저자들을 대신하여 윤종빈, 정회옥

제1주제

정당정치 개혁

01

정당체제의 제도화*

조원빈 • 성균관대학교

정당체제(political party system)는 한 국가의 민주주의체제를 구성하는 핵심적 요소 중 하나이다. 이 글에서 정당체제란 단순히 정당의 집합체를 의미할 뿐 아니라 다양한 정당들이 경쟁적 상호작용을 통해 초래되는 규칙적인 패턴까지도 포괄하는 개념을 포괄한다. 사회의 다양한 이해관계를 대변하는 정당체제는 민주주의체제의 반응성을 높이는 데 크게 기여한다. 다양한 정당들로 구성된 정당체제가 존재하기 때문에 국민은 투표를 통해 자신의 정치적 선호를 표현할 수 있으며 선거를 통해 정치인이나 정당의 업적에 대한 책임을 물을 수 있기 때문이다. 뿐만 아니라, 선거 결과에 기반

---

* 이 글은 『국제정치논총』 제56집 2호 게재 논문 "아프리카 정당체제의 제도화와 민주주의"를 일부 수정·재구성하여 작성되었다.

한 의회 내 정당의 의석분포는 정부를 구성하고 법안을 통과시키는 데 핵심적인 기능을 수행한다. 이러한 정당체제의 기능은 민주주의체제가 효율적으로 작동하는 데 매우 중요하다.

정당체제의 제도화

최근 정치학자들은 정당체제의 제도화(party system institutionalization) 개념에 많은 관심을 기울이고 있다. 여기서 제도화란, "조직과 과정이 가치와 안정성을 확보하는" 과정이라고 정의된다(Huntington 1968, 12). 제도화된 정당체제는 선거 안정성에 기여함으로써 유권자가 주요 정당을 구분하고 그들이 추구하는 정책을 확인함으로써 투표를 할 수 있게끔 도와준다. 정당체제의 제도화 수준이 높은 민주주의체제는 그 구성원인 국민이 선거의 핵심기능인 민주적 책임성과 대표성을 이해하고 실행하는 데 도움을 준다. 제도화된 정당체제는 선거가 초래하는 불확실성을 최소화할 뿐아니라, 대표성 있는 정치지도자와 선호하는 정당과 그들에게 투표하는 유권자 사이를 유기적으로 연결시켜 준다. 이러한 이유로 제도화 수준이 높은 정당체제는 민주주의가 지속적으로 발전하는 데 중요한 기반이 된다. 남미의 신생민주주의국가들을 대상으로 정당체제의 제도화를 연구한 메인워링과 스컬리(Mainwaring and Scully 1995)는 제도화된 정당체제 없이 민주주의 정치체제가 유지되기는 어렵다고 주장했다.

신생민주주의 국가를 대상으로 정당체제의 제도화 문제를 분석한 다양한 연구들이 존재한다. 메인워링과 스컬리(Mainwaring and Scully 1995)는 남아메리카 지역의 정당체제의 제도화를 연구했으며, 파웰과 터커

(Powell and Tucker 2013) 연구는 유럽의 탈공산주의국가들의 정당체제 제도화를 분석했다. 동아시아 지역의 정당체제 제도화를 분석한 연구도 있다(Stockton 2001). 이 연구들은 대부분 민주화 과정에서 폭발적으로 생성된 정치의 역동성이 어떠한 과정을 거쳐 정치조직으로 이어졌는지에 분석의 초점을 맞추고 있다. 민주주의 이행 이후 정당체제는 불확실성이 매우 높은 과정을 경험함으로써 다양한 유형으로 수렴된다. 권위주의체제의 붕괴로 도입된 민주적 정초선거(founding election)라는 정치적 경쟁의 장에 다수의 정당이 출현하였으며 이 중 소수만이 정치생명을 유지하고 의미 있는 정치 행위자로 살아남았다. 민주주의 경험이 없는 국가에서는 불확실성이 매우 높아 선거 결과의 변동성(volatility)이 매우 높게 나타나며, 남유럽이나 남미처럼 과거 민주주의를 경험한 국가에서는 민주주의 이행을 통해 과거의 정당이 재등장함으로써 그 불확실성이 다소 낮게 나타났다.

민주화를 경험하는 신생민주주의체제라는 맥락에서 정당체제의 제도화 개념을 도입한 것은 메인워링과 스컬리다(Mainwaring and Scully 1995). 그들은 정당체제의 제도화를 구성하는 네 가지 요소를 제시한다. 첫째, 규칙적인 정당 간 경쟁이다. 정당 간 경쟁은 분명한 규칙을 통해 안정성과 규칙성을 띠어야 한다. 이는 정당 간 경쟁이 고정된 형태를 보여 준다는 것을 의미하는 것이 아니라, 복수의 정당들이 경쟁적으로 표를 얻고 지속적으로 활동함으로써 정당들 간에 안정적 관계가 수립된다는 것을 의미한다. 둘째, 안정적 사회 기반이다. 정당은 시간이 지남에 따라 사회 집단 혹은 변함없는 지지층을 확보하고 그들과 상호작용하여 체제 내에 자리를 잡아야 한다. 셋째, 정당과 선거의 정당성이다. 정치인과 국민 모두 선거 과정과 정당 경쟁의 민주적 정당성에 대한 믿음을 지니고 있어야 한다. 마지막으로, 정당조직이다. 정당은 당원 혹은 지도자 개인의 욕망을 추구하는 사적 기구와 거리가 먼 집합체이므로 공유된 정당의 이익을 실현하기 위한 조직으로 그 지지자들 사이에 확고히 자리 잡는다.

정당체제 제도화와 정당 민주주의

정당체제 제도화와 민주주의 공고화 간의 관계를 분석하는 기존 연구들은 대부분 민주주의 수준이 높은 국가일수록 정당 간 경쟁이 좀 더 활발하게 이루어질 것이라 주장한다. 외고르스트와 린드버그(Weghorst and Lindberg 2011)는 신생민주주의 국가들의 정당체제가 변동성이 상대적으로 높지만 점차 시간이 지남에 따라 제도화되고 있다는 것을 보여 준다. 이들의 연구는 아프리카 지역 내 신생 정당이 출현하고 사라지는 정도를 보여 주는 변동성은 점차 줄어드는 반면, 건강한 선거 경쟁이 보여 주는 변동성은 증가하고 있다는 것을 보여 준다. 그럼에도 불구하고, 이 분야를 연구하는 학자들이 모두 민주주의가 자연스럽게 수준 높은 정당체제 제도화로 이어진다는 데 동의하는 것은 아니다. 선거 권위주의체제에 속한 야당 중에는 지배 여당의 방해에도 불구하고 조직화되어 있을 뿐 아니라 야당 간의 연대를 형성해 정권을 쟁취하는 경우도 존재한다. 더욱이, 신생민주주의 국가의 민주주의 정치체제를 분석한 연구들은 이들 민주주의 국가의 정당체제 제도화 수준은 여전히 낮다는 것을 보여 준다(Kuenzi and Lambridgt 2001; Manning 2005). 이처럼 기존 연구들은 여전히 일치된 결과를 제시하지 못하고 있으므로 신생 민주주의국가의 정당체제 제도화에 대한 좀 더 체계적인 경험적 연구가 필요하다.

신생민주주의 국가 중 비교적 성공적인 사례로 평가 받는 한국의 정당활동인(political party activist)은 민주주의 이행 이후 도입된 정당체제를 어떻게 이해하고 평가하고 있을까? 정당체제의 제도화 수준에 대한 이들 정당인들의 평가가 그들이 속한 민주주의 정치체제에 대한 평가에 영향을 미치고 있을까? 특히, 이들은 1987년 민주주의 이행 이후에도 과거 권위주의 체제의 지배정당이 여전히 정권을 차지할 수 있었으며 한국의 정치체제에 상당한 영향력을 이어가는 것도 보아 왔다.

이러한 정치 상황에서 한국 정당활동인들이 경험한 것으로는 다수의 소규모 정당이 선거캠페인 기간에 등장했다 사라지거나 이에 따른 정치 엘리트들의 잦은 당적 변경 등 을 들 수 있다. 경쟁적 권위주의체제의 집권당은 야당의 세력화를 강력히 견제하고 그 활동을 제한할 뿐 아니라 야당 세력의 분열을 유도한다. 이처럼 정당체제의 제도화 수준이 낮은 정치체제에서는 정당의 공천을 받은 후보자보다 독자적으로 생존 가능한 다수의 무소속 후보가 등장한다. 또한, 선거캠페인 과정에서도 후보자들은 정당의 강령이나 이념, 정책 등을 중심으로 유권자에게 지지를 호소하기보다 인물 중심의 개인적 호소와 지역구에 특화된 선거구호가 주를 이룬다. 이처럼 정당의 분절화와 정치지도자 개인 중심으로 선거캠페인이 이루어지는 정치환경을 직접 관찰해온 정당활동인들은 자신이 속한 정당의 민주주의 수준도 낮다고 평가할 가능성이 높다.

1번 면접 대상자는 한국의 정당정치가 유권자들로부터 높은 신뢰를 받지 못하는 이유를 낮은 수준의 정당 민주화에 있다고 주장했다. 한국의 정당체제가 과거 인물중심의 정당체제에서 정당의 제도화 수준이 높아지는 정당의 민주화 과정에 있다고 평가했다. 5번 면접 대상자도 주요 정당들의 예측 불가능한 공천 방식과 선거 때마다 정당이 영입하는 깜짝 인사 등을 사례로 들면서 낮은 정당제도화 수준을 비판하고 있다. 12번 면접자는 주요 정당의 공천관리위원장이 누가 되느냐에 따라 공천 결과가 확연히 차이 난다고 지적하고 있다. 13번 면접자는 주요 정당들의 당원들이 적극적으로 당내 의사결정에 영향력을 행사할 수 있는 기회가 많지 않다는 점을 지적하며 정당제도화의 수준이 낮다고 평가하고 있다. 특히, 19번 면접 대상자는 정당의 제도화 수준이 낮은 사례로 정당의 대의원 선출을 들고 있다. 당헌당규에 따르면 정당의 대의원은 당원들에 의해 선출되어야 함에도 불구하고 대부분 의원이나 지역위원장에 의해 임명되는 경우가 많다는 것이다.

반면, 정당체제의 제도화 수준이 높은 국가에서 정당은 공고한 지지 세력을 기반으로 지속적으로 활동한다. 정당은 정치지도자와 유권자 모두에게 중요한 정보를 제공한다. 정치지도자는 특정 정당의 공천을 받음으로써 유권자들에게 자신의 대변 세력이 누구이며 지지하는 정책이나 이념이 무엇인지 쉽게 전달할 수 있다. 따라서, 안정된 정당은 선거라는 경쟁 과정에서 정치지도자에게 중요한 도구가 된다. 유권자 입장에서도 선거에 도전하는 모든 후보자의 경력이나 정책 내용을 꼼꼼히 살펴보지 않더라도 어느 당의 후보인지 아는 것만으로 자신이 선호하는 후보를 선택하는 데 중요한 정보를 획득하게 된다.

정당체제가 안정화된 국가의 시민과 정치지도자 모두는 정당을 통한 선거 경쟁을 권력을 획득할 수 있는 정당한 길일 뿐 아니라 유일한 수단으로 받아들이게 된다. 정치권력을 추구하는 정치지도자는 정당을 구성하고 안정화를 이루기 위해 자원을 투자하고 노력하는 것을 당연한 것으로 여기게 된다. 이러한 노력의 결과로 등장한 복수의 정당이 정기적인 선거를 통해 지속적으로 경쟁함으로써 그들이 구성하는 정당체제는 안정적으로 작동하게 된다. 이처럼 정당체제의 제도화 수준이 높은 정치체제에서 정당은 그 주된 기능 중 하나인 유권자와 정치지도자 간의 유기적인 관계를 유지할 수 있도록 하는 데 기여한다. 정당체제 제도화에 긍정적인 시각을 보유한 정당활동인일수록 자신이 속한 정당제의 민주주의 수준을 높게 평가할 가능성이 크다.

9번 면접 대상자는 주요 정당의 당내 의사결정과정이 과거 수직적이고 폐쇄적 방식에서 점차 수평적이고 개방적인 방식으로 개선되고 있다고 평가했다. 이와 관련된 사례로 국회 내 의원총회 분위기를 제시했다. 최근 의원총회 현장에서 비록 초선 의원이더라고 자유롭게 본인의 의견을 제시할 수 있다는 것이다. 뿐만 아니라, 주요 정당들과 국회의원들은 포럼이나 간담회, 공청회 등을 통해 특정 의제에 대한 전문가의 의견뿐 아니라 유권자의 의견도 경청하려 노력하는 모습을 보이고 있다. 15번 면접 대상자는 주요 정당의 당론 결정과정이 의원 총회 및 각종 정책협의회 등을 통해 이루어지고 있기 때문에 정당지도자의 일방적 의사결정 구조는 더 이상 없다고 평가하고 있다. 이번 조사에 참여한 면접자의 다수는 지역구 의원들의 법안 발의과정이 지역 주민들의 집단적 이해관계를 대변하는 입법을 추진하려 노력하는 모습을 보여 준다고 평가하고 있다.

신생민주주의 국가들이 민주주의 공고화를 이루기 위해 직면한 문제 중 하나는 정당의 능력을 향상시키고 정당체제를 제도화하는 것이다. 제도화 수준이 높은 정당체제는 여당뿐 아니라 안정적인 야당(들)도 존재한다는 것을 의미한다. 신생민주주의 국가에서 안정적인 야당은 정부여당이 무엇을 하는지 감시하고 국민들에게 그것을 알려줄 뿐 아니라 대안적 정책을 제시할 수도 있다. 이에, 유권자들은 안정되고 견고한 세력에 대해 투표할 수 있게 되며 이를 통해 정부여당의 책임을 묻고 야당 세력에게 정부를 통치할 기회를 부여할 수 있게 된다. 이처럼 정당 간의 경쟁구조가 크게 두 집단으로 양립하는 상황에서는 집권세력과 그렇지 못한 세력 간의 경쟁이 활성화 될 수 있으면 유권자들도 누가 집권하고 누가 권력을 상실하는지에 대한 분명한 선택권을 보유하게 된다.

반면, 제도화 수준이 낮은 정당체제하에서는 정당 간의 경쟁이 정형화되어 있지 못하고 대부분 강력한 정부여당을 중심으로 소규모 정당들이 분열되어 있다. 견고한 야당세력이 존재하지 못하기 때문에 유권자들이 정부여당의 업적에 대해 불만족해하는 경우에도 선거를 통해 정부여당에 대한 책임을 묻기가 어렵다. 더욱이, 제도화 수준이 낮은 정당체제하에서 소규모 정당들이 계속해서 선거경쟁에 등장했다 사라지는 것을 반복할 뿐 아니라, 정치지도자들도 이 정당에서 저 정당으로 쉽게 옮겨 다닌다. 이러한 상황에서 유권자들은 정당이 주장하는 능력과 지도력이 얼마나 믿을 만한지 판단하기 어렵고 그 정당의 업적을 평가할 수 없게 되어 정당이나 정치 전반에 대한 낮은 신뢰도를 갖게 된다. 정당체제는 민주주의가 작동하는 핵심 요소인 참여와 대표성, 책임성, 반응성을 실현할 수 있는 기제이다. 정당이나 정치엘리트와 그들을 선택하는 유권자들 사이를 효과적으로 연계하는 안정적인 정당체제는 신생 민주주의국가가 민주주의 공고화를 이루기 위해 꼭 필요한 요소이다. 특히, 소규모 정당들이 난립한 정당체제의 안정화보다 서로 상이한 지지기반을 둔 두 개의 주요 정당과 몇 개의 소규모 정당들로 구성된 정당체제의 안정화가 신생민주주의 공고화에 기여할 수 있다.

02

정당정치 개혁 어떻게 할 것인가?

이정진 • 국회입법조사처

우리 정당에 대한 국민들의 신뢰는 매우 낮다. 이는 오랜 역사와 전통을 가진 정당이 없는 한국 정당정치의 현실에서 기인한다. 많은 정당들이 몇 년이 되지 않아 정당의 이름을 바꾸거나 다른 정당들과 이합집산을 되풀이 하는 상황에서 정당정치에 대한 신뢰가 낮은 것은 어찌보면 당연한 결과이다. 게다가 선거 때마다 되풀이되는 공천을 둘러싼 당내 갈등과 공천 헌금 논란, 지역 주민들의 기대를 저버리고 당선된 후에는 당 지도부의 눈치만 살피는 정당 소속 국회의원들, 당내 계파 갈등이 심화되면서 정책정당과는 거리가 먼 모습을 보여주는 정당의 현실이 정당정치에 대한 신뢰를 더욱 낮추고 있다.

그렇다면 당에서 일하고 있는 당직자나 국회의원 보좌진, 선거캠프 관련자들은 정당정치에 대해 어떻게 평가하고 있는가? 이들이 보는 정당정치의 현실과 정당정치를 개혁하고 국민들의 신뢰를 높이기 위한 개혁 방안은 무엇인가? 이하에서는 정당관계자들과의 인터뷰 내용을 바탕으로 정당정치 개혁을 위한 방향과 구체적인 방법들을 찾아보고자 한다.

정당관계자들을 대상으로 한 심층 인터뷰는 크게 〈정당정치 개혁〉과 〈정당내부 분권화: 공천 및 입법 활동, 선거캠프〉라는 2가지 주제로 구분하여 진행하였다. 정당정치 개혁과 관련된 인터뷰에서는 왜 정당정치에 대한 유권자들의 신뢰와 지지도가 낮은지, 정당정치에 대한 신뢰를 높일 수 있는 방안은 무엇인지와 정당정치 개혁 방향에 대해 질문하였다. 정당내부 분권화에 대한 인터뷰에서는 정당의 운영방식, 정당내부의 분권화 정도, 선거 캠페인이나 입법 활동에 대한 정당지도부의 영향력에 대해 질문하였다. 이하에서는 두 주제에 대해 각각의 질문과 그에 대한 답변을 통해 한국 정당정치의 개혁 방향에 대해 검토할 것이다.

정당정치 개혁

정당정치 개혁과 관련된 인터뷰는 크게 세 가지 주제로 구성되었다. 첫째, 정당에 대한 신뢰도가 낮은 이유와 정당의 신뢰도를 높일 수 있는 방안이 무엇인지에 대한 물음이다. 많은 응답자들이 정당 신뢰도가 낮은 이유로 당내 파벌주의나 패거리주의 등 계파정치의 문제점을 지적하였다. 계파정치가 당내 분열 현상으로 인식되면서 유권자들에게 정당정치에 대한 불신을 부추겼다는 지적이다. 또한 불법·탈법 선거, 특히 공천 과정에서 발생되는 불협화음과 공천헌금 논란 등이 정당정치에 대한 불신을 가져왔다.

규제 위주의 정치관계법*과 정치교육이 부족한 환경 또한 정치적 무관심이나 불신을 키우는 원인으로 지적되었다. 그 밖에도 정치인이나 정당정치에 대해 부정적인 언론보도, 정책 공약의 낮은 이행률, 민생문제에 소홀하고 정쟁에 치중하는 정치인의 행태 등이 정당정치에 대한 신뢰를 낮추는 요인들이다.

그렇다면 정당정치에 대한 신뢰와 만족도를 높일 수 있는 방안은 무엇인가? 무엇보다 소통의 문제를 지적하는 목소리가 높았다. 달리 말하면 정당이 정책을 입안하거나 법률을 만드는 과정에서 국민과 소통하여 국민의사를 반영한다면 정당에 대한 신뢰도 높아질 것이라고 본다. 또한 정당에 대한 유권자들의 참여도를 높일 필요가 있다는 지적들이 많았는데, 청년층을 대상으로 하는 정치교육이나 정치참여 프로그램을 확대하고 선거권 연령을 인하함으로써 청년층의 참여를 높이고, 공무원과 교원의 정당 가입을 허용함으로써 보다 많은 유권자들이 정당정치에 참여할 수 있도록 하자는 주장이다.

한편 선거제도 개혁을 통해 비례성이 높은 선거제도, 예를 들면 비례제(연동형 비례제, 혹은 전면 비례제 등)로 전환할 경우 정치적 효능감이 높아져 정치 참여가 확대되고 정치에 대한 신뢰도가 높아질 것이라는 의견도 있었다. 그 외에도 정당정치 운영의 투명성 강화, 계파정치 청산, 정당활동에 대한 적극적인 홍보 등도 정당정치에 대한 신뢰를 높일 수 있는 방안으로 제시되었다.

둘째, 민주화 이후 한국 정당정치와 민주주의가 어느 정도 발전했다고 보는지, 정당정치가 발전하기 위해 가장 중요한 개혁은 무엇인지에 대한

---

* 정치관계법은 공직선거법, 정당법, 정치자금법의 3개 법률로 정당이나 선거 등 정치활동과 관련된 법률을 의미한다.

질문이다. 민주화 이후 형식적이고 제도적인 수준에서의 민주주의, 특히 선거제도가 발전했다는 점에는 많은 사람들이 동의하고 있다. 한국은 민주화 이후 선거를 통한 수평적 정권교체를 두 차례 경험했다. 이는 적어도 제도적인 수준에서는 민주주의가 정착되었다는 점을 보여 준다. 최근에는 인터넷이나 모바일 등 SNS를 통한 자유로운 정치적 의사 개진이 활성화되었다는 점에서 정치적 참여가 확대되고 있다고 볼 수 있다. 다만 실질적 민주주의의 수준은 아직 높은 수준이라고 보기 어렵다. 또한 박근혜 정부에서 정당정치와 민주주의는 오히려 후퇴했다고 볼 수 있다.

그렇다면 한국 정당정치와 민주주의의 발전을 위해 어떤 측면의 개혁이 가장 우선되어야 하는가? 많은 수의 응답자들은 선거제도와 정당의 공천 과정을 개혁해야 한다는 점에 동의하고 있다. 우리나라는 지역구선거와 비례대표선거가 혼합된 선거제도를 채택하고 있으나 전체 국회의원의 80% 이상을 지역구에서 소선거구 다수대표제로 선출하고 있다. 하지만 이러한 선거제도는 사표가 많이 발생하고 유권자의 의사를 왜곡한다는 단점이 있으므로 비례대표제를 확대함으로써 비례성을 높일 필요가 있다. 또한 객관적이고 공정한 공천 절차를 확립함으로써 공천과정의 투명성과 공정성을 높여야 하며, 정치 신인이 제도권 정치에 들어가기 쉬운 정치 풍토로 변화되어야 한다. 한편 일부 응답자들은 제도의 문제 못지않게 행위자의 문제도 크다는 점을 지적하면서 국회의원과 정당정치인이 민주적이고 투명하게 정치활동을 해야 할 것이라고 지적했다. 그 외에 소통과 토론이 가능한 정치문화, 의원의 자율성이 확보되는 정당정치, 책임정당정치의 정착이 필요하다는 지적이 있었다.

셋째, 한국의 정당정치를 개혁하는 과정에서 가장 걸림돌이 되는 문제는 무엇인가? 그리고 이러한 문제들을 해결하고 한국 정당정치가 발전하기 위해 나아가야 할 방향은 어디인가에 대한 물음이다. 정당정치의 개혁 과정에서 가장 큰 걸림돌은 기득권을 가진 정치인들이 개혁에 반대하는 것이다. 국회의원을 비롯하여 기득권을 가진 정치인들 중 다수는 개인적인 욕심, 특히 당선이 가장 큰 목적이며, 자신이 가진 기득권을 지키기 위해 정치개혁이나 정당 개혁에 역행하는 행태를 보이고 있다. 계파정치나 돈정치가 성행하는 것도 기득권을 지키려는 정치인들의 행태에서 발현된 것이다. 이와 같은 기득권 정치인들이 다수 나타나는 것은 인물중심의 정치, 명망가 중심의 정치를 지속해 온 한국 정당정치의 특성에서 기인한다. 따라서 정당의 정책기능을 강화함으로써 이러한 폐단을 줄일 수 있을 것이다. 그 외에 정치인의 자질 부족이나 윤리의식 부족을 지적하기도 하였으며, 중앙당 중심의 정당구조로 인해 지역 수준에서의 풀뿌리 정당정치가 정착되지 못하고 있다는 비판도 있다.

그렇다면 한국형 정당 개혁은 어떠한 방향으로 나아가야 하는가? 이 물음에 대해 다수의 응답자들은 무엇보다 진성당원 중심의 대중정당으로 거듭나는 것이 필요하다고 지적하였다. 현재 한국의 정당은 당원이 중심이 되는 정당이라고 보기 어려우며, 공천 등 정당의 중요한 의사결정 과정에 당원보다는 소수 지도부나 중앙당의 영향력이 크다. 따라서 정당개혁을 위해서는 일차적으로 당원 중심의 정당으로 거듭나야 할 필요가 있다. 이를 위해서는 당원충원을 위한 시스템을 갖출 필요가 있다. 스웨덴과 같은 유럽의 주요 국가들은 어려서부터 정당정치를 경험하고 참여할 수 있는 프로그램들이 많고 이렇게 정당정치를 경험한 청소년들이 정당의 당원으로 자연스럽게 충원되는 시스템을 갖추고 있다. 우리도 이러한 시스템을 마련할 필요가 있다.

당원 중심의 정당으로의 변화와 더불어 공천 개혁과 선거제도 개혁을 통해 정당정치가 투명하고 공정하게 운영되며, 유권자들의 의사를 정확히 반영할 수 있도록 할 필요가 있다. 또한 지구당을 부활시킴으로써 지역에서의 정당정치가 활성화될 수 있도록 해야 한다는 지적도 있었다. 그 외에도 정책정당으로의 변화, 의원의 자율성 확대, 정당평가를 통해 개선 방안 도출 등이 거론되었다.

이처럼 정당정치의 개혁을 위한 다양한 논의들이 이루어지고 있지만 정당 내부에서 구체적인 방법에 대한 합의를 도출하는 것은 쉽지 않다. 공천 개혁과 관련해서도 보다 많은 유권자가 참여하도록 오픈 프라이머리를 도입하자는 의견으로부터 정당의 책임성을 구현하기 위해 당원 혹은 대의원으로 참여를 제한해야 한다는 논의까지 다양한 주장들이 제기되고 있다. 구성원간의 이해관계가 다르고 입장이 달라 합의를 도출하기가 어렵다. 정당개혁, 또는 개혁 방안에 대한 정당구성원들의 합의가 필요한데, 그것이 부족하다보니 당 지도부가 생각하는 방향으로 개혁 시도가 되는 경우가 많고, 당내 계파 간 갈등과 주도권 다툼으로 인해 합의된 방향을 도출하기가 어려운 것이 오늘날 한국 정당의 현실이다.

정당내부 분권화: 공천 및 입법 활동, 선거캠프

정당내부 분권화에 대한 인터뷰는 정당의 운영방식과 공천방식의 문제점, 선거 캠페인이나 입법 활동에 대한 정당 지도부의 영향력 등 세 가지 주제를 다루고 있다. 이 내용들은 실제 정당을 운영하는 과정에서 나타나는 문제들을 지적하고 있는데, 특히 공천의 문제는 한국 정당의 비민주성을 보여 주는 대표적인 사례로 지적되고 있다.

정당 내 분권화와 관련된 첫 번째 주제는 정책 및 의사결정구조 등 정당의 운영방식의 문제이다. 운영방식에 대해서는 다수의 답변자들이 불만을 토로했는데, 비민주적인 운영 방식에 대한 불만이 가장 많았다. 주요 정당들의 경우 여전히 계파 중심의 운영, 소수의 당 지도부에 의한 의사결정 등이 이루어지고 있다. 특히 계파 정치에 대해서는 계파가 정책이나 가치를 기준으로 모인 것이 아니라 이권이나 권력을 중심으로 형성되며, 계파 갈등에 따라 당내 의사 결정이 비합리적으로 이루어지는 경우가 많다는 지적을 받았다. 계파 정치를 청산하는 대신 정해진 규칙이나 기준, 예를 들면 당헌·당규에 따라 의사결정이 이루어지는 것이 바람직한 정당정치의 개혁방향으로 제시되었다.

정당내부 권한의 분권화 정도와 관련해서는 많은 응답자들이 분권화 정도가 높지 않다고 응답했다. 한국의 경우 정당의 자금이나 권한이 중앙당에 집중되어 있어서 중앙당과 시·도당의 관계가 분권적이지 않다. 특히 지구당이 폐지되면서 지역에서의 정당활동이 제한적이고, 현역의원이 없는 경우 활동하기가 쉽지 않다는 점을 지적하고 있다. 따라서 지역에서의 정당활동 활성화를 위해서는 지구당 부활이 선행되어야 한다는 의견이 많다. 다만 지방선거의 경우 지방의원 선출을 시·도당이 주도한다는 점에서 일정 부분에서는 분권화가 이루어졌다는 응답도 있었다.

두 번째 주제는 공천 문제이다. 제17대 국회의원선거 이후 주요 정당들은 공천 과정에 경방식을 도입하여 당원이나 대의원, 때로는 유권자가 참여하는 선거를 통해 공직선거의 후보자를 선출하고 있다. 하지만 여전히 전략 공천이나 단수 공천이라는 이름으로 당 지도부가 공천 과정에 많은 영향력을 행사하고 있다. 또한 공천 과정에서 여전히 불공정성이나 불투명성의 문제가 제기되고 있다. 그렇다면 일부에서 주장하듯이 유권자 누구나 참여하고 선거관리위원회가 관리하는 오픈프라이머리 방식이 바람직한 공천 개혁이라고 볼 수 있는가? 인터뷰에 응한 응답자들은 대부분 원칙적으로 상향식 공천의 제도화가 필요하다는 점에는 동의하고 있다. 하지만 상향식 공천이 반드시 좋은 것만은 아니며, 오히려 정치신인이나 약자에게 불리할 수도 있다는 점을 지적하고 있다. 오픈 프라이머리를 도입하거나 당원 외에 일반 국민의 참여를 확대하자는 의견에 대해 우려를 표하는 의견들도 다수였다. 특히 여론조사의 경우 조직선거나 동원선거가 가능하다는 점 때문에 그간 많은 문제점을 드러내기도 했다.

정당의 정책에 맞는 후보를 추천하기 위해서는 책임 있는 주체, 즉 당원이나 대의원이 공천을 주도할 필요가 있으며, 오픈 프라이머리는 현역이나 인지도가 있는 후보에게 유리한 제도로 홍보나 경선을 위한 비용이 많이 든다는 문제점을 지적하고 있다. 상향식 공천을 하더라도 정당에게 필요한 인재, 정치신인, 취약지역의 경우 전략공천이 필요하다는 견해도 있었다. 정리하자면 상향식 공천이 정치신인에게 불리하고 현역이나 유명인에게 유리하다는 점에서 상향식 공천을 제도화한다고 할 경우에도 보완장치가 필요하다고 보고 있다. 한편 공천 과정에서 당 지도부가 영향력을 행사하는 것에 긍정적으로 답변한 경우도 다수였다. 정당은 선거 승리를 목적으로 하는 집단인 만큼 이기기 위해 필요한 후보를 선출하는 것이 필요하다는 것이다. 다만 사심이 개입되거나 기득권 유지를 목적으로 공천이 이루어져서는 안 되며, 공정하고 객관적인 평가기준이 마련되어야 한다고 지적하고 있다. 이를 위해서는 공천심사위원회의 구성이나 공천심사기준이 엄격하고 공정하게 마련되어야 할 것이다.

세 번째 주제는 의원의 입법 활동이나 선거 캠페인 과정에서 나타나는 정당지도부의 영향력에 대한 문제이다. 의원의 입법 활동에 대해 정당지도부는 어느 정도의 영향력을 미치는가? 이 질문에 대해서는 일단 지역구 국회의원과 비례대표 국회의원이 다르다는 것에 대체로 동의하였다. 지역구 국회의원의 경우 지역 유권자들의 지지를 받아야 하고, 선거에서 공약한 정책들이 있기 때문에 지역 유권자의 영향력이 강하다. 반면 비례대표 국회의원의 경우 상대적으로 정당지도부가 강한 영향력을 행사한다. 정당지도부가 소속 국회의원들에게 요구하는 것은 관련 입법을 처리하는 과정에서 당론에 따르도록 하거나 상임위원회에서 일정 역할을 요구하는 것 등이다. 정당이 핵심적으로 추진하는 입법과제들의 경우 당론으로 정해서 발의 과정에서부터 당 소속 의원들이 모두 참여하도록 한다. 그 외에 개별 의원의 입법 활동 특히 법안 발의 과정에서 정당지도부의 영향력은 크지 않다. 반면 유권자들, 특히 지역 주민들은 지역개발이나 정책과 관련된 요구를 하는 경우가 많고, 지역구 국회의원의 경우 이러한 요구로부터 자유로울 수 없다. 이와 관련하여 개별 유권자의 요구보다 이익집단이나 시민단체 등의 영향력이 큰 것으로 지적하고 있다.

한편 선거 캠페인 과정에서 정당지도부의 지원과 영향력은 어느 정도인가? 정당지도부의 지원이나 영향력은 초선의원과 다선의원의 경우 다르게 나타난다. 초선의원의 경우 정당지도부의 지원이나 영향력이 큰 반면, 선수가 오래된 의원의 경우에는 정당이 제공하는 메시지나 공약 중 필요한 것을 취사선택해서 사용한다. 특히 지역구 의원의 경우 자신의 지역에 맞는 캠페인을 펼쳐야 하기 때문에 중앙당 지도부의 영향력이 상대적으로 작다. 선거 캠페인 과정에서 나타나는 정당지도부의 영향력과 별개로 선거비용은 대부분 후보자의 몫이다. 특히 국회의원선거나 지방선거와 같이 동시에 대규모로 여러 지역이나 단위에서 선거를 실시하는 경우 대부분 후보자가 비용을 부담한다는 의견이 많았다. 다만 재·보궐 선거의 경우 당에서 선거비용의 상당 부분을 지원하며, 전략지역이나 취약지역, 여성후보의 경우 중앙당에서 전략적으로 지원하는 사례도 있다. 결론적으로 의원들이나 후보자에 대한 정당지도부의 영향력은 초선의원과 비례대표의원에게 강한 반면, 다선의원과 지역구의원에게는 상대적으로 약하다.

정당 개혁을 위해서는 투명하고 공정한 공천과정, 정당운영의 민주화, 의원의 자율성 강화 등이 필요하다. 이를 위해서는 정당지도부의 기득권과 영향력을 축소하려는 정당의 노력이 선행되어야 할 것이며, 이러한 노력이 없다면 정당과 정당정치에 대한 유권자의 불신은 줄어들지 않을 것이다. 당 내부에서의 개혁방향을 둘러싼 논의와 논쟁이 이러한 노력의 시발점이 될 것으로 기대한다.

정당운영의 주체

: 중앙당은 누구를 말하는가?*

박경미 • 전북대학교

문제제기: 한국 정당의 변화와 그 의사결정 구조

1948년 제헌국회 이후 한국 정당정치는 한국 정치의 출발과 변화를 같이 해 오면서 그리 짧지 않은 역사를 갖고 있다. 다양한 정치 변동 속에서 당시 48개에 달하던 정당의 수는 제20대 국회 현재 다섯 개의 원내정당으로 수렴되었다. 유의미한 영향력을 행사하는 정당의 수가 현재에 이른 것은 정당 이합집산의 결과이다. 민주화 이후 집중적으로 이루어진 정당 간

---

* 이 글은 「미래정치연구」 7권 2호 게재 논문 "정당개혁의 필요성과 방향: 정당 활동가들의 시각을 중심으로"를 일부 수정·재구성하여 작성되었다.

이합집산은 선거에 직면하거나 정치적 문제가 대두되었을 때 정당개혁이라는 명분에서 당명을 바꾸고 분당이나 합당을 선택한 정당변화의 결과이다. 제20대 총선을 앞둔 2015년 12월 새정치민주연합의 더불어민주당으로의 당명 변경, 그리고 2016년 12월 탄핵국면에 직면한 집권당 새누리당의 자유한국당과 바른 정당으로의 분당이 가장 최근의 사례이다.

잦은 정당의 이합집산의 경험이 이제는 유권자들에게 선거를 비롯한 정치적 사안이 대두되었을 때마다 당명을 바꾸거나 분당·합당을 할 것이라고 예상하게 만들었다고 해도 과언이 아니다. 새로운 당명을 갖거나 분당·합당으로 만들어진 정당을 이전과 전혀 다른 정당이라고 믿는 순진한 유권자도 더 이상 없을 것으로 보인다. 이제는 정당 이합집산 현상이 한국 정당정치의 하나의 패턴이 되어 버려 한국 정당정치의 불안정한 모습을 보여주는 현상이라고 말하기도 어려워진 것이다.

그렇다면 한국 정당은 왜 이렇게 '쉽고 빠르게' 당명을 바꾸고 분당과 합당이라는 선택을 하는 것인가? 다시 말해, 어떻게 정당에게 정치적 생존에 치명적인 의사결정이 단시간 내에 결정되고 진행될 수 있는가? 이 글은 이에 대한 해답을 정당의 조직적 관점에서 살펴보려고 한다. 그 이유는 유권자의 의사를 집약하고 표출하는 기능을 하는 정당이 유권자와의 의사소통 채널을 제도화시키는 것이 중요하기 때문이다. 비록 정당 이합집산이 근본적인 변화는 아니라고 하더라도 유권자에게 정당의 의사소통 채널이 변경되었음을 말하는 것이다. 그러한 변화를 빠르게 추동할 수 있는 정당 내부의 의사결정에 관한 관심이 필요한 것이다. 이는 정당 이합집산에 관한 학술적 논의보다는 정당 내부로부터의 의견이 중요하다는 관점에서 이 글은 정당에서 활동하고 있거나 정당 관련 사안을 경험한 사람들과의 인터뷰 자료를 통해서 정당 의사결정 구조의 특성을 살펴보고자 한다.

정당 내부의 의사결정 특성에 대한 인터뷰 대상자의 의견을 정당의 세 층위 중 유권자 속의 정당과 중앙조직으로서의 정당으로 나누어 정리하려고 한다. 정당의 세 층위는 유권자 속의 정당(party on the ground), 중앙조직으로서의 정당(the party central office), 공직으로서의 정당(the party in public office)으로 나뉜다(Mair 1994). 그중 유권자 속의 정당은 당원을 비롯한 정당의 제일 하위 기구로서 기능을 하며 중앙조직으로서의 정당은 공천 후보의 선정을 비롯한 정당의 핵심적 기능을 관장하는 중앙기구를, 그리고 원내정당으로서의 정당은 국회 안의 정당과 정부를 구성한 정당을 포함한 공적 의사결정에 참여하는 정당의 상위기구를 말한다. 이 중 유권자 속의 정당과 중앙조직으로서의 정당의 조직을 중심으로 인터뷰 내용을 살펴보면서 한국 정당의 의사결정 구조의 특성을 살펴보고자 한다. 공직으로서의 정당을 다루지 않는 이유는 관련 내용은 선거결과와 언론보도를 통해 많이 알려져 있기 때문이다.

취약한 정당 하위기구와 분권화의 필요성

인터뷰 대상자들이 문제의식을 갖는 부분 중 하나는 유권자 속의 정당, 즉 정당 하위기구의 구성과 운영에 관한 것이다. 정당의 의사결정 구조의 특성을 결정하는 것은 중앙조직으로서의 정당, 즉 중앙당 중심의 운영이 낳은 제도적 요인인 것으로 보인다. 그 이유는 정당의 하위기구 구성과 운영은 정치제도에 의해서 규정받는 경향이 있기 때문이다.

현실적으로 정당이 구성되기 위해서는 헌법과 정당법에 의거하여 조직을 구성하여야 한다는 측면에서 정당의 하위기구는 취약할 수밖에 없다.

현행 헌법 제8조는 "정당의 설립은 자유이며 복수정당제는 보장된다"고 규정하는 동시에 "정당은 그 목적·조직과 활동이 민주적이어야 하며 국민의 정치적 의사형성에 참여하는 데 필요한 조직을 가져야 한다"고 명시하고 있다. 정당 조직에 관한 구체적인 내용은 정당법 제17조와 제18조에 규정되어 있다. 제17조는 "정당은 5 이상의 시·도당을 가져야 한다"고, 그리고 제18조 1항은 "시·도당은 1천인 이상의 당원을 가져야 한다"고 써 놓고 있다. 사실상 정당 조직의 자율성이 제한되어 있는 것이다. 이러한 현행 정당 조직에 관한 규정인 정당법 조항에 대해 인터뷰 대상자 2는 "5개 이상의 시·도당과 천명 이상의 당원을 모아야" 하는 정당 구성 조항에 대해서 "지나치게 중앙당 위주"의 조항이라고 말하면서 이로 인해 정당의 "중앙 집권화가 상당하고 시·도당의 권한이 많지 않다"며 시·도당 운영의 어려움을 토로하였다.

시·도당의 취약성은 인터뷰 대상자 2가 말하는 중앙당 당무위원회에서 차지하는 시·도당의 지위에서도 확인할 수 있다. 시·도당 위원장이 당무위원회에 참여하는데, 당무위원회 60-70명 중에서 시·도당은 17명 정도에 그치는 반면 "최고위원이 당무위원을 2-3명 이상씩 지명할 수 있다"면서 하위기구가 중앙당의 의사결정에 미치는 영향이 미미하다는 문제를 지적한다. 이는 단순히 당무위원회 구성의 문제에 그치지 않고 시·도당의 의사결정 구조에도 영향을 미치는 문제와도 관련이 있는 것으로 보인다. 인터뷰 대상자 3은 정당의 의사결정은 "톱다운 방식"이라며 시·도당은 "위원장이 몇 월 며칠 회의라는 문자를 보내면 무조건 참석한다"고 말하였다. 인터뷰 대상자 8은 정당의 분권화가 일정 정도 이루어져 있다고 말하면서도 "중앙당의 지침에 따라서 대부분 좌지우지되는 상황"이라고 말하여, 중앙당 중심의 운영 속에서 시·도당의 취약성을 문제로 지적하였다.

중앙당이 시·도당에 미치는 강한 영향력은 각 시·도당이 균형적으로 운영되지 못하는 한계로도 작용하는 것으로 보인다. 중앙당의 영향력은 시·도당 위원장이 현역 국회의원인지 아닌지에 따라 그 운영 양상이 달라지기 때문이다. 인터뷰 대상자 1은 "원외 지역위원장, 즉 국회의원이 아닌 지역의 지역위원장은 비교적 힘이 없어서 어느 정도는 중앙당을 따를 수밖에 없"다면서 "국회의원 지역구는 돈이 있어서 현수막을 거는 등 자체적으로 활동"을 할 수 있다고 말하였다. 그만큼 시·도당과 그 산하의 지역위원회가 갖는 운영의 기반은 취약하다는 것이다.

이처럼 중앙당 중심의 정당 운영 속에서 당원의 참여 기회는 줄어들 수밖에 없는 것으로 보인다. 인터뷰 대상자 13은 "시민들은 정당 정치를 겪을 일들이 많지 않으며 당내에서도 돈을 내는 진성 당원들이 직접 의사결정 구조에 참여하는 비율이 낮다"고 말한다. 당원이라고 하더라도 참여할 수 있는 기회는 "전당대회 때 당 대표, 최고위원을 뽑는 한 번에 그친다"면서 "정당 내부에서 다양한 소통의 활로를 찾"아야 하는 참여의 중요성을 강조하기도 하였다. 이러한 관점에서 다수의 인터뷰 대상자가 강조하는 정당 분권화의 필요성에 주목할 필요가 있다. 인터뷰 대상자 19는 "정당의 중앙과 지방이 어느 정도 분권화가 되어야 한다"며 "중앙당에서 예산 등 모든 것을 다 내려주"는 상황으로 인해 시·도당이 "중앙당에 예속될 수밖에 없다"고 말한다. 이러한 제약 속에서 시·도당은 "독자적으로 할 수 있는 사업이 별로 없다"면서 "각 시·도당이 지역 정책을 만들 수 있는 싱크탱크를 하나씩 갖고 있어야 한다"며 정당의 분권화 강화에 대해서 의견을 피력하였다.

현역 중심의 중앙조직으로서의 강한 정당

　정당의 중앙당은 정당법 제3조에 의거하여 그 소재지를 수도에 두어야한다. 중앙당의 수도 소재지를 규정한 조항은 지역당의 등장을 막는 동시에 중앙당에서 핵심적 지위를 갖는 현역의원들의 영향력을 강하게 작용하도록 하는 요인인 것으로 보인다. 인터뷰 대상자 2는 중앙당 중심의 정당법으로 인해 "호남당이나 전남당을 만들고 싶어도 만들 수가 없다"는 문제를 지적하였고 인터뷰 대상자 6은 "국회의원 한 사람 한 사람의 의견을 존중해 주어야 한다"면서 "중앙집권적인 당 체제"를 개선하여야 한다고 말하였다. 말 그대로 서울에 있는 중앙당이 정당 운영의 중심에 있고 현역의원들을 중심으로 한 중진 의원들이 정당의 의사결정과정에서 주축을 이룬다는 것이다.

　중진 의원들을 위주로 한 중앙당 중심의 정당 운영은 인터뷰 대상자들이 인식하는 정당 운영의 중요한 문제 중 하나였다. 인터뷰 대상자 5는 "권력의 중심에 있는 사람들의 이야기에 대해 'No'라고 할 수 없는 그런 상황이 더 문제"라고 하면서 "각 국회의원들이 과연 투명한 목소리를 낼 수" 없는 상명하복의 관계를 피할 수 없는 구조라고 지적한다. 그 근원적 고리가 공직 후보 공천과정에 있다는 것은 많이 알려진 사실이다. 인터뷰 대상자 6은 제20대 국회의원 공천 파동을 "계파의 이득을 위한 이익 우선주의"로 규정하였다. 공천 확정이라는 개별 현역의원들의 이익이 계파 중심으로 움직이게 하고 그 계파의 정점에 있는 중진 의원들이 정당의 의사결정을 장악하게 되는 구조에 있기 때문이라는 것이다. 이러한 문제의식을 같이 하고 있는 인터뷰 대상자 17은 "납득할 만한 객관적인 자료들을 제시"하여 공천과정을 투명하게 만들 필요가 없다는 말에 귀 기울일 필요가 있다. "그냥 현역 몇 % 갈아 치웠다 하는 것만 가지고 개혁이라고 얘기"하는데 공천과정이 개혁되기 위해서는 구체적인 자료를 근거로 한 후보 결정이 이루어져야 한다고 말하였다.

중진 의원을 중심으로 이른바 계파적 이해관계에 근본적 문제제기를 하는 인터뷰 대상자들의 의견도 살펴볼 필요가 있다. 인터뷰 대상자 1은 제20대 총선에서 제기되었던 중진 의원들이 용퇴하여야 한다는 주장을 언급하면서 "정치도 정년이 있었으면 좋겠다. 3선 제한을 한다든지 국민 평균 정년을 따져서 그때까지만 정치를 하고 그 다음부터는 봉사할 수 있도록 해야 한다"고 말하였다. 사실상 피선거권 제한을 함의하는 극단적인 입장의 인터뷰 대상자 1의 의견을 고려하지 않더라도 중앙당에서 중진 의원들의 압도적 지위와 이에 대한 초선 의원의 종속성은 정당 의사결정 구조의 핵심적 요소임을 말하며 소수의 중진 의원의 입장이 정당 전체의 변화 자체에 결정적일 수 있음을 말한다. 그에 대한 대안으로서 인터뷰 대상자 5는 의원총회의 활성화를 지적하며 무기명 투표제도를 도입하는 것이 필요하다고 말하였다. 무기명 투표를 통해서 당론이 결정된다면 모든 의사결정이 의원총회에서 이루어져 "당 대표나 일부 세력에 의해서 정책 방향이 결정되지 않을 것"이라는 의견을 피력하였다.

물론 모든 인터뷰 대상자들이 현재 정당의 의사결정에 문제가 있다고 보는 것은 아니었다. 중진 의원들의 영향력은 과거에 비해서는 개선되었고 계파정치에 대한 비판도 현실을 반영한 것이 아니라는 의견도 있다. 인터뷰 대상자 9는 의원총회에서 "초선 의원이더라도 자유롭게 본인의 의사를 개진하는 것을 볼 수 있다"며 "권력자들이 자신의 의지나 뜻대로만 정책을 만들기 않는다"고 말하기도 하였다. 또한 인터뷰 대상자 1은 계파 주의의 문제는 심각한 수준이 아니라면서 오히려 그러한 문제를 부추기는 언론의 책임을 묻는다.

정당조직과 의사결정 구조 개혁을 위하여

인터뷰 대상자들의 대체적인 의견은 중진 의원 중심의 중앙당 운영과 취약한 하위기구의 문제로 요약할 수 있다. 중진 의원들의 압도적 영향력하에 운영되는 중앙당은 그 하위기구인 시·도당의 운영에 직·간접적으로 개입하거나 영향력을 행사한다. 그에 따라 유권자의 의견을 집약할 수 있는 채널인 시·도당은 중앙당의 결정에 따라 좌우될 수밖에 없는 구조적 한계에 있다는 것이다. 그 근본적인 원인은 정당법에 의거한 정당 조직의 구성에 있지만 실질적인 운영의 책임은 정당 자체에 있는 것으로 보인다. 이러한 의사결정 구조의 특성은 중진 의원들의 지배적 영향력하에서 공천과정이 투명하지 못하게 할 뿐만 아니라 유권자와의 긴밀한 소통을 기대하기 어렵게 만드는 문제로 귀결되는 것이다.

보다 근본적인 문제는 강한 중앙당과 취약한 하위기구의 문제는 정당의 의사결정 권한의 집중성, 즉 중앙집권적 의사결정 구조라는 특성으로 이어진다는 점에 있다. 주요 쟁점에 대한 정치적 대응과 정당 이합집산과 같은 정당의 주요 사안은 중앙집권적으로 결정되고 있는 것이다. 그에 따라 정당은 손쉽게 만들어지고 흩어질 수 있는 것이다. 정치적 생존의 열쇠를 쥐고 있는 중진 의원들의 거취에 따라 대부분의 현역의원들이 움직이고 정치적 위기에 직면하였을 때 정당이 빠르게 이합집산을 선택하고 결정할 수 있게 되는 원인이 되는 것으로 보인다. 이는 중앙당 중심의 의사결정 구조에서 벗어나 시·도당의 강화를 통한 정당 조직의 균형적 발전을 꾀할 필요가 있음을 말한다.

04

샤츠슈나이더의 정당과 민주주의*

박지영 • 명지대학교

대의민주주의에서 정치의 근간은 정당이다. 샤츠슈나이더(E. E. Schatt-schneider 1942, 1)에 따르면, 정당은 "민주주의의 창출자"이자 "민주주의를 작동케 할 수 있는 중심 메커니즘"이다. 그러나 역대 대선과 총선 전후 우리나라 정치에서 목격되었던 반복적인 창당과 분당 그리고 합당의 경험은 정치발전에 순기능으로 작용하기보다는 역기능의 측면이 더 컸다고 볼 수 있다. 왜냐하면 과거 우리 정치에서 나타난 많은 폐해들은 정당 조직의 비민주성 및 비효율성과 밀접하게 연관되어 있기 때문이다. 또한 정당의 이합집산은 지역주의에 바탕을 둔 특정 정치지도자의 정략적 판단 또는 당

---

* 이 글은 『미래정치연구』 7권 2호 게재 논문 "정당개혁의 필요성과 방향: 정당 활동가들의 시각을 중심으로"를 일부 수정·재구성하여 작성되었다.

내 정치적 입지를 확립하기 위한 개인적·정파적 이해관계에 따라서 추진된 측면이 강하다. 결국 정치이념이나 원칙은 실종되고 오직 정치권력 획득을 위한 기제로서 정당은 급변하는 시대환경과 국민의 정치적 요구에 효율적으로 대응하지 못해 왔다. 그러나 얼마 전에 치러진 19대 대통령 선거 이후 정치권에서는 정치 개혁에 대한 논의가 활발하게 이뤄지고 있다. 이는 변화와 개혁을 내세운 문재인 정부가 추구하는 정치 환경의 변화와 긴밀한 관계가 있을 것이다. 특히 정치 개혁은 여러 중요한 내용을 포함하지만 무엇보다도 정당 개혁이 가장 중요한 사안 중 하나라고 할 수 있다.

사실 지금까지의 정당은 시민사회와 국가를 연결해 주는 본연의 기능을 제대로 수행하지 못해 왔고 정당이 제 기능을 수행하지 못하면서 의회 역시 그 역할을 제대로 수행하기 어려웠다. 또한 정당 지도자의 정치적 이해관계로 인해 정국이 계파갈등과 파행으로 치닫게 되어 효율적인 국정 운영이 이뤄지지 못했다. 따라서 정치에 대한 국민적 불신을 없애고 의회 정치가 건전하고 활력을 갖기 위해서는 무엇보다도 정당 정치가 제대로 작동할 수 있도록 만드는 일이 시급하다고 하겠다. 이를 위해 본 연구에서는 '대의민주주의 강화를 위한 시민-정당 연계 모델과 사회통합'을 주제로 하는 명지대 SSK가 시행한 정당 관계자들의 표적집단 면접조사(FGI: Focus Group Interview) 결과를 활용하였다. 이번에 실시된 심층조사는 정당정치 개혁과 관련하여 당직자, 국회의원보좌진, 그리고 선거캠프 경험자 등 20명에 대한 6개의 질문을 통해 이루어졌다. 본 연구에서는 현재의 정당들이 당면하고 있는 문제점들을 해결하기 위해 정당 관계자들이 추구하는 정당 개혁의 방향에 대해서 알아보려고 한다. 또한 그들이 공유하고 있는 현재의 정당들이 가지고 있는 문제점에 대한 인식을 토대로 정당 개혁의 구체적인 방안에 대한 논의도 함께 살펴보도록 하겠다.

왜 정당 개혁이 필요한가?

당 개혁의 필요성을 논의하기 위해서 우선 정당 관계자들이 생각하는 정당 정치의 문제점에 대해서 알아볼 필요가 있다. 그들을 대상으로 한 인터뷰 내용에 따르면 정당 정치의 문제는 크게 세 가지 관점에서 생각해 볼 수 있다. 가장 중요한 문제는 그동안 우리나라의 정당이 선거를 목적으로 급조되었거나 당명 변경 등 외형적 변신을 꾀하여 국민에게 지지나 선택을 강요한 측면이 있다는 점이다. 또한 국민의 정치적 요구나 희망과는 별개로 특정 징치엘리트의 지역주의에 기초하거나 지역 간 연대를 통하여 정당 간의 합종연횡이 이루어졌다는 것이다. 결국 이로 인해 우리나라의 정당 정치는 "개인화된 정당과 미약한 제도화"(장훈 1999, 73)라는 비판을 받고 있는 것이다. 게다가 대통령, 국회의원 혹은 지방정치의 후보 선출과 같은 정당의 공직 후보 선출과정 역시 정당 지도자의 의사에 따라 사실상 좌우되어 왔으며, 그 과정에서 정치부패가 관행화되기도 하였다. 따라서 지금 논의되는 정당 개혁은 소위 지역주의를 바탕으로 정치지도자 혹은 계파별 수장들에 의존하는 정당이 아니라 자발적으로 참여한 일반 유권자가 정당의 주인이 되는 민주적인 방향으로 진행되어야 한다고 할 수 있다.

두 번째로, 정당 개혁의 방향은 정당의 민주화와 관련된 것으로 정리해 볼 수 있다. 대다수의 인터뷰 대상자들에 따르면 정당 내부의 비민주성의 대표적인 예로 공천문제를 들고 있다. 국민참여경선제나 오픈프라이머리가 가지고 있는 긍정적인 측면을 고려하더라도 이러한 공천방식이 갖는 문제점으로 다음과 같은 사항들을 지적하였다. 첫 번째는 여론 조사를 통해 공직 후보자를 추천하는 경우 그 방식이 갖는 한계로 인해 대표성의 왜곡이 나타날 수 있다는 것이다. 두 번째는 책임정치를 구현한다는 차원에서 정당의 기본 이념과 노선을 같이 하는 사람이 선출되어서 국민들의 선택을 받아야 하는데 그와 별개의 사람이 당의 대표나 후보자로 선출될 수 있다는 점이다. 그러나 무엇보다도 중요한 것은 이러한 제도를 통해 비민주적으로 공천된 공직후보에 대하여 국민이 선택의 대상에서 배제할 수 있는 성숙한 정치의식이 선행되어야 한다는 점이다.

마지막으로, 정당 정치의 효율성에 관한 것이다. 우리나라 정당 정치에서 고질적 병폐로 여겨졌던 고비용 저효율의 정당 조직을 개혁하기 위한 방안 중의 하나로 지구당이 폐지되었다. 그러나 대부분의 인터뷰 대상자들은 지구당 제도의 재도입이 필요하다는 입장이다. 지구당은 풀뿌리 민주주의의 기초이기 때문에 그것을 폐지하기보다는 지구당의 효율적인 운영방안에 대해 고민해야 한다고 주장한다. 또한 고비용 정당 체계를 타파하기 위해서는 무엇보다 중앙당을 대폭 축소하고 정당 구조의 역할을 인력 중심에서 정책 중심으로 전환해야 한다고 주장한다.

이상의 문제점들로부터 지금 우리가 추구하는 정당 개혁의 방향은 크게 낮은 제도화 수준 완화, 정당 운영의 민주성 증대, 그리고 제도 개선을 통한 비효율성의 제거라고 요약해 볼 수 있다. 이러한 문제점에 대한 인식을 토대로 정당 개혁의 구체적인 방안에 대해서 논의해 보기로 하겠다.

어떻게 정당 개혁을 이룰 것인가?

정당 개혁과 관련하여 인터뷰 대상자들로부터 가장 많은 논의가 이뤄지고 있는 부분이 현행 선거제도의 문제인 듯하다. 첫째로 현재 우리나라 국회의원 선거제도는 소선거구제를 근간으로 규모가 작은 비례대표제를 유지하고 있다. 그러나 현 제도하에서는 대결적 정치구조의 가장 큰 원인인 지역균열과 세대균열, 그리고 계층균열을 치유하기 어렵고 대표의 편향성과 왜곡을 완화하기 어렵다는 지적이 많았다. 따라서 국회의원 정수 조정을 통해 비례대표를 확대하고, 권역별 비례대표제를 도입해 지역균열을 완화하며, 비례 의석을 바탕으로 각종 이익단체들과 정당의 정책연합과 공개 지지가 가능하도록 하는 등 선거제도를 다시 면밀하게 검토할 필요가 있음을 제안하였다.

다음으로 많이 논의되는 정당 개혁의 방향은 당내 민주화, 원내 중심 정당화, 그리고 당원의 정체성 확립과 관련된다. 인터뷰 대상자들에 따르면, 지금까지 당내 개혁과 정당 운영의 효율성 제고를 위한 수많은 노력들이 진행되어 왔고 당 내부에서도 혁신과 개혁에 대한 공감대 역시 형성되어 왔다고 한다. 그러나 문제는 당직자나 지도부의 잦은 교체로 인해 결정된 개혁안에 대한 집행과 실행이 제대로 이루어지지 않고, 이로 인한 연속성의 결여로 개혁 방향에 대한 합의가 제대로 이루어지지 않는다는 것이다. 따라서 당내 민주주의 강화를 위해서 당비를 내는 당원 중심의 정당 체제 도입이 중요하다고 보았다. 즉, 당의 중심이자 주인은 당원이기 때문에 당의 정체성과 이념을 올바로 갖고 있는 당의 인재를 당원들이 선출해야 된다는 것이다. 또한 당원 교육 프로그램을 대폭 확대하고, 당원이 실제 마을 단위, 구 단위에서 생활 정치를 통해 검증되고 성장할 수 있는 시스템을 마련함으로써 정당은 책임성 있는 정치를 구현할 수 있다는 것이다.

마지막으로 정당과 국민 간의 매개체로서 언론이 공공성과 다양성에 기초한 역할을 수행하지 않는다면 정당 개혁은 이뤄질 수 없다는 의견이 다수를 이루었다. 인터뷰 대상자들이 지적하듯이 언론이 의회나 정당의 성과보다는 오직 파벌, 분열, 싸움, 논쟁 등 자극적인 내용이나 갈등만을 강조하여 보도하기 때문에 국민들의 정치에 대한 불신은 커지고 있다. 비록 언론의 책임도 존재하지만 정당 역시 소통을 위한 노력을 기울이고 있지 않다. 따라서 정당은 언론에 대한 전적인 의존에서 탈피하여 정당 스스로 현장에서 국민과 소통하고 정보를 제공하는 노력을 통해 정치 불신을 완화할 수 있음을 인지해야 할 것이다. 특히 인터뷰 대상자 18은 이를 위한 구체적인 방안으로 정책 기조의 당수토론이라든지 정책의장토론 등 각급 현안들이 발생할 때 매체를 통해서 정치행위자들이 국민 앞에서 공개적으로 토론하는 것을 상시화할 것을 제안하였다.

정당 개혁을 통한 한국 민주주의의 발전을 위하여

민주주의는 크게 두 단계로 이루어진다. 첫 단계는 권위주의로부터 벗어나 민주정치의 절차적 기반을 공고하게 하는 것이다. 쉐보르스키(Adam Przeworski 1991, 26)에 따르면, "경쟁적 선거가 권력에 접근할 수 있는 유일한 경기 규칙"이 되었을 때 그리고 "그 외 어느 누구도 경쟁적 선거 이외의 다른 방식으로 권력을 획득한다는 것을 생각할 수도 없을 때 민주주의의 공고화가 달성된다."고 주장하였다. 즉, 권위주의 세력은 쿠데타를 포기하는 대신 그리고 민주화를 위해 투쟁하는 세력은 혁명을 포기하는 대신 두 세력 모두 선거를 통해 국가권력의 향방을 결정하는 것에 모두가 순응하는 것이 그 핵심이라 할 수 있다. 이런 관점에서 보면 우리나라는 민주주의의 공고화를 위한 최소한의 구조적 필요조건을 충족시켰다고 볼 수 있다.

두 번째 단계는 '어떤 민주주의'를 갖게 될 것인가의 문제인데 민주주의의 질을 결정하는 것은 사회의 갈등 구조를 정당들이 얼마나 잘 대표하는가에 달려있다고 보는 것이다(박상훈 2013). 결국 정치개혁의 목표는 민주정치를 공고화하여 민주주의의 질을 향상시키는 데 있다. 민주주의의 질이 향상되면 국민의 자유, 안전, 복지가 증진될 수 있는데, 이를 위해서는 정치제도와 국민의 정치의식 그리고 시민문화가 동시에 조화로운 발전을 이뤄야 한다. 특히 대표적인 정치제도인 정당의 개혁은 이를 위한 필수적인 요소라고해도 과언이 아니다. 왜냐하면 정당의 발전 없이 민주정치의 공고화나 민주주의의 질을 향상시키는 것은 불가능하기 때문이다.

지금까지 정당 관계자들을 대상으로 한 인터뷰를 통해 한국 정당정치의 문제점과 정당 개혁에 대한 방안들을 살펴보았다. 오늘날 우리나라 정당이 직면하고 있는 가장 커다란 도전은 계파 갈등을 극복하고 정당에 대한 국민의 신뢰를 어떻게 회복할 것인가이다. 선거와 집권에만 매몰되면서 다른 가치들이 희생되거나 사회적 요구와 변화를 반영하지 않는 낡은 정당 체제가 지속된다면 한국 민주주의의 발전 및 정치 수준은 지금과 크게 달라지기 어려울 것이다. 따라서 민주주의 공고화를 넘어 높은 수준의 민주주의로의 발전을 꾀하기 위해서는 정당 개혁을 위한 토대를 마련하고 지속적으로 유지하기 위해 많은 시간과 노력이 필요할 것이다. 결국 이러한 노력들이 우리 사회의 적폐청산과 민주주의의 회복을 위한 출발점이 될 것으로 기대해 본다.

시민-정당 연계와 소통

05

정책 기반 정당과 유권자의 연계와 소통

: 이상과 현실

조진만 • 덕성여자대학교

어떻게 하는 것이 바람직한가?

정당의 존재 목적은 정치권력의 획득에 있다. 그리고 민주주의는 선거라는 기제를 통하여 보다 많은 유권자의 지지를 얻은 정당에게 정치권력을 부여하는 방식으로 운영된다. 이 두 가지 사실을 놓고 보면 정당은 가급적 많은 유권자들의 지지를 얻기 위하여 최선의 노력을 경주해야 한다. 그러므로 정당이 조직을 운영하고, 정책을 개발하고, 후보자를 공천하고, 선거운동을 진행하는 것 모두 보다 많은 유권자들의 지지를 얻어 정치권력의 획득이라는 목적을 효율적으로 달성하기 위한 수단일 수 있다.

그렇다면 정당은 유권자들과 어떻게 연계하고 소통해야 하는가? 다원화된 사회에서 유권자들은 다양한 선호와 이해관계를 가지고 있다. 이러한 이유로 정당이 유권자와의 연계와 소통을 시도할 때 일정한 방향성과 전략이 필요하다. 왜냐하면 특정 정당이 자신의 정체성을 유지하면서 모든 유권자들의 지지를 이끌어낼 수 있다고 기대하기는 어려운 것이 현실이기 때문이다. 그러므로 정당과 유권자의 연계와 소통은 양자 간의 관계를 매개해 줄 수 있는 기제와 이를 지속시킬 수 있는 조직적 뒷받침이 이루어질 때 제대로 이루어질 수 있다.

정당과 유권자의 연계와 소통의 관계를 매개해 줄 수 있는 기본적인 기제는 정당의 정체성과 지향에 기반하여 제시되는 정책이 된다. 정당은 사회에 존재하는 다양한 정책적 요구와 갈등을 종합적으로 고려하여 자신들이 중점적으로 해결하고자 하는 문제에 대한 우선순위를 설정한다. 그리고 이에 대한 강조와 홍보를 통하여 지지자를 결집시킨다. 정당정치가 갈등과 분열을 조장한다고 비판을 받으면서도 민주주의의 필수 불가결한 장치로 인정되는 이유는 이처럼 사회의 수많은 갈등들을 몇 개의 중요한 갈등으로 축소시켜 경쟁할 수 있도록 만드는 역할을 수행하기 때문이다. 뿐만 아니라 이러한 차원에서 정당이 지지자들을 규합할 경우 안정적으로 정당의 조직적 역량을 키울 수 있다. 그리고 이렇게 키워진 정당의 조직적 역량은 내부적으로 강하게 형성된 구심력을 토대로 지지자들의 확대라는 외연의 확장을 추구할 수 있다는 점에서도 장점을 갖는다.

지금까지의 논의를 종합하면 정당은 정권 획득이라는 목표를 달성하기 위하여 유권자들과 연계하고 소통하는 노력이 절대적으로 요구된다. 다만 정당의 유권자 연계와 소통이 효율적이면서도 안정적으로 이루어지기 위해서는 정당의 정체성과 직접적으로 연계된 정책이라는 수단을 통하여 지지자들을 모이고 확대하는 노력을 해야 한다. 하지만 한국의 정당들은 이와 같은 차원에서 유권자들과의 연계와 소통을 진행하고 있지 않다는 느낌을 받게 된다. 그렇다면 전문가 집단면접조사(FGI: Focus Group Interview)의 내용을 토대로 한국의 정당들은 어떻게 유권자들과 연계하고 소통하는 모습을 보이는지를 살펴보도록 하자.

어떻게 이해하고 있는가?

전문가 집단면접조사의 내용을 보면 정당의 유권자의 연계와 소통은 중요하다는 인식이 분명하게 존재한다. 즉, 대부분의 전문가들은 정당이 유권자들과의 연계와 소통을 평소에 꾸준하게 해야 한다고 주장한다. 그리고 이러한 것이 가능할 수 있는 정당의 하부조직의 중요성도 피력하고 있다.

하지만 현실에서 정당이 유권자들과 적극적으로 연계하고 소통할 때는 선거기간에 한정되는 특징을 보인다는 점도 공통적으로 지적하고 있다. 현실에서 이러한 한계를 보이는 이유에 대하여 일부 전문가들은 선거법상 상시적인 선거운동이 보장되어 있지 않고, 지구당이 폐지되어 이러한 역할을 안정적으로 수행할 수 있는 정당 차원의 조직이 부재하다는 점을 지적한다. 이러한 현실 속에서 정당은 조직을 활용한 면대면 접촉에 기반한 유권자와의 연계와 소통보다는 매스미디어나 정보통신기술을 활용한 연계와 소통 방식을 선호하는 모습을 보이고 있다.

정당에 몸담고 활동하고 있는 전문가들임에도 불구하고 정당이 유권자와의 연계와 소통을 구체적으로 어떻게 해야 하는가에 대한 전략을 명확하게 제시한 전문가는 많지 않았다. 특히 정당이 모든 유권자들을 만족시킬 수 없는 상황 속에서 정책이라는 매개물을 통하여 지지자를 결집하고 확산시키는 노력을 해야 한다는 부분과 관련하여 유일하게 언급한 전문가는 다음과 같은 진술을 하였다.

> "(인터뷰 대상자 19): 정당들이 아무리 잘해도 비판은 나온다. 당연히 우리나라 인구 5천만 명의 이해관계를 정책적으로 어떻게 다 반영하겠는가? 그 어느 나라 정부도 못하고 정당도 못하는 일이다. 각자 본인들의 지지 집단에 대해서 좀 더 정책적으로 목소리를 반영하려고 노력을 굉장히 많이 해야 한다."

이 전문가들을 제외하면 정당이 정책을 매개로 유권자들과의 연계와 소통을 시도해야 한다는 것에 대한 당위적 중요성과 현실적 효과성 등의 문제를 언급한 전문가들은 없었다. 이후에 구체적으로 살펴보겠지만 전문가 집단면접조사의 자료를 살펴보면 이러한 부분들을 경시하면서 특별한 비전과 전략 없이 정당이 유권자와의 연계와 소통을 시도하고 있다는 점을 느낄 수 있다. 즉, 정책이라는 매개가 없이, 그리고 어떠한 차원에서 자신의 지지자들을 규합하고 확장시켜 나가야 한다는 것에 대한 명확한 전략도 없이 무작정 많은 유권자들을 다양한 행사 위주로 만나는 것 이상의 진술을 찾아보기 힘들었다.

정당의 전문가들의 진술 중에서 또 한 가지 주목할 만한 부분은 정당이 정책이라는 기제를 통하여 유권자들과 연계하고 소통하고자 할 때 그것이 잘 안 되는 이유 중의 하나가 정책적 완성도가 떨어지기 때문이라는 지적이다. 즉, 정당이 유권자의 요구를 수용하여 정책을 제시하고 있기는 하지만 유권자들이 이에 대한 반응이 떨어지는 이유는 언론에서 이를 기사화해 주지 않거나 유권자들의 정책에 대한 관심이 떨어지기보다는 각별한 고민과 준비 없이 내놓은 완성도 낮은 정책이라는 점에 있다는 것이다.

"(인터뷰 대상자 8): 문제의식이나 문제이슈를 가지고 정당들이 정책을 내놓아도 유권자들의 호응을 얻지 못하는 이유를 언론에서는 접촉들이 있지 않기 때문이라고 계속 이야기를 하고 있는데, 그것은 아닌 것 같다. 정책에 대한 완성도를 중점으로 봐야 될 것 같다. … 이런 정책들의 결과물이 국민들이 보았을 때 미진하다고 생각되는 완성도의 결여인 것이지 소통 측면에서의 문제와는 또 다른 문제가 있지 않나 생각한다."

어떻게 이루어지고 있는가?

한국에서 정당과 유권자의 연계와 소통은 많이 이루어지고 있지 않고 있을 뿐만 아니라 특별한 지향과 전략도 없이 이루어지고 있는 특징을 보이고 있다. 다음의 전문가 진술은 이런 특징들을 여과 없이 잘 보여 주고 있다.

"(인터뷰 대상자 4): 정당 차원에서 접근 매뉴얼을 주거나 그런 것은 없는 것 같다. '유권자들을 어떻게 만나라' 이런 것들은 없는 것 같다."

이와 더불어 정당이 유권자와 연계하고 소통할 수 있는 하부 단위의 정당조직이 부족하고, 조직력과 홍보력 등을 실험할 기회도 절대적으로 부족하다는 지적이 많다. 또한 한국 정치에 대한 유권자들의 불신감이 높아 정당에 가입하거나 활동하는 것에 대한 거부감이나 부담감도 많이 느끼고 있어 연계와 소통을 도모하는 데 어려움이 있다는 호소도 존재한다. 뿐만 아니라 공직선거법상 밥 사 주는 것 등이 안 되는 상황하에서 현실적으로 1,000~1,500원 수준의 다과를 제공하면서 일반 유권자들을 접촉할 수 있는 기회를 만든다는 것이 어렵다는 점도 토로하고 있다.

하지만 이처럼 정당의 조직적 기반이 부족하고 일반 유권자들을 정당에 가입시키거나 참여시키기 힘든 상황이라면 오히려 기존의 당원들을 중심으로 이러한 문제들을 해결하려는 노력을 전개하는 것이 합리적인 것은 아닌가 하는 생각이 든다. 하지만 전문가들의 일반적인 진술은 이와는 대치되는 부분들이 많다. 전문가들의 진술을 보면 정당은 당원이나 지지자들에 대한 관심과 신경을 덜 쓰고 접촉하고 동원하기 힘든 일반 유권자에 관심을 더 쏟고 있다는 점을 파악할 수 있었다. 이것은 정당정치의 기본적인 속성과 원칙을 놓고 보면 다소 이례적인 특징이다. 물론 이것을 보다 많은 표를 얻기 위한 정당의 노력으로 이해할 수도 있다. 하지만 다른 한편으로 이것은 한국에서 정당정치가 제대로 제도화되지 못하여 나타나고 있는 문제이기도 하다. 그리고 이것은 궁극적으로 당원들의 소외와 불만으로 인하여 그나마 유지하고 있는 정당의 조직적 기반이 더욱 침식되는 결과를 초래할 수 있다.

"(인터뷰 대상자 9): 지지층은 굳이 만나지 않아도 된다. 한 번 지지자는 영원한 지지자이기 때문에 그분들에 대한 노력은 크게 기울이지 않아도 되고, 그분들은 개인을 지지하는 것이 아니라 정당을 지지하는 것이다. 때문에 노력하지 않아도 된다."

"(인터뷰 대상자 3): 정당내에 당원들의 교육이 덜 되어 있고, 각성이 덜 되어 있다. 그 안에서 답답해하는 사람들도 있다."

"(인터뷰 대상자 10): 유권자와의 소통도 필요하지만 그 전에 당원과 어떻게 지낼지에 대한 고민도 필요하다. 민주주의하에서 상향식 공천이 좋은 것처럼 보여서 상향식 공천을 도입하였는데, 현재 새누리당과 당원 간의 사이가 굉장히 멀어졌다."

이러한 현실에서 정당의 유권자와의 연계와 소통은 조직적으로 제도화되어 이루어지지 못하고 소속 국회의원이나 정치인을 중심으로 이루어지는 특징을 보이고 있다. 이런 특징을 보일 경우 국회의원이나 정치인의 개인적 역량이나 스타일 등에 따라 유권자와의 연계와 소통 방식이 차이를 보일 수밖에 없다. 특히 많은 전문가들은 국회의원들이 1년에 한두 번씩 체육관에 모아 놓고 자신의 성과를 이야기하거나 민원을 들어주는 형태로 유권자들과 소통한다고 생각하는 것에 대하여 비판적 입장을 보였다. 뿐만 아니라 특정한 목표와 전략 없이 야유회, 파티, 행사 등에 가서 인사하고 사진 찍고 하는 것을 유권자와의 주요한 만남으로 삼고 있는 국회의원들의 행태에 대해서도 질책을 하였다.

다만 전문가들의 진술을 통해서 볼 때 국회의원이 유권자와 연계하고 소통하는 과정상에서 보이는 단체 중심의 접촉이라는 특징은 중요한 문제로 제기될 수 있는 부분이다. 물론 정당이나 국회의원 모두 제한된 시간 내에서 보다 많은 유권자들을 접할 수 있는 방식으로서 단체와의 만남을 중요하게 여길 수 있다. 하지만 이와 같은 정당과 국회의원의 행태는 표를 의식하여 특정 단체의 이익이나 입장에 포획될 수 있다는 점이 우려된다.

"(인터뷰 대상자 9): 가장 편한 것은 협의체들과 만나는 것이다. 협의체를 만나는 것이 의견 수렴에 있어 편리하기에 대부분 선호한다. 다만 어느 한 측면으로 기울어진 입장을 대표한다는 우려가 있을 수 있다."

"(인터뷰 대상자 16): 보통 국회의원은 시민단체라든지 향우회 등 조직이나 단체들과 소통하는 경우가 대부분이고 이 분들의 요구가 있다. 개인적인 생각일수도 있겠지만 어떤 분야의 대표단체라고 하시는 분들도 이미 너무 어떻게 보면 까질 대로 까졌다. 본인들이 먹고살기 위한 행동들이지, 이 분들이 장애인을 대표하고 여성을 대표하고 아이 키우는 엄마를 대표한다고 보지 않는다. 이 분들과 소통하는 것이 신뢰도를 높이는 길인지 솔직히 잘 모르겠다."

어떻게 개선할 것인가?

정당 차원에서 유권자의 소통과 연계가 제대로 이루어지기 위해서는 다양한 노력들을 전개할 필요가 있다. 다만 정당정치의 기본적인 속성과 전문가 집단면접조사의 결과를 놓고 볼 때 한국의 정당들은 우선적으로 자신의 지지자들을 어떻게 규합하고 대우할 것인가에 대한 고민을 하고 대책을 마련할 필요가 있다. 정당정치는 모든 유권자들을 자신의 지지자로 만들기 위한 목적으로 진행되는 것이 아니다. 수많은 사회적 갈등요인들을 몇 가지 요인으로 단순화시키고 우선순위를 정해서 이에 동조하는 지지자들을 결집시키고 확산시키는 것이 정당정치의 기본이다.

이를 위해서는 정당들이 분명한 정체성에 기반하여 완성도 높은 정책들을 개발하고 유권자들에게 적극적으로 홍보해야 한다. 그리고 이를 토대로 지지자들을 당원으로 조직화하고 정당 조직의 외연을 확장하는 노력을 전개해야 한다. 정당 조직이 취약하고 당원에 대한 배려와 대접이 부족하여 강한 구심력을 갖추지 못한 정당이 표만을 의식하여 일반 유권자들에게 접근하고 신경을 쓴다고 한들 기대한 효과를 이끌기는 어렵다는 점을 이제라도 분명하게 인식할 필요가 있다.

이 외에 정당의 영향력이 약화되고 정보통신기술 등이 발전함에 따라 정치인들 개인이 중심이 되어 이루어지고 있는 정치에 대해서도 고민이 필요하다. 정치란 결국 지지자들을 얼마나 크게 조직하는가의 문제가 핵심이고, 그것을 가능하도록 하기 위하여 존재하는 조직이 정당이라는 것을 분명하게 명심할 필요가 있다. 소속 정당과 거리를 두면서 개인의 정치에 치중하는 정치인들이 많아질수록 한국 정치는 더욱 불신을 받게 되고 어려움을 겪을 가능성이 높다. 또한 좀 더 자유로운 환경 속에서 정당의 조직과 활동이 가능할 수 있도록 관련 법과 제도를 보완하는 노력도 병행하여 진행할 필요가 있다.

시민과의 소통을 위한
정당의 노력과 현실

이한수 • 아주대학교

현대 대의민주주의에서 시민과 정당의 연계 및 소통은 정당 활동뿐만 아니라 민주주의의 작동 과정을 이해하기 위해서도 매우 중요하다. 대의민주주의에서 시민들은 자신들의 대표자를 선출하고 대표자들은 정책을 결정하고 집행한다. 이 과정에서 정당은 시민과 정부를 연계하는 기능을 담당한다(Key 1964). 예를 들어, 정당은 시민들의 정책 선호를 형성할 수 있다. 물론 정당은 시민들의 요구를 정부의 정책 결정에 반영하기도 한다.

규범적 민주주의 이론에 따르면, 유권자의 지지를 통해 집권한 정당은 유권자의 이해와 요구를 정책에 반영해야만 하는 규범적 의무를 가진다. 하지만, 일반적으로 정당에게 민주적 대응성(democratic responsiveness)을 강제할 수 있는 법적 의무는 존재하지 않는다. 그럼에도 불구하고 일군의 학자들은 대표자 혹은 정당이 유권자의 정책적 요구를 정책 결정 과정에 반영한다고 주장한다(e.g. Miller and Stokes 1963). 정당이 유권자들의 이해와 요구를 정책 결정 과정에 반영하는 주요한 까닭들 중 하나는 선거와 관련이 있다. 시민들이 자신들의 이해와 요구를 정책 결정 과정에 성실히 반영하는 정당을 지지한다면, 정당은 집권을 위해 유권자들의 이해와 요구에 적극적으로 대응하게 될 것이다.

정당이 어떻게 시민들과 소통하는가를 확인하는 방법은 다양하다. 예를 들어, 정당의 정책과 유권자들의 정책 선호를 비교하여 정당의 민주적 대응성을 확인해 볼 수 있다. 또한 주요 정당의 관계자들이 시민과의 소통을 위해 어떠한 노력을 하고 있는지를 살펴볼 수 있을 것이다. 이 연구는 후자의 접근법을 바탕으로 대한민국에서 이루어지고 있는 정당과 시민의 연계를 검토하고자 한다.

명지대학교 미래정치연구소는 2016년 4월부터 7월까지 정당 당직자, 국회의원 보좌진, 선거캠프 경험자 등 20명을 대상으로 "정당 개혁과 사회통합"에 대한 심층 인터뷰 조사를 진행하였다. 이 인터뷰를 통해 현재 대한민국의 정당이 시민과 어떻게 소통하고, 정책 결정 과정에서 유권자들의 이해와 요구에 어떻게 반응하고자 하는가를 확인한다. 이를 위해 우선 정당이 시민들과 주로 어떠한 방법으로 소통하고 있는지를 살펴볼 것이다. 더 나아가, 정당의 유권자에 따른 소통방식의 차이가 존재하는가를 검토한다. 마지막으로 정당 관계자들이 느끼는 소통방식의 문제점과 개선방안을 논의한다.

다양한 소통 방법

과거 선거 시기에 정치인들의 시민들과의 소통은 주로 학교 운동장이나 광장, 거리와 같은 곳에서 이루어졌던 것으로 보인다. 하지만 통신기술의 발달은 소통의 장을 오프라인에서 온라인으로 가져왔다. 다수의 정당 관계자들은 Social Network Services(SNS) 등 온라인 매체를 통한 선거운동의 중요성을 강조한다. 즉, 대부분의 선거캠프에서 SNS를 통한 선거운동을 하고 있으며 일상적으로도 온라인 매체를 통한 시민들과의 접촉을 중시하고 있는 것으로 보인다.

물론 정당 관계자들은 매체를 통한 접촉뿐만 아니라 면대면 소통의 중요성 또한 인지하고 있다. 실제로 커뮤니케이션 학자들은 매체를 통한 설득에 비해 면대면 소통을 통한 설득이 더 효과적이라고 주장한다(Graber 2010). 면대면 소통에는 자전거를 타고 출퇴근을 하거나 지역구를 걸으며 유권자를 만나는 등 일상적인 생활을 통해 이루어지는 방식이 있다. 이 과정에서 의원들은 시민들과 대화하며 민원을 청취할 수 있다. 또한 지역에서 이루어지는 다양한 행사에 참여해 시민들을 만나는 경우도 일반적이다.

일반 시민들과 소통하는 또 다른 방식은 의원이 시민들을 만나는 장을 마련하는 것이다. 예들 들어, 시민들이 의원실을 찾아와 직접 민원을 제기할 수 있는 제도적 통로를 마련할 수 있다. 실제로 특정 요일이나 일자를 "민원의 날"로 정하고 의원 사무실 등에서 유권자들의 민원을 청취하는 경우가 존재한다. 정당 관계자들에 따르면 생각보다 많은 시민들이 민원을 제기하기 위해 직접 의원 사무실을 방문한다고 한다. 정당 관계자들은 이러한 소통이 시민들의 민원 해결에도 도움을 줄 수 있을 뿐만 아니라 의원들의 득표에도 긍정적인 영향을 미친다고 생각한다. 민원의 날뿐만 아니라 의정발표회도 일종의 제도화된 소통 창구라고 볼 수 있다. 실제로 정당 관계자들의 인터뷰에 따르면, 정당이나 의원들이 가장 빈번하게 유권자를 접하는 통로가 의정발표회 등인 것으로 보인다. 물론 이러한 활동이 선거 기간 중에만 활성화되는 것이 아니라 일상화되어야 할 것이다.

몇몇 정당 관계자들은 일반대중과의 무작위한 만남이 득표나 지역 문제 파악 등과 관련하여 효율적이지 못하다고 생각한다. 이들은 일반대중과의 무작위한 만남보다 지역 단체나 지역의 공적인 조직(이장, 통장 등)을 활용하는 것이 지역의 문제를 좀 더 정확하게 파악할 수 있고, 득표율을 올리는 데도 효율적일 수 있다고 주장한다. 이러한 소통의 방식으로는 지역 단체 지도자나 전문가 등을 중심으로 공청회나 간담회를 갖는 것을 들 수 있다.

유권자에 따른 소통방식의 차이

인터뷰 결과에 따르면, 대부분의 정당 관계자들은 시민들과의 소통이 매우 중요하다고 인식하는 것으로 나타났다. 그들은 시민들과의 소통이 대표성을 증진할 수 있을 뿐만 아니라 득표율에도 영향을 미칠 수 있다고 본다. 그렇다면, 소통방식에 있어 지지자와 비지지사 사이의 차이가 존재할까? 별 차이가 없다고 응답한 관계자들도 있었지만, 대부분 일정 수준의 차이가 존재한다고 답했다. 이러한 차이가 발생하는 기본적인 까닭은 지지자 혹은 정당원들이 가지고 있는 정당이나 후보에 대한 우호적인 감정과 그로 인한 자발성에 따른 것으로 보인다.

의원이나 정당 후보, 혹은 관련자들은 지지자들이나 당원들과 소통할 때 좀 더 적극적으로 자신의 의견이나 정책 선호를 피력할 수 있다. 이러한 의견 피력과 소통은 당원 간담회나 지지자나 당원들만이 가입할 수 있는 온라인 커뮤니티와 SNS를 통해 이루어지는 것으로 보인다. 인터뷰에 따르면, 선거 시기가 아닌 경우 의원들이 직접 유권자를 만나는 행위 자체가 불법선거운동으로 비춰질 수 있기 때문에 일상적인 시기에는 정당이나 의원들이 일반 유권자들보다 당원들을 중심으로 한 소통에 좀 더 신경 쓰는 경향이 있다.

하지만 득표와 관련하여 당원이나 지지자에 비해 일반 유권자를 더 빈번하게 접촉해야 하는 것 역시 사실이다. 특히, 당원이나 지지자들에 비해 일반 유권자들은 정당이나 의원이 직접 찾아가야 접촉이 가능한 경우가 대부분이다. 즉, 일반 유권자는 공식적인 지역구 활동이나 행사 등을 통해 접하는 경우가 일반적이다. 예를 들어, 시민들의 행사를 찾아가는 것과 같이 일반적으로 의원들이 먼저 유권자들에게 다가가는 방식이다. 물론 민원의 날과 같은 제도적 방안을 통해 유권자들이 먼저 정당이나 의원을 찾아오는 경우도 존재한다.

소통방식에 있어서의 차이뿐만 아니라 어떠한 소통이 더 중요한가에 대해서도 일정 정도 차이가 존재하는 것으로 보인다. 특히 이러한 차이는 정당 관계자 혹은 의원들이 가지고 있는 선거전략이나 당내 위치의 차이에서 나타나는 것으로 보인다. 예를 들어, 당직에 관심이 있는 의원들은 투표권을 가진 당원들에게 노력을 더 기울인다. 당직에 관심이 없더라도 선거에 있어 당원의 역할을 중시하기 때문에 당원과의 소통을 중시하는 의원들도 존재한다. 이는 선거 기간 중 당원을 통해 일반 유권자들을 접촉하는 것이 상대적으로 용이하며, 설득에 있어서도 효율적이라고 믿기 때문이다. 즉, 당원을 중심으로 지지/세가 확산될 수 있다고 생각하는 의원들의 경우 당원과의 소통에 좀 더 신경을 쓰는 것을 알 수 있다.

　반면, 당직보다 재선이 더 중요한 의원들은 일반 유권자나 지지자의 목소리에 귀를 기울일 것이다. 몇몇 의원들은 일반 유권자보다 적극 지지자들의 의견을 더 중시하는 경향이 있다. 이들은 지지자들이 곧 자신의 명분이고, 세력이 된다고 믿기 때문인 것으로 보인다. 반면 앞서 소개하였듯이 몇몇 정당 관계자들은 일반 유권자를 만나 소통하는 일이 상대적으로 매우 어려운 일이라고 생각한다. 제도적으로 이러한 소통이 어려운 까닭도 있겠지만, 일반 유권자들이 의원이나 후보자를 포함하는 정당인들의 접근을 호의적으로 받아들이지 않는 경향이 존재하기 때문일 수도 있다.

　인터뷰 결과를 살펴보면, 의원이나 정당 관계자들 모두 소통이 득표에 긍정적인 영향을 미칠 것이라고 생각한다. 그렇기 때문에 유권자와의 소통을 위한 다양한 전략과 방법을 모색하는 것이라 볼 수 있다. 더 나아가 이들은 소통이 유권자들의 투표 참여에도 긍정적인 영향을 미친다고 생각한다. 하지만, 소통이 어떠한 방식으로 어느 정도 참여에 영향을 미치는가에 대한 객관적인 통계적 수치를 찾기는 쉽지 않다. 외국의 경험적 연구는 의원이나 후보자들과의 면대면 토론과 같은 직접적인 접촉이 투표 참여에 긍정적인 영향을 미친다는 것을 보여 준다(Gerber and Green 2000). 더 나아가, 몇몇 정당 관계자들은 모든 접촉이 참여나 설득에 긍정적인 영향을 미치는 것이 아니라 진정성 있는 소통만이 긍정적인 영향을 미칠 것이라고 주장한다.

소통과 유권자 이해 반영

　인터뷰 결과를 분석해 보면, 국회의원들과 정당들은 시민과의 소통을 위해 노력하고 있는 것으로 보인다. 그럼에도 불구하고 시민들은 의회가 정책 결정 과정에 유권자들의 이해를 제대해 반영하고 있지 못하다고 생각하는 듯하다. 또한 시민들의 의회에 대한 신뢰도 그리 높아 보이지는 않는다. 그렇다면, 이러한 비판에 대해 정당 관계자들은 어떠한 생각을 하고 있으며, 비판에 대한 해결 방안으로 무엇을 제시하고 있는가?

　몇몇 관계자들은 시민들의 비판이 일정 수준 오해에서 비롯되었을 수 있음을 지적하며, 시스템이 가지고 있는 특성을 지적한다. 예를 들어, 정책의 결과가 나오는 시점의 차이로 인한 오해가 존재할 수 있다. 의원들이 지역구 유권자들의 이해를 반영하는 법안을 제출한다고 해도 이러한 법안들이 늘 법제화되는 것도 아닐 것이며, 단시간에 법안이 통과되는 것도 아니다. 또한 제도상으로 국회의원과 대통령, 지방 의원들이 할 수 있는 일이 서로 다름에도 불구하고 모든 문제를 국회의원이 해결할 수 있다고 생각하는 유권자들이 다수 존재한다는 주장이다. 만일 이들의 주장이 타당하다면, 이러한 비판과 오해를 해결하는 것은 유권자들과의 좀 더 적극적인 소통이 될 것이다.

　유권자 측면의 또 다른 주장은 유권자들이 자신들의 이해를 제대로 반영하지 못한 의원들을 선거에서 적절하게 심판하지 못하기 때문에 이러한 문제가 발생한다는 인식이다. 몇몇 정당 관계자들은 의원들이 재선에 매우 민감한 사실을 들며, 유권자들이 처벌과 보상의 기제를 제대로 보여 주지 못한다면, 의원들이 유권자들의 이해를 입법 과정에 반영할 동기 혹은 유인을 찾지 못하게 된다고 주장한다. 이러한 주장은 대의민주주의하에서 선거를 통한 민주적 책임성(democratic accountability)의 작동과 연관이 있다. 이러한 주장의 연장선상에서 몇몇 정당 관계자들은 의원들의 입법 활동을 유권자들에게 소개하는 시민단체와 이익단체의 조금 더 적극적인 노력을 주문한다.

앞선 주장들과 달리 문제의 원인을 정치권에서 찾아야 한다는 인식 역시 존재한다. 즉, 의원이나 정당이 의사 결정 과정에서 유권자나 대중의 이해가 아닌 자신들의 이해를 추구하기 때문에 이러한 비판이 나온다는 것이다. 예를 들어, 당내 의사 결정에서 파벌 간의 싸움 등, 소위 말하는 기득권 정치를 하려 하기 때문에 폐쇄적인 의사 결정 방식이 사용되고, 결국 이러한 방식을 통한 정책은 유권자나 대중의 이해를 반영하기 어렵게 된다는 주장이다. 이러한 지적에 대한 해결책으로 좀 더 투명한 정당의 의사 결정 과정을 요구할 수 있을 것이다.

소통 증진을 위한 제안

앞서 지적하였듯이 다수의 정당 관계자들은 정당과 시민의 소통이 민주적 대의성을 향상시킬 뿐만 아니라 선거에도 도움이 된다는 인식을 가지고 있는 것으로 보인다. 물론 일반 시민과의 소통이 중요한가 아니면 당원들이나 지지자들과의 소통이 더 중요한가에 대해서는 이견이 있는 것으로 보인다. 예를 들어, 어떤 정당 관계자는 일반 유권자가 참여하는 상향식 공천으로 인해 당원과의 소통에서 어려움을 겪을 수 있다고 주장한다. 몇몇 정당 관계자들은 당원과의 원활한 소통을 위해 지구당의 부활이 필요함을 역설한다. 반면, 다수의 인터뷰 응답자들은 시민들과의 적극적인 소통을 더 강조한다.

　또한 올바른 소통을 위해서는 피드백을 적극 활용하는 것이 중요함을 지적한다. 양방향 소통이 아닌 경우 소통은 소통이 아니라 정당이나 의원의 일방적인 홍보의 수단이 되어 버릴 수 있다. 실제로 몇몇 정당 관계자들은 현재 다수의 정당이나 의원의 소통은 소통이라기보다 홍보에 가깝다는 비판을 인지하고 있는 것으로 보인다. 마지막으로 몇몇 정당 관계자들은 시민과의 소통에 있어 의원들이 손쉽게 활용하는 지역의 특정 단체 등을 중심으로 한 소통에 있어, 이들의 주장이나 이익이 전체를 대표할 수 있는가에 대해서도 고민해야 한다고 지적한다. 때로 이들과의 소통이 편향된 이익을 대표하여 민주적 대응성을 약화시킬 수 있기 때문이다.

07

소통의 제도화와 대의제민주주의

: 현실과 제언

유성진 • 이화여자대학교

현대의 민주주의는 현실의 제약으로 대의제의 모습을 띠고 있다. 주권의 담지자인 유권자들은 선거를 통해 정책결정자들을 선출하고 이들에게 정치권력을 위임한다. 선출된 '대표자들'은 정책결정과 실행을 담당하고 유권자들은 그 결과를 바탕으로 다음 선거에서 이들을 처벌 혹은 보상하게 된다. 이렇듯 대의제민주주의에서 나타나는 일련의 순환 즉, 정치과정의 기제는 유권자들의 이익에 기반한 안정적인 민주주의의 운영을 가져오도록 기대된다. 그리고 여기에서 정당은 대의제 정치과정에서 유권자들과 정책견정자를 매개하는 역할을 부여받아 정치과정의 핵심적인 고리로 이해된다.

문제는 현실에 있어서 이러한 정치과정의 순환이 원활하게 이루어지지 않는 경우가 많다는 점이다. '대표자들'이 유권자들의 이익이 아니라 자신들의 이해관계를 위해 정치권력을 이용하는 경우가 흔히 목격되며 실제 권력의 작동과정은 유권자들과 상관없이 비밀리에 수행되는 경우도 빈번하다. 사건이 불거질 때마다 대의제민주주의의 작동방식에 대한 비판으로 정치제도와 정당 개혁의 목소리가 드높아지며, 의회와 정치인들에 대한 유권자들의 신뢰는 나날이 추락하여 매번 최저수준을 경신한다. 그 결과, 정치제도로서 대의제민주주의뿐 아니라 민주주의 자체에 대한 회의 역시 높아진다.

무엇이 문제일까? 어떤 이들은 보통의 유권자들이 복잡한 정치적 사안과 제도들을 이해하기 어렵고 정치인들의 선동과 조작에 취약하기 때문에 정책결정자들을 감시하고 통제하기에 역부족이라는 점을 지적한다. 또 다른 이들은 정당과 정치인들이 유권자들의 이해관계를 파악하고 이를 정책으로 반영하려는 노력을 등한시한 결과라고 주장한다. 유권자들은 스스로의 삶에 집중하는 나머지 정치적인 사안에 관심을 기울일 열의가 부족하며 그럴 의지도 없다. 때문에 정치권력을 추구하는 정당이 유권자들을 대신해 이들을 위한 정책을 고안, 실행해야 하는데, 그러한 책무를 게을리한 나머지 대의제민주주의의 원활한 작동을 저해한다는 것이다.

현재 우리가 겪고 있는 대의제민주주의의 문제점들이 유권자들의 무능력으로부터 기인한 것인지 혹은 정당의 무책임으로 초래된 것인지는 논쟁적이다. 그러나 이유야 무엇이든 한 가지 분명한 사실은 대의제민주주의의 원활한 작동이 유권자들과 정치과정의 핵심 매개체인 정당 간의 밀접한 연계와 소통에 달려있다는 점이다. 그렇다면 유권자와 정당 간 소통과 연계에 대한 실제 정치현장의 목소리는 어떠한가?

유권자 유형과 소통방식, 그리고 정당

실제 현실정치에 관여하고 있는 여러 관계자들의 증언들을 살펴보면, 유권자와 정당 간의 연계와 소통의 중요성에는 대체적으로 공감하고 있다. 그러나 실제 소통을 하는 방식이나 빈도수에 있어서는 차이가 나타났으며, 유권자 소통에 있어서 각 정당의 차이점, 그리고 소통의 효과에 대해서는 이견이 있었다. 심층인터뷰에 나타난 몇 가지 중요한 경향을 정리하면 다음과 같다.

먼저 소통의 방식에 있어서는 의원에 따라서 직접 찾아다니며 얼굴을 마주하는 방식을 선호하는 이들이 있는가 하면, SNS를 통한 대민접촉의 중요성을 강조하는 경우도 있었다. 실제 현역의원들의 경우 의정보고회를 활용하여 유권자들과의 접촉면을 넓힌다는 응답이 있었다. 또한 지역구에서 벌어지는 다양한 행사들을 찾아다니면서 유권자들과의 면대면 접촉과 소통의 기회를 갖는다. 그러나 현역의원이 아닌 경우 제도적인 소통창구가 제약되어 있어 매스미디어와 소셜미디어를 통한 접촉면에 집중하는 모습을 보인다. 실제 미디어를 통한 소통의 중요성은 여러 차례 언급되었는데, 한 응답자는 "조직을 통한 당과 유권자의 접촉은 많이 줄어들고, 매스미디어가 발달되면서 매체를 통해서 접촉하는 경우들이 많이 늘어나고 있는 추세에 있는 것이 아닌가하는 생각"이 든다고 밝히고 있었다.

둘째, 소통의 대상에 있어서는 제한적인 모습을 보였다. 심층인터뷰에 참여한 응답자들 대부분 지지자와 당원들과는 정기적인 소통의 기회를 갖고 그 소통의 방식도 쌍방향으로 활발하게 이루어진다고 답하였다. 그러나 일반유권자들은 지발자와 만남의 열의에서 지지자와 당원들과는 차이기 있기 때문에 소통에 있어서는 어려움을 갖는 것으로 나타났다. 더욱이 공직선거법에 따른 제약이 크기 때문에 실제 만남을 갖는 것에서부터 현실적인 어려움을 호소하였다. 이는 소통이 선거 때를 제외하고는 대부분 지지자와 당원들 위주로 이루어지고 있음을 의미하며, 일반유권자들과의 만남은 즉흥적이거나 일회적인 인사 정도에 그침으로써 실질적인 소통으로 이어지지 못하고 있음을 보여 준다.

셋째, 정당이 유권자들과 갖는 접촉과 소통의 효과에 대해서는 응답자의 다수가 긍정적이었으나 실제로 그리 효과가 없다는 응답들도 존재하였다. 많은 응답자들이 소통과 접촉을 통해 유권자의 관심과 참여의지를 높임으로써 정치참여로 이어진다고 답변하였으나, 실제 선택의 변화로 이어질지에 관해서는 회의적인 시각이 존재하였다. 결국 소통과 연계가 지지성향을 강화하고 보다 적극적인 투표의지로 이끌 수는 있겠지만 지지하지 않는 이들을 설득하여 지지층으로 전환시키는 데에는 역부족이라는 입장인 것이다. 이러한 경향은 정당과 정치인들의 유권자 연계가 지지자와 당원들에 집중된다는 점과 연관된다.

넷째, 응답자들 대부분이 유권자와의 소통과 연계에 있어서 조직으로서 정당의 역할이 미비하다는 점을 지적하고 있다. 심층인터뷰의 답변에 따르면 유권자와의 소통은 의원 혹은 후보 개개인의 노력에 의한 경우가 많으며 정당의 적극적인 관여가 없을뿐더러 선거 때 이외에는 그 의지도 없다는 지적이 있다. 물론 이러한 한계는 상시적인 정당-시민 연계를 금지하는 공직선거법 등이 지나치게 규제적이라는 측면과 연관되어 있다. 하지만 조직으로서의 정당의 모습이 취약하고 선거 때마다 물갈이가 되는 나머지 정당 조직의 연속성이 미비한 한국 정당 정치의 특징이 정당과 시민 간의 연계와 소통을 약화시키는 근본 원인으로 보인다.

마지막으로 정당의 이념성향에 따른 차이를 찾아볼 수 있다. 논란의 여지는 있지만 새누리당을 보수정당, 더불어민주당을 진보정당의 대표격이라고 볼 때, 두 정당이 유권자들의 지지를 이끌어 내는 방식의 차이를 언급한 응답이 많았다. 대표적으로 한 응답자는 새누리당에 관해서 보수라는 비교적 선명한 원칙을 갖고 있어서 조직으로서 더 안정적이고 변동이 심하지 않다는 장점을 갖고 있지만 사안에 따른 유연성이 부족하다고 지적한다. 반면 더불어민주당은 여론의 변화를 잘 읽고 이에 대한 반응성이 좋지만 여러 계파로 나뉘어져 있는 까닭에 인적기반이 즉흥적이고 변동성이 심해 조직으로서 정당이 취약하다는 문제점이 있다고 평가된다.

정당-시민 연계의 활성화와 정당민주주의의 발전을 위하여

심층인터뷰를 통해 본 정당 관계자들은 대부분 유권자들과의 소통의 중요성을 인식하고 이를 위해 다양한 노력을 하고 있었다. 그러나 소통의 대상에 있어서는 지지자들과 당원에 집중되어 일반유권자까지 그 폭을 넓히지 못하는 한계를 보였으며, 이는 소통의 효과에 대한 차별적인 평가와도 연관이 되어 있었다. 또한 소통은 주로 후보 개개인의 노력에 의해 이루어지는 경우가 많으며 정당의 역할은 극히 미미하다는 입장을 보였고, 소통에 관해서 정당별로 조직의 안정성과 유권자 반응성이라는 측면에서 차이를 갖고 있음을 파악할 수 있었다.

대의제민주주의에서 정치과정의 출발이 유권자들의 이해를 파악하고 이를 토대로 정책을 수립, 실행하는 데 있다는 점을 고려할 때, 정당과 유권자 긴 연계와 소통의 중요성은 아무리 강조해도 지나치지 않다. 문제는 그간 한국 정치에 있어서 이러한 연계와 소통이 정당 차원에서 제도화되지 못하고 선거 때마다 후보별로 즉흥적으로 이루어져 왔다는 점에 있다. 결국 한국 정당 정치에 있어서 유권자—정당 간 연계와 소통은 선거 때를 제외하고는 거의 이루어지지 않고 있음이 부인할 수 없는 현실인 것이다.

그렇다면 우리의 현실에서 유권자—정당 간 연계와 소통을 활성화하고, 궁극적으로는 정당민주주의의 발전을 가져올 방안들은 무엇일까? 심층인터뷰를 통해 파악된 진단들에 초점을 맞춘다면 다음의 세 가지 방안들이 제시될 수 있다.

우선 소통에 있어서 정당의 역할이 더욱 강화될 필요가 있다. 이미 살펴보았듯이 우리의 현실에서 유권자와의 소통은 대부분 후보자 차원의 노력을 통해 이루어지고 있으며, 정당 차원으로 제도화된 방식으로서의 소통은 찾아보기 어려웠다. 선거에서의 승리가 당면목표인 후보의 입장에서 유권자와의 소통은 지지자들을 중심으로 이루어질 수밖에 없으며, 소통의 내용에 있어서도 상대편 지지층 약화에 초점을 맞춘 네거티브의 유혹에 빠지기 쉽다. 결국 정책적 지향점에 맞춘 소통이 안정적으로 이루어지기 위해서는 조직으로서 정당의 역할이 한층 강화될 필요가 있다.

이러한 측면에서 우리의 정당들은 미국 정당들의 위기극복방식을 참고할 만한데, 미국의 정당들은 1990년대 초반 유권자들의 개혁 요구에 직면하여 중앙당에서 통제해 왔던 유권자 연계기능을 대거 지역당으로 이양하고 중앙당과 지역당 조직 간의 연계를 더욱 활성화함으로써 극복하였다. 중앙당은 정당의 정책적 지향점과 중요한 정책적 입장들을 유권자들에게 홍보할 뿐 아니라, 지지자들은 물론 일반 유권자들의 여론을 취합, 이를 사안에 따라 지역당으로 넘겨 해결하도록 하는 일종의 허브 역할을 수행하고 있다. 더불어 지역당은 사안에 따라 일반유권자들 그리고 오피니언 리더들과 수시로 의견을 교환할 수 있는 장을 마련하여 직접적인 접촉면을 유지하고 있다. 결국 우리의 정당에게도 유권자 연계와 소통에 초점을 맞춘 당 조직의 재정비와 역할분담이 지금의 위기를 타개할 수 있는 출발점이 될 것이다.

둘째, 정당의 자발적인 개혁 노력과 함께 같이 진행되어야 하는 것은 시민단체, 언론 등의 감시기능 강화이다. 정치권력의 획득을 추구하는 정당의 속성상 정당과 유권자 간의 연계는 그 대상과 범위에 있어서 한계가 있기 마련이다. 다시 말해, 정당의 유권자 연계는 지지자들 중심으로 진행될 가능성이 높으며 이러한 내부적인 소통 속에서 편향과 정보의 왜곡이 나타나기 쉽다. 이러한 편향과 왜곡을 줄이기 위해서는 정당 외부적인 정치과정의 행위자들 즉, 시민단체와 언론 등의 감시기능이 강화될 필요가 있다. 특히 시민단체는 일반유권자들을 대신하여 정당과 직접적인 접촉을 수행하고 여론의 전달 및 소통의 압박 등에서 중요한 역할을 수행한다는 점에서 더욱 활성화될 필요가 있다. 물론 이러한 제안은 시민단체들이 저마다의 공적 기능을 강화한다는 전제하에서만 그 성과로 이어질 수 있다. 시민단체가 유권자 요구 전달의 매개자로서가 아니라 단체 스스로의 이익에 매몰된다면 왜곡과 전횡의 또다른 원인이 될 것이다. 요컨대, 정당과 유권자 간 직접적인 연계와 함께 공적기능이 강화된 시민단체를 통한 간접적인 연계가 동시에 이루어진다면 그 효과는 더욱 배가될 것으로 생각된다.

마지막으로 정당 차원에서 유권자와의 상시적인 소통시스템의 구축이 시급하다. 지금 우리의 현실에서 정당의 유권자와의 연계와 소통노력은 거의 이루어지지 않고 있다. 정보통신기술의 발전에도 불구하고 정당의 홈페이지는 대단히 취약하게 구성되어 있으며, 유권자들은 요구가 있어도 손쉽게 전달할 창구가 존재하지 않는다. 또한 선거에서의 이해득실을 지나치게 고려한 나머지 대개의 경우 정당의 정책적 입장 역시 명확하게 제시되어 있지 못하다.

정당정치가 활성화된 미국의 경우 정당의 홈페이지에는 스스로의 정책적 입장에 대해 유권자들이 이해하기 쉽도록 다양한 방식으로 설명하고 있을 뿐 아니라, 쟁점사안의 경우 다른 정당과의 차이점까지 비교해 놓아 유권자들이 스스로 판단하고 평가할 수 있도록 돕고 있다. 이에 비해 우리의 정당들은 이러한 노력을 게을리하고 있음을 부인하기 어렵다. 물론 심층인터뷰에 나타나 있듯이 그렇게 된 이면에는 공직선거법 등 지나친 법률적인 규제가 자리하고 있음이 사실이다. 따라서 법률 역시 선제적인 규제보다는 사후적인 평가와 처벌에 초점을 맞추어 정당 스스로 유권자 연계를 강화할 수 있게 유도할 필요가 있다.

대의제민주주의에서 정당과 유권자 간 연계와 소통은 다른 무엇보다도 중요하다. 그간 우리의 정당 정치가 유권자들의 신뢰를 받지 못하고 정치 불신을 야기한 데에는 무엇보다도 유권자들과의 연계와 소통이 활발하게 이루어지지 못한 것이 크다. 이러한 측면에서 심층인터뷰에 참여한 한 정당 관계자의 다음의 진술은 곱씹을 만하다.

"정치라는 것은 기본적으로 자꾸 권력으로만 생각하고 서비스라고 생각하지 못하는 것이다 … (총체적인 반응성을 높임으로써) … 정치가 무섭게 느껴지고 짜증나게 느껴지지 않도록 해 주는 작업이 중요하다."

08

정당의 시민정치교육의 필요성과 정당활동가들의 인식[*]

한정훈 • 서울대학교

정당의 시민정치교육 왜 필요한가?

시민정치교육이란 현대 대의민주주의 체제하에서 살아가는 시민들의 정치참여를 위하여 정치적 지식 및 기술을 가르치거나, 사회적으로 책임감 있고, 공동체 지향의 시민을 만들기 위한 교육으로 정의된다(Geissel 2008, 38). 시민정치교육은 일반적인 교육과정을 통해 이루어지거나 또는 사회 내 정당 및 시민단체가 제공하는 교육을 통해 이루어지기도 한다. 특히 정당정치가 발전한 서구 사회에서는 정당이 시민정치교육을 담당하는 경우

---

* 이 글은 『미래정치연구』 7권 2호 게재 논문 "정당개혁의 필요성과 방향: 정당 활동가들의 시각을 중심으로"를 일부 수정·재구성하여 작성되었다.

가 많을 뿐 아니라 그러한 기능을 통해 시민들의 정책적 선호를 개발하고, 정치적 참여를 유도하는 긍정적인 역할을 수행한다.

이론적으로 시민정치교육 기능은 두 가지 측면에서 정당정치의 발전에 기여한다. 첫째, 정당 내적으로 정책정당으로의 발전을 꾀할 수 있다. 정당은 시민정치교육을 위한 프로그램을 개발하고, 교육과정 내에서 논의된 결과를 통해 다양한 정책적 대안을 검토할 수 있다. 그리고 그와 같이 형성된 정책적 대안들을 현실 정치과정에서 실험하면서 자신의 정책적 입장을 명확히 만들어 갈 수 있다. 또한 당의 시민정치교육과정에 참여하는 신진 정치가들이 이와 같은 당의 정책적 입장을 교육받은 이후 미래 지도자로 성장하면서 정당의 정책적 입장은 더욱 강화될 것으로 예상된다.

둘째, 정당의 시민정치교육 기능은 정당 외적으로 시민들의 정치적 참여를 확대하는 데 기여한다. 해당정당을 지지하는지의 유무와 상관없이 공개적으로 운영되는 시민정치교육과정은 해당 정당의 정책적 입장을 알고자 하는 시민들의 욕구를 해소하는 데 도움이 될 뿐 아니라 해당 정당에 대한 지지강도가 낮은 유권자들이 교육과정을 통해 지지자로 재탄생하는 데 기여한다. 다시 말해 정당의 시민정치교육은 정당정치의 외곽에서 구경꾼으로 머물러 있던 시민들이 정당정치 내부에 흡수되는 기회일 뿐 아니라 실질적으로도 정치적 참여의 확대 및 정당에 대한 지지를 강화하는 데 기여하는 것이다.

위와 같은 정당의 시민정치교육의 순기능에도 불구하고, 한국 사회는 아직까지 정당에 의한 시민정치교육이 활성화되지 않은 상태다. 한편으로는 정당이 집권이라는 목표를 성취하기 위한 정치동학에 집중하는 과정에서 시민들의 정치적 역량을 강화하려는 장기적 목표를 등한시하는 경향에서 그 원인을 찾을 수 있다. 다른 한편으로는 정당에 대한 한국 시민들의 불신과 불만으로 인해 정당이 시민정치교육 기능을 수행할 수 있을 것인가에 대한 사회적 동의가 부족하다는 점도 생각해 볼 수 있다. 그럼에도 불구하고 정당의 시민정치교육이 정당정치 및 대의민주주의 발전에 순기능을 지닌다는 사실을 간과하기 힘들 뿐 아니라 최근 정당의 시민정치교육의 필요성 역시 활발하게 제기되고 있다.

본 글에서는 이와 관련하여 '대의민주주의 강화를 위한 시민−정당 연계 모델과 사회통합'을 주제로 하는 명지대 SSK가 시행한 정당활동가들의 표적집단면접조사 결과를 통해 한국 사회 내 정당활동가들이 정당의 시민정치교육 기능에 대해 어떻게 평가하고 있는지를 살펴보고자 한다. 그리고 면접조사에서 드러난 인식을 통해 한국 정당들의 시민정치교육 기능의 미래를 생각해 보고자 한다.

정당활동가들은 정당의 시민정치교육 기능을 어떻게 평가하는가?

명지대 SSK 연구팀이 정당활동가에 대해 수행한 표적집단면접조사는 당직자, 국회의원보좌진, 선거캠프 경험자 등 20명을 대상으로 한 것이다. 각 면접대상자는 정당정치개혁, 시민−정당 연계와 소통, 사회통합이라는 세 범주의 영역에 대한 심층면접을 수행하였다. 심층면접은 정당정치 개혁과 관련한 6개의 질문, 시민−정당 연계와 소통과 관련한 6개의 질문, 그리고 사회통합과 관련한 3개의 질문 총15개의 질문을 통해 이루어졌다.

표적집단면접조사 결과는 한국 사회 내 정당활동가가 정당의 시민정치교육기능을 어떻게 인식하고 있는지와 관련하여 다음과 같은 몇 가지 특징을 보여 준다. 첫째, 정당 내적인 측면에서 정당의 시민정치교육기능의 필요성에 대한 인식을 살펴볼 수 있다. 특히 면접결과는 한국 사회 내 정당정치의 개혁을 위해서 현 정치인과 당직자들에 대한 교육 필요성을 제기한다.

"현 정치인, 당직자들의 소양이 너무 부족하다. 얼마나 많이 부족하냐면, 예를 들어 청년 토론회를 하는데 6개월 동안 7~8번의 토론을 해 보면 6개월 전에 했던 이야기를 또 하고 있는 경우가 많다. 언론사의 논조에 대한 비판, 약간 시사에 관심 있는 정치외교학과 학부생 정도의 관점 그 이상도 이하도 아니다. 대안도 없다. 그마나 모인 사람 가운데 발언자는 5% 정도 밖에 안 된다. 그들에 대한 각성과 재교육이 필요하다."

정치인과 당직자 이외에도 당원들의 교육 필요성에 대해서도 깊이 공감하고 있음을 다음의 면접결과를 통해 알 수 있다.

"잘 보면 그 당이 무슨 당인지도 모르고 가입하는 경우도 많다. 당을 누가 만들었고, 어떤 사람이 대표인지도 모르고, 시도당 위원장과 지역위원장이 누군지도 모르고 그냥 삼촌이 넣으라고 해서 선생님이 하라고 해서 당원으로 가입하는 것이다. 모든 당이 당원을 입당시키면 기초적인 정치교육을 시켜야 된다고 생각한다. 스웨덴의 집권당인 사회민주당의 청소년 당원들을 만난 적이 있다. 언제부터 정치를 했느냐고 물었더니 나이가 18살도 안 됐는데 10년 가까이 되었다는 답변을 들었다. 꼬마 때부터 엄마 아빠를 따라온 것이다. 초등학교 졸업할 때쯤에는 당에서 만든 프로그램들을 통해서 자신들이 지역사회의 변화를 일으키는 것이다. 스톡홀름에 있는 지역정당에 갔었는데 거기서 우리를 맞이한 사람들이 20세, 21세 정도의 당원들이었다. 1시간 동안 당의 역사를 가르쳐 주는데 웬만한 한국 정당의 고문들보다 더 빠삭하게 꿰고 있었다. 그리고 그들은 모든 당내 위원회의 20~30% 정도를 무조건적으로 청년들에게 배정하도록 의무가 되어 있다고 한다. 이런 점이 굉장히 좋아 보였다. 그들의 목소리는 더 이상 배제되지 않는 것이다."

또한 당원을 교육할 수 있는 정당조직의 발전상황이 정당마다 다르다는 인식을 통해 정당조직을 정비할 필요성도 제시하고 있다.

"새누리당 같은 경우에는 중앙당 조직이 굉장히 탄탄한 당이다. 우리로서는 되게 부러운 부분이다. 어쨌든 당원 교육이나 훈련 같은 것들을 중앙정치 상황에 부심이 최대한 없게 하려고 노력하는 쪽이다. 지방에 내려가서 어떤 연수를 한다든지 당원 교육을 우리 쪽보다는 훨씬 많이 한다. 그런데 민주당은 중앙당 조직이 너무 약하다. 그래서 당직자들의 퀄리티나 그런 것들도 많이 약해서 줄서기 문화도 많이 강하다."

둘째, 위와 같이 정당의 시민정치교육 기능을 통한 정당 내적인 발전에 대한 인식은 어느 정도 형성되어 있음을 알 수 있었던 반면, 정당 외적으로도 시민들의 정치참여 및 정당과 시민의 소통 강화 등과 같은 순기능이 존재할 것이라는 점에 대해서는 인식이 매우 낮았다. 예를 들어, 시민정치교육 기능을 유권자와 정당 및 국회의원이 소통할 수 있는 하나의 공간으로 이해하고 있는 정당활동가는 단 한 명도 없었다. 또한 시민정치교육 기능을 통해 지지자를 만나거나 동원할 수 있다는 인식도 관찰되지 않았다. 정당원들이 지지자와 비지지자를 구별할 수 있는 방법 가운에 하나로 '악수할 때의 느낌'과 같은 비이성적인 요소만을 제시하고 있다는 점을 고려할 때, 한국 사회의 정당활동가들은 정당의 시민정치교육이 다양한 사회적 효과를 지닌 것으로 생각하기보다는 당원 교육의 기능에 국한하여 시민정치교육을 이해하고 있다는 특징을 보이는 것이다.

셋째, 위의 두 가지 측면의 결과로써 한국 사회의 정당활동가들의 정당의 시민정치교육 기능에 대한 인식은 사실 현재의 정책연구소 기능의 확대 정도에 지나지 않은 것으로 생각된다. 다시 말해, 한국 사회 내 갈등을 해소하고 분열을 치유하는 데 정당이 정책 개발 등에 노력을 기울일 필요가 있다는 인식이나 정치인 및 당원을 교육 시킬 필요성이 강하다는 인식에도 불구하고, 그러한 논의가 시민정치교육을 위한 구체적인 구상으로 발전하지 못하고 정책연구소 중심의 사고에 매달려 있다. 예를 들어, 정책연구소의 역할 강화에 제한된 인식은 아래와 같은 면접내용을 통해 살펴볼 수 있다.

"민생이라든지 그런 것들을 받아볼 수 있고, 주기적으로 연구해서 올릴 수 있는 그런 시스템이 있었으면 좋겠다. 괴리가 느껴지지 않게끔 다른 연구소의 내용을 베껴다가 하지 말고 정당 자체 차원에서 자구적으로 문제점이라든지 구조라든지 이런 것들을 연구했으면 한다."

정당의 시민정치교육 기능이 활성화되기 위한 전제조건은 무엇인가?

한국 사회에서 아직까지 정당이 시민정치교육 기능을 담당할 수 있을 것인지에 대해서는 많은 사람들이 회의적이라 할 수 있다. 한국 정당들이 그동안 보여 준 부정적인 행태를 고려할 때, 그러한 정당들로부터 교육 기능까지 맡긴다는 것이 어불성설인 것이다. 그러면 실제 어떤 측면이 가장 문제인 것인가? 아마도 다양한 의견이 존재하겠지만 그 가운데 가장 큰 문제는 정당이 안정적으로 운영되지 않는다는 점이다. 오늘 창당했다가 내일 망하는 정당을 두고 신뢰를 쌓아 가기는 힘들다. 또한 내일 망하지는 않더라도 함께 모여 정당을 이룬 것 자체가 의문시될 정도로 정당이 내부적으로 이질적이라면 그러한 정당 역시 믿을 만한 정당은 아니다. 아마도 정당 내부의 동학에 따라 오늘 말한 정책이 내일 변경될 가능성이 높기 때문이다. 다시 말해 정당의 안정성(stability)은 성공적인 정당정치를 실현하는 데 필수요건이다. 그리고 그러한 안정적으로 운영되는 정당만이 정책적으로 일관된 입장을 유지, 개선해 갈 수 있다. 정당의 시민정치교육 기능은 바로 이러한 정당으로부터 가능할 수 있다.

"어쨌든 주도적으로 일하는 것은 실무진들이다. … 그분들의 역량을 강화시킬 수 있는 그런 과정이 필요하지 않을까 생각한다. 당직자 워크숍 등이 있지만 야당 같은 경우에는 당직자를 공채로 뽑은 지도 얼마 되지 않았고 신변이나 이런 것들에 안정성이 보장이 안 되다 보니까 연속성을 가지고 꾸준히 하기가 어렵다. 그러니까 조금 지나고 선거 지나고 보면 그 당직자도 또 교체되어 있다."

"당직자들의 경우 교체가 되는 것이기 때문에 연속성을 줄 이유가 없다고 생각한다. '내가 잘렸는데 뭐 하러 이것까지 다 남겨 줘야 하나'하는 생각을 하지, '대한민국 정당발전을 위해서 이런 것까지 다 매뉴얼로 남겨줘야지'라고 생각하는 사람은 거의 없다."

한국 정당활동가들이 위와 같은 당직자의 교육, 그리고 당직자들의 활동의 축적 및 소통의 필요성 등이 한국 정당정치의 미래발전을 위해 필요하다고 지적하고 있는 이유가 바로 정당의 안정성이 낮기 때문이다. 한국 사회의 정당들이 정당 본연의 기능을 수행하고, 더 나아가 미래 민주주의 시민교육을 담당할 수 있기 위해서는 정당들 스스로 내적으로 당원과 소속 구성원들 간 연계성과 소통을 확보하고, 외적으로 그를 통해 형성된 안정적이고 일관된 정책적 입장을 지니고 한국 시민들과 소통하려는 노력이 필요한 것으로 보인다. 그리고 이러한 노력이 지속성을 지닐 때 한국 정당도 시민정치교육의 기능을 성공적으로 수행할 수 있을 것으로 생각된다.

09

직접 소통의 중요성과
국회의원의 역할*

한의석 • 성신여자대학교

대의제 민주주의의 핵심인 정당의 주요 기능으로 정치적 대표(repre-
sentation), 엘리트 충원, 이익의 집약과 표출, 정치교육 및 사회화 등을 꼽
을 수 있다. 하지만 우리나라의 정당들은 유권자의 요구나 이익을 잘 반영
하지 못하고 있으며, 이는 정당 및 정치인에 대한 불신과 낮은 정치효능감
(political efficacy)으로 이어져 정당의 위기, 대의제로 위기로 나타나고 있
다는 비판이 있다. 이러한 문제점의 원인이자 해결책으로 꼽히는 것이 정
당과 유권자 사이의 연계 및 소통 강화라고 할 수 있다.

---

* 이 글은 『미래정치연구』 7권 2호 게재 논문 "한국 사회의 갈등양상과 사회통합을 위한 정당의 역할:
  표적집단면접(FGI)을 통한 분석"을 일부 수정·재구성하여 작성되었다.

정치적 소통은 다양한 수준에서 이루어지는 행위로, 유권자와 정당, 유권자와 정치인 사이의 소통은 물론 각 정당내 의원들 간의 소통, 한 선거구 내에서 국회의원, 시의원, 구의원 간의 소통이 모두 중요할 것이다. 심층 면접 대상자들은 다양한 수준의 소통 중 당내 소통은 상대적으로 활성화되어 있으며, 당원이나 지지자들을 위한 소통 창구 또한 다양화되어 있다고 인식하고 있다. 또한 전당대회, 당원대회 또는 간담회, 의정보고회 등을 통해 당원과 지지자들은 상대적으로 빈번하게 접촉하고 있다고 평가하였다. 하지만 일반 유권자들과의 소통 기회는 제한적이라고 지적하고 있는데, 선거법 등의 제약을 가장 큰 장애로 꼽고 있으며 상대적으로 관심도가 낮은 일반 유권자들을 접촉하는 것이 쉽지 않다는 점에 의견을 같이하고 있다. 그렇다면 현장에서 활동 중인 정치인들은 유권자와의 소통을 위해 무엇을 하고 있으며, 소통 방식에 대해 어떻게 평가하고 있는가?

정당과 정치인의 유권자 소통 방식

최근 인터넷과 SNS 활용이 증가하면서 정당과 유권자 사이의 소통의 도구로서 많은 기대와 주목을 받고 있다. 즉, 전통적인 방식에 더하여 홈페이지와 블로그, 페이스북이나 트위터 같은 SNS를 이용한 소통의 증가가 두드러진다. 하지만 응답자들은 여전히 인터넷이나 SNS를 이용한 소통이 원활하지 못한 것으로 평가하고 있다. 특히 정당과 정치인들이 일방적인 홍보용으로 사용하는 경우가 많으며, 유권자 측면에서는 기술적인 어려움으로 접근에 제약이 있음을 언급하였다. 특히 50대, 60대 이상의 유권자들의 경우 여전히 SNS 사용에 익숙하지 않은데, 사용하는 경우에도 제시된 내용에 대한 찬반표시에 그치는 등 쌍방향의 소통에는 제한적으로 활용되고 있다. 그 결과 페이스북이나 트위터보다는 상대적으로 수월한 카카오톡의 단체 채팅방이 편리하게 사용되고 있음을 지적하고 있다.

이 밖에 소통에 관련하여 응답한 내용들로 참고할 만한 점들은 다음과 같다. 인터뷰 대상자들은 정치인들이 시민단체나 향우회 같은 조직화된 단체와는 상대적으로 빈번하게 접촉하지만, 일반 유권자들에 대한 접근은 주로 선거기간에 집중되어 있음을 강조하고 있다. 또한 일반 유권자들 중 자신들을 지지하지 않는다고 생각하는 사람들과는 소통의 필요를 느끼지 않거나 설득이 어렵다고 인식하고 있다. 다만 선거운동 차원에서 지지하지 않은 유권자들에 대한 설득의 방식으로 네거티브 방식의 선거운동이나 인물론이 효과적이라고 평가하였다. 한편 평상시에는 유권자들의 직접적인 목소리를 듣기보다는 SNS를 활용한 일방적인 홍보나 지역신문이나 방송과 같은 미디어를 통해 유권자들과 소통하고 있다고 응답하였으며, 특히 유권자와의 직접적인 소통이 제한적이기 때문에 미디어와 여론조사를 통한 정책 전달이나 유권자 의사 확인 방식이 증가하고 있다고 지적하였다. 따라서 종편은 물론 지역신문이나 방송의 역할이 점차 중요해지고 있다고 할 수 있지만, 방송의 편향성 문제와 유권자들의 선택적 수용으로 인해 자신들의 견해나 정책이 제대로 전달되지 않을 수도 있다는 점에 우려를 보여 주고 있다. 또한 여론조사를 반영한 정책결정이나 당직자, 후보자 선출 방식으로 인해 정책이나 이념적 일관성이 저하되는 것에 비판적 견해를 나타냈다.

대면 접촉 및 직접 소통의 중요성

현장의 정치인들이 정당 및 정치인과 유권자의 소통에 있어서 지적하고 있는 가장 흥미로운 점은 유권자와의 대면 접촉, 직접적 만남의 중요성이다. 정당과 정치인들은 유권자들과의 소통 강화를 위해 SNS를 적극적으로 활용하고자 하지만, 쌍방향의 소통은 제한적이고 대체로 일방적인 정보 전달이 주를 이루고 있다. 인터뷰 대상자들은 소셜미디어를 이용한 소통 보다는 대면 접촉과 직접적인 소통의 중요성과 영향력을 강조하고 있다. 응답자들은 평상시 지역구 활동이나 선거운동에서의 경험을 바탕으로 일대일 접촉이 자신에 대한 지지와 투표는 물론 소통의 강화로 이어진다고 인식하고 있으며, 유권자들도 면대면 접촉을 선호한다고 생각하고 있다.

예를 들어, 인터뷰 대상자 8은 "얼굴을 맞봐야 소통도 할 수 있는 것이다. 물론 SNS 등을 통해서도 외연을 확대하는 측면은 맞지만, 유권자 개념 자체가 지역구 구민인데 지역구 구민과 소통을 하려면 직접 만나야 한다"고 언급하였으며, 인터뷰 대상자 12는 "소통은 스킨십밖에 없다고 생각한다. 소통이 다른 것이 아니다. 자주 만나서 막걸리라도 기울이고 해야만 (마음이) 열린다"고 응답하였다. 또한 인터뷰 대상자 4는 "아무래도 별로 정치에 관심이 없는 분들은 한 번이라도 만나서 인사라도 하고 악수라도 한 번하면 그 사람을 찍어주게 되는 것 같다"고 답하였다. 인터뷰 대상자 7은 "악수를 한 번 해본 것과 안 한 것은 (다르다). 악수를 한 사람은 내 표가 된다고들 한다"고 응답하였고, 인터뷰 대상자 13은 "어디 유세 가서 악수 한 번 한다고 이 사람 뽑을까하는 의문이 있었는데 (유권자들은) 뽑는다. 정도의 차이는 있겠지만 어디 가서 실제 악수 한 번 하고 인사하고 스킨십을 하고 나면 그 지역의 여론조사 결과가 달라진다"고 답하였다.

이처럼 현장의 정치인들은 소통은 물론 선거정치의 차원에서 직접적인 면대면 접촉이 중요함을 지적하고 있다. 이러한 인식은 현재의 선거제도 및 정당 제도에 대한 비판으로 이어진다. 선거운동이나 정당 활동에 대한 과도한 규제가 정당 및 정치인과 유권자와의 소통을 제한하고 있다는 인식이다. 특히 현역의원들은 의정보고회, 당원협의회 등을 통해 상대적인 이점을 얻고 있다는 점, 당원이 아닌 일반 유권자들에 대한 접촉이 어렵게 되어 있다는 점 등에 대해 비판적이다. 이처럼 다수의 응답자들이 유권자와의 직접적인 접촉의 중요성을 강조하고 있다는 점은 이른바 '디지털 네트워크'의 시대에 공급자 중심의 대의제 모델이 적실성이 떨어진다는 지적과 배치되는 측면이 있다(윤성이 2012, 231). 그럼에도 불구하고 대면 접촉이 상소되는 것은 정당과 정치인들의 소통 방식에 대한 인식이 현실의 변화보다 지체되어 있거나, 또는 전통적인 인간적 접촉과 유대감 형성이 정보화 시대의 도래와 관계없이 정치적 소통의 변하지 않는 기본 요소이기 때문일 것이다.

직접 소통에 대한 강조는 2004년의 정치관계법 개정 이후 지속적으로 제기되고 있는 지구당 제도 부활 논쟁과 연관되어 있다. '고비용 저효율' 정치구조의 원인으로 지목되던 지구당 제도의 폐지 이후, 정당과 시민들의 소통과 연계가 약화되었고 정치적 대표성이나 책임성, 민주성 등에 부정적 영향을 미쳤다는 주장이 있다.* 이러한 주장은 원외 정당 조직의 축소와 원내 정당의 역할 강화를 주장하는 '원내정당론'보다는 정당의 기능과 역할 강화를 주장하는 '대중정당론'의 관점이라고 할 수 있는데(이정진 2010, 356), 정치인들의 입장에서 유권자들과의 직접적인 접촉이 정치참여, 특히

---

* 지구당 부활 논쟁과 관련하여 전진영(2009), 이정진(2010), 윤종빈(2011), 박명호(2015) 등을 참고할 것.

투표참여에 영향을 미치는 것으로 인식하고 있다. 대면 접촉이 우호적 평가와 해당 정치인에 대한 투표로 이어진다는 것이다. 대부분의 응답자들이 유권자들과의 직접적인 소통을 강조하고 있다는 점에서 지구당의 부활 또는 일반 유권자들과의 직접적 소통을 활성화할 수 있는 대안적 제도의 모색이 필요하다고 할 수 있다. 최근 일본 자민당의 사례도 시사점을 제공하고 있다. 후견주의적 연계(clientelistic linkage)의 약화로 유권자들과의 거리감이 커진 일본의 자민당은 2014년부터 120만 당원 획득 운동을 전개하고 있다. 자민당이 당원 수 증가 노력과 함께 조직을 정비하며 다양한 사회·경제 단체와의 관계를 강화하는 등 전통적인 방식으로 유권자와의 연계 강화를 추진하고 있다는 점은, 지역주의 약화나 지구당 폐지 등으로 정당-유권자 연계가 약화된 우리나라의 상황에 시사점을 주고 있다.

소통의 내용과 국회의원의 역할

소통의 부재 또는 미흡에 대해 정당 및 정치인들의 부족함이 지적되어야 하지만, 유권자 입장에서도 소통과 관련하여 생각해 봐야 할 점이 있다.

인터뷰 대상자 8은 "국회의원이 나라전반에 대한 살림살이라든지 행정부 견제라든지 큰 그림을 그린다면, 지역구에 있는 지역 지방의회의 의원들이 그런 것들을 더 해야 한다고 생각한다. 분명히 이원화 돼서 활동할 수 있는 인식이 주어져야 한다. 요즘은 국회의원의 지방의원화가 문제가 되지 않나 생각한다. 국회의원의 본연의 기능을 할 수 없을 정도이다"라고 비판하고 있으며, 인터뷰 대상자 1은 "국회의원이 할 수 있는 일과 대통령, 시·구의원들이 할 수 있는 일이 정해져 있다. 예를 들어 동네에 아파트를 유치하는 일은 구의원밖에 못 하는 일이다. 대부분의 국민들의 착각은 국회의원이 다 할 수 있다고 생각하는 것이다"라고 지적하였다.

대다수의 국회의원들은 주중에는 국회 업무를 수행하는 한편 주말에는 지역구 방문에 집중하고 있는데, 이는 재선과 연결되는 문제로 직접적인 면대면 접촉이 소통을 강화하고 득표에 도움이 되기 때문이다. 하지만 지역 유권자들의 요구가 지방의회 수준에서 해결되어야 하는 것임에도 불구하고 국회의원의 역할을 기대하는 경우가 빈번하며, 국가적 차원의 문제 해결을 위한 중앙 정치 활동을 위축시킨다는 문제가 있다. 결국 선거정치가 국회의원들의 의정 활동을 저해한다는 주장인데, 이는 버크(Edmund Burke)가 브리스톨 유권자를 향해 제기한 문제를 연상시킨다.* 버크는 의회가 다양하고 적대적인 이해의 대표자들(ambassadors)의 회합이 아니며, 지역의 목적이나 특성이 아니라 공동선(general good)이 이끄는 곳으로, 의원을 선택했을 때 그는 브리스톨(Bristol)의 의원이 아니라 의회(parliament)의 한 구성원이라고 주장하였다(Burke 1774).** 이처럼 국회의원이 지역의 대표자인가 아니면 국가의 대표자인가하는 다른 관점이 있을 때, 우리나라 유권자들의 상당수가 지역대표자로서의 의원의 역할을 과도하게 기대하고 있다는 비판이 가능하다. 즉, 정치인들의 소통이 주로 선거에서의 득표를 위한 행위와 연결되어 있으며, 지역구의 각종 이권단체 및 개별 유권자들의 민원 해결에 중점을 두고 있다는 것이다. 이익의 표출과 집약이 정당의 주요 기능이긴 하지만 특정 집단이나 지역구 민원의 해결이

---

* Edmund Burke, 1774, "Speech to the Electors of Bristol." *The Founders' Constitution* 1: 26–35. http://press-pubs.uchicago.edu/founders/documents/v1ch13s7.html.
** 버크의 전체적인 주장은 의원의 역할이 엘리트주의 관점에서 신탁관리자(trustee)와 같이 자신의 지적 능력과 계몽된 의식을 활용하여 일반유권자들에게 좋은 결정을 내려주는 것이라는 의미를 내포하고 있다.

소통이라는 인식을 넘어설 필요가 있다.

제3주제

사회통합

" 10 "

다양한 갈등 요인들의 부상과
사회통합의 과제

이재묵 • 한국외국어대학교

갈등, 민주주의의 엔진

미국의 정치학자 샤츠슈나이더(E.E. Schattchneider)는 "갈등은 민주주의의 엔진"으로 보았다. 다양한 가치와 생각의 공존이 인정되는 다원주의 사회에서 어쩌면 적절한 수준의 갈등과 정치적 대립은 필연적일 수밖에 없는 것이다. 그러한 정치사회적 갈등과 긴장을 어떻게 조화롭게 풀어 나가느냐가 성숙한 민주사회의 관건일 것이다. 이렇게 본다면, 민주주의 체제에서 정치과정이란 다양한 갈등을 둘러싼 구성원 간의 충분한 숙의와 제도적 절차에 따라 사회적 합의를 도출해 나가는 과정이라 할 수 있을 것이다.

즉, 민주주의란 정치적 갈등을 제도화해 나가는 하나의 방식인 것이다. 어느 체제가 정치사회적 갈등과 대립을 강제로 억압하고 인위적으로 제거하고자 한다면 그것은 전체주의 사회이지 결코 민주주의는 아닐 것이다.

오늘날 대부분의 민주주의 사회에서 좌—우 이념갈등은 아주 자연스럽게 발견되며, 또한 더 나아가 많은 선진 민주국가들이 계급 갈등, 인종 갈등, 종교 갈등, 지역 갈등 등 다양한 균열 요인들을 추가로 노정하기도 한다. 그리고 이런 다층적 갈등요인과 균열구조하에서도 안정적으로 민주주의 운용하는 나라들의 예는 많이 있다. 대표적으로 지역, 언어, 종교적 갈등 요인들을 역사적 유산으로 안고 있음에도 불구하고 안정적으로 민주주의 시스템을 운용해 소위 합의제 민주주의(consensus democracy) 모델로 성공적으로 발전시켜 온 벨기에나 네덜란드의 경우가 이에 해당할 것이다. 따라서 민주주의 성패는 어쩌면 다양한 사회적 갈등요인을 조율하고 해결해 나갈 수 있는 사회적 능력에 달려 있다고 할 수도 있을 것이다.

현대 한국사회의 다양한 정치사회적 갈등

분단과 오랜 권위주의 통치를 경험한 한국의 경우 민주화 이전까지 많은 사회적 갈등 요인들이 억압되고 잠재되어 있었다. 남북분단으로 인해 우리 사회의 이념적 스펙트럼이 일단 우편향 일변도로 제한되기 일쑤였으며, 권위주의 통치의 강압으로 이념갈등, 계층갈등, 노사갈등 등도 수면 위로 부상하지 못한 채 인위적으로 통제되곤 하였다. 그러나 눈부신 경제성장에 이은 정치적 민주화는 그간 한국 사회에 잠재되어 있던 수많은 갈등과 균열 요소들을 빠르게 분출하게 하였다. 우선, 빠르고 압축적인 경제성장은 계층 간 불평등과 사회적 양극화 문제를 야기하였으며, 이는 계층갈등, 노사갈등, 그리고 진보-보수 간의 이념갈등으로 이어져 나타났다. 또한 냉전의 종식, 민주화, 그리고 세계화 등 급격한 사회변동에 따른 가치관의 혼란과 차이는 세대 간 갈등을 양산하였으며, 2000년대 이후로는 대북 및 통일정책을 둘러싼 소위 남남갈등도 중요한 대립요인으로 부상하였다. 즉, 민주화 이후 한국 정치의 단골 갈등 요인으로 심심찮게 거론되어 온 영-호남 지역갈등에 그간 수면 아래 잠재되어 있던 이념갈등, 계층갈등, 세대갈등 그리고 남남갈등 등이 더해져 오늘날 한국 사회는 그 어느 때보다 중층적 갈등요인들에 대한 효과적 조정 작업과 사회통합에 대한 수요가 높다할 수 있을 것이다.

그렇다면 오늘날 우리 사회의 정치사회적 갈등 수준은 어느 정도라 할 수 있을까? 또는 현재 한국의 사회통합 정도는 어느 정도일까? 이러한 질문에 답하기 위해 국민들이 최근 우리 사회의 갈등 정도를 어느 정도로 심각하게 생각하고 있는지, 또한 다양한 균열 구조(cleavage structure) 중에서 주요한 갈등 요인을 어떤 것으로 파악하고 있는지 살펴보자. 우선 한국정당학회가 사회통합위원회의 의뢰를 받아 2012년에 실시한 한 조사연구 결과에 따르면, 조사에 참여한 응답자들은 한국사회의 갈등 수준을 심각(60.9%) 또는 매우 심각(23.8%)하다고 인식하는 등 우리 국민들은 한국 사회의 정치적 갈등 문제를 심각하게 받아들이고 있는 것으로 나타났는데, 이들이 사회 갈등의 주된 요인으로 꼽은 것은 빈부격차(38.4%), 이념갈등(19.6%), 지역갈등(12.6%), 세대갈등(세대 간 소통 부족, 12.2%), 노사갈등(7.3%) 등의 순으로 조사되었다(한국정당학회 2012). 한국정치학회가 2016년에 실시한 조사연구(『한국 사회 내 갈등과 대한민국 통합의 미래』)에서도 갈등 수준의 심각성에 대한 응답자들의 인식이 드러나는데, 5년 전과 비교해 한국 사회 내 집단 간 갈등이 더 심각해졌다고 평가한 응답자는 38.8%에 이르렀으며 반면에 보다 약화되었다고 평가한 응답자는 19.7%에 그쳤다(류재성 2016, 11). 한편, 2016년 조사에서도 응답자들은 최근 한국 사회의 주요 갈등 요인으로 전통적 지역갈등보다 계층갈등이나 이념갈등을 우선 순위로 꼽았다. 보다 구체적으로 응답자들은 우리사회의 주요 갈등 영역별로 응답자가 인식하기에 집단 간 갈등이 얼마나 심각하냐고 묻는 질문에 대해 계층갈등(77.5%), 이념갈등(72.8%), 세대갈등(62.5%), 남남갈등(대북문제를 둘러싼 갈등, 54.1%), 지역갈등(51.1%) 등의 순으로 응답하였다(조원빈 2016, 441).

전문가 집단면접조사 자료 분석

정치적 대립과 갈등의 일선에서 일하는 정치 분야 전문가들의 눈에도 한국 정치사회의 고질적 병폐라고 할 수 있는 지역주의는 과거에 비해 완화 또는 약화되고 있다고 조사되었다. 그러나 전문가들은 압축적 경제성장에 이은 급속도의 사회변동이 불러온 이념/계층/세대갈등 등 새로운 요인들의 부상으로 인해 최근 한국의 사회통합 정도는 결코 과거에 비해 나아졌다고만 단언할 수는 없다고 평가하였다. 명지대 미래정치연구소는 2016년 4월부터 7월까지 정당 당직자, 국회의원 보좌진, 선거캠프 경험자 등 20명을 대상으로 우리 사회의 사회통합 수준과 관련한 "전문가 집단면접조사(FGI: Focus Group Interview)"를 실시하였다. 이 조사 결과에 따르면 다수의 인터뷰 대상자들은 과거에 비해 지역주의가 완화되는 등 사회통합과 관련한 긍정적 변화들이 최근 한국 사회에서 관측되기도 하지만, 계층이나 세대갈등이 부상함에 따라 현재의 사회통합 수준은 예년에 비해 결코 나아진 수준이라 할 수 없다고 대답하고 있다. 본 조사가 2016년 20대 국회의원 선거 이후에 수행되었고, 주지하다시피 지난 20대 총선에서 대구에서 민주당 김부겸 의원이 당선되고 전라남도 순천에서 새누리당(현 자유한국당) 이정현 의원(현 무소속)이 선출되는 등 예년 선거에 비해 영호남 지역주의가 많이 누그러진 징후들이 관측되었다.

이와 관련해 인터뷰 대상자 1은 응답을 통해 "기본적으로 과거에 비해 (사회통합이) 좋아졌다고 생각한다. 고질적인 지역 간 분열과 감정조장은 실제로 많이 없어졌다"고 지역주의의 약화를 진단하였다. 인터뷰 대상자 9도 이와 유사하게 "이번 총선(2016년 총선)을 통해 확인된 것은 지역갈등도 서서히 붕괴되어 간다는 것이다. 지역갈등이 해소될 수 있는 물꼬를 텄다고 본다."라고 응답하였다. 인터뷰 대상자 4 또한 "(과거에는) 지역주의 선거 때문에 사회통합이 안 되었다고 한다면, 이제는 지역주의는 약간 완화되고 있는 현상이 보인다고 한다면, 새롭게 나온 것이 계층이다. 금수저, 흙수저, 이런 이야기에 대해서 굉장히 공감한다. … 과거와 같은 경우에는 지역주의 투표, 지역감정 이런 것들이 주요 내용들이었다면, 지금은 지역감정에 더해서 소득격차 문제, 부의 평등 문제, 학벌 문제, 불균형 문제 등이 있었다."라고 응답하며 전통적 우리 사회의 지배 균열인 지역주의의 약화와 대체 균열의 부상을 언급하였다. 한편, 인터뷰 대상자 13은 사회갈등과 통합 문제를 각각 온라인과 오프라인으로 구분하여 오프라인에서는 과거에 비해 이념 및 정파 간 갈등이 많이 완화되었으나 온라인 공간에서는 오히려 집단 간 갈등이 더 심화되었다는 다소 흥미로운 분석을 제시하였다. 이러한 관측은 최근 한국 사회에서 온라인 공간에서의 정치 참여와 소통이 활성화되고 있다는 점에서 우리 사회의 갈등과 통합의 논의를 온·오프라인으로 각각 나누어 접근할 필요성을 다시금 각인시켜 주고 있다.

세대, 이념 그리고 계층갈등 등 최근 한국 사회에서 새롭게 부상하고 있는 갈등 축들이 기존의 지역주의 갈등 축을 대체해 나가고 있다는 사실은 조사 대상자들이 무엇을 현재 우리 사회의 가장 큰 갈등요인으로 생각하는가에 대한 응답에서도 그대로 확인되고 있다. 인터뷰 대상자 1은 최근 세대갈등과 이념갈등이 과거에 비해 훨씬 더 심해졌음을 지적하였고, 인터뷰 대상자 5 또한 가장 심각한 갈등 요인으로 첫째로 빈부갈등, 둘째로 세대갈등, 그리고 세 번째로 이념갈등을 꼽았다. 그리고 많은 전문가들은 이렇게 이념/세대/계층 갈등이 최근 심각하게 부상하고 있는 이유로 경제불평등과 사회적 양극화의 심화를 언급하였다. 예를 들어, 인터뷰 대상자 3번, 6번, 8번, 9번, 10번, 11번, 12번, 14번, 16번, 18번, 19번, 20번 등 대부분의 전문가들이 사회통합을 저해하는 심각한 갈등 요인으로 소득 격차의 확대와 그에 따른 불평등, 양극화 문제를 지적하고 있다. 여기에 더해 인터뷰 대상자 13는 대북정책 및 통일문제 해법에 있어서 진보-보수 간 상이한 접근과 뿌리 깊은 인식차이를 언급하며 남남갈등을 세대갈등, 지역갈등, 계층갈등과 더불어 우리가 사회통합을 위해 극복해야 할 중요 과제로 언급하고 있다.

갈등해결을 위한 정치엘리트의 역할

그렇다면 위에서 제시된 우리 사회의 주된 갈등 요인들을 슬기롭게 해소하고 사회통합을 달성하는 방안, 보다 정확히는 정치엘리트들이나 정당이 수행해야 하는 역할은 무엇일까? 다수의 응답자들은 사회통합 자체가 상당히 어려운 과제임을 인정하고 있으며(예를 들어, 인터뷰 대상자 3번과 4번), 또한 그 해결을 위한 정당의 역할에 대해서 상당히 부정적이며 회의적 시각을 피력하고 있다. 예를 들어, 인터뷰 대상자 7은 응답에서 "정당이 역할을 할 만한 것이 있겠지만 과연 역할을 할까? 회의적이다. 왜냐하면 지역감정, 계층 간 갈등, 세대갈등 등을 이용하려는 세력은 꾸준히 있기 때문이다. 그런 것조차도 철저히 자기 표를 위해서 정치인들은 움직일 것이다."라고 이야기하며 사회통합을 위한 정당의 역할에 대해 상당한 불신을 나타냈다. 이와 유사하게 인터뷰 대상자 13 또한 "정당이 (사회갈등을) 해결하기보다는 심화시킬 수 있지 않을까 생각한다. 정당은 기본적으로 민주주의도 갈등이 있다는 전제하에 생긴 구조다. 정당 간에 쉽게 합의가 되고 똑같은 얘기를 할 거면 당을 나눌 필요가 없다. 정당은 기본적으로 갈등 구조에 기반해 존재를 하는 집단들이기 때문에 사회통합을 위해 기여를 하려고 하지만 실질적으로 얼마나 기여할 수 있을지에 대해서는 의문이다. … 정당들은 갈등과 대립을 기반으로 해 정권을 차지해야 하는데 …"라고 언급하며 애초에 정당의 존립 취지와 목표가 사회통합보다는 사회 내 다양한 균열을 바탕으로 정치과정에 참여하는 것이므로 정당에 사회통합과 관련해 많은 긍정적 역할을 기대하기 어렵다고 지적하고 있다.

물론 정당의 존재 기반이 다양한 사회균열을 바탕하여 특정의 이익과 그에 부합하는 정책을 추구하는 것은 맞지만, 그럼에도 불구하고 정당이 사회 분열을 조장하거나 그것을 교묘히 이용하는 것이 당연시되어서는 안 되며 정당은 정책을 개발하고 중요한 어젠다를 사회 내에 생산하는 데 보다 초점을 두어야 할 것이다. 이러한 정당역할의 재정립은 사회통합과 사회 내 다양한 정치 세력 간에 건전한 정책경쟁을 위해 중요한 전제조건이라 할 수 있을 것이나. 이와 관련해 인터뷰 대상자 19는 "정당이 기본적으로 선거에 이기기 위해 분열을 이용해서는 안 된다. 분열을 통해서 선거에서 승리하려고 하면 안 되고, 무엇이든 갈등을 조장하면 안 된다. 정당은 갈등을 조정하고 이해관계를 조절하고 사회통합을 이끌어 내야 하는데, 실제로는 선거에서 이기기 위해 당장 이기는 것이 시급하니까 분열적으로 많이 행동하는 경향이 있다. 그런 행동은 자제해야 하며, 교과서적인 이야기지만, 정책적인 노력을 많이 해야 한다."라고 언급하고, 사회통합을 위한 정당의 바람직한 역할 재정립을 촉구하였다.

결국 지금까지의 논의를 정리해 보면, 다수의 전문가들은 인터뷰를 통해 우리 사회에서 전통적 갈등요인이라 할 수 있는 지역갈등은 과거에 비해 상당히 완화되었으나 최근 소득불평등 및 빈부격차의 증대로 인해 이념, 계층, 세대갈등이 새로이 부상하고 있고, 또한 분단의 고착화로 인해 남남갈등도 심각한 사회 문제로 부상하고 있다고 평가하였다. 최근에는 이러한 갈등요인에 더해 늘어나는 북한이탈주민, 외국인노동자, 결혼이주여성과 다문화 가족 등 향후 우리 사회의 다양성을 더 풍요롭게 하되, 잠재적으로 사회갈등을 초래할 수 있는 다수의 갈등 요소들이 새롭게 추가되고 있다. 적정 수준의 갈등은 다양한 정치세력들 간의 건전한 경쟁을 자극할 수 있다는 점에서 사회 발전에 긍정적 영향을 미칠 수 있으나, 사회 집단들 간의 뿌리 깊은 반목과 증오에 기반한 갈등은 우리 사회의 지속적 발전과 성장을 저해할 수 있다. 따라서 사회통합을 위해 우리 사회 구성원들이 다양성을 보다 존중하고 차이를 인정하는 관용의 정치문화가 자리 잡을 수 있는 방안들에 대한 지속적 연구가 그 어느 때보다 절실하다. 이를 달성하기 위해서는 우리 사회 내에 건전한 토론과 정치적 소통이 활성화되는 것이 중요한 전제조건이라 할 수 있을 것이다. 또한 이러한 합리적인 소통의 정치문화 정착을 촉진하기 위해서는 인터뷰 대상자 11이 언급하듯이, 정치엘리트들을 대상으로 한 민주시민교육의 제도화가 효과적인 하나의 방안일 수도 있을 것이다. 민주시민교육의 제도화를 통해 상이한 정파 간 합리적 토론 문화가 정착될 때 우리는 정치적 신뢰의 제고와 성공적인 협치(協治)를 기대할 수 있을 것이다.

11

민주주의 사회에서
사회통합을 위한 정당의 역할

임유진 • 경희대학교

한국 사회는 매우 빠른 속도로 경제발전과 정치발전을 이룩하면서 급격한 사회구조의 변화를 경험해 왔다. 이 과정에서 다양한 이해관계를 추구하는 집단들을 중심으로 사회균열의 구조가 나타나기 시작했다. 그리고 민주화와 민주주의의 심화의 과정에서 다양한 집단들에게 자신들의 다양한 가치와 이익, 그리고 욕구를 분출할 수 있는 기회가 보장되면서 다양한 측면에서 사회균열 간 이해관계와 정치적 견해의 충돌이 발생하고 있으며, 갈등의 강도도 더욱 심각해지고 있다.

현재 한국 사회에서 일반국민들은 사회갈등이 더욱 심화되고 있으며 사회통합의 정도는 상당히 낮은 수준이라고 인식하고 있다. 2016년 국민대통합위원회의 조사에 따르면 일반국민의 약 80%는 현재 한국의 사회갈등이 심각한 수준이라고 인식하고 있으며, 미래에 이러한 사회적 갈등은 더욱 심화될 것으로 예상했다(국민대통합위원회 2016a). 뿐만 아니라 계층, 노사, 이념, 지역, 세대, 다문화, 환경, 남녀갈등 등 주요 8가지 갈등 유형 모두에서 사회갈등의 정도는 지난해보다 더욱 심화된 것으로 나타나고 있다(국민대통합위원회 2016b). 또한 사회통합의 측면에서도 1995년에서 2015년까지의 20년의 기간에 걸쳐 5년마다 측정한 한국의 사회통합 지수는 OECD 30개 회원국 가운데 최하위권에 머무르고 있는 것으로 나타났다(한국보건사회연구원 2016).

민주주의의 사회적 기반: 사회균열(social cleavage)

민주주의는 다양성과 다원성의 원리를 기반으로 한다. 민주주의 사회에서 다원적 가치에 대한 인정은 서로 다른 이해관계를 둘러싸고 경쟁적이고 대립적 구도를 형성하는 집단을 형성하며 사회를 양분하는 균열(cleavage)을 만든다. 사회 균열(social cleavage)은 공동체 또는 하부 공동체(sub-community)의 구성원들을 중요한 정치적 차이를 지닌 집단으로 분리하는 기준 가운데 하나로, 중앙과 지방, 국가와 교회, 농업과 공업, 자본과 노동은 네 가지의 대표적인 사회균열구조이다(Lipset and Rokkan 1967). 민주주의 사회에서 사회구성원들의 이해관계는 사회균열의 구조를 따라 서로 분리되어 각 집단의 정체성과 결합되고, 이것이 조직적으로 표출되는 경우 갈등이 발생하기도 한다.

그러나 갈등이 항상 사회에 부정적인 영향을 미치는 것은 아니다. 기본적으로 다원주의 사회에서 사회갈등의 존재는 불가피하다. 이러한 점에서 미국 독립 과정에서 중요한 역할을 담당했던 제임스 매디슨(James Madison)은 갈등의 원인을 해소하는 두 가지 방법을 제시했다. 하나는 자유를 없애는 것이고 다른 하나는 모두 동일한 생각 가지도록 하는 것이라고 했다. 뿐만 아니라 나아가 갈등을 다양한 이해관계와 가치관의 등장에 의한 것이라고 본다면 갈등의 부재는 사회가 역동성을 상실하고 있다는 것이며 변화의 잠재력도 적다는 것을 의미하는 것이라고 하겠다(조원빈 2016, 211).

한국 사회의 사회균열: 지역균열, 이념균열, 세대균열, 계급균열

한국사회에서 사회균열의 구조는 권위주의하의 압축적 산업화와 고도 성장, 권위주의 청산과 민주화 과정을 거치면서 변화되어 왔다. 산업화 과정에서 자본과 노동 사이의 계급균열과 도시와 농촌 사이의 균열, 그리고 영—호남 지역 간 지역갈등이 생겨났으며, 권위주의 정치와의 투쟁과정에서 민주와 반민주 또는 체제와 반체제의 균열이 나타났다(마인섭 2004). 그리고 2000년대 이후 한국 사회에서 '보수독점(또는 과점)의 정치구조'가 완화되어 감에 따라 계층, 세대, 이념 등 새로운 사회균열이 등장하고 있으며,* 다차원적인 사회균열 간에 이익을 둘러싼 갈등이 동시다발적으로 발생하고 있다.

---

* '보수독점(과점)의 정치구조'는 한국 사회에서 해방이후 민주화와는 관계없이 이념적으로 자유롭지 못했기 때문에 매우 협소한 정치적 대표 체제 속에서 사회의 기득권 구조와 특권체제가 끊임없이 정당화되고 지속되어 온 현상을 의미한다(최장집 2006, 23). 따라서 선거경쟁 역시 보수의 상대적 우위를 바탕으로 한 '기울어진 운동장'에서 지속되어 왔던 것이다.

무엇보다도 한국 사회를 지속적으로 지배해 왔던 지역갈등은 사회구성원들이 지역을 준거로 내집단과 외집단으로 구분하고, 내집단에 대해 호의적인 반면 외집단에 대해서는 왜곡된 편견과 고정관념을 형성하고 배격하는 현상이다(박찬욱 2013, 63). 사실 '여촌야도'로 설명되는 도시와 농촌 사이의 지역별 지지형태의 차이는 산업화 또는 근대화 과정에서 거의 대부분이 경험하는 균열이다(Lijphart 1990). 그러나 1971년 제7대 대통령 선거에서 처음으로 등장한 영·호남 사이의 지역갈등은 1987년 민주화 이후 본격적으로 드러나기 시작했으며, 현재까지 지속적으로 한국 사회의 균열 구조로서 정치사회 전반에 강한 영향을 미쳐 왔다.** 여전히 정치권에서 선거경쟁에서 승리하기 위하여 지역갈등을 동원하고 있기 때문에 지역갈등이 완전히 사라졌다고 할 수는 없지만(대상자 11, 대상자 12), 최근 일부 지역에서 점차 지역갈등의 정도는 완화되고 있는 것으로 나타났다(대상자 07, 대상자 18).

　최근에는 지역갈등을 대신하여 이념갈등, 계층갈등, 세대갈등 등 새로운 갈등이 중첩적으로 나타나고 있다. 첫째, 이념갈등은 민주화 이후 보수독점(또는 과점)의 정치구조'의 완화에 따른 이데올로기적 지형의 확대로 인해 대북관계, 한미관계, 국가보안법, 사회질서, 전통적 가치 등의 정책쟁점을 둘러싸고 발생하는 갈등이다(박찬욱 2013, 66). 여전히 전쟁을 경험한 세대가 가지고 있는 극단적인 종북-반북 프레임에 기반한 이념논쟁을 정치적으로 이용하는 세력과 언론에 의한 확대 재생산으로 인해 이념갈등은 사라지지 않을 것이며, 통일 이후에도 지속될 것으로 예상된다(대상자 01,

---

** 1971년 제7대 대통령 선거에서 영남출신 박정희 후보는 경상도 지역에서 약75%의 지지를 받았고 호남출신 김대중 후보는 전라도에서 약 64%의 표를 획득했다. 당시 농촌인구가 집중되었던 전라도 지역에서 박정희의 패배는 여촌야도에 의존하던 권위주의 정권에 심각한 위협으로 다가왔다.

대상자 15).

두 번째, 세대갈등은 청년세대와 노인세대 간 갈등으로 사회화 과정에서 형성된 이념과 가치를 둘러싼 갈등에서 점차 경제적 이해를 둘러싼 갈등으로 변화되고 있다. 사실 '요즘 애들은 버릇이 없다'는 푸념이 고대 사회에서도 통용되었다는 점을 상기해 보면 세대갈등은 동서고금을 막론하고 존재했던 사회균열의 구조이다(대상자 08, 대상자 12, 대상자 16). 문제는 한국 사회가 고령화로 인해 매우 빠른 속도로 고령사회로 진입함에 따라 아동부양율의 감소와 노인부양율의 급격한 증가가 동시에 발생하고 있으며, 이로 인해 세대 간의 이해관계가 충돌할 것이 예상된다는 점이다(박찬욱 2013, 71). 그리고 세대 간 이해관계의 충돌은 정치현실에 대한 이해와 판단에 영향을 미치면서 정치과정에서 다른 사회균열의 역할을 상쇄시키고 있다(대상자 01, 대상자 07, 대상자 19).

세 번째로 계층갈등은 외환위기 이후 급격하게 확대된 소득의 양극화로 인한 경제적 불평등의 심화와 상대적 박탈감으로 인한 갈등이다. 전세계적으로 경제적 불평등이 심화되고 있으나(Piketty 2014) 한국의 경우에는 소득 이외에 금융자산과 건물과 토지들을 포함한 부동산 보유와 관련한 양극화가 더욱 심화되고 있으며, 대기업과 중소기업, 정규직과 비정규직 노동자, 해외수출과 국내수요 산업 간 불균형, 교육기회의 불균등 등 정치경제적인 차원의 양극화도 동시에 진행되고 있다. 결국 심리적으로 느끼는 양극화와 상대적 박탈감의 팽배로 계층갈등의 가능성은 더욱 확대되고 있다. 대부분의 인터뷰 대상자들은 한국 사회에서 경제적 불평등의 심화로 인해 부의 세습화 또는 권력의 고착화 등의 문제로 인해 계층갈등의 가능성을 예상하고 있다.

요컨대 한국 사회에는 가장 중요한 사회균열로서 역할을 해 온 지역갈등이 지속적으로 약화되는 가운데 이념갈등과 세대갈등, 계층갈등 등 새로운 사회균열의 구조가 나타나기 시작했다. 그리고 이러한 새로운 균열구조는 기존의 사회균열 구조와 함께 복잡한 상호관계를 형성하면서 갈등을 더욱 다차원인 것으로 만들고 있다.

사회통합을 위한 정당의 역할

그러면 현대 민주주의 사회에서 극도로 다양화된 입장들로 인해 발생할 수밖에 없는 갈등을 해결하고 사회통합을 위한 노력의 주체는 누가 되어야 하는가? 우선 사회통합을 위한 정치적 리더십(political leadership)의 중요성이 강조된다. 다양한 입장들을 조율하는 토론의 장을 마련해 줌으로써 국민적 합의를 만들어 내는 과정 자체에 대한 정당성을 확보하는 것이 중요하다는 입장과 리더가 생각하는 올바른 방향으로 무리가 있더라도 강제력을 발동해서 특정 방향으로 이끌어야 한다는 입장이 모두 포함된다(진영재 2013, 216) 한국에서 '사회통합부총리의 존재와 역할(대상자 01), '빛과 소금의 역할을 하는 지도자'(대상자 11)의 역할을 강조하기도 한다.

그러나 민주주의는 사적인 갈등을 공적 주체를 통해 공적으로 해결하는 갈등의 사회화 과정이다. 권위주의적 정부는 갈등을 억압하지만, 민주주의는 갈등의 존재를 인정하고 드러내어 해결하고자 한다(유규오 2016). 민주주의 사회에서 정당은 사회에 존재하고 있는 많은 사회균열들과 대표적인 갈등을 묶거나 새로운 갈등을 새로운 정치쟁점으로 변화시키는 등 사회균열을 대변하며 갈등을 조직하고 이슈화한다. 그리고 이 과정에서 정당은 자신의 정당에 유리한 갈등을 선명하게 드러내는 반면, 그렇지 않은 갈등은 축소하기도 하는 역할을 담당하기도 한다. 따라서 정당은 '갈등구조에 기반해 존재하는 집단'이며(대상자 13), '지역감정, 계층 간 갈등, 세대갈등 등을 이용하는 세력'이며(대상자 07), 정당은 사회갈등을 해결하기보다는 심화시킬 수 있다고 평가되기도 한다(대상자 19).

그럼에도 불구하고 정당은 일반적으로 어떠한 '주의(-ism)'에 동의하는 사람들이 그 주의에 의거하여 공동의 노력으로 '국민의 이익을 증진시키기 위해 결합된 단체'로서 사적 이슈(private issue) 차원에 머무는 비슷한 생각으로 모인 사당, 도당, 붕당 등과 구분된다(진영재 2013, 213). 즉, 현대 정치사회에서 가장 중요한 정당의 기능 중 하나는 국민통합 기능이며, 정당은 사회와 국가를 연계시켜 주는 교량적 역할이 그 핵심이라고 하겠다 (Almond 1966). 따라서 정당은 서로 다른 사회균열을 대변하는 존재라는 점(대상자 08)에서 정당들이 타협점을 찾음으로써 사회갈등의 해결책이 마련될 수 있으며, '정당이 정부와 유권자를 역할을 담당'할 수 있다는 점 (대상자 14)에서 정당의 역할이 중요하며, 나아가 정당만이 해결책(대상자 09)일 수 있는 것이다.

결국 시민들 스스로가 갈등해결의 주체가 되어 이익 결사체를 만들고 서로 갈등하면서 균형점을 찾아가는 것, 이것이 민주주의 본연의 모습인 것이다. 따라서 갈등은 민주주의를 움직이는 엔진이며 이 과정에서 정당의 역할은 필수적일 수밖에 없는 것이다.

12

빈부갈등과 세대갈등의 부상[*]

정수현 • 명지대학교

한국 사회가 분열되고 있다. 민주화 이후 형성된 지역과 이념이라는 전통적인 두 개의 분열의 축이, 연령, 소득, 성별로 다변화되고 그 폭도 점차 넓어지는 것이다. 대통령의 탄핵을 두고 촛불집회와 태극기집회가 맞붙었으며, 강남역 화장실 살인사건을 계기로 여성혐오와 남성혐오에 대한 논쟁이 각종 인터넷 커뮤니티를 뜨겁게 달구었다. 그리고 금수저와 흙수저의 수저계급론이 부모의 소득에 따라 개인의 교육, 취업, 그리고 미래를 결정한다는 씁쓸한 사회적 현실을 반영하는 단어로 자리 잡았다. 그렇다면 왜 우리 사회는 분열되고 있는가? 2000년대 이후의 사회 분열은 그 이전과 어

---

[*] 이 글은 「미래정치연구」 7권 2호 게재 논문 "한국 사회의 갈등양상과 사회통합을 위한 정당의 역할: 표적집단면접(FGI)을 통한 분석"을 일부 수정·재구성하여 작성되었다.

떠한 차이가 나타나는가? 어떻게 하면 사회 구성원들 간의 갈등을 줄이고 통합의 정치를 이룰 것인가? 이 글에서는 정당 개혁과 사회통합에 대한 심층 인터뷰에 참여한 20명의 정당관계자들과의 대화를 중심으로 이러한 질문에 대답하고자 한다.

왜 분열되는가?

표현의 자유가 허용된 민주주의 사회에서 분열과 갈등은 존재할 수밖에 없다. 개인이 추구하는 가치와 해결해야 할 문제가 서로 다르기 때문이다. 그런 측면에서 한국에서 사회적 분열이 본격적으로 드러난 것은 1987년 이후 민주주의 체제가 구축되면서부터였다. 물론, 그 이전에도 이념적 분열과 충돌이 심화된 적이 있었다. 해방직후 제1공화국 정부의 수립을 둘러싸고 식민 잔재 청산과 수용 여부로 인한 민족적 갈등과 사회경제적 이해관계를 대변하는 계급적 갈등이 발생하였고 이는 제주 4·3 사건과 여수·순천 사건과 같이 무력충돌로 발전하기도 하였다. 하지만 이승만 정부의 수립으로 냉전과 분단 체제는 극좌에서 극우에 이르던 다양한 이념적 충돌을 반공을 수용하는 우파 세력만의 정치적 경쟁으로 폐쇄시켰다. 이러한 냉전시대의 반공 체제는 박정희와 군사정권 시대 때 더욱 공고화되면서 시민들의 표현의 자유와 아래로부터의 참여는 매우 제한적으로 허용될 뿐이었다(최장집 외 2013). 20대 총선 비례대표 후보였던 인터뷰 대상자2가 지적한 바와 같이 민주화 이전까지는 개인의 정치적 의사표현이 자유롭지 못하고 사회적 갈등이 억압되었던 통합이 아닌 "통치의 시대"가 계속된 것이다.

하지만 6월 항쟁 이후 시민들에게 정치적 자유가 점차 허용되면서 다양한 의견들이 분출되었고 그동안 정권에 의해 억눌려 왔던 갈등이 표면화되었다. 가장 먼저 드러난 것은 지역갈등이었다. 지역갈등이 발생한 원인은 크게 두 가지로 볼 수 있다. 첫째, 정치지도자들이 선거에 승리하기 위해서 인위적으로 지역갈등을 조장하였다. 1987년 대통령 선거에서 김영삼과 김대중의 단일화 실패 이후 3김 시대가 시작되면서 정당 간의 경쟁구도는 지역적 균열에 기초하였고, 1990년의 3당 합당은 영남과 호남의 대립을 고착화시켰다(박상훈 2009; 이갑윤·박경미 2011). 둘째, 박정희의 개발정책이 지역들(특히, 영호남) 간의 경제적 격차를 발생시킴으로서 이로 인해 경제적 혜택을 받은 지역과 그렇지 못한 지역과의 갈등이 생겨났다(김만흠 1987; 지병근 2015). 이로 인해 유권자들은 자신이 거주하는 지역의 경제적 발전을 위해 지역정당과 지역정치인을 선거에서 선택하게 되고 3김이 정계에서 은퇴한 이후에도 이러한 현상이 계속 지속되고 있다.

2000년대 들어서는 과거에 비해 지역갈등은 완화되었지만 빈부갈등과 세대갈등이 새로운 사회적 문제로 급부상했다. 빈부갈등은 1997년 외환위기 이후 시장 중심의 신자유주의 체제가 한국 사회에 자리 잡으면서 점차 가속화되었다. 연공서열과 고용안정이 사라지고 무한경쟁의 시대가 오면서 빈부의 격차가 커졌고, 중산층이 줄어들었다. 그리고 중산층의 수가 점점 적어지면서 가진 자와 가지지 못한 자를 하나로 묶을 수 있는 연결고리가 사라진 것이다. 20대 총선 새누리당 예비후보였던 인터뷰 대상자 18은 경제적 양극화가 가지고 온 사회적 갈등은 다음과 같이 설명한다.

"어찌 됐든 경제적 양극화가 우리 사회에 가져온 갈등은 엄청나게 심화되고 있고, 이런 부분은 결국은 삶의 문제와 직결되기 때문에 우리 사회 전체의 문제가 되었다. 과거에는 중산층이 두터워서 그 중산층이 사회통합의 견인차 역할을 해 왔는데, 이제는 그 중산층이 획기적으로 줄어들어 버렸다. 그러다 보니 중산층이 없으니 결국은 양극화될 수밖에 없고, 통합이라는 것은 상당히 어려워져 버렸다. 구심점이 약해져 버렸기 때문이다."

더 큰 문제는 많은 경우 빈부의 문제가 개인의 노력과 무관하게 부모가 자식을 뒷받침해 주는 능력에 의해 어릴 때부터 결정된다는 것이다. 소위 수저계급론은 부모의 부가 교육과 취업을 통해 자식에게 세습되는 우리 사회적 현실을 잘 대변하면서 많은 이들의 공감을 얻고 있다. 결국, 청년실업과 조기퇴직이 증가하고 치솟는 부동산 가격에 자기 집 마련이 더욱 힘들어지면서 가지지 못한 많은 이들이 자신의 노력으로 극복할 수 없는 현실의 벽에 자포자기하거나 사회에 대한 분노를 드러내게 된다.

최근 심화되는 세대갈등은 이러한 경제적 현실과 연관되어 있다. 청년일자리가 줄어들면서 젊은 세대들이 취업에 허덕이고 학자금 대출 상환에 어려움을 겪고 있는데, 정당의 선거공약과 정부의 정책은 노인일자리와 노인복지에 더욱 초점을 맞추고 있다. 노인인구와 득표율이 상대적으로 높기 때문이다. 가뜩이나 만원인 출근길 지하철에 무임승차한 노인들이 자리를 차지하고 도시철도 재정적자가 누적된다는 뉴스를 접하면서 청년들은 노인을 위한 정책에 강한 거부감을 갖는다. 이에 반해 노인들은 대한민국을 잘 살게 만든 산업화의 역군인 자신들을 인정하지도, 대접하지도 않는 젊은 세대들에게 서운하고 화가 난다. 한국전쟁과 빈곤을 맛본 그들에게 정치적 자유와 사드배치 반대를 외치는 것은 철없는 손자들의 치기어린 행동에 지나지 않는다. 그리고 젊은 세대에 대한 불만과 사회로부터 인정받지 못하는 소외감은 태극기집회의 과격한 폭력의 모습으로 표출된다. 더 큰 문제는 이러한 세대갈등이 앞으로 더욱 격화될 가능성이 높다는 것이다. 저출산 고령화 사회로 접어들면서 노인복지는 증가할 것이고 이를 부담할 청년 인구는 점점 줄어든다. 청년 한 명이 부양할 노인 숫자가 점점 많아지면서 서로에 대한 갈등의 폭이 한층 더 커질 수밖에 없는 것이다.

어떻게 통합할 것인가?

갈등은 언제나 존재해 왔다. 그리고 앞으로도 계속 있을 것이다. 이는 사회 구성원들이 다양한 가치와 의견을 가지며 그것을 자유롭게 표현할 수 있는 민주주의 체제에서 낭연한 일이다. 누구도 예전의 권위주의 시대처럼 사회통합을 강요할 수도 없고, 그럴 수도 없다. 문제는 사회적 갈등이 비이성적이고 감정적인 대결로 변모하면서 서로 간의 소통과 화합을 기대하기 어려워졌다는 것이다. 그런 점에서 지역갈등에 대한 인터뷰 대상자 11의 대답은 매우 인상적이다.

"지역갈등은 역사적으로 올라가겠지만 사실 전라도하고 경상도는 민족이 다르다. 백제 쪽 계열은 늘 수용적이었다. 한 번도 싸운 적이 없었다. … 지역적 통합은 요원하다. DNA 때문에 요원하다. 힘들 것 같다. (이번 총선에서 지역갈등이 많이 완화됐다는 평가가 있지만) 절대 안 바뀔 것이라 본다. … 역사적으로 민족이 다르기 때문이다."

서로가 근본적으로 다르다고 생각하는데 어떻게 공존할 수 있을 것인가? 아니, 왜 공존해야 하는가? 가진 자이기 때문에, 가지지 못한 자이기 때문에, 노인이기 때문에, 청년이기 때문에, 여자이기 때문에, 남자이기 때문에 상대방은 이겨야 할 대상인 것이지 사회를 함께 살아갈 동반자가 아닌 것이다. "노인들은 바뀌지 않는다."는 손혜원 의원의 말에 공감하면서 "나이든 사람들은 진짜 안 변한다"고 얘기한 인터뷰 대상자 7의 대답은 상대방과의 소통의 가능성을 애당초 차단시킨다. 변하지 않는 자와는 대화가 필요 없는 것이다. 하지만 손혜원 의원과 인터뷰 대상자의 발언에는 그들 역시 안 변할 것이라는 사실을 내포한다. 이러한 태도는 서로의 DNA가 애당초 다르다는 인식에서 출발했으며 사회 구성원들은 내 편이 아니면 적이 된다. 더불어민주당 대선 후보 경선에서 불거진 안희정 지사의 선의 발언과 '적폐(積弊) 청산'의 논란은 중도를 허용치 않은 극단의 진영 정치의 모습을 잘 드러낸다. 언제나 정답은 하나이며 이를 따르지 않으면 내부의 세력이라도 이겨야 할 대상이 된다.

그렇다면 어떻게 이러한 갈등과 분열의 정치를 극복할 수 있을 것인가? 대부분의 인터뷰 대상자들은 정당이 해결의 주체가 되기 어렵다고 얘기한다. 정당은 선거의 승리를 목적으로 하기 때문에 사회적 갈등을 표를 얻기 위한 수단으로 이용하려고 한다는 것이다. 이를 개선하기 위해서는 우선 승자독식의 제도 혹은 제도의 운영이 바뀌어야 한다. 미국의 건국 때 매디슨(James Madison)과 연방주의자들이 의회를 상원과 양원으로 나누고 입법, 행정, 사법을 엄격하게 분리시킨 이유는 어떠한 파벌도 권력을 독식할 수 없도록 하기 위해서였다. 그런 측면에서 사법부의 완전 독립과 중립성이 중요하다. 사법부가 법에 의거해서 대통령을 포함한 어떠한 정치인을 조사하고 구속할 수 있어야 하나의 정당과 한 명의 정치인이 무소불위의 권력을 휘룰 수 없다는 것을 깨달을 수 있다. 모든 권력이 견제당하고 누구도 권력을 독식할 수 없다는 것을 인지할 때만이 정당은 상대 정당을 협상의 대상으로 받아들이고 협치를 추진할 수 있다. 그렇지 않으면 국회선진화법의 시행착오에서 나타나듯이 그 누구도 어떤 것도 할 수 있는 것이 없다는 것을 서로가 잘 알기 때문이다. 승자독식의 체제가 변한다면 유권자들도 상대방의 모든 것을 부정하기보다는 협상 혹은 공존의 대상으로 인식할 수 있을 것이다.

다음으로 정치권이 경제적 불평등 문제를 개선시키기 위해 적극적으로 노력해야 한다. 지금처럼 소득의 양극화가 계속 지속된다면 가진 자와 가지지 못한 자의 불신과 반목의 골은 깊어지고 사회적 안정이 근본적으로 흔들려질 수밖에 없다. 이런 문제를 해결하기 위해서 국회와 정부는 저소득층의 교육, 의료, 주거 문제 등을 해결할 수 있는 정책들을 만들고 시행해야 할 것이며 고소득층은 이로 인한 증세를 받아들여야 할 것이다.

마지막으로 사회적으로 서로의 다양성을 받아들일 수 있는 관용의 태도가 확산되어야 한다. 사회 구성원들이 각자의 가치와 생각이 다를 수 있다는 것을 인정해야 상대방에 대한 이해를 위해 소통할 수 있고 상대방을 이해할 수 있어야 내 자신이 바꾸고 상대방의 변화를 요구할 수 있다. 이러한 사회적 다양성을 포용하는 풍토는 한 순간에 형성되지 않는다. 어릴 때부터 서로에 대한 차이를 받아들이고 합리적인 대화를 통해서 갈등을 해소해 나가는 학교와 가정교육이 선행되어야 한다. 정당들도 상대 정당에 대한 설득과 양보를 통해 정책을 추진하는 협치의 모습을 보여줌으로써 시민들이 공존의 의식을 가질 수 있도록 도와주어야 한다. 한국의 민주주의 체제가 한순간에 만들어진 것이 아니듯이 사회통합도 단기간에 이루어질 수도 없다. 이제는 정당 지도자들과 정당을 중심으로 광화문 광장을 밝게 비추었던 탄핵의 촛불이 화합의 촛불이 될 수 있도록 시민들이 다 같이 노력할 때이다.

13

한국의 사회갈등과 정당*

정회옥 • 명지대학교

한국의 사회통합 현황

최근의 '흙수저·금수저' 논란은 우리 사회의 극심한 분열상을 적나라하게 보여 주는 것이라 할 수 있다. 많은 이들이 '흙수저·금수저' 논란에 공감을 표시하였다는 것은 일반인들이 우리나라의 사회통합의 정도를 극히 낮은 수준으로 평가하고 있다는 방증이다. 그렇다면 일반인들의 한국의 사회통합의 정도에 대한 의견은 정치엘리트라 할 수 있는 심층면접 대상자들의 인식과 얼마나 다를까? 20명의 심층면접 대상자들에게 한국의 사회통합

---

* 이 글은 「미래정치연구」 7권 2호 게재 논문 "한국 사회의 갈등양상과 사회통합을 위한 정당의 역할: 표적집단면접(FGI)을 통한 분석"을 일부 수정·재구성하여 작성되었다.

정도에 대해 어떻게 생각하느냐는 질문을 던진 결과, 20명 중 5명 이하의 면접 대상자들이 우리나라의 사회통합의 정도에 대해 대체적으로 긍정적인 의견을 제시하였다. 반면 15명 정도의 응답자는 우리 사회가 극심한 사회 분열상을 보여 주고 있다고 응답하였다. 우선 소수의 긍정적인 답변을 살펴보자면, 인터뷰 대상자1과 인터뷰 대상자6 등은 과거와 비교를 했을 때 우리 사회의 통합의 정도는 진전되었다고 평가한다. 평가의 근거로서 총선에서 영호남 지역에서 이변이 발생하는 등 고질적이었던 지역 간 분열과 지역감정의 조장이 많이 해소되었다는 것을 제시하였다.

그러나 심층면접 대상자의 약 75% 이상은 우리나라의 사회통합의 정도를 부정적으로 평가하였다. 특히, 경제적 양극화의 고착화를 우려하는 목소리가 높았다. 응답자들을 현재의 한국 사회를 "개개인들의 사회경제적 지위 등에 따라서 선택할 수 있는 선택지 자체가 아예 달라진 사회" "이미 어느 정도 사회가 고착화되어 있다" "거의 무너질 대로 무너졌다" 등의 표현을 사용하며 경제적 편차에 따른 사회적 분열이 심각하다고 응답하였다. 이러한 응답들은 일반 유권자들과 정치엘리트 간의 우리 사회의 통합 정도에 대한 인식의 간극이 그리 크지 않음을 알 수 있다.

한편, 인터뷰 대상자 20은 우리나라의 사회통합의 정도가 다른 나라와 비교했을 때 높을 것이라고 언급하였다. 그나마 같은 언어를 쓰는 동일 민족으로 구성되어 있기 때문이라고 그 이유를 밝혔는데, 이는 실제 국가 간 사회통합의 정도를 조사한 통계치를 살펴보면 국제적인 평가에 맞지 않은 지나치게 긍정적인 인식임을 알 수 있다. 3월 25일 한국보건사회연구원의 '사회통합지수 개발 연구' 보고서에 따르면, 1995년부터 2015년까지 5년을 주기로 사회통합 지수를 측정한 결과, 덴마크, 노르웨이, 핀란드, 스웨덴 등 북유럽 4개국의 사회통합 지수가 0.8~0.9 수준(기준 값 1)으로 가장 높았다. 반면 한국은 지수 값 0.2 수준으로 5차례 모두 OECD 30개 회원국 중 29위를 기록하며 최하위권을 벗어나지 못하고 있다. 특히 한국은 사회 구성원이 삶의 질을 향상하기 위한 자원을 향유하고 제도를 통해 권리를 실현하게 하는 제도 역량을 측정한 '사회적 포용' 항목에서는 5차례 모두 30위를 차지하며 OECD 회원국 중 가장 낮은 사회적 포용수준을 보여 주고 있다. 이와 같은 국가 간 비교 결과는 한국의 사회통합 수준이 국제적인 측면에서 매우 심각하게 낮은 상황이라는 것을 알 수 있으며 사회통합에 대한 적극적 관심이 필요하다는 것을 의미한다.*

한국 사회갈등 요인

그렇다면 응답자들은 한국 사회를 분열시키는 가장 큰 갈등 요인을 무엇이라 생각할까? 이에 대해 심층면접의 대상자들은 계층 갈등과 세대갈등을 가장 큰 갈등 요인으로 꼽았다. 가장 많은 응답자들이 갈등의 원인으로 꼽은 것은 바로 경제적인 계층 갈등이었다. 인터뷰 대상자 2는 한국식 자본주의가 한계에 다다랐고 그런 차원에서 나타난 문제점이 경제적 양극화라고 지적했다. 인터뷰 대상자 3은 한국 사회에는 '신분제'가 생겨나고 있다고 표현하며 경제적 양극화로 인한 갈등을 가장 큰 갈등 요인으로 꼽았고, 인터뷰 대상자 4는 부의 세습으로 인한 권력의 고착화가 진행되고 있으며 이러한 독식 및 편중 문제는 구조적으로 시급히 해결될 필요가 있다고 주

---

* 국가 간 사회통합 정도 관련한 정보는 다음의 출처에서 참고하였음. 연합뉴스. 2017. "한국 사회통합 수준, 20년 내내 OECD 최하위" http://www.yonhapnews.co.kr/bulletin/2017/03/24/0200000 000AKR20170324156000017.HTML?input=1195m (검색일: 2017. 03. 27).

장하였다. '부의 독식', '1% 대 99% 논쟁', '빈부 격차', '갑질사회,' '무전유죄' 등 각기 다양한 용어들을 사용하였지만 대다수의 응답자들이 공통적으로 경제적 갈등을 꼽고 있어 우리나라 정치엘리트 집단의 경제적 양극화에 대한 강한 우려를 느낄 수 있었다.

계층 갈등의 뒤를 이어 많이 제기된 것은 세대갈등이었다. 인터뷰 대상자 19는 한국 사회의 가장 큰 분열 요소는 세대 간의 갈등이며, 20대 총선에서 세대갈등이 모든 이슈를 다 덮어 버렸다고 평가했다. 인터뷰 대상자 18은 앞으로 세대갈등이 더욱 격화될 것으로 전망했다. 특히 저출산 및 고령화로 인해 청년 한 명이 부양해야 할 노인들의 숫자가 급증하다 보니 세대 간 갈등 양상이 심각해질 가능성이 있다는 것이다. 따라서 한국 사회를 분열시켰던 지역 간 갈등이 점점 감소하는 대신에 세대갈등 양상이 더욱 뚜렷해질 것이라고 예측하였다.

그 외의 갈등 요인으로 이념 갈등, 지역 갈등, 그리고 도농 갈등 등이 논의되었다. 지역 갈등에 대해서는 여러 응답자들이 과거에 비해서 많이 완화되고 있다고 보았으며 지역 갈등을 대체하는 새로운 갈등 요인으로 계층 및 세대갈등이 등장하고 있다고 보았다. 즉, 우리나라의 정치 엘리트들은 고질적인 지역 간 분열과 지역감정 조장 등은 이제 한국 사회에서 큰 문제가 아니라고 보는 시각이 우세하였으며 새로운 갈등 양상의 등장에 주목하는 모습을 보였다.

인터뷰 대상자 15는 극단적인 종북－반북 프레임에서 보이는 이념적 갈등을 심각한 갈등 요인으로 지적하였다. 이념 갈등을 정치적으로 이용하는 세력에 의해 확대 재생산 되고 있으며, 여기에 보수 언론의 부추김이 더해져서 사회통합을 저해하고 있다는 것이다. 마지막으로 인터뷰 대상자 18은 도농 간의 갈등이 향후 표출될 수 있다고 전망하였다. 도시는 과대 대표되고 농어촌은 넓은 지역에 비해 과소 대표되고 있으며 이로 인한 갈등이 깊어질 수 있기 때문이다.

　한국 사회의 갈등 요인에 대한 정치엘리트들의 생각은 일반 유권자의 생각과 얼마나 다를까? 여론조사 결과에 따르면 일반 시민들은 한국 사회의 가장 심각한 갈등 요인으로 정치엘리트들과 동일하게 계층 갈등을 많이 꼽는 것으로 나타났다. 국민대통합위원회가 국민의 통합과 갈등에 대한 인식 변화를 분석하기 위해 전국의 19세 이상 성인남녀 2000명을 대상으로 조사한 '2016년 국민통합에 관한 국민인식조사'에 따르면*, 계층, 노사, 이념, 지역, 세대, 다문화, 환경, 남녀로 구성 된 갈등 유형 중 계층(83.3%), 이념(76.5%), 노사(75.4%) 갈등에서 '심함'이란 응답 비율이 가장 높았다. 향후 한국사회에서 갈등이 심해질 가능성이 높은 유형도 마찬가지로 계층 갈등(26.3%), 이념 갈등(19.2%), 노사 갈등(14.6%) 등의 순으로 나타났다. 또한 명지대학교 미래정치연구소에서 전국의 19세 이상 성인남녀 1000명을 대상으로 실시한 '정당과 사회통합에 대한 국민인식조사'에 따르면 세대, 노사, 계층, 지역(영남·호남, 수도권·지방), 남녀, 이념 갈등 중 노사(95.9%), 계층(95.9%) 갈등에서 갈등의 정도가 '크다'라고 응답한 비율이 가장 높았으며, 이념(94.7%), 세대(90.0%), 영남·호남(76.0%), 수도권·지방(69.2%), 남녀(60.6%) 갈등이 뒤를 이었다.

---

* 여론조사 결과는 다음 출처에서 참고함. 뉴스핌. 2017. "[대한민국 갈등 보고서①] 계층갈등 "심각하다" 83.3% vs "아니다" 2.5%." http://www.newspim.com/news/view/20170221000164 (검색일: 2017. 03. 27).

갈등 해소를 위한 정당의 역할

다음으로 한국 사회의 갈등을 해소하는 데 있어 정당들이 어떤 역할을 수행해야 하는지 물었다. 이 질문에 대해 적지 않은 응답자들은 정당 보다는 '정부' 또는 '정치'가 나서서 적극적인 역할을 해 줄 것을 주문하였다. 인터뷰 대상자 1은 "사회통합에 있어서 정부의 역할이 가장 크고 정당은 정부가 잘 하고 있는지 감시, 견제하는 역할을 해야 한다."라고 주장하였다. 이와 유사하게 인터뷰 대상자 13은 "사회통합은 정당보다는 정부가 할 수 있는 일이다"고 응답하였다. 정당이 갈등을 해결하기보다는 심화시킨다는 인식도 엿보였는데, 인터뷰 대상자 13은 정당은 기본적으로 갈등 구조에 기반을 두어 존재를 하는 집단들이기 때문에 사회통합을 위해 기여를 하려고 노력한다고 하지만 실질적으로 얼마나 기여할 수 있을지에 대해서는 의문을 표하였다. 비슷한 맥락에서, 인터뷰 대상자 18도 정당은 특정 이익을 집약하는 과정에서 의존할 수밖에 없는 세력이 있다며 정당보다는 국회가 사회통합에 있어 중요한 역할을 해야 한다고 보았다. 심층면접 결과는 우리나라의 정치 엘리트들이 정당의 사회통합 기능에 대해 다소 부정적인 인식을 갖고 있음을 보여 준다. 정당의 역할 및 기능에 대해서 학자들은 다음과 같은 측면을 강조하고 있다. 헤이그와 해롭(Hague and Harrop 2011)는 정당이 이익을 집약하는 수단으로서 수많은 개별 요구를 해결하기 쉬운 제안으로 만들며 여러 정책들을 골라내고 통합하여 포괄적인 정책으로 바꾸는 역할을 가지고 있다고 보았다. 또한 정당은 정치충원을 담당하는 대리인의 역할을 수행하며 의회와 행정부 등에서 일할 공직후보들을 충원하고 훈련시킨다고 설명한다. 이와 비슷하게 심지연(2004)도 정당의 기능을 이익의 표출과 집약, 정부의 조직과 통제, 정치적 충원과 참여, 정치사회화,

사회통합과 민주주의 발전 등으로 설명하고 있다. 수많은 이해관계들 속에서 통합적 정책을 생산하며 사회통합을 위해 역할을 하는 것이 정당의 주요 기능으로써 논의되고 있는데, 본 심층면접 조사의 대상자들이 한국의 정당을 이러한 사회통합 기능에 적합하지 않은 존재로 간주하고 있다는 점은 정치엘리트들의 한국 정당에 대한 독특한 인식을 엿볼 수 있다는 점에서 흥미롭다.

한편, 두 명 정도의 응답자는 사회 갈등 치유에 있어 정당의 역할이 지대하다고 보았다. 인터뷰 대상자 9는 "정당만이 해결책이다"라고 주장하며, 정당이 국민을 위하는 합리적인 대안을 찾고 문제 해결을 위해 노력을 경주할 필요가 있다고 보았다. 사회통합에 있어 정당의 역할이 지대하다고 본 인터뷰 대상자 11은 보다 구체적으로 정당 구성원들에 대한 교육이 필요함을 강조하였다. 정당이 소속 정당원들뿐만 아니라 유권자들을 대상으로 시민 교육을 실시하며 소통의 장을 정기적으로 마련하는 것이 사회통합을 위하여 중요하다는 것이다. 또 인터뷰 대상자 20은 정당이 입법 및 정책 활동을 유권자들에게 최대한 많은 혜택을 주는 방향으로 펼쳐 갈등 해소를 위해 더욱 많은 역할을 해야 한다고 지적하였다.

기타 응답으로 사회통합에 있어서 미디어와 선거제도의 중요성을 강조한 의견이 있었다. 인터뷰 대상자 1은 미디어가 여론을 호도하여 사회갈등을 조장하는 측면이 있다고 비판하였다. 또 인터뷰 대상자 12는 선거제도 자체에 대한 근본적인 고민을 통해 사회통합의 길을 열 수 있다고 주장하였다. 선거제도로 인해 한국 사회의 갈등이 계속 심화되어 왔기 때문에 민의가 더욱 반영되는 선거제도로 점차적으로 개혁할 필요가 있다는 것이다.

요컨대, 우리나라의 정치엘리트들은 한국 사회의 갈등의 골이 깊다고 보고 있으며 계층 및 세대갈등을 가장 심각한 요인으로 간주하고 있었다. 이러한 인식은 일반 유권자의 인식과 유사한 것으로 사회통합에 대한 현 상황 인식에 있어서 유권자−엘리트 간의 간극은 심하지 않은 것으로 보인다. 또한 우리나라의 정치엘리트들은 정당의 사회통합 기능에 대해 부정적인 인식을 갖고 있었으며 정당보다는 '정부' 또는 '정치'가 사회통합의 주체가 되어야 한다고 응답함으로써 보다 근원적이고 전반적인 개혁의 필요성을 강조하고 있는 것으로 보인다. 이러한 결과는 사회통합의 심각성 및 주요 갈등 요인에 대해 우리 사회가 컨센서스에 도달했다고 평가할 수 있으며 이제는 갈등을 치유하고 분열을 통합하기 위해 보다 적극적으로 나설 때라는 것을 의미한다.

참고문헌

국민대통합위원회. 2016a. 『국민통합을 위한 20대 국회의 역할과 과제』. 서울: 국민대
　　　통합위원회.

_____. 2016b. 『2016년도 국민통합에 관한 국민의식조사』. 서울: 국민대통합위원회.

김만흠. 1987. 『한국사회 지역갈등 연구』. 서울: 현대사회연구소.

류재성. 2016. "집단 간 갈등은 어디서 오는가? 정치이념, 정책선호, 이념태도." 『한국정
　　　치학회 특별학술회의(한국 사회 내 갈등과 대한민국 통합의 미래) 발표논문집』.

마인섭. 2004. "정당과 사회균열구조." 심지연 편. 『현대정당정치의 이해』. 서울: 백산서
　　　당.

박명호. 2015. "정당법 10년의 성과와 과제." 『의정연구』 21권 1호, 1-29.

박상훈. 2009. 『만들어진 현실』. 서울: 후마니타스.

_____. 2013. "정당 없는 민주주의는 왜 문제인가." 최장집 외. 『어떤 민주주의인가』.
　　　서울: 후마니타스. 223-246.

박찬욱. 2013. "사회통합의 방향: 한국정치의 과제." 『저스티스』 134권 2호.

심지연. 2004. "현대정당정치의 이해". 서울: 백산서당.

유규오·EBS 다큐프라임 〈민주주의〉 제작팀. 2016. 『EBS 다큐프라임 민주주의: 세계
　　　적인 석학들의 민주주의 강의』. 서울: 후마니타스.

윤성이. 2012. "SNS와 참여민주주의의 미래." 『한국언론학회 심포지움 및 세미나』.
　　　2012년 6월, 231-251.

윤종빈. 2011. "지구당 폐지와 한국정당의 민주성." 『한국정당학회보』 10권 2호, 67-
　　　92.

이갑윤·박경미. 2011. "지역발전과 지역적 정당투표." 『사회과학연구』 19권 2호, 138-
　　　170.

이갑윤·박정석. 2011. "지역민 호감도가 정당지지에 미치는 영향." 『한국과 국제정치』
　　　27권 3호, 131-158.

이정진. 2010. "지구당 폐지를 둘러싼 담론구조와 법 개정 논의." 『한국정치외교사논
　　　총』 31권 2호, 353-384.

장훈. 1999. "한국의 정당 개혁." 『계간 사상』 여름호, 70-90.

전진영. 2009. "지구당 폐지의 문제점과 부활을 둘러싼 쟁점 검토." 『현대정치연구』 2권 2호, 173-196.

조기숙. 2000. 『지역주의 선거와 합리적 유권자』. 서울: 나남출판사.

조원빈. 2016. "정치사회제도에 대한 신뢰와 사회갈등." 『정치·정보연구』 19권 1호.

_____. 2017. "한국사회 계층갈등과 남북통합." 『한국정치학회 특별학술회의(한국 사회 내 갈등과 대한민국 통합의 미래) 발표논문집』.

지병근. 2015. "민주화 이후 지역감정의 변화와 원인". 『한국정당학회보』 14권 1호, 63-91.

진영재. 2013. 『정치학총론』. 서울: 연세대학교 출판부.

최장집. 2006. 『민주화 이후의 민주주의』. 서울: 후마니타스.

최장집·박찬표·박상훈. 2013. 『어떤 민주주의인가: 한국 민주주의를 보는 하나의 시각』. 서울: 후마니타스.

한국보건사회연구원. 2016. 『사회통합지수 개발연구』. 서울: 한국보건사회연구원.

한국정당학회. 2012. 『사회통합과 정치제도 개혁과제』. 사회통합원회 연구용역과제

Almand, Gabriel A. 1966. "Political Theory and Political Science." *American Political Science Review* 60(4).

Edmund Burke. 1774. "Speech to the Electors of Bristol." *The Founders' Constitution*. 1: 26-35. http://press-pubs.uchicago.edu/founders/documents/v1ch13s7.html.

Geissel, Brigitte. 2008. "Reflections and Findings on the Critical Citizen: Civic Education-What for?" *European Journal of Political Research* 47(1): 34-63.

Gerber, Alan, and Donald P. Green. 2000. "The Effects of Canvassing, Telephone Calls, and Direct Mail on Voter Turnout: A Field Experiment." *American Political Science Review* 94(3): 653-663.

Graber, Doris. 2010. *Mass Media and American Politics 8th ed*. Washington, D.C.: CQ Press.

Huntington, Samuel P. 1968. *Political Order in Changing Societies*. New Haven:

Yale University Press.

Key, V. O., Jr. 1964. *Parties, Politics and Pressure Groups*. New York: Thomas Y. Crowell Company.

Kuenzi, Michelle, and Gina Lambright. 2001. "Party System Institutionalization in 30 African Countries." *Party Politics* 7(4): 437–468.

Lijphart, Arend. 1990. "Dimensions of Ideology in European Party System." in Peter Mair. eds. *The West European Party System*. Oxford: Oxford University Press.

Lipset, Seymour Martin and Stein Rokkan. 1967. "Cleavage Structures, Party Systems, and Voter Alignment: An Introduction." in Seymour Martin Lipset and Stein Rokkan. eds. *Party Systems and Voter Alignment*. New York: Free Press.

Mainwaring, Scott and Timothy Scully. 1995. *Building Democratic Institutions: Party Systems in Latin America*. Stanford: Stanford University Press.

Mair, Peter. 1994. "Party Organizations; From Civil Society To The State." in Richard Katz and Peter Mair. eds. *How Parties Organize: Change and Adaptation in Party Organizations in Western Democracies*. London: Sage. 1–22.

Manning, Carrie. 2005. "Assessing African Party Systems After the Third Wave." *Party Politics* 11: 707–727.

Miller, Warren E., and Donald E. Stokes. 1963. "Constituency Influence in Congress." *American Political Science Review* 57(1): 45–56.

Piketty, Thomas. 2014. *Capital in the Twenty–First Century*. Cambridge: The Belknap Press of Harvard University Press.

Powell, Eleanor N., and Joshua A. Tucker. 2013. "Revisiting Electoral Volatility in Post Communist Countries: New Data, New Results and New Approaches." *British Journal of Political Science* 44: 123–147.

Przeworski, Adam. 1991. *Democracy and the Market: Political and Economic Reforms in Eastern Europe and Latin America*. New York: Cambridge

University Press.

Rod Hague and Martin Harrop. 2011. *Comparative Government and Politics*. Basingstoke: Palgrave Macmillan.

Schattschneider, E.E. 1942. *Party Government*. New York: Holt, Rinehart and Winston.

Stockton, Hans. 2001. "Political Parties, Party Systems, and Democracy in East Asia." *Comparative Political Studies* 34: 94–119.

Weghorst, Keith R., and Staffan I. Lindberg. 2011. "Effective Opposition Strategies: Collective Goods or Clientelism?" *Democratization* 18: 1193–1214.

부록

[부록 1] 심층면접 대상자 명단

순번	성별	면접 일시	소속 및 직위	경력 사항
1	남	2016.04.26	더불어민주당 국회의원 보좌진	당직자, 보좌진
2	남	2016.04.29	더불어민주당 시당 당직자	총선 비례대표 후보, 당직자
3	남	2016.05.02	더불어민주당 당원	총선 비례대표 후보
4	남	2016.05.03	더불어민주당 대선캠프 사무장	보좌진, 선거캠프 활동
5	남	2016.05.04	새누리당 국회의원 보좌진	보좌진, 선거캠프 활동
6	남	2016.05.09	새누리당 국회의원 보좌진	보좌진
7	여	2016.05.10	더불어민주당 당선인 캠프 팀장	선거캠프 활동
8	남	2016.05.11	새누리당 국회의원 보좌진	보좌진, 선거캠프 활동
9	남	2016.05.11	새누리당 국회의원 보좌진	보좌진, 선거캠프 활동
10	여	2016.05.13	새누리당 전문위원	당직자
11	남	2016.05.13	새누리당 국회의원 보좌진, 당협위원회 사무국장	선거캠프 활동
12	남	2016.05.14	더불어민주당 중앙위원회 위원, 당협위원장	총선 후보, 기자
13	여	2016.05.17	대학 강사	보좌진, 선거캠프 활동
14	여	2016.05.18	국민의당 국회의원 보좌진	보좌진
15	남	2016.05.18	더불어민주당 국회의원 보좌진	보좌진
16	남	2016.05.20	더불어민주당 국회의원 보좌진	보좌진, 선거캠프 활동
17	남	2016.05.30	한나라당 국회의원 보좌진	보좌진, 선거캠프 활동
18	남	2016.06.02	국회공무원	당직자
19	남	2016.07.06	더불어민주당 국회의원 보좌진	보좌진, 선거캠프 활동
20	남	2016.07.08	새누리당 국회의원 보좌진	보좌진

[부록 2] 심층면접 질문 문항

공 통 질 문	정당정치 개혁	• 유권자들의 정당정치에 대한 신뢰 및 만족도가 낮다는 지적이 있는데, 그 이유는 무엇이라 생각하는가? (정당들의 잦은 이합집산, 계속되는 당내 파벌 싸움, 미약한 정책 제시 기능, 돈 공천, 밀실야합 공천 등의 부패 등) • 정당정치에 대한 신뢰와 만족도를 높일 수 있는 방안이 있을까?
		• 민주화 이후 한국의 정당정치와 민주주의의 발전이 어느 정도 수준에 달했다고 생각하는가? 특히 어떤 부분이 발전했다고 생각하는가?
		• 한국 정당정치와 민주주의의 발전을 위해 어떤 측면의 개혁이 가장 우선되어야 한다고 생각하는가? (구조/제도/행위자 등; 중앙당 권한 및 조직, 당론, 공천개혁, 비례대표 공천, 정당공천제, 정책 기능 등)
		• 한국형 정당개혁이 어떠한 방향으로 나아가야 한다고 생각하는가? • 한국 정당정치의 개혁 방안으로서 평소에 생각해 둔 아이디어가 있는가?
		• 한국 정당정치의 개혁에 있어서 가장 큰 걸림돌이 무엇이라 생각하는가?
	시민-정당 연계와 소통	• 유권자-정당/의원의 접촉은 주로 어떤 방식으로 이루어지는가?
		• 정당/의원의 일반 유권자, 지지자, 당원에 대한 접촉 방식이 어떻게 다른가?
		• 귀 정당/의원을 지지하는 유권자들과 다른 정당/의원(후보)을 지지하는 유권자들 간의 가장 눈에 띄는 특징은 무엇인가? • 그렇다면 귀 정당/의원을 지지하지 않는 유권자들을 설득하기 위해서 어떤 노력을 하고 있는가?
		• 유권자-정당/의원의 접촉은 정치참여(투표참여 포함)에 실질적인 영향을 주는가?
		• 유권자의 지지를 이끌어 내는 데 있어서 현재 한국 정당 각각의 장단점이 무엇이라 생각하는가?
		• 한국의 정당들이 유권자들의 목소리를 정책결정과정에 제대로 반영하지 못하고 있다는 비판이 있는데, 그 원인과 해결방안이 무엇이라 생각하는가?
	사회통합	• 한국의 사회통합 정도에 대해 어떻게 생각하는가? 높다고 생각하는가?
		• 한국 사회의 가장 큰 갈등이 무엇이라 생각하는가? (세대갈등, 경제 불평등, 이념갈등, 지역갈등(영호남/수도권지방), 남녀차별 등)
		• 한국 사회의 갈등을 해소하고 분열을 치유하는 데 있어 정당들이 어떤 역할을 수행해야 한다고 생각하는가?

당직자	• 소속 정당의 운영방식 및 의사결정구조 등 전반에 대해 만족하는가?
	• 중앙당 지도부의 총선 공천에 대한 영향력 행사가 바람직하다고 생각하는가? • 당내 후보 선출에서 상향식 공천의 제도화가 필요하다고 생각하는가?
	• 정당 내부 권한의 분권화 정도가 어떻다고 생각하는가?(중앙당-지구당 관계)
	• 정당개혁의 방향성에 대한 당내 논의가 실제로 어느 정도 이루어지고 있는가? 어느 정도 합의가 이뤄지고 있다고 보는가?
의원 보좌진	• 의원의 입법 활동 과정에서 정당지도부와 유권자의 영향력은 어느 정도인가? 각각 어떻게 다르게 입법 과정에 영향을 주고 있는가?
선거캠프 경험자	• 선거캠페인 과정에서 정당지도부의 지원과 영향력은 어느 정도인가? • 정당과 후보자가 부담하는 비용의 비율은 어느 정도인가?

정당 개혁과 사회통합에 대한
심층 인터뷰 조사

※ 본 인터뷰 전문은 가독성을 높이기 위해 답변을 인터뷰 대상자별로 정리하였습니다.

1. 유권자들의 정당정치에 대한 신뢰 및 만족도가 낮다는 지적이 있는데, 그 이유는 무엇이라 생각하는가?

» 역사를 이야기 하자면, 삼김(三金) 정치 당시에는 총재들이 이끄는 정치를 했다. 그래서 다수의 권력이 아닌 1인 권력이 장악했던 때는 소속당원들과 지지자들 모두 그것이 옳다고 생각했다. 특히 김대중 대통령으로 대표되는 민주당의 경우 호남사람들, 수도권의 호남 성향 사람들은 그들의 정책이나 말이 옳다고 생각하고 따랐고, 반대로 충청도, 경상도는 김영삼, 충청도는 김종필 역시 그러했다. 그 당시에는 오히려 정당에 대한 불만이 적었다. 현재는 정당의 민주화의 과정에 있다고 생각한다. 정당의 민주화가 생소할 수 있는데, 정당 내부에 권력 투쟁이 일어나는 것은 국민들에게 분열로 보일 수 있지만 오히려 정당 민주화의 절차라 볼 수 있다. 1인이 주도하는 정당에서는 감히 그러한 분열이 있을 수 없을 것이다. 새누리당의 경우 박근혜가 총재 역할을 하고 있기 때문에 그러한 모습이 덜하지만 더민주당 같은 경우는 문재인이 당 대표를 했을 때도 내부 투쟁들이 있었고 김종인 당시에도 투쟁이 있었다.

» 흔히 친문, 반문, 비문 등으로 나뉘지만 이는 언론이나 국민들이 생각하는 프레임에 갇혀있는 것이고 정당 민주화에 좀 더 가깝다. 오히려 당내 목소리가 많은 것이 민주화라는 그 자체에서는 긍정적인 효과를 나타내는데, 정치 불신에는 안 좋은 영향을 미친 것이다. 분열로 보이고 정당이 통합되지 않으면 안 될 텐데 하는 끊임없는 불안으로 정당에 대한 믿음과 신뢰가 떨어지면서 투표를 안 하는 현상이 나타나고, 오히려 민주화가 덜 된 정당들이 반사적인 이익을 보는 현상이 일어났다고 본다. 여러 사람의 여러 분석이 가능하겠지만 지금까지 정당을 경험했던 바로는 지금처럼 정당의 민주화가 활발하게 이뤄지는 시기는 없었던 것 같다.

» 정당에 대한 신뢰가 떨어진 것은 분열이나 헤게모니 싸움 때문에 일어나는 내부투쟁이 너무 심하기 때문이다. 계파정치가 너무 심해서 하나로 뭉쳐야 한다는 국민들의 생각 때문에 정당에 대한 불신이 커지는 것이다. 쉽게 말해 정치나 정당의 품격이 떨어졌다고 생각한다. 예전에는 정당이라는 것이 정치와 정책을 이끄는 것이었는데, 지금은 정당이 마치 협회 같은 느낌이다. 이전에는 비슷한 이념과 정책을 가지고 모이는 소속 그룹 사람들끼리 정당을 이루는 느낌이 있었는데, 지금은 300명의 자영업자들이 자기의 이해관계에 따라서 새누리당이라는 협회에 들어갈지 민주당이라는 협회에 들어갈지를 고르는 모양새이기 때문에 정치의 격이 떨어졌다 생각한다. 정당이라는 그 자체가 가벼워졌다는 생각이 든다.

2. 정당정치에 대한 신뢰 및 만족도를 높일 수 있는 방안이 있을까?

» 내부의 권력 투쟁들을 가라앉히고 소통하는 것이 필요하다. 예를 들어 청년들에 대한 문제가 있으면 청년들에게 어디가 아픈지 자꾸 물어보고 들어주는 것만 해도 굉장히 좋은 정치라고 생각한다. 그런데 그것을 해결해 주려고 최소한의 노력을 하는 정치를 하는 것이 중요하다. 대부분의 국회의원들은 '이거 하나로 해결 되겠어?'라는 생각으로 포기하는 경우가 많고 당론에 따

라 무조건 움직이는 경우들도 있다. 하지만 어차피 국민을 바라보고 가는 정치이기 때문에 유권자들이든 누구든 만나서 이야기해 보고 우리 당의 정책으로 가져와서 국회에서 입법을 하는 과정이 계속 반복되어야 한다.

» 개인적으로 지역구 국회의원을 줄이고 비례대표를 더 많이 늘려야 한다고 생각한다. 이에 대한 반대가 심했지만 직능 대표성이라는 것이 중요하기 때문이다. 그런데 우리나라에서 비례대표는 말로는 대표성으로 뽑지만 실제로는 자리싸움, 나눠먹기라는 이미지가 있다. 실제로 그럴 가능성이 있지만 이론상으로는 직능대표인 비례대표를 더 많이 뽑아야 한다고 생각한다. 예를 들어 주부를 많이 뽑아야 주부의 입장을 대표하고 정치를 잘해야 정당이 발전할 수 있을 텐데 현재 국회와 정치에 대한 유권자의 불신으로 이에 소속된 정당으로 이어져 민심이 밑바닥을 치고 있다고 본다. '정당-국회-정치' 세 개는 한 묶음이라 생각한다. 그런데 대통령은 국회를 날마다 비난하고 있는데 국회는 아무것도 하지 않는 것 같으니 정치가 개판이라는 비판을 받는 것이다. 언론에서도 비난을 계속하고 있다. 그중에 잘 하는 정치인도 있는데 전체 정치권으로 묶이기 때문에 억울한 면도 있을 것이다.

» 정당정치에 대한 신뢰 및 만족도를 회복하는 방법은 역시 민심이다. 국민을 더 챙기고, 왜 내가 정치를 하는지 생각해 보면 될 것이다. 예를 들어 구조적으로 청년층을 대변할 수 있는 사람들이 정당에 더 많이 들어오고 또는 청년들의 의견을 취합할 수 있는 국회의원들이 더 많으면 청년들의 그 정당에 대한 신뢰는 회복될 것이라고 본다. 이외에 주부, 자영업자, 경제 분야 등 각 분야별로 체계적으로 시스템화되어야 한다. 본래 정치는 시스템인데 지금은 그 시스템이 깨져 있어 정당, 정치, 국회에 대한 신뢰 역시 깨졌다고 생각한다.

3. 한국 정당정치의 개혁에 있어서 가장 큰 걸림돌이 무엇인가?

» 가장 큰 걸림돌은 역시나 국회의원들이 각자 '내가 당선되면 되지'라는 생각

을 하는 것이다. 같은 정당에 속한 의원들끼리 서로가 당선되길 바랄까? 자영업자의 심정이다. 나와 경쟁하는 식당이 망해야지 나에게 유리하다고 생각하는 것이다. 저 후보, 저 의원이 잘되어야 우리 당 전체가 좋다고 생각해야겠지만 실제로는 그렇지 않다. 대의민주주의하에서 국민을 대신하여 의회에서 일을 하는 것인데, 오로지 나의 출세만을 위해서 하는 지극히 개인주의적인 정치가 현재 굉장히 많이 퍼져 있다고 본다. 이것은 사람의 마음이기 때문에 바꿀 수 없겠지만 점점 갈수록 개인주의가 심해지고 있다. 그렇다고 과거처럼 강력한 지도자가 주도할 수는 없는 상황이다. 하지만 이번 총선을 통해서 많이 개선되었다고 생각한다. '이러면 안 되겠구나. 역시 국민들이 무섭구나'하는 생각을 많이 했을 것이다.

» 한국 정당정치의 개혁에 있어서 가장 큰 걸림돌로 한 가지를 뽑는다면 역시 정치인들이 정치적인 신념이나 철학이 아니라 개인적인 욕심 때문에 정치를 하는 것이다. 실제로 문제가 되는 것 같다. 언론에서는 이런 문제들을 다루기 힘들 것이다. 마음속의 문제이기 때문에 근거를 찾을 수 없다. 구조적으로 계파주의가 문제라든지, 친노-비노가 문제라든지 하는 것들은 전부 언론의 말일 뿐이다. 실제로는 계파주의가 그렇게 심하다고 생각하지 않고 이번에 국민의당으로 갔던 사람들은 의정활동 성적이 좋지 않아서 어차피 대부분 컷오프 대상이 대부분이었다. 공천을 못 받을 것 같으면 더 열심히 해서 대선에 나가야지 생각을 해야 하는데 당을 나간 것이다. 이런 상황들 때문에 정치 불신도 커지고 정치개혁도 하기 힘들어진다고 생각한다.

» 이번 총선에서 국민의당이 38석을 얻음으로써 소위 말하는 캐스팅보트를 잡고 새누리당과 더민주당을 왔다 갔다 할 것이다. 국민들이 봤을 때는 좋아 보이지 않을 것이다. 제3당이 나와 당이 많아진 것은 사실 좋은 현상인데, 어느 민주주의 국가도 이렇지 않다. 양당제하에 이를 견제할 수 있는 정의당과 같은 이념정당이 제3당으로서 있는 것이지, 국론이 분열되는 현상이 그대로 노출되는 이러한 구조는 바람직하지 않다고 본다.

4. 한국 정당정치와 민주주의의 발전을 위해 어떤 측면의 개혁이 가장 우선되어야 한다고 생각하는가?

» 현실정치에서는 행위자인 사람이 바뀌어야 한다. '정말 저 사람 괜찮네, 보니까 변함 없네' 하는 사람들이 정치에 도전해야 하는데 기존에 했던 사람들이 3,4,5선하면서 바꿀 수 없는 상황이다. 신인들이 들어가기는 너무 힘든 상황이다. 이러한 안 좋은 시스템을 자꾸 누적이 되는 것 같다.

5. 한국형 정당개혁이 어떠한 방향으로 나아가야 한다고 생각하는가? 한국 정당정치의 개혁 방안으로서 평소에 생각해 둔 아이디어가 있는가?

» 정당정치를 개혁하는 것은 굉장히 어렵다. 미국, 일본, 그리고 우리나라도 마찬가지로 양당체제가 구축되어 있고, 유럽의 일부 나라만 3당 체제로 경쟁을 하고 있다. 예를 들어 경제를 더욱 우선시하는 나라들은 양당체제가 강화될 수밖에 없고, 유럽같이 복지를 중요하는 나라에서는 새로운 3당이 출현하는 것 같다. 그런데 우리나라는 현재 비정상적으로 그런 상황이 아니면서 3당이 출현한 것 같다. 예를 들어 복지정당이나 굉장히 특별한 이념을 가진 정당이 아닌 약간 정치적인 정당이 나왔다는 것은 정치 분열로밖에 안 보이는 것이다. 획기적인 정당개혁을 생각하기 어려운 이유는 현재 우리나라 정당들의 뿌리는 깊어 해체를 하는 것이 불가능한 일로 보이기 때문이다. 불가능한 일을 상상하는 것은 시간 낭비, 감정 소모라 생각한다.

» 다만 정당개혁의 방향성은 제시를 해야 할 것이다. 지금 헌법 개정 논의가 계속되고 있다. 현재 우리는 대통령이 5년 임기를 가진 시스템이고 미국 같은 경우는 4년씩 2번의 중임제를 하고 있다. 우리나라에서는 내각책임제 등의 얘기도 나오고 있는데 대통령은 외교안보치안만 담당을 하고 나머지 부분을 총리가 한다든지 하는 이야기가 나오고 있다. 헌법 개정은 박근혜 대통령도 이야기했고 노무현, 이명박 등 이전의 모든 대통령마다 주장했지만 실제로 논의가 제대로 안 되었다. 현직에 있는 대통령이 그동안 계속 주장했던

이유는 헌법은 소급 적용이 안 되어 개정하더라도 본인하고 상관이 없기 때문이다. 지금 현재 살아 있는 권력자들은 자신들이 피해를 볼 가능성이 있기 때문에 반대하는 것뿐이지, 대통령에 관심이 없는 사람들은 개정하자고 주장하고 있다. 좀 더 정당정치가 발달하려면 대통령제를 좀 바꿨으면 좋겠다. 중임제로 해서 4년 후 중간평가를 받아야 할 것이며, 이는 정당에 대한 평가도 될 수 있을 것이다. 예를 들어 '미국의 민주당은 잘 했는데 오바마는 잘못했다 혹은 오바마는 잘 했는데 민주당은 잘못했다' 이런 것이 아니라 민주당과 오바마 대통령은 한 공동체기 때문에 정당을 심판하는 분위기로 갈 필요가 있다.

» 그리고 우리나라는 기본적으로 선거가 너무 많다. 선거는 맞춰서 치러졌으면 좋겠다. 예를 들어 불가능한 일이긴 하겠지만 지방선거와 국회의원선거를 동시에 치름으로써 사회적 비용이 더 많이 들 수도 있겠지만, 2년마다 한 번씩에 선거를 치르고 재보궐도 있으니 선거를 치르다 시간이 다 간다는 생각이 든다. 이처럼 선거제도도 개혁해야 할 필요가 있다. 또한 기본적으로 양쪽 다 오픈프라이머리를 통해 국민들이 뽑을 수 있는 사람들이 정당, 국회를 이끌어야지 특정인이 내리꽂는 형태는 폐해가 심한 것 같다.

» 이번 총선에서 중진 의원 용퇴론이 나왔을 때 여러 인물이 거론되었고 용퇴해야 한다는 의견이 많았는데, 다만 걱정이 되었던 것은 '세종시에서 이해찬, 종로 정세균이 아니면 이길 수 있나'하는 계산들도 있었다. 내 정치를 포기하고 다른 사람의 정치를 도와주면 모두 성공할 가능성이 높아지는데 우리나라에서는 그런 것이 없다. 모든 정치인들이 자영업자들이기 때문이다. 정치를 대의적으로 생각하고 한 단계를 더 크게 생각해야 한다. 예를 들면 세종시에 이해찬이 나오지 않으면 다른 사람을 도와주면 좋을 것이다. 좀 포기할 줄도 알아야 한다. 정치도 정년이 있었으면 좋겠다. 3선 제한을 한다든지 국민 평균 정년을 따져서 그때까지만 정치를 하고 그다음부터는 봉사할 수 있도록 해야 한다. 연금을 주는 것이 아니라 의무적으로 5년 동안 봉사를

하도록 한다든지 하는 변화가 필요하다. 물이 고여 있으니까 문제라 생각한다. 이것이 허무맹랑하게 들릴 수 있겠지만.

6. 과거에 비해 현재 한국의 사회통합 정도에 대해 어떻게 생각하는가? 높다고 생각하는가?

» 기본적으로는 과거에 비해 좋아졌다고 생각한다. 고질적인 지역 간 분열과 지역감정조장은 실제로 많이 없어졌다. 이번 총선 결과에서도 보다시피 오히려 광주보다 부산에서 더민주당을 더 많이 지지하는 이상한 현상이 일어났고, 대구 수성구같은 경우 서울의 강남과 같은 곳이기 때문에 더민주당이 당선될 수 없는 곳인데 김부겸이 당선되었다. 그런 것을 보면 지역 색깔은 많이 과거에 비해 사라졌다. 물론 과거에 너무 안 좋았기 때문에 이런 진단을 할 수 있을지 모르겠지만, 지금은 많이 좋아진 것 같다.

» 다만 지금 새롭게 생긴 것은 계층, 세대 간 갈등이다.

» 특히 세대 간의 갈등은 훨씬 심해졌다. 최근에 어버이연합을 보면 워낙 목소리가 크고 사회 곳곳에 나와서 하니까 언론, 방송을 보고 시민들 10명 중 5명의 사람들이 이를 믿는 경우가 많다. 이래서 언론, 방송이 무섭다는 건데…대통령도 그러다보니 시위를 보고 폭도다 이야기하게 되고, '왜 청년들만 챙기냐' 하며 세대 간의 갈등이 커졌다. 보통 내 손주들 밥 챙겨 주라고 하는 것이 우리 할머니, 할아버지들 마음이다. 이번 총선에서 정책을 만들면서도 '우리 아이들 밥을 굶지 않게'보다는 '우리 손주들 밥 굶지 않게' 이렇게 표현하는 것이 더 낫지 않겠나 생각했다. 그러면 할머니, 할아버지들도 공감할 수 있는 것이다. 이러한 캠페인들이 계속 진행되었으면 좋겠다. 그리고 세대갈등이 일자리갈등으로 이어진다. 노인일자리가 늘어나는 것은 좋은 현상이지만 그만큼의 청년일자리는 줄어들고 있다. 정치적인 이익 때문에 지역감정, 세대감정을 부추긴다고 생각한다.

» 앞으로도 영원히 통합될 수 없는 것이 이념적인 갈등이다. 정의당에서 북한

의 김정일, 김정은을 찬양하는 사람이 없는데 언론에서 이들이 김정은을 찬
양하는 것처럼 하여 이념갈등을 일으키고 있다. 이념갈등을 일으키면 보수
정당이 유리하게 되어 있다. 모든 것을 정치적으로 해석하고, 정치적으로 이
용하는 것이다. 실제로 맨투맨, 시민과 시민, 국민과 국민 간에는 그렇게 갈
등이 크지 않다. 어르신들을 만나서 이야기해 봐도 빨갱이라든지 이런 말들
은 안 하신다. 전부 미디어의 영향이라 생각한다.

» 정치권이 노력하면 사회적 갈등들을 줄일 수 있겠지만, 정치권이 노력할 이
유도 없고 노력하지도 않는 것 같다. 지역 간의 갈등은 다소 줄어들었으나
세대, 계층, 이념의 갈등은, 특히 이념의 갈등은 사라지지 않을 것이다. 예
를 들어 만약 통일이 된 후 대통령 선거를 앞두고 실시된 여론조사에서 북한
사람들이 특정후보를 좀 더 많이 지지한다는 결과가 나온다면, 그 후보에게
'빨갱이들이 지지하는 사람'이라는 이념 색깔이 입혀질 것이다. 하지만 북한
사람들에게 조사해 보니 그 후보가 누군지는 모르겠지만 정책들이 좋아 지
지했다는 것이 현실일지도 모른다. 이렇듯 이념논쟁은 통일이 되더라도 계
속될 것이다. 최근에는 갈등들이 더 교묘하게 정치적으로 이용되고 있다.

**7. 한국 사회의 갈등을 해소하고 분열을 치유하는 데 있어 정당들이 어떤 역할
을 수행해야 한다고 생각하는가?**

» 사실 정당보다는 정부가 나서서 갈등과 분열을 치유해야 하는 것이라 생각
한다. 국무총리의 역할 중 중요한 것이 사회통합의 역할이다. 사회통합부총
리가 있을 만큼 현 정부에서 사회통합을 강조했고, 정부여당의 역할이 가장
중요하지만 실제로는 사회통합에 관심이 없었을 것이라 생각한다. 타이틀
만 걸고 사회통합을 했다고 말하는 것이다. 사회통합에 있어 정부의 역할이
가장 크고 정당은 정부가 잘하고 있는지 감시, 견제하는 역할을 해야 한다.
그리고 어떤 정책을 한번 추진해 보자고 주장하는 곳이 정당이 되어야 한다
고 생각한다. 현재 사람들이 경제가 개판이라 힘들어 죽겠다고 하소연하는

것은 사실 현 정부의 잘못인 것이다. 그리고 만약 국회에 잘못이 있다고 다수당에 잘못이 있는 것이다.

» 그런데 현재 가장 많은 비판을 듣는 것은 더민주당이며 이는 언론의 공격 때문이다. 현재 언론에는 '우리 잘못 아니에요, 쟤들이 잘못했어요'라고 손들고 있는 모습들이 대부분 나오는 것 같다. 그렇지만 내부에서는 정당들이 정부, 정책에 대해서 비판도 하지만 매달 새로운 정책들을 꾸준히 내놓고 있다. 최근의 노동개혁, 구조조정 등 정책을 계속 주장해 왔다. 그러나 금융위원장은 '괜찮다', '문제없다' 하였고, 정부는 '정부가 해야 할 일이 아니다'라고 이야기 했다. 이후 대통령은 구조조정이 필요하다고 발표하며 '야당에서 협조해라'라고 이야기한다. 마치 야당이 아무런 의지가 없었던 것처럼 보이는 분위기이지만 그렇지 않다. 기본적으로 정당은 그런 것을 완화하기 위해서 정책을 내고 입법을 하는 기관이기 때문에, 꾸준히 진정성을 가지고 대안 제시를 해야 할 것이다. 현장에 직접 가서 국민들을 만나고 무엇이 잘못인지 보고 대화해야 한다.

» 최근 해운업의 구조조정 문제가 심각하다. 이는 관리의 측면이 크게 작용하는데 전혀 관리를 안 했다고 보인다. 해운산업은 1세대 산업으로 우리나라 기반을 다진 사업이라 놓칠 수가 없어 꾸준히 유지해 왔다. 그런데 해수부를 없애면서 이를 관리하는 주체가 사라졌다 다시 생겼지만 지원을 안 하기도 했기 때문에 문제가 되었다. 해운업의 구조조정이나 통폐합을 꾸준히 민주당이 주장했으나 결국은 망하게 생겼다. 해운업은 울산, 포항 등 경상도 지역의 지역 산업이라 정리하는 것이 새누리당 입장에서 굉장히 고통일 것이다. 구조조정을 통해 산업을 정리하는 것은 오히려 지역 사람들을 위한 것인데 '민주당이 우릴 죽이려한다'고 광고를 하니 문제가 된다. 어쨌든 정부의 노력이 더 필요하다.

» 사실은 미디어의 영향이 중요하나. 여론을 오도하는 것은 무서운 일이나. 언론장악이 더욱 잘못되었기 때문에 이를 고치지 않으면 정치개혁은 더 어

렵다.

8. 유권자-정당/의원의 접촉은 주로 어떤 방식으로 이루어지는가?

» 정치인들의 소통이라는 것은 일반적으로는 어떤 일에 대해서 공약을 했으면 공약과 관련해 중간중간 어떤 일을 했는지 주민들에게 보도 자료를 통해서 전달하고, 1년에 한두 번씩 1000~2000명씩 모아 동네마다 돌아다니면서 의정보고회를 열어 설명한다. 하지만 이런 것들은 형식적이라 생각한다. 우리 의원실은 1년간 의정보고회를 100번 했다. 사람이 3~5명 있어도 그곳으로 가서, '저희가 이러한 성과를 냈습니다. 혹시 필요한 것이 있으면 말씀해 주세요.' 이러한 이야기를 하고 시민들의 의견을 받아 적어서 보좌진들이 이에 대해 알아보는 방식으로 이뤄진다. 그래서 지하철도 하나 생기고, 뉴타운도 폐지하고 다시 도시 재사업을 했다. 이런 것들이 이런 방식으로 생겨났다. 시민들과 인터뷰를 한 후 보좌진들이 협의를 한 결과 만약 불가능하다고 결론이 나면 다시 찾아가 현실적으로 불가능하다고 이야기를 하는 방식으로 계속 소통을 해 왔다.

» 이런 것이 지극히 정상적인 방법인데 칭찬을 받는 이유는 다른 사람들은 그렇게 안 하고 있기 때문이다. 정치인의 소통은 맨투맨 방식이 가장 좋다고 생각한다. 예를 들어 사람들은 단체 카톡은 스팸으로 생각하고 잘 안 본다. 소통이라는 것은 한 사람 한 사람을 생각해 주는 것을 소통이라고 생각한다. 말만 일방적으로 '하겠습니다' 하고 주장하는 것이 아니라 필요한 것이 무엇인지 들어주는 것이 소통이라 생각한다. 하지만 이런 일대일 방식은 예외적인 경우이다. 지금까지 여러 의원을 모셨는데 대부분은 1년에 한두 번씩 체육관에 모아 놓고 자신의 성과를 이야기하거나 민원을 들어주는 것을 소통이라 생각한다. 이것은 착각이다. 특혜기 때문이다. 그러면 안 된다.

» 소통이라는 것은 유권자, 일반 국민과 정치인의 소통도 중요하지만 정치인 간의 소통도 중요다고 생각한다. 같은 당이라도 시의원, 구의원, 국회의원,

구청장 등 정치인 간의 소통이 되어야 한다. 이 분들끼리도 서로 소통을 해야 한다. 어떤 사람은 주차장을 만들자 하고 어떤 사람은 놀이터를 만들자고 하고 의견이 다른데 서로 소통을 하면 정책이나 공약 등 원하는 것을 나눠서 할 수도 있을 것이다. 또한 여당 야당 사이에도 소통이 필요하다. 여야 간에 무조건 등 돌리고 오기부리고 생떼 쓰고 회의장 안 들어가는 행태들은 소통이 아니다. 모든 분야에서 소통이 이뤄질 수 있다. 소통은 어려운 것이 아니다. 본인들이 자신의 주장만 관철시키기 위해 또는 자신이 할 말은 많고 다른 사람의 말은 듣기 싫기 때문에 소통이 잘 안 되고 있는 것이 사실이다.

9. 의정보고회를 한다면 홍보는 어떤 방식으로 이루어지는가?

» 블로그를 이용한다. 의정보고회를 열기 전에 의원실에서 운영하는 블로그, 트위터 등에 '언제 의정보고회를 합니다' 식의 글을 올린다. 특히 의정보고회를 100번씩이나 할 수 있었던 이유는 전체 구민들을 대상으로 할 때도 있었지만 예를 들어 신분당선 지하철에 대한 의정보고회라면 관계된 몇 분들에게, 추진협회분들에게 '관련 내용을 설명하겠습니다. 시간되시는 분들 모셔주세요'라고 요청하고 관심 있는 분들이 의정보고회에 오는 방식이었기 때문이다. 그런데 경우에 따라 3명 정도밖에 모이지 않을 때도 있다. 하지만 취소하지 않고 그분들과 의정보고회를 진행했다. 사안별, 지역별로 의정보고회를 진행하고 전체적으로도 진행했다.

10. 정당/의원의 일반 유권자, 지지자, 당원에 대한 접촉 방식이 어떻게 다른가?

» 일반 유권자, 지지자, 당원 상관없이 동일한 방식으로 소통해 왔다. 당원의 경우 선거기간이 아니면 당원간담회라는 것을 따로 할 수 있다. 당원들은 서로 가족애나 우정 등을 가지고 이야기하는 경우도 있다. 지지자든 지지자가 아니든 유권자들은 똑같이 대한다.

11. 귀 정당/의원을 지지하는 유권자들과 다른 정당/의원(후보)을 지지하는 유권자들 간의 차이가 있다고 생각하는가?

» 겉으로 보기에는 아무래도 지지자들이 호의적이다. 명함을 드리더라도 반갑게 받아주시고 파이팅해 주거나 '걱정하지마세요. 저한테는 안 찾아와도 돼요'라는 말을 해 주기도 한다. 하지만 호의적이지 않은 경우에 명함을 드려도 안 받기도하지만 명함을 뒷장까지 유심히 보는 사람도 있다. 이들은 관심이 있는 사람이다. 하지만 대부분은 명함을 쓰레기통에 버리거나 반응이 없거나 욕하는 사람들도 있다.

12. 그렇다면 귀 정당/의원을 지지하지 않는 유권자들을 설득하기 위해서 어떤 노력을 하고 있는가?

» 보통 지지하지 않는 유권자를 현장에서 만나면 '불편한 게 있으셨나요? 저희가 잘 할게요'라고 말씀드리며 대응을 한다. 하지만 그분들을 따로 어디에 모셔 놓고 이야기를 할 수도 없는 일이다. 만약 어떤 집단에 갔는데 공교롭게도 다른 정당을 지지하는 집단을 만나게 되면 '더 잘 하겠다' 읍소도 하고 '우리는 이런 일을 하고 있습니다. 그동안 여당을 지지해 주셨으니 이번에는 야당을 믿어달라'고 설득을 하기도 한다.

13. 유권자의 지지를 이끌어 내는 데 있어서 현재 한국 정당 각각의 장단점이 무엇이라 생각하는가?

» 새누리당은 집권당이기 때문에 예산을 가지고 있고, 현직 국회의원들이 더 많으며, 대통령이 인사권을 가지고 있기 때문에 자리를 창출할 수 있다는 점으로 설득을 할 수 있다. 새누리당의 단점은 예를 들어 대통령의 지지율이 떨어졌을 때는 선거에 영향을 줄 수 있다.

» 야당의 입장에서는 마치 좀 더 국민들의 편일 것 같은 뉘앙스가 있다. 야당의 이름 그 자체가 사회적 약자를 보호할 것 같고 서민에 가까울 것 같다는

장점을 활용해서 유권자에 접근할 수 있다. 야당이 유능하고 다음에는 집권하겠다는 의지를 가지고 이야기를 할 수 있다. 집권당이 잘못했을 경우 이를 비판하면서 접근하는 경우가 대부분이다.

» 제3당은 집권당도, 제1야당도 아니기 때문에 결과적으로는 얻을 수 있는 것이 없기 때문에 굉장히 애매한 상황에 처해 있다. 야당도 비판하고 여당도 비판하는 무조건적인 비판을 위한 비판으로 상대적 이익을 받는 전략으로 지지자들을 모으고 있다. 단점은 유권자들이 제3당을 '에이 저거밖에 안 되는데'라고 하며 가볍게 생각하는 것이 단점이 될 수 있다.

14. 유권자-정당/의원의 접촉과 소통의 경험이 유권자의 정치참여(투표참여 포함)와 행태에 실질적인 영향을 준다고 생각하는가?

» 그렇다. 아무래도 소통을 더 많이 하는 것이 유권자의 정치참여에 영향을 미친다고 본다. 예전에는 카리스마 있는 사람을 유권자들이 좋아했다. 목소리 큰 사람들을 좋아하고 그런 측면에 전율을 느끼고 지지했었다. 여의도공원이 들어서기 전에 광장이었는데, 그 당시 DJ가 연설을 하면 100만 명이 왔다고 한다. 지금은 상상하기 힘든 것이다. 다른 사람도 마찬가지, YS 등 다른 정치인도 마찬가지였다. 카리스마, 하지만 지금은 국민들이 좀 더 부드러운 사람을 원한다. 여성 대통령이 나왔다는 것은 박근혜의 카리스마, 아버지에 대한 측은지심도 작용했겠지만 '여자니까 좀 더 부드럽고 세심한 정치를 할 것이다'라는 기대가 근저에 깔려 있었기 때문이라 본다. 한명숙 총리 당시에도 반대가 심하지 않았던 이유는 '다른 정치인들은 싸우지만 저 사람은 소통하겠구나, 싸움을 덜 하겠구나' 이런 생각이 있었을 것이라고 생각한다. 유권자들은 정치권에게 '싸우지 말고 소통 좀 해'라는 바람이 있다.

» 소통하는 정치인에 대한 유권자의 바람이 있는 것 같다. 정치권과의 소통을 경험한 유권자들이 좀 더 투표에 참여하고 더 관심을 가지고 있는 것 같다. 이번 국회의원 선거가 끝난 다음에 확실히 바뀐 것 중에 하나가 버스를 타거

나 길거리를 걷다 보면 정치 이야기를 하는 사람들이 많이 늘어난다. 정치 이야기가 늘어난다는 것은 정치를 비판할지라도 정치에 관심을 갖고 정치 이야기가 많아진다는 것이고 이게 당연하고 지극히 정상적인 것이라 생각한다. 투표율을 높여서 표로 심판을 하는 것이 맞다. 정치가 싫다고 외면하면 못된 놈들이 계속 정치를 하게 되어 있어서 바꿀 수가 없다. 이번 선거는 결국 국민들이 정치권과 소통하기 위해 최대한을 했다고 본다. 유권자가 노력을 했다. 유권자가 준비를 하고 있었다.

15. 한국의 정당들이 유권자들의 목소리를 정책결정과정에 제대로 반영하지 못하고 있다는 비판이 있는데, 그 원인과 해결방안이 무엇이라 생각하는가?

» 정치인이 선거 때만 굽실거리고 나중에 선거 끝나면 태도가 바뀐다는 비판이 있다. 그런 것들을 빼더라도 기본적으로 한계는 있다. 어떤 한계냐 하면 우선 정해진 예산 안에서 돈을 써야 하는 한계가 있다. 예를 들어 동네에 공원이 있으면 좋겠으나 이것은 도시 계획에 따라 이뤄져야 하는 것이다. 도시 계획이란 5~10년 단위로 이루어지는 것인데, 3년 정도 지났는데 공원을 세워 달라고 하면 이것은 굉장히 애매한 문제이다. 이런 것을 보고 국민들은 말을 안 들어준다고 하는 경우가 실제로 태반이다. 그리고 예산도 예산이지만 정책이 법에 따라 바뀌는 것이다. 만약에 임금피크제가 여야 합의로 통과가 되면 국민들이 원하지 않았는데도 법에 의해서 실행이 될 것이다. 야당은 왜 그것을 해 줬을까? 무언가 다른 이유가 있는 것인데 아무리 말해도 유권자들은 자신들의 생각과 반대로 했다고 느낄 수 있다. 국민들이 단순하다거나 어리석다는 이야기가 아니라 이런 시스템상의 문제 때문에 정치권과 소통이 안 된다고 느끼는 부분이 제일 크다고 생각한다.

» 두 번째는 국회의원이 할 수 있는 일과 대통령, 시·구의원들이 할 수 있는 일이 정해져 있다. 예를 들어 동네에 아파트를 유치하는 일은 구의원 밖에 못하는 일이다. 그런데 '국회의원이나 돼서 아파트 하나 유치하지 못한다'고

비판하는 것은 말이 안 되는 소리이다. 구에서 아파트 관련 인허가를 내기 때문에 구를 움직일 수 있는 것은 구의원이다. 다만 국회의원이 구의원에게 인간적인 부탁으로 아파트 유치 등을 부탁할 수 있겠지만 시스템에 따른 것이 아니다. 대부분 국민들의 착각은 '국회의원이 그런 것도 못해' 하면서 국회의원이 다 할 수 있다고 생각하는 것이다. 이러한 측면에서 괴리도 있다. 실제로 유권자들의 목소리를 정책결정과정에 반영하려는 의지가 없는 국회의원도 있을 것이다. 평균 공약 이행률이 50%이다. 대부분 공약들은 지키기가 힘들다. 대통령도 공약을 못 지키는 이유가 있을 것이다. 야당이 반대한다거나 막상 공약을 이행하려고 보니 상황이 생각과 다르다거나 할 수 있다. 예를 들어 단통법을 통과시켰더니 기업인들이 이익을 챙길 궁리를 했던 것처럼, 예상치 못한 변수가 있을 수 있다.

» 다만 지킬 수 있는 공약을 하는 것도 중요하지만 공약을 만들고 지키는 단계에서도 소통이 필요하다. 대화와 소통을 하면서 공약을 만들었을 경우 지킬 수 있을 것이다. 소통하지 않았더라도 약속한 것을 지키기 위해서 4년간 집중하면 최소한 70% 이상의 공약을 지킬 수 있을 것이라 생각한다.

» 정당들이 유권자들의 목소리를 제대로 반영하지 못하고 있다는 비판에 대한 해결책도 역시 소통이다. 끊임없이 노력하고, 끊임없이 찾아가고, 끊임없이 대화를 나눠야지, 특정 시기에만 노력한다는 것은 굉장히 정치적인 행위이다. 정치란 말이 애매한 말이긴 하지만, 정치적이라는 말은 긍정적으로 쓰여야 할 말이지만 사실은 부정적으로 쓰인다. 자신에게 이익이 되면 찾아가고 이익이 되지 않으면 찾아가지 않는 것은 바람직하지 않다.

16. 의원의 입법 활동 과정에서 정당지도부와 유권자의 영향력은 각각 어느 정도인가? 각각 어떻게 다르게 입법 과정에 영향을 주고 있는가?

» 입법 과정에서 당연히 영향을 받는다. 지역구 국회의원이 있고 비례대표가 있는데, 지역구 국회의원은 지역 유권자들에게 공약해 둔 것이 있지만 비례

대표는 지역구 유권자가 없기 때문에 상대적으로 좀 더 편한 부분이 있다. 비례대표는 민원이 좀 덜한 편이다. 예를 들어 대형 마트를 유치하는 것을 유권자들이 좋아할 수도 있지만 동대문 같은 지역구에는 재래시장이 있기 때문에 대형 마트가 들어설 수 없다. 하지만 마트가 있는 것을 유권자들이 좋아하기 때문에 당에서는 무조건 추진하자고 하겠지만 종로 국회의원들은 하면 안 된다고 생각한다. 상대적으로 지역구 국회의원은 지역에 더 신경을 쓰는 것이고, 비례대표는 지역이 없기 때문에 국민들에게 여론이 좋은 입법을 진행하기에 좀 더 수월한 측면이 있다. 예를 들어 문화재 입장을 할인해 줄 수 있는 법을 만들자고 한다면 순전히 국민들의 의견이 반영된 법이라고 볼 수 있다. 그렇지만 다른 지역에서는 생뚱맞다고 생각할 수 있다. 지역구 의원의 경우 지역주민의 영향력이 굉장히 강한 편이고, 정당지도부나 정당의 영향력은 당론으로 채택하고 밀어붙이는 법안이나 당에서 협조해달라고 요청한 법안의 경우 영향력이 있다고 할 수 있다.

17. 선거캠페인 과정에서 정당지도부의 지원과 영향력은 어느 정도인가?

» 초선, 재선, 삼선, 다선에 따라 영향력이 달라진다. 대부분 초선이나 선거 경험이 없는 경우에는 본인이 스스로 정당지도부의 지원을 원하는 경우가 더 많고 당이 원하는 대로 슬로건을 걸기도 한다. 예를 들어 경제민주화라는 슬로건이 어떤 지역에는 굉장히 좋은 슬로건일 수 있지만, 전라도나 산골 마을과 같은 지역에는 경제민주화라는 슬로건이 적합하지 않을 수 있다. 지역의 특성에 따라 다를 수 있겠지만 대부분은 현실적으로 정당의 영향력을 받기도 하지만 그것은 일부분이고, 지역의 특성에 맞는 후보 캠프만의 특색 있는 캠페인을 하는 경우가 많고 그것이 선거에 더 유리하다.

18. 정당과 후보자가 부담하는 비용의 비율은 어느 정도인가?

» 원래 정당에서도 약간 지원을 할 수 있는 것이 있지만, 총선과 같은 대규모

선거에서는 지원하기 힘들다. 전략적 측면에서 그 지역을 특별히 지원할 수도 있겠지만 대부분은 한 캠프당 100만 원, 500만 원이더라도 지원해 주면 선거비용으로 쓰고 난 후 나중에 보조를 받으면 돌려주게 되어 있다. 한편 재보궐 선거의 경우에는 당에서 거의 다 치러 준다. 2억 정도를 당에서 융자해 준다거나 한다. 선거에서 이기든 지든 상관없이 15% 이상 득표를 하면 선거비용 100%가 보전되기 때문에 선관위에서 보전받은 만큼 당에 반납하는 방식이다. 대규모 선거에서는 특별히 당이 많이 지원해 주거나 하지 않는다. 비용 측면에서 속박을 받거나 그런 것은 없다. 아무래도 선거 비용을 지원받으면 영향을 받을 수밖에 없다.

19. 정당 내부 권한의 분권화 정도가 어떻다고 생각하는가?(중앙당-지구당 관계)

» 현재 중앙당 밑에 17개 시·도당이 있으며, 그 밑에 있는 조직은 법적인 조직이 아니다. 예전에는 하나의 법인으로서 지구당이 있었는데, 지금은 그것이 없어졌다. 그래서 국회의원이 아니면 지역위원회 사무실을 차릴 수가 아예 없으며, 국회의원들도 지역에 개인 사무실 비슷한 형식으로 사무실을 차리는 것이지 지역위원회 사무실은 아니다. 법적으로 시·도당까지만 존재한다.

» 실제로는 아무래도 시·도당은 국회의원이 위원장을 하기 때문에 중앙당에서 조금씩 지침은 주지만 독자적으로 하는 경우가 대부분 많다. 예를 들어 서울시에서 무상급식 관련 현수막을 걸자고 지역위원회로 지침을 내려 거는 방식으로 캠페인을 같이 한다거나 하는 방식이다. 지역위원회 자체적으로 하기 위해서는 법적으로 스스로 할 수 있는 것이 없기 때문에 시·도당에게 요청하는 방식으로 이뤄진다. 한편 원외지역위원장, 즉 국회의원이 아닌 지역의 지역위원장들은 비교적 힘이 없어서 어느 정도는 중앙당을 따를 수밖에 없는 부분이 있다. 국회의원인 시역구는 톤이 있어서 현수막을 서는 둥 자체적으로 활동하기도 하고, 비교적 목소리를 낼 수 있는 측면이 있다. 국

회의원이냐 아니냐에 따라 위상이 달라지는 경우가 있다. 그리고 중앙당에 특별히 중요한 것이 있어서 중앙당의 홍보위원장이나, 당대표가 직접 전화하여 요청하면 협조해 주는 것이다. 특별히 강압적이거나 그런 것은 없다.

20. 중앙당 지도부의 총선 공천에 대한 영향력 행사가 바람직하다고 생각하는 가?

» 본래 정당들이 일반 국민들을 대상으로 하는 오픈프라이머리를 주장했었다. 선거도 전쟁이기 때문에 이기기 위해서 어쩔 수 없이 특정지역에는 전략공천할 수밖에 없겠지만, 거의 대부분 지역은 오픈프라이머리를 하고 다만 여성, 청년, 장애인, 정치신인 등에는 가산점을 주고 경선을 하자는 것이 정당의 주장이었는데 뜻대로 되지 않았다. 그 이유는 시기상 선거법을 개정해야 하는 문제도 있었고, 공천 파동들이 있었기 때문이다. 인위적인 컷오프를하다 보니 누구나 참여할 수 있는 오픈프라이머리에 기존 의원을 제외하는것이 맞느냐 하는 의견이 있었다. 여러 의견이 분분했기 때문에 이번 총선에서 결과적으로 오픈프라이머리를 못했다. 중앙당에서 많이 영향력을 행사한 편인데, 선거를 이겼으면 정당이 잘했다는 평가를 받을 것이고 졌다면 정당 때문에 졌다는 비판을 받을 것이다. 이번 선거에서 이겼음에도 불구하고 조금만 더 양보했다면, 예를 들어 김종인 대표가 비례대표 2번 공천을 받지않았다면 하는 이야기들이 나오는 것을 보면 아쉬움이 남는 것이다. 결과적으로 그 당시 중앙당의 당 대표와 지도부가 어떤 식으로든지 책임져야 한다는 것은 맞는 말인 것 같다.

21. 당내 후보 선출에서 상향식 공천의 제도화가 필요하다고 생각하는가?

» 제도화되어야 한다고 생각한다. 모든 정당들에 대한 오픈프라이머리가 제도화될 필요가 있다고 생각하지만, 다른 정당들에게 제도화해라 주장해도 받아들여지지 않을 것이기에 최소한 우리 정당의 경우에라도 오픈프라이머

리를 했으면 좋겠다. 하지만 이해관계가 있을 것이다. 끝까지 오픈프라이머리를 반대하는 사람도 있을 것이다.

22. 정당개혁의 방향성에 대한 당내 논의가 실제로 어느 정도 (활발하게) 이루어지고 있는가? 어느 정도 합의가 이뤄지고 있다고 보는가?

» 당내에서 실제로 토론도 많이 하고 있다. 하지만 이해관계가 서로 다르기 때문에 합의가 이뤄져 있다고 보기는 힘들다. 예를 들어 오픈프라이머리의 경우에도 끝까지 반대하는 사람들이 있기 때문이다.

[마지막 추가 발언]

» 정치라는 것은 한 덩어리로 봐야 한다. 하나의 시스템처럼 모든 것이 다 같이 움직여야 한다. 하나만 잘 한다고 해서 해결되는 것이 아니다. 그런데 지금 현재는 외부환경에 너무 많이 치우쳐 있다. 관전자가 충분히 팩트를 가지고 접근할 수 있는 환경이 조성되어야 하는데 이미 언론 등으로 인해 기울어진 운동장에서 야당이 싸움을 해 왔다고 생각한다. 이번 총선에서는 국민들이 준비를 하고 있었다고 생각한다. 국민들이 굉장히 무섭다고 생각한다. 탄핵 때만큼 새누리당에 타격을 주었고 민주당의 경우에도 호남에서는 탄핵을 당한 격이 되었다. 그런데 교묘하게 민주당에 한 석을 더 줌으로써 국회와 행정부가 견제할 수 있게, 국회의장과 대통령이 견제할 수 있게 만들어주었다. 그렇다면 이제는 제로베이스에서 시작하는 것이라 생각한다. 이 다음 대선에는 누가 될지 모르게 되었다. 그동안은 '웬만하면 새누리당이 또 되겠지' 하는 생각을 했지만 이제는 다시 생각을 하게 만들었다.

» 모든 것이 다 중요하지만 결국은 국민들이 어떤 생각을 하는지를 먼저 캐치하는 정당이 발전하고 성장하게 될 것이다. 정의당은 항상 연합, 연대만 하러 다닌다고 사람들이 생각하시만, 사실 정의당은 이념정당이나. 새누리당, 너불어민주당, 국민의당은 대중정당이라 할 수 있다. 대중정당은 당내 민주주

의가 중요하다고 생각한다. 그래서 분열이 있을 수 있고, 내부에서 끊임없는 다툼이 있을 수 있다. 정당 안에는 보수적인 사람이 있을 수 있고 급진적인 사람이 있을 수도 있다. 새누리당에서 가장 급진적인 사람이 더민주 혹은 정의당의 보수적인 사람보다 더 급진적일 수 있다. '왜 새누리당인데 자꾸 개혁을 이야기 하느냐', "더불어민주당인데 왜 그런 이야기를 하느냐, 그럴거면 다른 정당으로 가"라는 말이 있을 수 있지만, 사실은 대중정당이기 때문에 누구나 들어올 수 있다. 다만 정책을 보고 이쪽에 좀 더 가깝다는 이야기이다. 이는 49대 51의 싸움이다. 정의당 같은 경우는 90대 10의 싸움이다.

» 한편 정의당은 이념정당이고 정당의 정책과 노선들을 국민들에게 알리고 홍보하는 것이 목적이지, 대통령 후보로 나오더라도 실상 불가능하다는 것을 본인들도 알 것이다. 책에도 나와 있지만 정당이라는 것은 집권하기 위해 만들어진 집단이다. 이것이 정당의 속성이지만, 이념정당은 자기들의 정당을 홍보함으로써 무상급식, 무상의료 등의 이슈가 사회적으로 알려지길 바라고 있다. 실제로 2012년 총선, 2010년 지방선거 당시에는 민주노동당이 꾸준히 주장했던 무상급식이 실제로 화두가 되기도 했다. 이제는 성공을 보았다고 할 수 있다. 당시에는 개혁정당이 상대적으로 관심을 받았다면 지금은 다시 국민들이 안정을 추구하고 있는 시대로 다시 돌아온 것이 아닌가 생각한다. 2017년 대선을 기점으로 우리나라가 좀 더 안정을 찾을 것인지 불안한 상태로 유지될 것인지가 결정된다고 본다. 최근 선거의 트렌드를 보고, 최근 권력자들이 무엇에 관심이 있었는지 살펴볼 필요가 있다. 노무현 대통령이 돌아가신 지 8년 만에 지역주의가 많이 없어졌다고 생각한다. 김대중 대통령도 주장했던 경제민주화의 경우에는 10여 년 만에 다시 화두가 되고 있다. 그런 것들을 보다 보면 재밌는 것이 나오지 않을까 싶다. 예측할 수 있는 것이다. 지금 정치인들이 주장하고 있는 것, 예를 들어 오픈프라이머리 등이 지금은 아니지만 10여 년 후에 실현 가능하겠다는 추측도 해 볼 수 있다.

인터뷰 대상자

1. 유권자들의 정당정치에 대한 신뢰 및 만족도가 낮다는 지적이 있는데, 그 이유는 무엇이라 생각하는가?

» 정당정치에 대한 신뢰도보다는 정치에 대한 신뢰도가 낮다고 생각한다. 정당정치적 측면에서 본다면 한국 사회의 정당이 당명을 수시로 바꾼다든지 선거용 정당형태를 많이 보였던 것이 첫 번째 이유이고, 두 번째는 정당이라는 것이 가치 중심적으로 형성된 것이라기보다는 유력 정치지도자들이 만든 정당이기 때문에 정치지도자의 지지율 변동이 당연히 있을 수밖에 없는데, 지지율 변동의 추이에 따라서 정당이 당명을 바꾸고 당의 정체성을 변화시켜 왔다는 점이다. 이러한 이유에서 정당정치에 대한 기본적인 신뢰도가 낮을 수밖에 없는 것 같다. 그러한 과정에서 가치 지향적으로 당연히 유권자들은 생각할 수밖에 없는데 보수정당 이외에는 그 가치 또한 자꾸 변경하다 보니 정당정치가 약화될 수밖에 없는 문제가 있다.

2. 정당정치에 대한 신뢰 및 만족도를 높일 수 있는 방안이 있을까?

» 당연히 있다. 신뢰와 만족도를 높일 수 있는 가장 기본적인 방향은 정치가

우리 삶에 직접적으로 연관 있다는 것을 보여 주는 것이라고 생각한다. 사실상 정치의 영역이라는게 경제, 사회, 문화 등 모든 분야에 대한 의사결정과정이라고 할 수 있다. 그런데 우리 사회는 정치, 경제, 사회 등 각 영역이 분리된 것처럼 구분을 한다. 그러한 부분들이 첫 번째로 아쉽다고 생각한다.

» 우리 삶의 모든 영역에 영향을 미치는 영역이 바로 정치이다. 정치라는 것이 우리 삶을 결정짓는 굉장히 중요한 요소라고 생각할 때 유권자들이 정치와 정당정치에 대한 바람이 생길 것이다. 바람이 생겨야만 필요성도 느끼고 변화에 대한 의지도 생길 것이다. 애정까지는 아니더라도 최소한의 관심조차 없다면 변화에 대한 의지가 형성되기 더욱 어려울 것이다. 기본적으로 정치가 우리 삶에 영향을 미친다는 것 자체가 먼저 유권자들에게 인지되어야 할 것이고, 두 번째는 정당이 갖고 있는 정체성이나 가치 지향점들이 좀 더 정형화될 때 애정과 관심이 생기지 않을까 생각한다.

3. 한국 정당정치와 민주주의의 발전을 위해 어떤 측면의 개혁이 가장 우선되어야 한다고 생각하는가?

» 기본적으로 지역정치 구도가 해체되는 것이 좋다고 본다. 우리가 소위 정치 균열을 이야기 할 때 계급 균열, 세대 균열, 지역 균열이라고 표현을 하는데, 계급과 세대 균열은 유의미한 균열이라고 생각하지만 지역 균열은 정치가 가지고 있는 가장 기본적이거나 저급한, 낮은 수준의 니즈를 충족하는 요건이라 생각한다. 지역 정치구도는 사라졌으면 좋겠다고 생각한다.

» 기본적인 지역정치 구도는 있을 수밖에 없지만, 예를 들어 농어촌과 도시의 갈등이라든지 환경적 요인보다는 단지 지역이 다르다는 이유만으로 생기는 균열들은 없어져야 한다. 예를 들면 태백과 같은 탄광 지역에는 소지역주의가 있을 수 있을 것이다. 지역이 낙후되어 있기 때문이다. 그런 지역주의가 아니라 단지 '넌 영남사람이다. 난 호남이다' 이런 식의 지역주의는 없어져야 한다고 본다. 이번 선거를 통해서 나타났던 여러 행태 중에서 탈지역주의 현

상이 일어났던 것은 대단히 좋았던 것 같다. 예를 들어 전국적으로는 새누리당이 심판 받았지만 호남에서 기득권 세력인 더민주가 심판 받은 것이 지역주의 해체에 대단히 좋은 영향을 미쳤다고 생각한다.

4. 한국 정당정치의 개혁에 있어서 가장 큰 걸림돌이 무엇인가?

» 한국 정당정치를 개혁하는 것의 시작을 어디서부터 따져야 할지 모르겠다. 너무 많기 때문이다. 기본적으로 소선거구제가 폐지되어서 중대선거구제를 도입해야 할 것이고, 비례대표가 의석수의 최소한 3분의 1 정도를 차지해야 한다고 생각한다. 현재는 비례대표가 5분의 1도 안 되는 수준이지만 여러 부문의 대표자가 최소한 3분의 1 정도는 의석을 차지해 줘야 하지 않을까 생각한다. 비례대표의 확대를 통해 지역의 대표성으로 포함할 수 없는 사회 공동체가 갖고 있는 사각 지대를 비례내표라는 세도로 포함시켜야 한다고 생각한다. 그러한 정치개혁의 수순으로 가려면 정당정치 개혁도 당연히 이뤄져야 할 것이고, 정당정치의 개혁이 이뤄지려면 정치제도의 변화 또한 같이 따라와야 할 것이다.

» 정당정치의 문제는 가치보다는 인물중심이라는 점에 있다고 생각한다. 정당이 인물중심인 이유는 당연히 제왕적 대통령제 국가이기에 누가 대통령이 되는지 누가 대선주자로서 지지도가 높은지에 따라서 정당에 대한 지지가 달라지기 때문이다. 또한 정당의 의사결정이 당원이라는 공동체가 모인 집단지성에 의해 이루어지는 것이 아니라 당의 정치지도자 혹은 계파별 수장들이 모여서 논의되는 대단히 정치엘리트들에 의한 구조이다. 명망가 정당이라서 더욱 안타까운 것 같다. 정당정치가 개혁되려면 정책 기능이 강화되고 가치 중심적으로 이루어져야 한다고 생각한다.

» 이번 선거같은 경우도 국민의당이 호남에 기대는 모습을 보이면서 오히려 더민주 입장에서는 진보적 색채를 유지하는 동시에 보수층을 공략하는 형태가 되었다. 이러한 입장을 취하다 보니 물론 심판 여론에 의한 유권자들의

지지도 있었지만 그런 지지가 특정 야당을 대안정당으로 인지하지 못했기 때문에 교차투표 형태로 표를 준 것이다. 교차투표라는 것이 마치 합리적 투표인 것 마냥, 자신이 가진 두 표를 두 야당에게 나눠 주면 마치 합리적인 것 마냥 홍보한 부분도 아쉬웠다.

5. 정당정치 개혁에 대해 생각해 둔 획기적인 아이디어가 있는가?

» 새누리당과 민주당의 조직 구성 자체가 차이가 많다. 더불어민주당의 경우 소위 명망가들이 모여 있는 자영업 국회의원들의 공동체라는 표현을 많이 쓴다. 새누리당은 주식회사고 더불어민주당은 협동조합이라는 말을 많이들 한다. 새누리당은 오너가 있는 정당이고, 더민주는 주주들이 모여 있는데 그 주주들이 어떤 이사장을 지지하느냐에 따라서 표 쏠림 현상이 일어나는 것 같다. 2010년 전당대회 때 손학규 대표가 당시 직전 당 대표였던 정세균과 지역조직이 탄탄하다고 믿었던 정동영을 물리치고 1위로 당선된 것을 예로 들 수 있을 것이다. 그러다 보니 더불어민주당 같은 경우 당 대표 교체가 너무 많고, 정당이 시스템으로 유지된다기보다는 얼굴 마담 내세워서 면피용으로 많이 활용하는 측면들이 안타깝다. 새누리당 같은 경우 주식회사라고 표현했듯이 명령 체계가 있다는 느낌을 많이 받았다. 더민주는 비교적 명령 체계가 없는 편이다. 예를 들면 전당대회를 할 때 소위 오더라는 것이 내려오더라도 거의 통하지 않는다. 3표 중에 1표 정도는 통하지만 그 이상은 통하지 않는 것 같다.

6. 새누리당은 주식회사와 같고 더불어민주당은 협동조합과 같다는 의견을 이야기 해 주신 데에 있어 각각의 장단점이 있다면 무엇인가?

» 주식회사는 일사분란하게 움직이고 빠른 행동과 결단을 가능하게 하는 의사결정구조가 있다는 점이 장점이고, 단점은 그 안에서 소통이 많이 부재할 수밖에 없다는 점이다. 소위 힘의 우위관계가 분명하다 보니까 센 사람과 약

한 사람이 분명한 것 같다. 보스형 정당, 즉 보스가 탄생 가능한 정당인 것이다. 한편 협동조합의 장점은 다양한 의견들이 표출될 수 있다는 점이고, 단점은 그런 의견들이 정제되지 않고 표출된다는 점이다. 표출되는 다양한 의견들이 또 다른 갈등을 불러일으키고 그러한 갈등 속에서 서로의 감정을 다치게 한다. 굳이 말할 필요 없는 의견들을 표출하여 상대방의 기분을 언짢게 하거나 나쁘게 할 필요는 없다. 다양한 의견이라고 해서 모든 의견이 존중받을 수는 없는 것 같다.

7. 유권자-정당/의원의 접촉은 주로 어떤 방식으로 이루어지는가?

» 유권자와 정당을 만나게 하는 지점은 정당 홍보인 것 같다. 홍보부에서 이 부분을 담당하고 있는데, 전통적인 홍보수단은 텔레비전 광고나 정책 자료 배포, 시민단체의 연석회의 정도였던 것 같다. 요즘은 SNS가 활발하게 되면서 기본적으로 당 홈페이지, 블로그, SNS까지 영역이 넓어지고 있다. 개별 국회의원들의 SNS를 통한 활동들이 좀 더 소통의 창구가 된 것 같다. 예를 들어 예전 같으면 2010년 정도 당시 만해도 회의할 때 정보 등을 문자로 주고받았는데 요즘에는 페이스북을 보고 있다. 페이스북이나 트위터를 보다 보면 메시지로 문제에 대한 제보가 온다. 예를 들어 예전 같으면 개표 참관인으로부터 '어디 투표함이 봉인이 안 되어 있다더라' 등을 보고받았다면, 요즘에는 SNS를 통해 메시지가 온다든지 '투표함'이라고 실시간으로 검색하면 투표함이 어디에서 봉인이 안 되어 있는지 모두 제보해 주신다. 유권자와 소통할 수 있는 창구가 확실히 늘어난 것은 좋은 것 같다.

8. 정당에서 유권자에게 접근하는 방식과 유권자가 정당에게 접촉하는 방식이 다른데, 현재까지는 어떤 방향이 활발하다고 보는가?

» 유권자가 정당에게 접근하는 의사가 더 많다고 보여진다. 정당이 유권자들에게 접근하기 위해서 노력할 때는 사실 선거 때밖에 없다는 점이 안타깝

다. 예전의 통진당이나 정의당처럼 권리당원 구조가 좀 더 탄탄한 정당의 경우, 물론 소규모라서 가능하긴 하지만, 지역위원회에서 당원 간담회 등이 활성화되어 있다. 또한 각 지역위원회의 단체 카톡방이 있다고들 한다. 그런데 더민주는 대의원 만해도 1만 5천명, 권리당원은 25만 명 정도이다. 지역구마다 대의원이 50명 정도씩 되고 권리당원은 3000명 정도 되기 때문에 카톡방 등을 통해 소통하는 것이 어렵다는 점이 아쉽다. 정당이 의지만 있다면 소통할 수 있을 것이다. 이는 사실 정당이 의지가 없다는 것을 의미한다. 정당이 유권자를 소중하게 생각하고 소통의 노력을 하기보다는, 당선된 원내 대표들 등이 본인들이 생각하고 판단하는 것들이 더 옳다는 생각이 좀 더 있는 것 같다. 본인들이 정치엘리트이고 의원으로 당선되어 권한이 많다고 생각하기 때문이다. 굳이 선거기간이 아니면 유권자에게 접근하는 방식보다는 여론조사를 통해서 주요 법안 및 정책이나 의사결정과정에 대해서 반영하는 방식이 많은 것 같다. 직접 유권자들을 만나서 목소리를 듣는 경우는 많지 않다.

9. 정당/의원의 일반 유권자, 지지자, 당원에 대한 접촉 방식이 어떻게 다른가?

» 기본적으로 당원과 국회의원이나 지역위원장 등을 구분해서 생각해야 될 것 같다. 지역단위에서는 지역구 국회의원이나 지역위원장들이 의정보고회 등을 통해서 유권자를 만날 수 있다. 지역위원장들은 대부분의 주요 지역행사에 참석하는데, 지역행사에서 축사 등을 통해서 유권자를 만나거나 메시지를 전달할 수 있는 부분이 있다. 그런 과정에서 자연스럽게 당원과 지지자들을 만날 수 있다. 당원은 당원 집회를 통해서 만날 수 있다. 당원집회가 자주 열리지는 않지만 지역위원회의 당원협의회, 예전의 소위 동 대표를 통해서 소수의 주요 당원들을 만나기도 한다. 더민주와 새누리당의 경우 주로 그렇다. 정의당의 경우 그렇진 않다. 지역위원회에서 위원장급인 운영위원과 부위원장급인 상무위원 등의 주요 당원들을 주로 만나는 것 같고, 기본적인

권리당원이 당의 행사에 참석할 수 있는 기회는 별로 없다. 상무위원까지가 40~50명 정도의 규모가 되는데, 각 지역 단위에서 그 정도만 모여서 주로 회의하고 접촉한다. 중앙당 차원에서는 보통 당 대표가 청년들의 문제에 접근한다든지 하는 이벤트가 있을 때만 접촉의 기회가 있다.

» 정당이 지지자를 따로 만나지는 않는 것 같다. 앞서 말한 각종 행사를 통해서 접촉하는 것은 지지자와 유권자를 합친 부분이고, 지역 단위에서 이뤄지는 것이다. 당원은 일반당원, 권리당원, 대의원으로 나누어져 있는데, 주요 당원은 대의원과 권리당원의 중간쯤의 개념인 것 같다. 중앙당 차원에서 정당이 지지자나 유권자를 만나는 것이 더 많은 것 같다. 이벤트를 통해서나 대부분에서 방송에 나오는 화면 자체가 유권자를 향해 던지는 메시지들이다. 예를 들어 최고위원회가 시작하기 전에 모두발언을 하는데 당시 해당 사안에 대한 발언들을 쏟아내면 언론을 통해서 정치부 1, 2면에 기사로 뜬다. 이런 것들이 코멘트로 나가며 유권자 지지자에게 함께 나가는 것이고 유권자와 지지자를 결집시키는 효과가 있을 수 있다. 유권자들에게 구애하는 것이다. 이는 당원들에게 보내는 메시지는 아닌 것 같다.

10. 귀 정당/의원을 지지하는 유권자들과 다른 정당/의원(후보)을 지지하는 유권자들 간의 차이가 있다고 생각하는가? 그렇다면 귀 정당/의원을 지지하지 않는 유권자들을 설득하기 위해서 어떤 노력을 하고 있는가?

» 정치적 성향의 차이는 없는 것 같다. 시민단체 활동을 하는 데 있어 대표적으로 청년유권자연맹이나 매니페스토 청년 협동조합 등의 청년 단체들이 기본적으로 활동을 하고 있다. 평소에 만나는 지인들은 유권자든 지지자든 구분하진 않고, 지인들도 정당에 따라 다른 것 같진 않다. 오히려 정당에 대한 지지성향보다 친분에 의해 소통하는 부분이 강하게 작용하는 것 같다. 다를 게 없다. 단지 가치적인 부분은 다를 수 있다. 예를 들어 어떤 친구는 대구에서 자라서 부모님이 새누리당을 지지하니까 본인은 정치적인 성향도

별로 없지만 새누리당을 항상 찍고 지지해 왔다. 밥상정치라고 표현하는 이런 유형이 있는가 하면, 어떤 친구는 광주에서 태어났고 부모님도 모두 2번을 찍으시지만 본인은 기업 위주의 정책들이 좋았고 또한 새누리당에 유능한 사람들이 많아 보여서 찍는 경우도 있다. 실제로 지역적인 특성이나 부모님의 정치적 영향을 받는 친구도 있고 아닌 친구도 있다. 활동하다 보면 성향이 전혀 다른 보수적 단체의 지인과 친해지기도 한다. 성향이 다르더라도 굳이 정치적 성향을 꺼내지 않고 상대의 신념과 가치를 존중하며 친하게 지내는 편이다. 예를 들어 재작년에 더민주에서 청년위원회 예산을 대폭 삭감하려고 한 적이 있었다. 청년위원회 명의로 의견을 전달했는데, 청년과 관련된 예산을 줄이지 않았으면 좋겠다는 제안과 요청을 드렸었다. 이는 정치적 가치보다는 세대적인 부분이 더 강한 것 같다. 지지자가 다르다고 해서 굳이 소통의 벽이 느껴지진 않는다.

11. 다른 정당을 지지하지 않는 사람을 만났을 때 설득하려고 노력하기도 하는가?

» 지인들을 만났을 때는 설득의 노력을 거의 안 한다. 시민단체나 청년단체, 대학생 단체 등이 주최하는 토론회에서는 좀 더 우리 정당이 매력적으로 보였으면 좋겠다는 생각에서 설득하기 위한 얘기를 하기도 한다. 하지만 지인들을 만난 자리에서는 오히려 당직자 신분임을 감추려 하는 편이다.

» 선거 때 유권자를 만나면 당연히 지지를 요청한다. 예를 들어 경제민주화에 대해 설명하며, '경제민주화는 기회를 평등하게 하고 과정을 공정하게 하고 결과를 정의롭게 하는 것입니다' 등의 정책 홍보를 하기도 한다. 상대 후보를 비방하지는 않는다. 정책 홍보를 일상적으로 하는 편이다.

12. 유권자의 지지를 이끌어 내는 데 있어서 현재 한국 정당 각각의 장단점이 무엇이라 생각하는가?

» 새누리당의 경우 당에 대한 유권자의 지지를 이끌어 내기 위해서 본인들의 유능함을 많이 강조하는 것 같다. 기본적으로 새누리당은 학벌이 너무 좋고 법조인이 많다. 그리고 본인들의 경제 정책에 따른 경제적 분배 효과가 더 많다고 이야기하고 경제 성장이 가능한 정당으로 홍보한다. 그동안 성장 프레임을 깨기가 참 힘들었던 것 같다. 지금은 많이 깨지고 있어서 다행이다. 유능함과 성장은 같이 갈 수 있는 프레임이라고 본다. 그리고 새누리당이 좀 더 세련된 이미지도 있는 것 같다. 마치 민주당 사람들은 포장마차에서 소주 마실 것 같은데 새누리당은 와인 마실 것 같은 그런 느낌이 있다. 그러한 브랜드 전략도 먹히는 것 같다. 더민주 같은 경우는 민주주의, 인권 등의 개념들을 좀 더 소중하게 생각하는 것 같다. 하지만 그 과정에서 경제 정책에 대해서 분배라는 느낌은 사실 별로 안 든다. 물론 분배를 항상 외쳐 왔지만, 경제 분배를 외쳤을 때 선거에서 그다지 좋은 평을 얻지는 못했던 것 같다. 왜냐하면 분배를 이야기 하면 더민주도 보수정당의 하나로 보는 느낌이 있다. 분배보다는 오히려 차라리 경제민주화를 통한 성장 프레임이 좀 더 유권자들에게 먹히는 것 같다. 기본적으로 경제민주화라는 말 속에 성장과 분배의 개념이 같이 들어 있다고 생각한다. 단순히 대기업의 돈을 빼앗아서 소상공인과 중견기업에게 주겠다는 개념은 아니라고 생각한다. 그래서 성장과 분배의 개념이 함께 포함된 개념이라 유권자의 지지를 이끌어 내는 것이 가능하지 않았나 생각한다. 하지만 분배보다 성장의 내용적 측면이 좀 더 반영되어 있다고 생각한다.

» 더민주도 사실 일정한 학벌을 따지기는 하지만 스토리가 좀 더 중요한 느낌이다. 어린 시절에 얼마나 고생을 하고 역경을 이겨 왔는지를 많이 보는 것 같다. 예를 들면 사람들이 열광하는 새누리당 정치인들의 경우 대부분 힘든 역경을 이겨 온 과정은 아니라 본다. 부자나 엘리트 이미지가 많다. 더민주는 야당 총재로서 역경을 이겨 온 김대중 대통령이나, 고졸 출신으로 인권 변호사의 삶을 살아온 노무현 대통령이나, 서울대 출신이라는 우수한 학벌

에도 불구하고 민중과 노동자를 위해 살았던 김근태 의장과 같은 스토리를 중요하게 생각한다. 그런 스토리의 울림을 중요하게 생각하는 유권자들이 더민주를 지지해 주시는 것 같다.

» 정의당은 삶의 궤적이나 울림도 있지만, 좀 더 정책적 부분에 대해서 공부한다는 느낌이 든다. 정의당 당원들은 정당 정책에 대한 이해도가 높다는 생각이 든다.

» 국민의당은 생긴 지 얼마 안 되어서 정체성을 아직 잘 모르겠다. 아직 정책적으로는 잘 모르겠다. 오늘 당원 수가 3만 명밖에 안 된다는 기사가 났었다.

» 단점들을 이야기하면 새누리당에서 본인들이 제일 똑똑하다고 생각하는 것이 단점일 수 있다. 국민을 아랫사람이라고 생각하는 것 같다. 통치의 대상이라고 보는 것이다. 더민주도 약간 엘리트 의식이 있지만 국민을 통치라기보다는 운영하고 관리한다고 생각하는 것 같다. 정의당은 유권자를 좀 더 수평적으로 이해하고 있는 것 같다. 국민의당은 아직 정책적으로 잘 모르겠지만 호남중진들과 전국적인 인지도가 있는 안철수의 만남인 것 같다.

13. 유권자-정당/의원의 접촉과 소통의 경험이 유권자의 정치참여(투표참여 포함)와 행태에 실질적인 영향을 준다고 생각하는가?

» 당연하다. 소통과 접촉을 통해 유권자의 참여의지가 생기는 것은 당연하다. 정치가 우리 삶에 미치는 영향을 사람들이 모르기 때문에 당연히 관심이 없고 참여의지가 없을 수밖에 없다고 생각한다. 결국 정치가 우리 삶을 변화시킬 수 있는 주요 매개체라는 인지가 생겨야 의지도 생긴다. 갑자기 참여의지가 만들어질 수 없을 것이다. 그런 점에서는 당연히 정치인을 만나고 소통하다 보면 국회의원이나 정치인들이 멀리 있는 외계인이 아니라 내 삶을 결정하고 가까이 있는 사람이라는 생각이 들 것 같다. 물론 소통할 때 정치인들의 인상이 좋아야 할 것이다. 접촉 경험이 기분 나빴다면 참여에 부정적인 영향을 미칠 것이다. 당직자로서 유권자와 악수하는 법을 배우곤 한다. '이

사람이 나를 정말 간절히 원하는구나'라는 것을 느낄 수 있도록 악수하는 법을 배운다.

14. 한국의 정당들이 유권자들의 목소리를 정책결정과정에 제대로 반영하지 못하고 있다는 비판이 있는데, 그 원인과 해결방안이 무엇이라 생각하는가?

» 정책결정과정에서 유권자들의 의사가 반영이 안 되는 것에는 두 가지 측면이 있는 것 같다. 유권자라는 개념이 사실 너무 크다. 보수적 유권자일수도 있고 진보적 유권자일수도 있는데, 예를 들어 새누리당이 어떤 정책을 실행할 때 보수적 유권자의 경우 찬성할 것이다. 단순히 다수를 의미하지는 않을 것이기 때문에 유권자의 의사를 반영한다는 것을 이야기하기 조심스럽다. 새누리당 같은 경우 철저하게 자신의 지지층의 의사를 반영하는 것 같다. 예를 들면 고소득층, 화이트칼라 계층 등의 의견과 지지층의 정책들을 잘 반영하는 것 같다. 물론 반대되는 사람들은 반대할 수밖에 없을 것이다.

» 더민주의 문제는 지지층의 니즈를 잘 반영하는 것보다는 여론의 추이를 더 많이 살피고 눈치 보기가 더 많다. 이러한 더민주의 행태는 사실상 가치 중심이 아니라 생각한다. 더민주가 비판받는 이유 중의 하나가 잡탕정당의 행태이다. 여론을 많이 살핀다. 정책적 입장을 낼 때 '이거는 정말 우리당의 정책이다' 이런 것들이 있긴 하다. 예를 들어 한일 합의 반대를 포함한 역사적 부분에 대해서는 양보하진 않는다. 애매한 정책들에 대해서 양보한 기억이 난다. 대표적 사례로 사학법 같은 경우 사학재단에서 반대하니까 바로 정책적 입장을 양보하고 물러서는 모습을 보였던 점이 안타깝다.

» 해결방법은 기본적으로 문제인식에 있다. 가치보다는 여론과 표심 위주로 움직였던 정당 행태가 문제라 생각한다. 그런 점에서 정의당은 일관된 모습을 보여 왔다. 진보적인 성향과 자신들의 정당 정책에 맞는 일관된 입장을 갖는 것 같다. 더민주는 사실 그런 부분은 좀 부족한 것 같다. 예를 들면 반값등록금 정책과 관련해서 좀 안타까운 부분이 있다면, 2012년 총선, 대선 때

는 보편적 복지 제도의 도입을 주장했었고 소득 분위와 관계없는 반값등록금 시행을 추진했었다. 하지만 이번 총선에서 우리 당의 정책은 소득 분위별, 소득 연계형 반값등록금 시행이다. 반값등록금이라는 표현도 빠지고 등록금 지원제도이다. 과거에는 보편적 복지를 강조했으면서 결국 선별적 복지로의 노선 변경이 아쉽다.

15. 한국의 사회통합 정도에 대해 어떻게 생각하는가? 높다고 생각하는가?

» 87년 민주화 이전에는 의견의 표출이 자유로운 시절이 아니었기 때문에 통합보다는 통치라는 표현이 더 맞는 것 같다. 소재가 있어야 소통도 가능하고 통합이라는 것은 다양한 의견이 표출되어야지만 가능한 것이다. 87년 이후에 다양한 의견들이 분출되어 나오고 시민단체가 조직되면서 경실련, 참여연대, 전교조, 민노총 등이 탄생하였다. 물론 정권교체 이후에 많이 실현되긴 했지만 어찌되었든 다양한 의견들이 표출되었던 점은 대단히 좋은 것 같다. '경총, 전경련, 상공회의소만 경제 단체인줄 알았는데, 시민단체인 경실련도 경제 주체가 될 수 있구나' 하는 생각으로 인식의 전환을 갖게 된 것이다. 학계와 학자들만 가지고 있었던 의견들이 좀 더 단체들 통해서 많이 표출된다는 점이 좋은 것 같다. 그런 것들이 쭉 이어져 오다가 이명박 정권 들어오면서 다양한 의견에 대한 표출을 탄압하기 시작했다는 것이 아쉽다. 결국 통합이란 말을 하려면 표출이 먼저 전제되어야 하고, 표출을 바탕으로 해서 통합이 되어야 한다. 87년 이전에는 표출 자체가 없었기 때문에 통치였다고 표현할 수 있다. 현재 정부에 들어와서는 표출이 있음에도 불구하고 그것들을 통합하지 않기 때문에 탄압이라고 표현할 수 있다.

» 통합이 마치 지상 선인양 말할 순 없다고 생각한다. 사회통합이 안 되고 있으면 '왜 그런 다양한 의견들이 갈등을 빚어 내고 있을까'를 먼저 인지하고 분석하고 해결을 모색하는 것이 맞는데, 단순히 통합을 위한 통합인 것들이 있다. 다양한 의견들이 공론을 분열했다고 인식하는 부분이 있다. 통합이 지

상 과제인 것처럼 이야기를 하면 안 될 것 같다. 통합이 안 되는 이유부터 분석한 다음에 해결책을 찾는 것이 더 중요하다. 한국 사회가 통합이 안 되는 이유는 다양한 의견들을 잘 수용하지 않는 사회적 분위기 때문이라 생각한다.

16. 한국 사회의 가장 큰 갈등이 무엇이라 생각하는가?

» 한국 사회의 가장 큰 문제는 한국식 자본주의의 한계에 다다랐다는 점이라 생각한다. 그런 차원에서 나타난 문제점들이 양극화라든지 여러 가지이다. 예를 들어 얼마 전 국무회의에서 국가부채 72조 원을 의결했었다. 서울시의 1년 예산이 25조인데, 72조면 서울시 예산의 3배에 달하는 돈이다. 국가부채는 1300조가 쌓여 있고 가계부채는 1200조를 넘어섰다. 이런 사회에서 기업의 사내유보금은 1000조가 넘었다. 30대 기업만 해도 사내유보금이 742조이고 1년간 37조가 늘었다. 이 돈은 서울시 1년 예산인 25조에 비해 12조나 많은 돈이다. 그러면 항상 기업과 국가는 힘들다고 말하는데 기업과 국가와 국민 중에 누가 가장 힘들겠는가. 국민이 가장 힘들다. 그런데 기업에게만 유리한 정책을 마련해 놓고 있으며, 기업의 사내유보금은 쌓여 가고 있는데 기업들은 투자처가 없어서 그렇다고 말한다. 국민들은 빚이 늘고 있다. 투자처가 없어서 사내유보금을 쌓아 두는 기업이 더 여유 있는지, 돈이 없어서 혹은 집이 없어서 은행 대출이자 갚으려고 빚을 쌓아 둔 사람이 더 힘든 건지는 누가 봐도 명확하다고 생각한다. 정의라고 표현하는 것조차 부끄러울 정도라고 생각한다.

» 한국식 자본주의의 한계에 다다랐고 미래에 빚지는 세상에서 살고 있다고 생각한다. 예를 들면 지금의 청년들을 위한 사회 안정망을 구축하지 않으면서 노인들에게만 계속 지원하고, 오히려 법인세를 25%에서 22%로 낮추면서 기업에게만 세제혜택만 주고 있나. 결국 그 돈이 고스란이 미래 세대에게 전가되는 것이다. 국민연금도 분담금 1%를 늘렸다. 이런 부분은 여야가 공

히 책임지고 추진했어야 하는 부분이다. 여당만 주장한다든지 야당만 주장하면 해당 정당의 표가 떨어지기 때문에 한 쪽에서 반대해 버리면 바로 파토 나는 것이다. 계속 미래 세대에게 짐을 지우는 형태로 가고 있고 지금의 현 세대가 야만적 자본주의를 유지하기 위해서 발버둥 치는 것이라고 생각한다. 한국 사회 갈등의 가장 큰 문제는 자본주의의 문제점이 드러나고 있고, 대기업 위주의 경제 정책의 한계가 드러나고 있다는 점이다. 대기업들이 하청업체와 중견기업들과 함께 상생하려고 노력해야 한다. 우리가 기본적으로 살아가는 데 필요한 생계수단인 주거 부분이 대부분 은행대출을 받아서 이뤄진다. 모든 시민들이 은행대출 이자 갚으면 살아가는 것이다. 총체적 문제이다. 국민연금이 2060년에 붕괴된다고 하는데, 지금 청년세대가 자기 자신도 제대로 부양할 수 없는 상황이다. 청년 3명당 노인 1명을 부양한다고 한다. 2060년 이전에 국민연금이 붕괴될 것 같다. 유지할 수 없는 상황이다.

17. 한국 사회의 갈등을 해소하고 분열을 치유하는 데 있어 정당들이 어떤 역할을 수행해야 한다고 생각하는가?

» 정당보다는 정치가 해야 할 과제라 생각한다. 정당과 정치가 이러한 역할을 하지 않으면 우리 사회가 붕괴되기 때문에 해야 한다고 생각한다. 정당이 머리를 맞대고 고민을 해 봐야 하는 문제이다. 예를 들어 1938년 스웨덴에서 있었던 살트셰바덴 협약과 같은 사회적 대타협 논의들이 있었다. 네덜란드 모델, 오스트리아 모델, 독일 모델 등등이 있다. 한국 사회에도 사회적 대타협 논의가 있어야 할 것이다. 기업과 국가와 국민, 그리고 정당의 대표자들이 모여서 우리 사회가 유지되고 지속 가능하려면 해결해야 할 과제들을 하나씩 해결해야 한다. 최소한 조세 개혁 문제는 기본적으로 해결해야 하지 않을까 생각한다. 정말 필요하다고 생각한다. 법인세뿐만 아니라 고소득자에 대한 세금도 더 걷고, 사회보험 제도 자체도 뜯어고쳐야 한다. 기존의 사회보험 제도는 너무 제조업과 정규직 위주로 구성되어 왔다는 점이 아쉽다.

» 어렸을 때 다들 배우듯이 1차 산업에서 2차 산업, 3차 산업으로 산업구조의 변화는 누구나 알고 있다. 제조업 비중이 줄어들고 3차 산업인 서비스산업의 비중이 늘어나면서 고용구조가 변화하고 서비스산업의 고용비율이 당연히 늘어났다. 산업구조의 변화는 다들 이해하면서 고용구조의 변화에 대해서는 아직 관심이 낮은 것 같다. 예를 들어 1차 산업인 제조업 위주일 때는 정규직 사원이 되는 것이고 평생직장의 개념이 있었다. 2차 산업인 운송업 같은 경우는 자영업자들이 많아졌고 1인 기업들이 많아졌다. 그런데 3차 산업으로 넘어오면서 1명의 사용자와 100명의 아르바이트생들이 양성되는 구조이다. 어찌되었든 우리 사회가 2차 산업까지는 특수형태 근로자든 파견이든 도급이든 사회적 안정망들을 조금씩 늘려 왔는데, 현재 아르바이트생에게는 사회적 안전망이 전혀 없는 상황이다. 산업구조의 변화를 고용구조의 변화가 따라오지 못했고, 고용구조의 변화에 맞춰서 사회적 안전망에 대한 논의도 없었다. 때문에 서비스산업이나 정규직과 비정규직을 이분법적으로 나누는 프레임은 이제 끝났다고 본다. 현재 상황에서는 오히려 국민에 대한 기본 소득 논의라든지 4대 보험제도 등 사회적 안정망에 대한 확충 문제라든지 소득 분위에 따른 논의가 더 필요하다고 생각한다.

18. 그러한 논의에서 정당의 역할은 무엇인가?

» 이러한 논의들이 결과적으로는 법으로 만들어져야 한다. 기업이 월급을 더 올려 주겠다고 해서 해결할 수 있는 문제가 아니기 때문이다. 이에 관한 실험적 논의가 서울시에서 하는 청년수당과 성남시에서 하는 청년배당이다. 물론 청년수당은 구직수당이고 청년배당은 기본소득에 대한 논의이며, 서울시 같은 경우 지방교부세이지만 성남시는 기초단체이기 때문에 지방교부금이라는 점에서 두 가지의 개념은 다르다. 서울시가 구직활동 중인 어려운 청년에게 수당을 지원하겠다고 하자 사회보장제도는 보건복지부 장관과 협의해야 하는데 상의하지 않았다는 이유로 복지부는 대법원에 소송을 제기

했고 현재 계류되어 있다. 그런 문제들이 차츰 완화되고 해결되어야 한다고 생각한다. 성남시가 추진한 기본소득에 대한 논의도 좀 더 확대되었으면 좋겠다. 이제는 기초수급자들에게 수급을 주는 정도의 논의가 아니고, 일자리나 주거공간이 확보되지 않은 사람들에게 최소한 사회적 책임을 다하는 방식으로 이뤄져야 한다. 그런 논의를 하면 예산이 얼마나 드는 지에 대한 예산 논의로 바로 빠지곤 하는데, 어려운 사람과 잘 사는 사람의 프레임이라서 그런 것 같다. 국가가 국민에 대한 의무를 다한다는 개념으로 접근해야 한다. 아직까지 우리 사회가 가진 시민의식이 거기까지는 도달하지 못한 것 같아 아쉽다.

19. 소속 정당의 운영방식 및 의사결정구조 등 전반에 대해 만족하는가?

» 그렇지 않다. 지나치게 원내 중심 정당이라서 의원이 아니면 발언권이 제한이 되는 부분이 있다. 지도부는 1년에 한 번씩, 1년도 안 되어서 바뀌지만 국회의원은 4년에 한 번씩 바뀌기 때문에 가장 안정적이다. 소위 말해 더민주의 경우 당대표와 최고위원들이 있지만 대표와 최고위원이 1년도 안 되는 시기마다 교체되다 보니 지도부에게 충성하기보다는 계파에 충성하는 것이 훨씬 더 안정적인 공천이라든지 당직에 있어서 오히려 배려를 받을 가능성을 높인다. 새누리당도 마찬가지로 계파가 있다.

» 지역 중심으로 뭉치든 가치 중심으로 뭉치든 계파는 있을 수밖에 없다. 계파 자체가 나쁜 것이라고는 생각하지 않는다. 다만 가치 중심적으로 계파가 뭉친다면 더욱 좋을 것이다. 하지만 그것이 아니라 새누리당같이 절대 권력자 주변과 근처에 있지 않은 사람으로 계파가 나누어진다든지, 더민주과 같이 진보적 성향인지 혹은 조금 보수적 성향이 있는지, 아니면 호남인지 호남이 아닌지 등으로 나눠지는 계파가 있다.

» 새누리당의 경우 지도부 여부가 중요한 이유는 그만큼 의원의 권한보다 청와대 권한이 막강하기 때문일 것이다. 새누리당은 기본적으로 2번의 정권교

체 기간을 제외하면 항상 여당이었기 때문에 국회의원들의 존재 자체가 더 민주처럼 강하지 않은 것 같다. 더민주의 경우 2번을 제외하고는 매번 야당이었기 때문에 국회의원 신분이 가장 안정적이다.

20. 정당 내부 권한의 분권화 정도가 어떻다고 생각하는가? (중앙당-지구당 관계)

» 분권화가 안 되어 있다. 정당법을 뜯어 고쳐야 한다고 생각한다. 정당법상 5개의 각 시도당마다 1000명의 당원을 모아서 5개 시도당을 만들어야지 중앙당을 만들 수 있는 설립 요건이 있다. 이는 지나치게 중앙당 위주의 생각이다. 예를 들면 호남당이나 전남당을 만들고 싶어도 만들 수가 없는 것이다. 어찌 됐든 5개의 시도당을 만들어야 된다. 중앙당 위주로 되어 있고 대부분의 정당 운영금은 국고보조금이다. 사실 당비를 납부하는 당원의 비율이 많지 않은 것이 문제겠지만 대부분의 정당 운영금은 국고보조금으로 운영된다. 중앙당이 시도당에게 주는 돈이 많지 않다.

» 그리고 논의구조의 측면에서도 시도당의 권한은 많지 않다. 더불어민주당으로 따지면 당대표 1명과 최고위원 7명 정도가 있는데, 이 가운데 선출직 최고위원이 5명, 지명직이 2명이다. 최고위원 다음의 집행기관으로 당무위원회, 중앙위원회, 전당대회가 있다. 최고위원회 다음의 집행기관은 60~70명으로 구성되는 당무위원회인데 당무위원 중에 시도당위원장은 각 1명의 당무위원으로 참여한다. 시도당을 모아 봐야 60~70명 중에 17명인 것이다. 그런데 중앙당의 경우 최고위원들이 당무위원을 2~3명 이상씩 지명할 수 있다. 사실상 최고위원 1명이 시도당 3~4개의 권한을 갖는 것이다. 중앙 집권화가 상당하고 시도당의 권한은 많지 않다. 공무를 중앙당에서 내린다.

21. 중앙당 지도부의 총선 공천에 대한 영향력 행사가 바람직하다고 생각하는가? 혹은 당내 후보 선출에서 상향식 공천의 제도화가 필요하다고 생각하는

가?

» 당권에는 인사권, 예산권, 의결권, 공천권이 있다. 가장 핵심은 공천권이다.
대권은 선대위로 전환되었을 때 대선자금으로 나오는 국고보조금이 나온
다. 또한 선거가 있는 해에는 국고보조금이 나온다. 의석수에 따라 다르긴
하다. 그런데 공천권이 나누어진다. 국회의원과 구청장 공천권은 중앙당이,
광역의원과 기초의원 공천권은 시도당이 대부분 가지고 있다. 중앙당이 253
개의 지역구 국회의원 공천을 하게 되어 있고, 시도당은 시도마다 다르겠지
만 서울시는106명, 경기도는 116명, 그리고 전국적으로 광역의원은 770여
명 정도, 기초의원 같은 경우 전국적으로 3000명 정도 되는 것 같다. 이 공천
에 대한 권한을 시도당이 갖고 있다. 공천권이 중앙당과 시도당으로 나눠져
있다. 국회의원 공천권이 중앙당에 있는 것은 맞다고 생각한다. 국회의원 공
천권을 시도당이 갖더라도 운영할 능력도 안 될 뿐만 아니라 오히려 몇몇 국
회의원들이 좌지우지할 것 같다.

22. 하향식 공천에 대해 어떻게 생각하는가?

» 비선출 공심위, 선출 공심위, 비선출 지도부, 선출 지도부, 당원, 유권자 등 6
단계 정도로 나눌 수 있을 것 같다. 기본적으로 선출된 권력이 공천 심사를
하는 것이 맞다고 본다. 비선출을 제외하고 단순히 유권자가 공천을 하면 조
금 문제가 있는 것 같다. 여론조사 같은 경우 이미 문제가 발생해서 이번에
는 안심번호를 채택하기도 했다. 정당은 여론조사 기관이 아니다. 정당의 정
책과 이념에 동의하는 후보자가 공천되어야 한다. 지방의원 공천 심사를 하
다 보면 '정말 이런 사람이 지방의원으로서 자질이 있나' 하는 생각이 든다.
범죄 경력을 봐도 너무 심하다. 부정수표 단속법 위반까지는 이해할 수 있는
데, 아동보호법을 위반하는 사람도 있었다. 말도 안 되는 것이다. 이런 사람
이 어떻게 지역의 대표자가 될 수 있을까 하는 생각이 든다. 그런데 이런 사
람들 중에서 여론조사 결과가 잘 나오는 사람도 있다. 소위 지역의 유지거나

호족인 경우에 그러하다. 유권자들의 의견이 반영되긴 해야 하지만 절대적인 것은 아니라고 생각한다. 그리고 기본적으로 지방의원 같은 경우 인지도 조사가 될 수 있다. 이런 비율을 잘 조정해서 반영하는 것이 좋다고 생각한다. 선출된 지도부 혹은 공천심사기구가 후보자들에 대한 자격심사를 잘 하고 당원들이 원하는 의견을 반영하면서 유권자들의 의견에 반하지 않는 정도의 조합이나 비율이 중요한 것 같다.

» 상향식 공천, 즉 프라이머리 자체가 돈이 너무 많이 든다. 모든 유권자들에게 알려진 후보는 있을 수 없다. 기본적으로 인지도, 인기도, 지지도 세 가지 정도로 생각해 볼 수 있다. 모든 유권자가 인지하는 후보는 있을 수 없다. 인지도를 높이기 위해서 엄청난 돈을 쓴다. 홍보 수단 자체가 돈이다. 자원봉사자 한 명이라도 더 있는 것이 돈 문제이기도 하다. 그러한 홍보를 하다 보면 좋은 정책이 있거나 좋은 인상을 줌으로써 인기도가 높아지는 것이고, 그런 인기가 개인적인 호감에서 멈추는 것이 아니라 '당선되도록 돕고 싶다. 주변 지인들에게 알리고 싶다'면 지지도가 되는 것이다. 그래서 프라이머리를 할 경우에 많은 사람들의 참여를 이끌어 내기 위해서는 무조건 돈이 많고 조직이 큰 사람이 될 수 없다. 현역에서 유리한 제도인 것 같다.

23. 정당개혁의 방향성에 대한 당내 논의가 실제로 어느 정도 (활발하게) 이루어지고 있는가? 어느 정도 합의가 이뤄지고 있다고 보는가?

» 개혁이라는 주제 자체가 갖는 한계가 있다. 지금은 총선 평가가 주를 이루고 있다. 예를 들어 호남 패배의 원인 등에 대한 논의가 주를 이루고 있다. 정당 혁신, 정당 구조에 대한 변화는 지금 현재로서는 별로 없는 것 같다. 새누리당 같은 경우에는 총선 패배이후에 개혁에 대한 논의를 많이 하고 있는 것 같다. 더민주의 경우에는 작년 문재인 대표 시절에 개혁에 대한 논의를 많이 했던 것 같다.

» 이번 총선에서 선거기조가 나타난 것 같다. 선거기조에서 전문성 강화를 강

조했다. 기존에 민주주의, 인권, 운동권 이러한 프레임에 갇혀 있었다면, 이 번에는 전문가들을 영입하면서 전문 영역에 있는 분들의 의견을 많이 반영하려고 한 것 같다. 전문 영역에 있는 분들 가운데 기본적으로 진보적 성향이거나 민주당 성향에 있는 분들이 영입되었기 때문에 정당의 방향성이 바뀌기보다는 기존에 부족했던 부분을 메웠다고 할 수 있다.

» 정당이 기존의 방향성을 전환할 때는 당 지도부나 당무위원회 등에서 논의를 한 후 의결되어야 한다. 이는 정당의 4가지 권한 중 의결권에 대한 부분이다. 의사결정구조는 기본적으로 있다. 예를 들어 문재인 대표가 2년의 임기를 다 채우지 못하고 비대위로 전환하면서 비상대권이라고 표현할 수 있는 김종인 대표에게 네 가지 권한을 모두 넘긴 과정은 문재인 대표가 혼자서 결정했다든지 최고위원회가 스스로 사퇴하면서 결정된 것이 아니다. 기본적으로 그러한 논의들이 가능하게끔 당무위원회가 중앙위원회에서 안건상정을 했고 중앙위원회가 추인 의결했기 때문에 가능한 것이다. 그리고 또 다시 공천심사기구를 구성하는 권한이 명시된 당무위원회에서 비상대권이라는 차원에서 비대위의 권한을 위임해 줬다. 최고위가 의결하고 당무위원회가 안건을 발의해서 중앙위원회에서 의결 받고 나서 비대위가 구성되자 그 비대위가 추진하려고 했던 공천관리위원회, 선관위를 구성하는 등의 부분은 또 다시 당무위를 개최해서 당무위에서 안건을 상정해 주는 과정이 필요하다. 당무위원회는 70명 정도로 구성된 전직 당대표라든지 상임위원자이라든지 하는 분들로 구성된 소위 최고 권력기구이다. 중앙위원회는 각 지역위원장들과 국회의원, 구청장 등으로 구성된 당내 최고 의결 기구이다. 의결을 거치기 위해서 권력기구가 논의를 하는 것이다. 당규에는 권력기구라고는 안 되어 있고 집행기구 등으로 표현되어 있는데, 집행은 힘이 있어야 가능한 것이다.

24. 선거캠페인 과정에서 정당지도부의 지원과 영향력은 어느 정도인가?

» 공보물 같은 경우에는 정당 정책에 대한 내용을 다루기도 하고, 유세 메시지 같은 경우 중앙당에서 다 나온다. 지역 단위로 쭉 뿌린다. 기본적으로는 메시지나 홍보물 같은 경우에는 중앙당에서 주는 것을 쓴다. 굳이 거부할 필요는 없다고 생각한다. 물론 취사선택을 하기는 한다. 예를 들어 공단이 많이 유치된 지역에서 환경오염 피해 관련 법안 등을 만들겠다고 한다면 당연히 공단에서 좋아하지 않을 것이다. 다양한 유세 메시지들 중에서 본인들이 필요한 것을 취사선택을 한다.

25. 정당과 후보자가 부담하는 비용의 비율은 어느 정도인가?

» 후보자가 전액 부담한다. 정당이 제공하는 선거비용은 거의 없다. 여성 같은 경우에는 여성발전기본법에 의해서 보조를 받기는 한다. 하지만 그것도 그때그때마다 다르고 후보자가 다 부담하는 것이다. 그래서 우리나라는 선거 공영제가 되어 있다. 그런 것은 후보자의 캠프 회계자가 담당한다.

[마지막 추가발언]

» 작년 11월에 미얀마 총선을 보고 왔다. 아웅산 수치도 보고 왔다. 테인 세인 대통령의 USDP(통합단결발전당)이라는 군부정권이 있었고 NLD(민주주의 민족동맹)라는 아웅산 수치의 정당이 있다. 그때 유권자들에게 '왜 NLD와 아웅산 수치를 지지하느냐'고 질문을 하면 아웅산 수치는 우리 민주화의 상징이기 때문에 지지한다고 응답했다. 맹목적 지지가 많았다. '우리나라 80년대에도 이런 상황이었겠구나' 하는 생각이 들었다. 단순히 직선제 개헌만 하면 우리나라가 마치 완전 민주화 국가로 나아간다고 생각했던 것이 아닌가 하는 생각을 했다. 직접 투표권을 갖는 것만으로 민주화가 완성됐다고 보기는 어렵다. 직접선거의 원칙은 너무나 당연한 원칙이다. 우리나라가 너무나 부족했던 것이다.

» 미얀마 총선을 보면서 우리나라도 80년대에 그랬겠지만 준비가 안 된 상

황에서 정당정치가 너무 이루어지지 않았나하는 생각이 들었다. 미얀마의 USDP가 위축되고 몰락하면서 NLD가 준비 안 된 모습을 보이기도 했다. 우리도 80년대에 그러한 과정을 겪었을 것이다. 기본적인 가치에 대한 부분이라든지 선거제도에 대한 논의하든지 하는 것이 없이 두 달 만에 만든 헌법에서부터가 문제였다고 생각한다. 대통령 권력에 대한 논의만 많고 의회구성이라든지 선거제도에 대한 논의 자체가 너무 부족했다고 생각한다.

» 시민단체에서 국회의원 특권을 내려놓자는 이야기를 하는데, 국회의원의 특권이 있는 이유가 있는 것이다. 행정부의 권력을 견제하고 사법부의 권력이 비대해지는 것을 막기 위함이다. 그런데 너무 국회의원만 뚜드려 맞는 것이 아닌가 하는 생각도 한다. 그에 반해 사법권력과 행정권력이 훨씬 크다고 본다. 입법 권력이 오히려 약하다고 생각한다. 입법부가 가진 권한이 약하다 보니까 오히려 정당정치가 더 안 되는 측면이 있는 것 같다. 차라리 국회의원의 입법보다는 법률사무소에 기대서 사법 판단을 받는 것이 더 좋다든지 대통령 권력에 의지하는 것이 훨씬 더 낫다고 보는 경향이 있다. 새누리당이 더민주당의 국회의원으로서 당원으로서 활동하는 것보다 훨씬 더 자신의 삶을 바꿀 수 있다고 믿기 때문에 행정부와 사법부에 더 많이 의지하는 것 같다. 어떤 가치가 옳으냐는 것보다 '법대로 하라'는 말이 더 통용되는 사회이다. '법대로 하라'는 말은 법원의 판결이 옳다는 전제가 있는 것이다. 오히려 차라리 '너가 옳은지 내가 옳은지 끝까지 해 보자'는 표현이 더 맞는 것 같다. 끝까지 해 보자는 말은 대화와 소통을 전제로 한다고 생각한다.

» 결국 다양성들을 존중하고 소통의 창구들이 많이 열려 있는 것이 정말 중요한데, 아직 우리나라는 거기까지 나아가지 못한 것 같다. 소통의 창구를 마련한다든지 입법부의 권한을 강화시킨다든지 하는 논의에 대해서는 아직 사회가 닫혀 있는 것 같다. 보좌진을 늘린다든지 국회의원 의석수를 늘린다든지 하는 것에 대한 논의가 필요하다. 인구대비로 봤을 때 우리나라 국회의원 수는 다른 나라에 비해 적다. 그런데 국회의원 수를 늘리자고 하면 '왜 일

정치현장에서 진단하는 한국 정당과 민주주의

도 안 하는 사람을 늘려'라고 생각하는 경향이 있다. 이러한 문제들을 포함해서 정치가 우리가 가질 수 있는 최후의 보루라는 것에 대한 소통과 대화의 의지가 좀 더 있었으면 좋겠다. 돈 있고 백이 있지 않아도 평등한 국민으로서 우리가 갖는 기본적인 생존권이라든지 하는 권리가 보장될 수 있다는 것은 결국 정치밖에 할 수 없는 것이다. 가장 평등하게 1표를 행사할 수 있는 것이 정치의 영역이다. 지금은 1인 1표가 아닌 1원 1표 시대에 살고 있는 표현이 있지만, 정치가 얼마나 소중하고 우리 삶의 가까이에 있는지 알아 주셨으면 좋겠다. 그런 것들을 강화시키는 것이 무조건적인 비판보다는 입법부를 강화하고 우리의 권리를 스스로 강화하는 방향이라고 생각한다. '죽어도 정치가 답이다'라고 생각한다. 어찌되었건 결국에는 정치가 답이다.

인터뷰 대상자 03

1. 유권자들의 정당정치에 대한 신뢰 및 만족도가 낮다는 지적이 있는데, 그 이유는 무엇이라 생각하는가?

» 대한민국의 유권자는 만 19세 이상이다. 그런데 유권자들이 19세가 되기 전까지 정치교육은 거의 대부분이 제한되어 있다. 청소년의 선거운동과 정치활동은 거의 다 금지되어 있고. 정치적 의견을 표현하거나 편중되어 있는 것들에 대해 어른들로부터 억압을 당한다. 18살까지 계속 억압을 당하다가 갑자기 유권자가 됐다고 통보받게 된다. 그러면서 "정치에 관심이 없다"고 하면서 그 전까지는 정치에 관심을 가지면 나쁜 아이처럼 취급하다가 갑자기 19살부터 깨어 있는 사람이 되어야 한다고 한다. 그런 것에서 오는 괴리감이 한국 정치의 문제라 생각한다. 거슬러 올라가면 4.19 당시 젊은 학생들, 대학생들의 주도로 인해 정권이 전복된 적이 있다. 기성세대들은 더 어리고 진보적인 세대들의 기성정치에 대한 비판에 대한 견제 장치가 필요했다. 해외의 정치 선진국 같은 경우 그런 것들을 자각하고 선거연령을 점점 하향시키고 있다. 첫 번째는 그러한 정치적인 유권자로서의 권한을 갖는 데에 많은 제약을 갖고 있다가 갑작스럽게 선물처럼 주어지는 것에 대한 괴리감 때문

이라 생각한다.

» 과거에는 시대 변화에 따라서 간접적으로 체득해 왔지만, 지금은 시대적으로 그런 정치 이슈를 공감할 여력이 가끔가다 있는 선거 빼고는 없다. 그러면서 유권자가 되어 정치적 견해를 표현하게 되었지만 정치인들이 얘기하는 것들에 대한 스펙트럼의 차이가 많지 않다는 점도 문제이다. 지난 대선때부터 그러했다. 특히 박근혜 정부가 내놓는 공약들이 진보정당이 내놓는 공약과 별반 차이가 없다고 본다. "집권을 한 다음에는 더 이상하다. 다들 똑같은 이야기를 하는 것 같고, 누가 정권을 잡아도 삶은 힘든 것 같다"는 생각이 드는 것이다. 내가 소중한 시간을 내어서 표를 행사해 봤자 그들이 약속한 것이 나에게 돌아오는 것은 없다는 생각을 하게 된다. 그러면서 젊은 층의 투표참여율이 낮아지는 것이다. 두 번째는 유효한 투표를 행사했을 때 돌아오는 것이 적다는 것이다.

» 마지막 세 번째는 그 이후 중장년, 노년층까지의 세대들이다. 각 세대별로 경험한 정치적 이슈들의 스펙트럼이 다르다. 노인세대들은 과거 이승만 정권을 경험한 분들도 계시고, 박정희 정부의 16년을 경험하신 분들도 계시고, 전두환, 노태우가 최고라고 하시는 분들도 계신다. 참여정부를 통해서 변화를 느껴 본 세대도 있다. 그들 간의 정치적 견해와 입장에 대한 충돌이 선거때마다 대결 양상으로 나타난다. 승자독식 구조의 다수제 민주주의가 가지고 있는 단점 때문에 사표도 너무 많다. 제한도 있을 뿐만 아니라 유권자가 적극적으로 참여해도 투표에 대한 결과를 돌려받는 사람이 유효 투표자의 15%, 20%밖에 안 된다고 생각한다. 비판을 하고 싶어도 결선 투표제가 아니기 때문에 헌법이 제공하는 충분한 참정권의 가치를 인정받지 못하는 것이다. "너는 나 안 찍었잖아" 이렇게 되 버리는 거다.

2. 정당정치에 대한 신뢰 및 만족도를 높일 수 있는 방안이 있을까?

» 외국의 투표 연령이 낮은 이유는 고등교육, 의무교육 완성의 연령이 낮기 때

문이다. 14, 15살만 되면 결혼을 해도 되고 아이를 낳아도 되고 할 수 있다. 우리나라도 대한제국 때까지는 그랬다. 의무 교육의 상한 연령을 낮춤과 동시에 투표권 연령도 동시에 낮춰야 한다. 청소년들이 교육현장에서 반장선거 이외의 다른 방향으로 다양한 정치적인 것들을 경험할 수 있게 해 줘야 한다. 요즘 가장 근본적으로 갖고 있는 질문 중의 하나는 '왜 우리는 반장 선거만 했을까? 왜 회장 선거만 했을까? 왜 협의체 구성은 안 해 봤을까?'이다. 아이들이 다양한 정치 제도와 디자인을 경험해 볼 수 있었으면 한다. '왜 단지 다수제 민주주의만 계속 강요했을까?' 하는 생각을 한다. 토론도 해 볼 필요가 있다.

» 두 번째로는 공무원이 되고자 하거나 다양한 분야의 공공기관들, 대기업 이런 곳에 취직하려는 청년들이 정당활동을 하면 입사하기가 어렵다는 점이다. 작년, 재작년에 면접관들이 입사자들에게 질문을 할 때 정치 성향을 알아보기 위한 필터링된 질문들을 하는 것과 관련한 논란도 있었다. 그런 것들을 못 하게 막을 순 없다고 본다. 그것을 막으려면 공무원, 교원들의 정당가입이 가능해져야 한다. 유럽과 같은 외국의 경우 공무원이 당적을 가질 수 있다. 모든 것은 헌법에 의한 가치이기 때문이다.

» 다음으로 선거제도가 바뀌어야 한다. 사표를 줄이기 위해서는 다시 말해 다수제 민주주의가 아닌 합의제를 통해 모든 사람의 1표 1표가 소중하게 되려면 정당명부 비례대표제로 제도 자체를 완전히 전환해야 한다. 그러지 않고서는 사표를 막을 수 없다고 생각한다.

3. 한국 정당정치와 민주주의의 발전을 위해 어떤 측면의 개혁이 가장 우선되어야 한다고 생각하는가?

» 일단은 지금 20대 국회가 만들어졌는데, 그 현실을 봐야 한다. 1당은 123석이 됐고, 2당은 122석, 3당도 출현했고, 과반을 차지한 정당은 없다. 진보정치로 20년 동안 대권후보를 냈던 정의당은 꼬마당으로 전락해 버렸다. 그렇

게 4개 정당이 있는데, 그들이 할 수 있는 것은 연정이다. 레임덕이 예전부터 있었던 것을 부정해 왔지만 다음 정권을 생각해야 하는 새누리당과 정권교체를 생각해야 하는 더민주, 그리고 그 틈을 파고 들어야 할 국민의당이 대권만 생각한 선거제도 디자인의 개혁이 아니라 의회 디자인을 바꿔야 한다. 가장 좋은 디자인은 국민의당이 호남에서 차악으로 당선된 것에 대한 이미지를 제거하기 위해서 먼저 정당명부 비례대표제를 당론으로 끌고 나오는 것이다. 하지만 요즘 추세를 봐서는 그런 일은 만무할 것 같다. 사실 정당명부 비례대표제는 심상정 의원도 계속 이야기해 왔던 부분이기도 하다.

» 선관위가 중재안으로 내놓았던 권역별 비례대표제가 얼마나 안 좋은 것인지는 일본 사례를 통해서 알 수 있다. 기득권을 강화시키는 가짜 비례제라고 본다. 구조적으로 돈 많은 지역 유지들만 계속 의원을 연임할 수 있는 제도이다. 이를 막기 위해서는 전국을 단일 선거구로 하는 정당명부 비례대표제를 통해서 국회 원구성을 바꿔야 한다. 정당명부 비례대표제는 대부분의 국가들이 남녀에게 교대로 번호를 준다는 점은 거의 동일하다. 각각의 당내 민주주의에 의존해서 뽑는 순번에 따라서 컷팅을 하는 것에서 진일보했으면 좋겠다. 인구 비례성을 가진 국회를 만드는 것이다. 지하철을 타면 노약자석이 있고, 임산부석이 있고. 자전거를 놓을 수 있는 공간이 있는 것처럼 인구 비율적인 의석 배정을 한정하는 것이다. 가령 지난 대선 기준 청년이 38.5% 정도, 노인이 13% 정도의 유권자 비율을 가지고 있다. 전체 인구비율의 5%가 장애인, 3%가 다문화와 탈북민이다. 그 비율은 반드시 그에 해당하는 사람들로 비례 순번을 주도록 한정하는 것이다. 어떤 정당이 어떻게 순번을 매기든 ±2~3% 내에서 국민의 비례대표성을 가진 원구성이 가능해진다. 소수의 의견도 묵살되지 않고 각 계층이 4년 동안 추구해 왔던 정치적 변화들도 같이 창달할 수 있을 것이다. 나의 욕심이다.

4. 한국형 정당개혁이 어떠한 방향으로 나아가야 한다고 생각하는가? 한국 정

당정치의 개혁 방안으로서 평소에 생각해 둔 아이디어가 있는가?

» 예전에 통합진보당인가 민주노동당이 가지고 있던 진성당원제를 모든 정당에 의무화시켜야 할 것 같다. 대선 때마다 종이당원에 대한 이야기가 많이 나오고 있다. 부끄러운 이야기이고 새누리당도 마찬가지겠지만, 더민주에서 당원으로 가입하기 위해서는 당원 가입서에 장애인 여부를 기록하게 되어 있고 이를 전산으로 옮기는 과정에서 당사무직 직원들이 제대로 옮기지 않는다. 장애인위원장을 뽑으려는데 장애인 유권자가 누군지 모르는 것이다. 결국에는 시도당 위원장들로 간선제를 했다. 이는 민주주의가 아니다. 정당이 알 수 있는 데이터는 나이, 성별, 주소지, 세대로 다시 말해 세대갈등, 성별갈등, 지역갈등에 대한 정보만 가지고 있는 것이다. 그나마도 완벽하지 않다. 정당의 유입구조를 바꿔야 한다.

» 두 번째는 선거 때 미친 듯이 당원들을 모집한다는 점이다. 잘 보면 그 당이 무슨 당인지도 모르고 가입하는 경우도 많다. 당을 누가 만들었고, 어떤 사람이 대표인지도 모르고, 시도당 위원장과 지역위원장이 누군지도 모르고 그냥 삼촌이 넣으라고 해서 선생님이 하라고 해서 당원에 가입하는 것이다. 모든 당이 당원을 입당시키면 기초적인 정치 교육을 시켜야 된다고 생각한다. 그렇기 때문에 선거연령도 낮추어야 한다. 스웨덴의 집권당인 사회민주당의 청소년 당원들을 만난 적이 있다. 언제부터 정치를 했느냐고 물었더니 나이가 18살도 안 됐는데 10년 가까이 되었다는 답변을 들었다. 꼬마 때부터 엄마아빠를 따라온 것이다. 초등학교 졸업할 때쯤에는 당에서 만든 프로그램들을 통해서 자신들이 지역사회의 변화를 일으키는 것이다. 스톡홀름에 있는 지역정당에 갔었는데 거기서 우리를 맞이한 사람들이 20세, 21세 정도의 당원들이었다. 1시간 동안 당의 역사를 가르쳐주는데 웬만한 한국 정당의 고문들보다 더 빠삭하게 꿰고 있었다. 그리고 그들은 모든 당내 위원회의 20~30% 정도를 무조건적으로 청년들에게 배정하도록 의무가 되어 있다고 한다. 이런 점이 굉장히 좋아 보였다. 그들의 목소리는 더 이상 배제되

지 않는 것이다.

5. 한국 정당정치의 개혁에 있어서 가장 큰 걸림돌이 무엇인가?

» 이런 이야기를 하면 욕하는 사람들도 있겠지만, 현 정치인, 당직자들의 소양
이 너무 부족하다. 얼마나 많이 부족하냐면, 예를 들어 청년 토론회를 하는
데 6개월 동안 7~8번의 토론을 해 보면 6개월 전에 했던 이야기를 또 하고
있는 경우가 많다. 언론사의 논조에 대한 비판, 약간 시사에 관심 있는 정치
외교학과 학부생 정도의 관점 그 이상도 이하도 아니다. 대안도 없다. 그나
마 모인 사람 가운데 발언자는 5% 정도밖에 안 된다. 그들에 대한 각성과 재
교육이 필요하다. 미안한 이야기지만 수준이 안 된다. 자신이 활동하고 있는
정당에 대한 기본적인 정보들조차 제대로 모르는 경우가 많다. 책임 있는 자
리에 있는 행위자들이 정세에 대한 정보가 너무 없다는 점도 문제이다. 소통
이 안 되어 있다는 것이다. 머리부터 꼬리까지 다 마찬가지이다.

6. 소속 정당의 운영방식 및 의사결정구조 등 전반에 대해 만족하는가?

» 아니다. 많이 변화되고 있지만 구조 자체가 보텀업이 되어야 하는데 톱다
운 방식이 많다. 다시 말해서 상향식 논의구조가 많이 안 되어 있다. 모든 문
제가 거기서 촉발되는 것 같다. 물론 모든 규칙에는 위원장이 회의를 소집
할 수 있고 구성원의 3분의 1 혹은 2분의 1을 소집할 수도 있는데 사실상 이
루어지지 못한다. 예를 들어 갑자기 한일협상이 문제가 되면 일단 모이고 보
자는 두세 명의 사람들이 주도한다. 본인들이 바쁘지 않은 평일 낮에 회의를
소집해서 직장인들 참석할 수 없는 경우가 되기도 한다. 그 시간에 회의에
참석해서 당의 입장이라고 떠드는 사람들은 백수 내지 자영업자, 학생 등이
다. 그것은 온전한 청년의 입장이 아니라고 생각한다. 지방당의 경우 이러한
문제가 더욱 심하다.

7. 정당 내부 권한의 분권화 정도가 어떻다고 생각하는가? (중앙당-지구당 관계)

» 여야 양당을 비교하자면 새누리당은 피라미드 구조이다. 대기업, 군대와 같다. 톱다운 방식이며 예를 들어 위원장이 '몇 월 며칠 회의'라고 문자를 보내면 무조건 참석한다. 더민주는 벤처회사들의 모임이라 생각한다. 전부 사장이라고 생각한다. 언제 모여서 회의를 하자고 하면, 언제 모이는지부터 시끌시끌하다. '누가 무슨 이야기를 했는데 나는 저 이야기가 듣기 싫었다. 저런 이야기 나올 줄 알았다' 등등 회의가 끝나고 나서 뒷이야기가 많다.

8. 중앙당 지도부의 총선 공천에 대한 영향력 행사가 바람직하다고 생각하는가? 혹은 당내 후보 선출에서 상향식 공천의 제도화가 필요하다고 생각하는가?

» 옛날에 제왕적 총재일 때는 지도부가 공천권을 거의 다 쥐고 있었다. 그것을 상향식으로 바꾸기 위해서 여야 양쪽에서 대표자들이 많이 애를 썼다. 김무성 대표도 '그런 일 없게 하겠다', 문재인 대표도 '시스템 공천을 하겠다'라고 했다. 그러나 결과적으로 양당 모두 공천파동이 논란이 되었다. 상향식 공천이 제대로 안 되고 있는 것이다. 민주주의의 기본은 상향식이지만 사실 상향식이라고 해서 모두 옳은 것도 아니다. 상향식에 대한 보완 장치가 필요하다. 예를 들자면 히틀러도 상향식으로 선출된 지도자이다. 그들이 우리 정당과 지역과 직능의 대표성을 온전하고 건강하게 띠고 있는지에 대한 충분한 검증 과정과 시간이 필요하다. 우리나라는 시간적 여유가 없이 바짝 선거 때만 몰아서 하는 경향이 있다. 검증의 시간이 너무 부족하다. 공천이라는 것들을 선거 목전에 하면 안 되고, 미국 대선 레이스처럼 진행되어야 한다. 선거법에 따르면 선거운동 기간이 2주이고, 예비후보자가 90일인가 120일 전부터 명함만 돌릴 수 있다. 120일 전에 아예 공천이 완료되어야 한다. 아니면 적어도 60~90일 전에는 예비후보 간의 경쟁이 끝나야 한다. 그들에 대한

정책 논의가 계속 되어야 하고 도덕적 검증도 있어야 한다.

» 가장 중요한 것은 비전이다. 4년 동안 무슨 일을 할지 어떻게 알 수 있는가. 어떤 국회의원 후보의 공보물을 보니 구청장이 해야 할 일들을 잔뜩 적어 놓은 경우도 있었다. 트레이닝이 안 되어 있는 것이다. 자신이 무엇을 해야 하는지 잘 모른다. '내 나이가 이쯤 되었으니 한 자리 해야지' 하는 생각이다. 예를 들어 이번 총선에서 야당의 표가 분산되어서 여당 후보를 못 이기는 선거구가 있었는데, 더민주에서 고문을 하시던 분이 국민의당으로 가신 경우였다. '내가 나이가 70인데 나도 국회의원 후보 한번은 되어야 하지 않겠냐'고 하셨다. 그러한 개인영달주의에 입각한 왜곡된 정치적 태도, 그리고 그에 대해 따끔하게 비판하지 않고 '알고 지내던 사람이니까 도와줘야지' 하면서 분열해 나가는 사람들이 문제이다. 문제로 따지자면 여러 가지가 많지만 이런 부분의 비중이 크다.

9. 상향식 공천제도에 대해 찬성하는 입장인가?

» 지방자치도 그렇고 국회의원도 그렇고 대선을 제외한 선거에서 상향식이 완전히 좋을 수가 없다. 왜냐하면 소수자들은 상향식으로 하면 절대 이길 수가 없기 때문이다. 기탁금이라는 제도적 방해 장치가 있다. 기탁금의 최초 도입 취지는 후보 난립을 막자는 것이었다. 18대인지 19대 국회인지 정확히 잘 기억은 나지 않지만 갑자기 45개 정당과 시민단체에서 후보자들을 마구 냈던 선거가 있었다. 그야말로 난립이었다. 집권을 했던 당의 기준으로 봤을 때는 매우 안 좋은 상황이었다. '어떻게 정권연장을 하겠나, 무엇으로 막을까' 하다가 돈으로 막은 것이다. 기탁금 내라고 한 것이다. 지금 청년 정당, 청년의 입장을 대표하는 사람들이 너무 적다. 그런데 국회의원 후보자 등록을 하려면 1500만 원이 있어야 한다. 20대~30대 초반 청년에게 1500만 원이면 너무나 큰돈이다. 청년이 국회갈 수 있겠나. 휠체어 타고 다니시는 장애인분들이 예비후보 기간 동안 명함만 돌리시는데, 휠체어 타고 갈 수 없는

곳이 얼마나 많은가. 그분들이 구의원 할 수 있는가, 구청장 할 수 있는가. 그래서 구획을 정하자는 것이다. 당이 상향식으로 선출하는 것에서라도 에어리어(area, 구역)를 잡아줘야 한다. 그러한 보완점이 있다면 전면 상향식 제도를 도입하는 것도 상관없다. 왜냐하면 그 그룹 내에서 경쟁을 하는 것이기 때문이다. 최고의 방법은 그런 것 없이 상향식 공천을 하는 것이다. 말 못하는 언어 장애인분들이 나와서 수화 통역의 힘을 빌려 대신 실시간으로 토론할 수 있을 정도면 장애가 없는 것이다. 시간이 좀 걸릴지라도 말이다. 그렇다면 왜 말 못하는 시장이 못 나오겠는가. 다 나올 것이다. 그래서 상향식은 직능별로 배석을 보장받지 못하면, 약자가 더 진입하기 힘들다.

10. 정당개혁의 방향성에 대한 당내 논의가 실제로 어느 정도 (활발하게) 이루어지고 있는가? 어느 정도 합의가 이뤄지고 있다고 보는가?

» 네버. 일단은 4~5년 전부터 청년 정치 스쿨, 보좌진 아카데미, 미래세대위원회 등 각종 프로그램이 있다. 대학원이나 대학 교수님들 모셔서 강의 듣는 등 10차례 정도 진행한 후 수료증 주고 땡이다. 피드백도 많지 않고 강론식이다. 토론도 많지 않고, 주입식이다. 유럽에서의 교육 제도, 정치 교육에 비춰 봤을 때는 그분들이 오시면 '뭐하는 것인가' 하고 생각하실 것이다. 텔레비전 틀어 놓은 것과 똑같다.

» 생각하는 디자인대로 가는 것이다. 이는 민주주의에 입각하는 변화는 아니라고 생각한다. 물론 과거보다는 진일보한 것이 있다. 하지만 진일보라는 것도 대포를 쏠 때 포신의 각도를 조금만 틀리게 하면 민가에 피해를 줄 수 있는 것이다. 그런 면에서 봤을 때 미래 세대의 이야기를 듣고 더 나은 정치 디자인 제도를 가지고 있는 나라들의 사례를 갖고 와서 시간이 좀 걸릴지언정 맞는지 틀린지 토론도 해 보고 계산을 해 볼 시간이 필요하다. 다짜고짜 폭탄에 유효기간이 있는 것도 아닌데 일단은 쏘고 보자는 식으로 해서는 안 된다.

11. 유권자-정당/의원의 접촉은 주로 어떤 방식으로 이루어지는가?

» 선거운동 기간 중에 애플리케이션을 만들었다. 그리고 더민주 같은 경우에는 노사모 때 경험이 좀 있었다. 시민사회의 목소리를 온라인을 통해서 토론 방식으로 주고받은 경험이 있다. 그게 언제 단절 되었냐면 MB정권 들어서기 전에 진보진영이 대통합을 이뤄서 2007년 7월 대통합민주신당이라는 것이 생겼고, 그때부터 그러한 소통창구가 막히고 다시 단절되었다. 그러다가 최근에 2012년 말쯤 되어서 문재인 대표를 박근혜 대표와 경쟁을 시키면서 자각을 한 것이다. '좀 소통을 통해서 뚫어보자.' 하는 생각으로 캠프내부의 선거 헤드쿼터를 셋으로 쪼갰다. 시민캠프 등등으로 분산시켜 놓으니까 책임소재도 다르고, 논의하는 테이블도 달라지니까, 결론이 합목적적으로 되지 않아서 낙선을 한 것이라 개인적으로는 생각한다.

» 최근에도 작년에 혁신위원이랑 비대위원들이 들어와서 애플리케이션 이야기가 나왔고 더민주당 앱이라는 것이 생겼다. 아는 사람만 쓰고 나머지는 모른다. 쓰기가 어렵고 가입해도 탈퇴도 제대로 안 된다. 관리가 제대로 안 되는 것이다. 선거용인 것이다. 옛날에 사설로 BBS(전자 게시판 시스템) 만들고 여러 사람들이 커뮤니티를 만들지만 결국엔 사람들이 다음카페, 네이버 카페를 사용하게 된다. 지금도 여러 채팅 애플리케이션을 만들어 왔지만 결국엔 모두 카카오톡을 사용한다. 그래서 당에서도 부랴부랴 2월부터 전 당원 SNS교육을 순회하기 시작했다. 그런데 아줌마, 아저씨들에게 계정 만드는 법을 알려주고 계정을 4~5개씩 만들도록 했다. '좋아요'를 여러 번 누르라고 한 것이다. 뭐하는 짓인지 모르겠다. 기술적, 기능적인 것만 교육한 것이다. '연애를 글로 배웠다'는 것과 같다.

12. 정당/의원의 일반 유권자, 지지자, 당원에 대한 접촉 방식이 어떻게 다른가?

» 많이 다르다. 일단 당원들부터 이야기하자면 위원회가 성립이 되면 그 위원들끼리 단체 카카오톡 채팅방을 만든다. 그것이 온라인에서는 가장 빈번하

고 활성화되어 있는 소통 창구이다. 당원들의 소통 방법에 가장 잦은 버즈가 생기는 곳이다. 그 다음에 그들이 모여서 하는 오프라인 회의체가 있고, 약간 거리가 있는 사람들이 카페라든가 밴드라든가 페이스북이라든가 그런 것들을 사용하지만 약간 정적이다. 뱉어 놓고 댓글 달릴 때 까지 기다리는 것이다. 이러한 것이 당원들의 소통이다.

» 지지자는 일단 임원이 아니니까 거기에 들어갈 수 없다. 그래서 각 중앙당 홈페이지에 자유게시판 같은 곳이 있는데, 그냥 거기서 떠드는 것이다. 그리고 요즘은 지지자들이 SNS를 굉장히 많이 활용한다. 특히 페이스북과 트위터를 많이 사용하는데, 페이스북에는 거의 사설 수준의 글을 쓸 수 있다. 나름 오피니언이다. 논평을 계속하고 트위터를 통해 공격도 하고 조롱이 많다.

» 일반 유권자들의 경우 공중파에서 정치 뉴스를 비중 있게, 균형 있게 다루지 않는다. 일반 유권자들도 정치에 관심 있는 사람과 관심 없는 사람으로 나뉘는데, 관심 있는 사람들은 본인들이 지향하는 쪽의 매체에 대한 접촉이 많다. JTBC만 보는 사람들은 JTBC만 보고 채널A, TV조선만 보는 사람들은 이것만 보고 나서 자기들의 정치이론의 논리 근거로 삼는다. 카카오톡, 페이스북, 트위터, 종합 편성채널. 그리고 정치에 관심이 없는 일반 유권자들은 SNS를 안 하는 사람도 많다. 그들이 전체 인구의 20~30% 넘을 것이다. 그들은 정치뉴스를 지인들의 이야기, 오고 가면서 보는 매체 등을 통해 듣게 되는데, 아시다시피 온 동네 식당에서 종합 편성채널을 틀어놓는다. 알고 있던 정치적 정보가 얕은 상태에서 부정적인 내용들을 들으면 편협한 시각이 생긴다.

13. 일반 유권자한테 정당이 직접 소통하는 방법이 있는가?

» 못 하게 되어 있다. 선거법에 의해 사전선거운동이 될 수 있다. 외국 같은 경우에는 선거운동 개념이 없다. 365일 언제나 누구한테나 뭐든지 할 수 있다. 오바마 대통령도 엊그저께 연례만찬회에서 자당 후보를 지지하면서 트럼프

정치현장에서 진단하는 한국 정당과 민주주의

를 비판하기도 했다. 그 많은 정부 관료들과 대기업 총수들이 있는 자리에서 비판한 것이다.

14. 그렇다면 제도적인 것이 풀어져야 하는가?

» 일단은 공직선거법의 선거운동에 관련된 법은 다 날라 가야 된다고 생각한다. 왜냐하면 우리나라는 헌법에 중앙선거관리위원회의 선거관리에 대한 내용이 들어 있는데, 헌법에 선거관리 내용이 있는 나라가 전 세계에 2~3개 정도밖에 없다. 선거관리는 정치제도의 일부의 한 파트이고 헌법에 다뤄질 내용이 아니라 생각한다. 헌법에 만들어진 이유는 예측할 수 있겠지만 독재정권이 들어와서 정권이 관리를 하기 위해 상시적인 조직이 필요하다 보니 중앙선거관리위원회가 생긴 것이고, 그들이 관료화된 정부조직이 되기 위해서는 일이 있어야 했다. 한시적인 여러 제한들을 억지로 만들어서 감시를 하게끔 역할을 준 것이다. 선관위는 원래 필요 없는 것이라 생각한다. 실제로 유럽 같은 경우에는 선관위가 없다고 한다. 그냥 선거기간에 공무원들이 차출되어서 그 기간에만 관리하면 된다고 한다. 그런데 우리나라는 선관위가 있으니까 '이건 하지 마. 이건 해도 돼. 그건 위법이야' 이런 식으로 조회하고 감시하고 '그건 편향적이야'라고 하는데 그걸 누가 판단하겠는가. 정부기관이 판단하고 있는 것이다. 반헌법적인 것인데 이에 대해 아무도 이야기를 하고 있지 않다. 왜냐하면 좌정관천(坐井觀天)인 것이다. 내가 우물 안에서 태어났기 때문에 이 우물이 다인줄 아는 것이다. 아이들이 매일 반장만 뽑아 왔기 때문에 의장이라는 것을 뽑을 생각을 안 하는 것이다. 그것이 최고이고, 그것밖에는 없다고 생각하는 것이다.

15. 귀 정당/의원을 지지하는 유권자들과 다른 정당/의원(후보)을 지지하는 유권자들 간의 차이가 있다고 생각하는가? 그렇다면 귀 정당/의원을 지지하지 않는 유권자들을 설득하기 위해서 어떤 노력을 하고 있는가?

» 모든 정당이 마찬가지이겠지만 반대편을 비판하는 것이 기본 속성이다. 네거티브에 대한 유혹을 떨칠 수가 없다. 왜냐하면 반대급부라는 것이 있다. 예를 들어 '보편적 복지를 한다고 하는데, 그 많은 세금을 다 낭비해서 정말 필요한 사람에게 못 주는 것이 아니냐' 하는 것이 여권의 주장이다. 그렇게 해야 자신들의 선택적 복지가 좋다고 이야기 할 수 있는 것이다. (상대 당을 비판함으로써 자신들을) 부각시키는 것이다. 거의 모든 정당들이 그렇다.

16. 유권자의 지지를 이끌어 내는 데 있어서 현재 한국 정당 각각의 장단점이 무엇이라 생각하는가?

» 새누리당 같은 경우에는 일단 교조적이다. 교련, 총화, 교조라는 말을 예전에 많이 썼다. 위에서 이것이 맞다고 하면 맞는 것이고, 나오라고 하면 나와야 하는 것이다. '뜻이 있으시겠지'라고 생각하는 것인데, 이는 약간 신교적인 사고관이다. '하느님이 무엇인가 하시겠다는 뜻이 있다. 결과가 안 되게 나왔음에도 불구하고 뜻이 있다. 잘 되게 나왔다면 그렇기 때문에 그렇게 된 것이다'라고 생각하는 것이다. 정반합이 없는 것이다. 딱 떨어지면 그것이 무조건 원칙이 되는 것이다.

» 더민주는 애매한 진보를 띠고 있다. 서민중산층들의 표가 많다는 것을 자각하고 그들의 입장에 있다. 한 배에 100명이 탔으면 10%도 국민이다. 살인자도 국민이다. 물론 방향성 때문에 90%에 대한 정책을 내는 것이 맞지만, 공존하는 것을 이야기해야 한다. 더불어민주당이라는 당명으로 바꿨을 때 그것을 거부하지 않는 이유는 10%에 대한 배려가 내포되어 있다고 생각했기 때문이다. 선거 때는 부각을 해야 되니까 서민중산층에 초점을 주는 것이다. 그것이 이론적으로도 뒷받침되어서 사람들한테 설득이 되어야 한다. 예를 들어 경제민주화를 사람들에게 이야기하면 잘 모른다. 어렵기 때문이다. 대학원생도 경제민주화에 대한 설명을 못한다. 선거기간 내내 2주 동안 마이크만 잡으면 경제민주화를 이야기하는데, 길 가는 시민들이 서서 듣고 있지

만 경제민주화라는 단어를 난생 처음 듣는 이야기일 것이다. 경제민주화란 역지사지라 생각한다. 알아듣기 쉬운 말로 이야기해야 한다. 50대 중년 여성도 듣기 쉽도록 해야 한다. 돈 많은 사람의 입장을 역지사지하면 땅값이 올라야 할 것이고, 돈 없는 사람의 입장에서 보면 최저임금이 올라야 할 것이다. 그것이 경제민주화이다. 서로 간의 생각을 나누는 것이다.

» 국민의당은 당론이 없다고 생각한다. 이번 선거에서 의석을 차지하기 위해서 갑자기 이합집산된 당이기 때문에 당헌, 당규, 강령 총화된 뭔가에 대해 논할 수 없다.

» 정의당은 너무 이상주의이다. 초창기 진보정당이 시작했을 때는 '너무 착하다. 안 되는 것을 될 것처럼 이야기 한다'라고 생각했다. 지금은 이런 점을 녹색당이 가지고 있다. 너무 착하다. 녹색당 대표가 청년들 앞에서 강의를 하는데, '여러분 이번에 다른 정당 찍으셔도 돼요. 중요한 건 투표죠' 이런 이야기를 했다. 옛날에 민노당이 이러했다. 하지만 지금은 새누리당이 교조가 아니라 총화이고, 정의당이 교조가 되었다. 교조는 이상적으로 무엇이 좋다는 것에 대해서 순수하게 믿는 것이다. 문제는 현실 정치에서 권력을 못 갖는 것이다. 의석이 13석에서 6석으로 줄었다. 충격이 어마어마할 것이다. '이것이 진보정치의 한계구나'라고 하지만, 진보정치의 한계가 아니라 본인들의 교조주의가 문제이다.

» 새누리당의 장점은 정치적인 소명 의식이 본인의 생활, 생계, 그리고 사회적 위치와 일원화되어 있다는 점이다. 공적인 자리에서 무슨 이야기를 하는 것에 대해서 반드시 해야 한다는 오더를 받았으니까 하는 것이다. 거기에 대한 추호의 변명도 없다. 본인이 배제되면 이탈된다는 것에 대한 위기감이 있기 때문에 항상 책임감을 갖는다. 물론 권력을 갖게 되면 다른 소리를 하긴 한다. 책임을 지는 것이 장점이다. 더불어민주당의 장점은 결과로 이어지지는 않지만 시도들을 많이 한다는 것이다. '이거 해 볼까? 저거 해 볼까? 이것도 괜찮지? 저것도 괜찮지?' 하면서 시도한다. 그러면서 없어진 것이 수도 없

이 많다. 폐기될 것을 알면서 혁신안을 내는데, 그것이 눈곱만큼씩 누적되어서 어느 날 제도가 바뀔 때 반영이 되기도 하는 것이다. 어떻게 보면 가장 민주적이다. 힘들다. 시간이 오래 걸리는 제도라는 것을 여실히 보여 주고 있다. 정의당의 장점은 녹색당도 마찬가지이지만 그들이 순수성을 계속 가지고 있다는 것이다. 자신들이 잘못했던 것에 대해서 부끄러워 할 줄 안다. '무분별한 에너지 개발과 자연 파괴 때문에 녹색당이라는 것을 만들어야겠다', '최저임금하한제, 노동유연성 반대, 쉬운 해고 반대, 파견법 반대 등을 통해 서민들의 삶에 대해 직접적으로 보호하고 있다'는 사명감을 꾸준히 가져가고 있다. 한국 사회가 더 이상 나빠지지 않도록 막아주는 장치가 되고 있다고 생각한다.

17. 유권자-정당/의원의 접촉과 소통의 경험이 유권자의 정치참여(투표참여 포함)와 행태에 실질적인 영향을 준다고 생각하는가?

» 그렇다. 영향을 미치는데, 연애를 글로 배우는 것처럼 너무 통계에 의존한다. 통계에 의존하다 보니 이번 총선에서 새누리당이 180석 가져갈 수도 있겠다고 본 것이다. 통계는 문제가 있다. 산업 사회가 지나고 난 다음에 인구의 볼륨이 넓어지면서 방향성을 정하는 데 있어서 단위별 인구가 10만씩 넘어가다 보니 이들에 대한 모든 의견을 다 총합할 수가 없게 되었다. 직접 민주주의가 아닌 것이다. 그래서 여론조사와 통계라는 것들이 발전했고, 일부 표본을 전체화시키다 보니 약간 현실과 동떨어진 결과들이 종종 나오고 이것들이 누적되면서 왜곡된 정책 방향성에 대한 명분을 주게 되었다. 한 예로 전국 성인남녀 3000명을 대상으로 한 조사에서 50%가 무엇을 하자고 하지만, 최근 통계 여론조사를 보면, 조사대상과 응답률을 따져보니 특정 의견을 가진 과반수의 인구수가 15명인 경우도 있었다. 얼마나 민의를 왜곡하겠는가. 내가 당 내부에서 계속 주장하는 것도 선출직에 절대 여론조사 적용하지 말자는 것이다. 이것이 어떻게 민주주의인가 하는 생각이 든다. 소통을 하는

것이 아니라 생각한다. 문제는 조사기관들이 특정 방향을 추구하고자 하는 사람들이 문항 자체를 조금씩 조작해서 결과를 너무도 다르게 만들 수 있다는 것이다.

18. 한국의 정당들이 유권자들의 목소리를 정책결정과정에 제대로 반영하지 못하고 있다는 비판이 있는데, 그 원인이 무엇이라 생각하는가?

» (원인의) 가장 중심에 여론조사가 있다. 또 다른 하나는 탁상 행정이라고 표현하는 '그럴 것이다'라는 무모한 예측들이다. 왜냐하면 관료까지 올라가면 고생에 대해서 어느 정도 경험을 지니고 있다. 하지만 사람은 오히려 빨리 잊어버리려고 하고 머릿속에서 싹 지워 버린다. 정치 제도권에 들어가려면 그 갭이 이미 20~30년이 넘어간다. 그리고 그때의 경험을 어렵사리 뽑아낸 사람도 그 경험이 20년 전 것이다. 그러니까 청년 세대를 위해서 제대로 만들겠다고 해도 1980년 이야기를 하는 경우도 있다. '그럴 것이다. 나 때는 그랬으니까' 하는 생각이다. 소통이 중요하다.

» 비례대표로 국회의원이 된 후 지역위원장으로서 지역구 관리를 엄청 많이 했지만 이번 총선에서 낙선하신 40대 중반의 의원을 지난 연말에 찾아 뵈었는데, '청년들이 문제다. 연말연시가 되면 50~60대 분들은 송년회하면서 오라는 곳이 많은데, 왜 청년들은 그런 것을 안 하느냐. 나랑 소통을 해야 되지 않겠느냐. 그것이 깨어있는 시민이 움직이는 힘이다'라는 말씀을 하셨다. 그 자리에서 바로 '의원님이 착각하고 계신다. 지금 이 시간에도 청년들은 계속 송년회를 하고 있다. 호프집에서, 노래방에서, 길바닥에서 삼삼오오 모여 술 마시면서 월급이야기, 연애이야기 하고 있다'고 말씀드렸다. 한편 이번 총선에서 당선되신 분은 밤이 되면 11시까지 수행원을 데리고 먹자골목을 쭉 돈다고 한다. '안녕하세요. 국회의원 누구입니다'라며 청년들과 친해지고 하는 것을 일주일 4~5번 한다고 한다. 그러면 어느 날 길 가다가 '어? 의원님!!'하고 술 마시던 청년들이 부른다고 한다. 그것이 소통이다.

19. 한국의 정당들이 유권자들의 목소리를 정책결정과정에 제대로 반영하지 못하고 있다는 문제의 해결방안은 무엇인가?

» 정당내에 당원들의 교육이 덜 되어 있고, 각성이 덜 되어 있다. 그 안에서 답답해하는 사람들도 있다. 그런데 그들이 당내 제도적 디자인을 담당할 위치에까지 올라가는 데 엄청난 배척을 당한다. 왜냐하면 그들은 자신들의 위치가 바뀌고 위태로워지는 것을 원치 않으니까 말 많은 사람들은 무조건 쳐내는 것이다. 그러한 사람들이 정치적인 디자인과 내부 당내 제도를 개혁하는 데 들어가는 진입장벽이 너무 차단되어 있다. 누군가는 발톱을 감추고 들어가 정리를 해야 된다. 작년 2월 달 전당대회 당시 문재인 대표가 뽑혔을 때도 당헌당규 개정을 했는데, 그때 청년 몫으로 들어간 1명의 친구가 우리가 3년 동안 추구했던 것의 40%를 당헌당규에 반영했다. 그러한 노력들이 필요하다.

20. 한국의 사회통합 정도에 대해 어떻게 생각하는가? 높다고 생각하는가?

» 사회통합이라는 것은 기본적으로 같은 자리에서 밥을 먹을 때 이야기를 할 수 있느냐이다. 예를 들어 회사에서 회식을 할 때 사장님과 말단 직원이 마주 앉아 밥을 먹을 수 있는가. 한 테이블에서 똑같이 즐겁게 이야기하고 깔끔하게 끝나고 가려면, 퇴근하고 6시 30분부터 밥을 먹고 1시간 동안 이야기하고 2차 없이 집으로 가야 한다. 이것이 사회통합이다. 국가도 마찬가지이다. 이러한 것이 가능해지려면 경제적인 격차나 직급적인, 사회적 지위의 격차가 생기더라도 그들이 소통할 수 있는 공간이 자주 만들어져야 한다. 그리고 그 자리에서 화기애애하려면 최저임금자부터 최고임금자까지, 제일 말단부터 최상급자까지 상호 이해가 계속 공존해야 한다. 우리나라가 최저임금제를 빨리 버렸으면 좋겠다. 왜냐하면 예를 들어 어떤 기업에서 임원이 연봉을 3억을 받고 비정규직 노동자, 청소부가 한 달에 80만 원을 벌면 임금격차가 엄청나다. 임금은 재직 중인 근로자 전체 인구수의 최고급여자와 최

저급여자 간의 임금 차이가 12~15배 정도만 나야 바람직하다고 생각한다. 만약 임원이 100억을 벌면 청소부들의 임금도 그만큼 올라가야 한다. 청소를 하는 사람들도 그 조직을 위해 청소를 한 것이기 때문이다.

21. 한국 사회의 가장 큰 갈등이 무엇이라 생각하는가?

» 경제 불평등은 2차원적인 것이다. 한국 사회에 가장 심한 문제는 신분제가 생겨났다는 것이다. 우리는 지금 대학을 나왔고 이런 이야기를 하고 있는데, 길 건너에 있는 그렇지 못한 분들은 텔레비전에서 보고 '정당이 뭐야'라고 생각할 수 있다. 생활환경과 경제적인 여건과 일하는 터전과 이런 것들에 따라서 그룹핑(grouping)되고, 사회적으로 소통하는 것에 대한 저마다의 영역이 생기는 것이다. 미국이 가장 심하다. 할렘이 있고 월가라는 것이 있다. 한국이 미국식 자본주의를 따라가다 보니까 그러한 점이 확산되고 있다. 원래 우리나라는 그런 나라가 아니었다. 외곽 산골짜기 언덕배기에 있는 막둥이네 아기의 돌 때 무엇을 했는지 사또도 알고 있었다. 지역사회의 그러한 커뮤니티가 계속 소통과 교류 속에서 이뤄지고 있었는데, 지금은 옆집에 누가 사는지도 모른다. 작년까지만 해도 옆집에서 할머니가 감을 가져다 줬는데 연초부터 개소리가 들리기 시작하고 남자가 왔다 간다. 짜장면 그릇이 두 그릇에서 한 그릇으로 줄었지만 모른다. 단절화된 것이다. 그런 신분제가 여러 가지 요소들 속에서 자기도 모르게 받아들여진 것이다.

» 이와 관련해 안 좋게 표현된 용어가 흙수저, 금수저이다. '우분트(UBUN-TU)'라는 말이 있다. 아프리카에 있는 공존의 정신이다. 서로 나누는 것이다. 우분트를 가장 단적으로 보여 주는 예가 있다. 천국과 지옥에 가면 밥 먹을 때 큰 구덩이 가운데에 밥을 놓고 삥 둘러앉게 만든다. 기다란 숟가락을 주는데, 지옥에 있는 사람들은 멀리 있는 밥을 떠서 자신이 먹으려고 하지만 숟가락이 길기 때문에 잘 먹어지지 않는다. 하지만 천국에 있는 사람들은 밥을 떠서 옆 사람을 먹여 준다. 지금 한국 사회를 깨려면 숟가락 재질이 중요

한 것이 아니라 숟가락 길이가 중요하다. 그 수저로 누구한테 먹여 주느냐가 중요하다. 짧은 금수저를 가지고 있다면 본인의 자녀를 먹일 것이다. 좀 긴 수저를 가지고 있다면 멀리서 힘든 사람을 먹여 달라는 것이다. 흙수저라도 마찬가지이다. 사회복지사들은 기다란 흙수저로 남 먹여 주는 사람들이다.

22. 한국 사회의 갈등을 해소하고 분열을 치유하는 데 있어 정당들이 어떤 역할을 수행해야 한다고 생각하는가?

» 제일 어려운 질문이다. 대표자가 주권자의 역할을 대행하는 것이 대의민주주의이다. 대신하는 사람들은 대신하면 될 것이다. 모든 질문에 답이 있다고 생각한다. 대의민주주의가 제대로 작동하면 될 것이다. 대의민주주의의 정상화, 이상적인 대의민주주의 현실화로서 대의민주주의가 제대로 작동한다는 것은 100명을 대표하는 1명이 1번부터 99번까지의 이야기를 경청하는 데 있다. 설령 중요도 때문에 배제될지언정 염두하고 있다가 그 사람들이 해소되지 못하는 부분들을 어루만져주는 것이 대의민주주의이다. 인구의 볼륨이 커질수록 왜곡 현상이 심해질 것이다.

23. 그렇다면 현재로서는 이루어질 수 없고 대의민주주의 정상화로만 가능한가?

» 대의민주주의의 정상화라는 것은 보편적으로 이야기하기엔 큰 개념이다. 좀 더 현실화시키고 구체화시키려면 지방자치를 애초에 디자인했던 것의 합목적적으로 바꾸어야 된다. 기초의원에 대한 정당의 무공천이 굉장히 중요한 것이다. 당에 줄 세우지 않고, 지역 유지에 줄 세우지 않고, 조직에 지배되지 않고 각 지역에서 유권자, 주권자들의 이야기들이 정치권에 들어와서 마을을 변화시키고 광역을 변화시키고 국가를 변화시키는 개념이었다. 그러한 기회를 우리는 한 번 놓쳤다. 풀뿌리에서부터 건강한 것들이 잡아 줘야 살아난다고 생각한다.

» 그런데 우리의 정치는 아직까지 목민심서(牧民心書)를 보고 있다. 목민심서에 문제점이 있다. 다산 정약용이 목민관에 대해서 엄청 강조를 했다. '백성을 지혜롭게 다스리는 지도자라면 목민의 관점으로 백성을 다스려야 한다'는 것인데, 여기에서 '목'은 기를 목자이다. 그때는 왕이 있었고 백성은 관리하고 다스려야 할 사람이었다. 그럼에도 불구하고 관료가 청렴해야 되고 도덕적이어야 된다는 이야기를 하고 있지만, 어디까지나 통치의 대상인 백성들을 관리해야 하는 짐승처럼 잘 보듬어야 되는 것으로 본 것이다. 지금 현실 정치를 하는 사람들이 21세기형 목민심서라고 이야기하는 것 자체가 이율배반적이다. 민주주의이기 때문이다. 민주주의의 '민'은 '목'의 대상이 아니다. 민은 주권자이다. '봉민' 해야 된다고 생각한다. 사회봉사할 때 봉(奉)자이다. 봉이라는 한자는 상형문자이다. 두 손이 나무를 들고 있는 모양이다. 나무 기둥을 잡고 있는데, 기둥은 사회의 중심이 되는 것이다. 그 위로 잎이 있다. 그런데 땅에 박혀있는 나무를 들고 있는 손이 아니다. 나무의 뿌리가 있다. 두 손으로 온전히 붙들고 있는 것이 나무뿌리 끝에서부터 꼭대기까지를 모시는 것이다. 봉민의 마음으로 밑바닥부터 잡고 올라가야 소외받는 사람 없이 나무가 온전할 수 있다. 주권자가 한 사람도 본인이 이 나라의 주인이라고 생각 안 할 수 있게끔 만드는 것이다.

1. 유권자들의 정당정치에 대한 신뢰 및 만족도가 낮다는 지적이 있는데, 그 이유는 무엇이라 생각하는가?

» 일단 언론에서의 보도라든지 이런 행태에서 큰 몫을 담당하고 있다고 생각한다. 일반적으로 자세히 뜯어보면 국회의원들은 굉장히 바쁘고 하는 일이 많고 시간을 분초단위로 쪼개서 활용하고 있는 것이 사실인데, 언론에서 보도되는 것들은 일반적으로 자극적인 기사들이다. 언론인으로서의 사명은 바른 언론 감시를 통해서 국회의 자정 작용에도 책임을 져야 되니까 그러한 역할을 담당하는 것에 이해가 되고 비리행위 등은 당연히 보도되어야 하지만, 그런 점들이 많이 부각되어서 언론에 나가고 회자가 많이 되기 때문에 그 부분에서 정치 신뢰가 떨어지게 되는 것 같다.

» 내부에서 어떤 일을 구체적으로 하는지에 관해서는 특집 기회이라든지 등을 통해 간간히 알 수 있는 수준이다 보니까 일반적으로 부정적인 견해가 형성되지 않을까 생각한다. 그리고 종편의 언론 보도 행태도 봤을 때 굉장히 자극적이다. 예를 들어 '원내대표 얼마나 받나'라든지 이런 것들에 집중되고 있다. 얼마를 어떻게 쓰고 있느냐에 대해서는 전혀 보도를 하지 않고 있

다. 실상 내부에서 내역을 보면서 어디에서 투명하게 쓰여 지고 있고 감시체제가 어떻게 되어 있어서 잘 운영이 되고 있는지에 대해서는 전혀 보도가 안되고 있다.

» 정당에 관해서는 일단 주변에서 느꼈을 때는 괴리감을 크게 느끼고 있다. '정당에서 활동하는 당원이다'라고 하면 얼마나 받느냐고 물어보신다. 정치학 전공이면 알고 있겠지만 일반 시민들의 경우 당의 당원으로 등록되어 있으면 뭔가 혜택을 받는다고 알고 있다. 그리고 누구나 가능하다고 생각하지 않기 때문에 일반적으로 괴리감이 있는 것 같다.

2. 정당정치에 대한 신뢰 및 만족도를 높일 수 있는 방안이 있을까?

» 참여연대에서도 꾸준하게 해 오고 있는 일이고, 의정감시센터에서도 하고 있는 일인데, 좀 더 투명하게 공개될 필요가 있다. 해외 사례를 보면 매년 특정 시기가 되면 공직후보자 재산등록을 신문 지면에 나오게끔 하는 것으로 알고 있다. 물론 지금도 재산등록은 모두 하게끔 되어 있고, 관심 있는 분들은 찾아보면 다 알 수 있게끔 되어 있지만 시민들의 접근성이라든지 그런 부분을 투명하게 하면 신뢰도가 높아지는 데 좀 도움이 되지 않을까 싶다.

» 가장 중요한 것은 돈 문제가 아닌가 싶다. 국회에서 다양한 정치적 역할도 있지만, 우리나라에서 운영하는 전체 국가의 1년 예산을 담당하는 역할도 하는 곳이 국회이다. 거기에서 집행되는 예산이 투명하게 잘 진행되고 있다는 것을 보여 주려면 아무래도 의원실에서 후원금이라든지 하는 명목으로 받았던 것도 어떻게 사용이 되었는지 투명하게 밝혀야 한다. 현재 밝혀지고는 있지만 일반 시민들에게 정보 접근성이 용이하지 않은 것이 사실이다. 이러한 정보 접근성을 높여주는 역할을 하게 된다면 신뢰도 향상에 기여가 되지 않을까 하는 생각이 든다.

3. 한국 정당정치와 민주주의의 발전을 위해 어떤 측면의 개혁이 가장 우선되어

야 한다고 생각하는가?

» 정당정치가 강화되고 민주주의가 강화되기 위해서는 경쟁성이 좀 약화되었으면 좋겠다. 국회의원 300석 중에 비례대표를 제외하고 나서 253석인데, 이를 전국 지역구로 나누다 보면 굉장히 대표성이 소수에게 몰려지게 된다. 그렇다 보니까 경쟁성이 과도하게 심화되어 누구나 쉽게 할 수 있는 자리가 아니라 특권화되어 있는 블록화가 될 수밖에 없다고 생각한다. 그래서 장기적으로 보면 중대선거구제라든지 논의가 발전될 수 있겠지만, 일단은 선거에서의 경쟁성이 너무 지나치게 과도하다 보니까 이 과정에서도 고소고발전이 난무하는 것은 물론이고 거의 올인을 하다시피 해야 하는 선거 풍토가 되었다. 소선거구제에서의 문제라고도 볼 수 있겠지만, 승자독식이라는 구조 때문에 '이기고 나면 맘대로 다 해도 된다'라는 풍토가 거의 있다. 지는 순간에는 정상적인 선거활동 등을 진행하는데 굉장히 많은 제약들이 있어서 원외로서 국회에 진입하기에는 아직도 어려움이 많이 있다. '사다리 걷어차기'가 여전히 진행되고 있는 상황이기 때문에, 공고한 국회의 권력이나 기득권 구조를 완화시키는 방향으로 나아가야 정당정치도 국민들로부터 신뢰를 받고 관심을 받고 누구나 참여할 수 있다는 생각을 갖게 될 것이다.

4. 한국 정당정치의 개혁에 있어서 가장 큰 걸림돌이 무엇인가?

» 과도하게 특권과 권한이 소수에게 몰려 있다 보니 국회의원 숫자를 지금보다 조금 더 늘렸으면 한다. 국민들은 굉장히 반대를 하지만, 지금 세비가 들어가는 수준은 그대로 유지를 하되 의원의 숫자를 늘려서 경쟁성도 조금 완화가 되고 의원 한 명이 담당해야 할 지역도 줄어들게 되다보면 민주주의 발전에 좀 더 도움이 되지 않을까 하는 생각이 든다. 제도의 측면이 변화되어야 한다는 생각이다.

5. 한국형 정당개혁이 어떠한 방향으로 나아가야 한다고 생각하는가? 한국 정

당정치의 개혁 방안으로서 평소에 생각해 둔 아이디어가 있는가?

» 정당의 청년위원회, 대학생위원회 활동을 하면서 가장 궁금하고 이해가 안 되기도 했던 점은 정당에 지원되는 국고보조금과 관련한 것이었다. 국회법에도 30% 정도의 지원이 아직까지 회계체계에서 보고되어 있지 않고 정당에서 거의 쌈짓돈처럼 운영하고 있다. 운영을 좀 더 투명화하는 방향으로 가야 하지 않을까 생각한다. 그것도 국민의 세금이기 때문이다. 투명화 작업이 순차적으로 진행되어야 하지 않을까 생각한다.

6. 유권자-정당/의원의 접촉은 주로 어떤 방식으로 이루어지는가?

» 보통 유권자와 접촉을 하실 때는 의원님이 되시면 일정은 다 있다. 일정은 여기저기서 요청이 들어온다. 그 외 일정들은 보통 국회의원 선거 같은 경우에는 기존 소속정당의 시의원, 구의원 분들이 보태 주시고, 지역의 동장, 통장이라든지 하는 분들 중에 친분이나 선호를 가지고 계신 분들이 야유회, 파티, 김장 나눔 행사, 봉사활동 등이 있다고 알려 주신다. 그러면 지역 사무실에서 일정을 담당하시는 분께서 다 취합을 하신다. 거기에 가서 인사드리고 사진 찍고 이런 것들로 보통 만난다. 보통 대게 이런 식으로 진행을 한다. 유기적으로 연결이 되어 있다. 전국에서 거의 비슷하게 되어 있다. 지역에서 이런 활동을 하시는 분들이나 유지 분들이나 정치에 관심을 가지고 계신 분들이 조금 한정되어 있다. '정치를 하겠다' 하면 그 분들과 자연스럽게 네트워크가 형성되는 부분이 있다. 그분들이 적극적으로 나서서 자원으로 하시는 분들도 있고 아니면 다른 것을 원해서 하시는 분들도 있다.

7. 정당/의원의 일반 유권자, 지지자, 당원에 대한 접촉 방식이 어떻게 다른가?

» 당원들 같은 경우에는 불러도 모두 자발적으로 참여를 해서 오시기 때문에 직접적으로 찾아가기보다는 행사, 회의 등을 만들어서 일관적으로 뿌린다. '모이자'라고 하면 날짜를 정해서 만나서 운영을 한다. 일반적으로 시민 분들

은 찾아간다. 찾아가는 서비스로 해야 된다. 당원 분들과는 적극성과 자발성에서 차이가 있다.

» 하지만 일반 시민들과는 딱히 그룹을 나누지는 않는다. 왜냐하면 시민이자 정당인이자 이런 것들이 같은 역할로 중첩되어 있기 때문에 따로 블록화하여 다르게 관리하는 것은 아니다. 굳이 보자면 당원들은 자주 보니까 한 번 보고, 두 번보고, 세 번 보고 했으니 또 볼 필요는 없으니 새로운 사람들을 계속 만나기 위해서는 일반적으로 대형 행사, 마라톤 축제나 그런 곳에 가서 축사를 하는 식으로 많이 하고 있다.

8. 귀 정당/의원을 지지하는 유권자들과 다른 정당/의원(후보)을 지지하는 유권자들 간의 차이가 있다고 생각하는가?

» 일부러 시비를 걸려고 하거나 상대 당에서 기획하는 경우도 있다. 상대 당에서 전화가 오면 성질내거나 '내 정보 어디서 알았느냐'며 따지시는 분들도 있다. 보통 일반적인 시민 분들은 그렇게까지 따지지는 않는다. 접촉을 하는 데 있어서도 그렇게 그다지 큰 구분을 하지는 않았다.

» 항상 겸손하게 할 수밖에 없다. 저희가 을(乙)이기 때문이다. 만약 그 앞에서 '너는 안 돼, 이 XXX야, 빨갱이야' 하는 욕을 하더라도 '열심히 하겠습니다. 잘 하겠습니다' 한다. 일단 보는 눈들이 있고 유권자 분들이 있기 때문에 항상 선거운동 기간이나 그 전에는 어쨌든지 잘 보여야 된다. 그러다 보니 대하는 태도에서는 늘 겸손하게 한다.

9. 그렇다면 귀 정당/의원을 지지하지 않는 유권자들을 설득하기 위해서 어떤 노력을 하고 있는가?

» 강하게 반대 의사를 표시하는 분들은 이미 지지 의사가 없는 분들이시기 때문에 힘들다. 말을 많이 하시고 싶고 말을 많이 걸어 보고 싶으신 분들은 보좌진들이 따로 지역사무실 등에서 차나 다과를 하면서 내용이나 문제점들

202   정치현장에서 진단하는 한국 정당과 민주주의

이나 민원 같은 것들을 들으면서 친분을 쌓아 가게 되는 경우도 있다.

10. 먼저 유권자가 접촉을 시도하는 경우가 있는가?

» 우연한 기회에 접촉하시는 분들도 있고, 미리 접촉하시는 분들 같은 경우 과
거부터 오래 활동하신 분들이 많다. 일단 비판이든 뭐든 간에 이야기를 하
시는 분들은 관심을 가지고 참여하는 분들이시기 때문에 그분들 같은 경우
에는 조금만 친분이나 교분을 쌓아서 진행을 하면 파트너가 될 수도 있고 도
와주시는 분이 될 수도 있고 당원집회나 다른 행사를 할 때도 참석해 주시는
분이 될 수도 있다.

11. 유권자의 지지를 이끌어 내는 데 있어서 현재 한국 정당 각각의 장단점이 무
엇이라 생각하는가?

» 정당적인 측면에서, 정당 차원에서 접근 매뉴얼을 주거나 그런 것은 없는 것
같다. '유권자들을 어떻게 만나라' 이런 것들은 없는 것 같다.

» 세대별 느낌은 확실히 있었다. 더불어민주당 같은 경우에는 젊은 층의 호응
이 많았다. 학생들에게 인사를 가면 고기를 입에 넣어 준다든지, 20~30대의
지지가 높다 보니 그런 것들이 있다. 반대로 새누리당 후보자가 명함을 줬을
때 20대 친구 중에 한 명이 '새누리당 거는 안 받아요' 하며 명함을 안 받는
것을 본 적이 있다. 대신 저희 더민주 후보의 명함을 드리면 어르신 분들 중
에서 손사래 치면서 안 받는 분들이 있다. 정당에 대한 선호 같은 경우 지역
위원 등이 노력을 해서 얻은 것이 아니라 다른 정보들, 예를 들어 언론의 보
도나 본인이 습득한 지식에 의해서 경험적으로 추론해서 상대 유권자가 이
미 접근해 오기 때문에 정당 차원에서 따로 적극적으로 하는 것은 없다.

» 국민의당 같은 경우 아직까지 이해가 굉장히 안 간다. 호남에서 국민의당
을 생상이 시시한나. 호님 술신이신 분들은 비례내표 두표에서 내부분 3민
을 찍었다고 할 수 있을 정도이다. 국민의당 의원님들 같은 경우 그 전에 새

정치민주연합으로 꾸준히 활동을 하셨고, 호남정치라든지 책임론이라 이런 측면에서 봤을 때 어떨 땐 참여 주체였기 때문에 완전히 자유롭거나 떼어 놓을 수 있는 관계라고는 보지 않는다. 그런데 지금 압도적으로 호남에서 지지하고 있는 이유 등은 연구를 해 봐야 할 것 같다. 수도권 같은 경우에는 그런 것 같다. 세대별에 따라.

12. 정당 지지에 있어 정당별 장단점이 있는 것이 아니라 유권자가 이미 가지고 있는 지지라고 보는 것인가?

» 유권자들이 이미 내재적으로 정당에 대한 이미지나 그런 것들을 가지고 있다. 내재화하고 있기 때문에 정당이 딱히 노력하지 않더라도 '당이 어디야'라고 물어봤을 때 '더민주 소속입니다'라고 하면 좋아하거나 싫어하는 것이 구분이 된다. 정치신인의 경우 후보자적 요인보다 정당적 요인이 크다고 생각하는데, 그것은 후보나 캠프가 잘해서 되는 것은 아닌 것 같고 중앙당이나 당의 이미지가 큰 것 같다.

13. 유권자-정당/의원의 접촉과 소통의 경험이 유권자의 정치참여(투표참여 포함)와 행태에 실질적인 영향을 준다고 생각하는가?

» 아무래도 별로 정치에 관심이 없는 분들은 한 번이라도 만나서 인사라도 하고 악수라도 한 번 하면 그 사람을 찍어 주게 되는 것 같다. 그런데 문제는 이를 계량화하기가 어렵고 수치화하기가 어렵다. '내가 그렇게 느꼈다고 해서 그렇게 된다'고 볼 수는 없다. 이번 총선에서 전반적으로 여론 조사한 추이를 보면 적극 투표층이나 20대 같은 경우에는 야당이 굉장히 앞섰다. 사전투표를 통해 다른 지역에서 투표하신 분들은 공보물이나 SNS나 블로그 등을 통해서만 보고 직접 대면접촉은 하지 않았을 것이다. 직접 대면접촉을 해서 얼마나 상승이 되었을지에 관해서는 '좋았을 것이다'라고 추측할 수밖에 없을 것 같다. 상대 후보도 마찬가지로 '만나면 높아지지 않겠느냐' 생각할 것

이다.

» 여론조사를 자체적으로 실행했지만 수치적으로 별로 믿을 만한 데이터가 나오지 않았었다. 선거운동 중에 '누가 더 선거운동을 잘하고 있다고 생각하는가?', '어느 후보의 복장을 입은 선거운동원을 본 적이 있는가?'라는 질문까지 물어봤는데, 이미 본인이 가지고 있는 정당 선호가 있는 것에 바이어스 (bias, 편견)가 있는 것 같다. 이미 본인이 좋아하는, 선호하는 쪽에 아무래도 눈길이 가서 그런지 모르겠지만 별다른 유의한 차이 등은 나오지 않았다.

14. 한국의 정당들이 유권자들의 목소리를 정책결정과정에 제대로 반영하지 못하고 있다는 비판이 있는데, 그 원인과 해결방안이 무엇이라 생각하는가?

» 정책이라는 것이 굉장히 어려운 것 같다. 정책화된다는 것이 언론에서 일단 이슈라는 기폭제가 터뜨려져야 된다. 사회적으로 갈등이 됨으로써 그것이 일반 시민들한테 파급되는 효과가 예상되어야 한다. 막연한 공포감, 두려움, 기대감 들이 효용성에 있어서 어떻게 낼 것인지. 예를 들어서 박근혜 정부의 노동 개혁 정책안이 통과된다면 이에 관해서 20대의 경우 청년 실업이 더 올라갈 수도 있다, 체감이 될 수도 있다는 것이 와닿아야지 이에 반대하기 위해 투표를 하기도 할 것이다. 지금 일단 정책화를 한다는 구조 자체가 일반 시민들이 참여해서 만들기가 어려운 것 같다. 엘리트 이론적인 것 같기도 하지만, 만들어지는 것이 있는 것 같다. 이미 언론이나 정부기관에서 추진을 하고자 하는 정책이 있을 경우 이를 터뜨려서 찬반여론이 형성되다 보니 아래에서부터 올라오는 상향식 구조의 정책 수렴 모델이 아니라, 우리나라 같은 경우에는 상향에서 만들어지면 거기에 대해서 옳으냐 그러냐를 물어보는 수준인 것 같다. 그래서 일반 시민들은 괴리감을 느낄 수밖에 없다고 생각한다.

» 우리나라 국회 같은 경우에도 국회의원이 법안을 만들 수 있고 행정부에서도 법을 올릴 수 있게끔 이원화되어 있는데, 미국 같은 경우에는 오로지 의

회의 권한이다. 우리나라는 나눠져 있다 보니 청와대에서도 주도적으로 법안을 올릴 수 있다. 만약 국회에서만 법안을 올리게끔 되어 있다고 한다면 아무래도 국민들의 이야기를 더 들을 수밖에 없을 것이다. 예를 들어서 국립대학 법인 이슈들의 경우 국회에서 통과할 때 굉장히 오래 걸렸다. 인천대학교와 서울대학교의 이야기를 사례로 들 수 있다. 인천대학교의 경우 국회법으로 통과한 케이스이고, 서울대학교의 경우 정부 법안으로 국무회의를 통과한 것이다. 서울대는 바로 시행령을 발표한 다음에 일사천리로 본회의까지 올라갔지만, 인천대의 경우 지역 시민사회라든지 공청회라든지 이러한 과정들을 여러 번 거치다 보니 5년 정도 걸렸다. 두 개의 법안이 장단점이 있기는 하다. 국회에서 민의를 수렴하는 기간에 속도가 더딜 수밖에 없다. 국가에서 주도적으로 행정명령 때려 가지고 올리는 것의 경우 신속성은 있겠지만 부작용이나 파급효과가 있을 수 있다. 각각의 장단점이 있다.

» 만약 국민들의 만족감을 높이는 선진 정치 모델이 되고자 한다면 국회의 고유 권한으로 입법권한을 한정해야 한다고 생각한다. 아무래도 국회의원들은 자신이 재선이 모두 목표이다. 초선으로 당선되면 재선이, 재선이면 삼선으로 연임되는 것이 목표이기 때문에 국회만의 권한으로 바뀌게 된다면 국민들의 의사를 더 많이 듣지 않을까 생각이 든다. 제도적 측면과 내용적 측면들에서 변화를 주게 된다면 예를 들어 미국처럼 철저히 국회의 권한으로 한다든지, 국회의 원구성을 두 개로 한다든지 한다면 국민들이 느끼는 것도 조금 줄어들 수 있을 것이다. 법안을 정부안으로 올릴 수 있는 것을 좀 엄격하게 제한을 해서 정말 필요하다고 생각하는 특수한 경우에만 정부안이 올라갈 수 있게끔 하고, 웬만한 대부분의 법안은 국회의 정식과정, 소위원회부터 시작해서 단계단계 각 위원회까지 거쳐 올라가서 본회의까지 통과되는 그러한 민주주의 과정을 거치도록 해야 한다. 요새는 국회 의사정보시스템이 마련되어 있기 때문에 누구든지 관심 있는 사람들은 생중계로 방송되는 것을 볼 수 있는데, 관심 있는 사람들은 국회에서 논의되고 있는 것들을 많

이 볼 것이다. 시민단체 등에서도 일반 국민들이 하지 못하는 감시자의 역할을 함으로써 언론에도 나갈 수 있게끔 한다면 국민들도 일이 어떻게 진행되는지 알 수 있게 될 것이다.

15. 유권자 개개인을 대상으로 본다면 그 해결방안이 무엇이라고 생각하는가?

» 유권자들의 의사를 반영하는 데 있어서 제일 어려운 것이 하나로 모으는 것이다. 결국은 다 이해관계가 딸려 있기 때문이다. 유권자들은 하나의 개인이지만 국회의원이라는 자리는 전체 개인들의 총의를 모아서 어떤 식으로 해결하는 것이 바람직한지, 갈등 조절이나 이해관계까지 봐야 하는 입장이다 보니 같은 사안을 두고서도 다를 수 있다. 예를 들어 지하철 역사를 지어야 하는데 200m 앞으로 할지 뒤로 할지에 관해서도 이쪽 주민들은 된다고 하고 저쪽 주민들은 안 된다고 하는 이유가 세부적으로 하나하나씩 뜯어보면 각자의 이해관계가 달려 있을 수 있고 내용들이 다를 수도 있기 때문이다.

16. 정당만의 역할은 무엇이라고 생각하는가?

» 우리나라 정당을 봤을 때는 굉장히 내부구조도 제대로 하지 못하고 있는 상황이라고 본다. 안정적으로 운영되고 있는 정당이라고 볼 수 있는 당이. 그나마 새누리당은 대표 임기나, 원내대표 임기를 채우는 상황인 것 같다. 그런데 야당 같은 경우에는 수도 없이 바뀐다. 문재인 대표도 본인의 공식 임기를 못 채우셨고, 김종인 비상대책위원장도 계속 흔들리고 있으며 그 이전의 대표들도 계속 흔들려 왔다. 내부적인 구조가 새누리당과 더불어민주당이 다른 것이 있다면, 새누리당의 당직자 같은 경우에는 공채 제도가 잘 확립되어 있고 피라미드 구조로 공채의 기수가 형성이 잘 되어 있는 반면에 야당은 계속 선거에서 깨지고 지다 보니까 본인의 선거에서 같이 공을 세웠던 사람들을 믿지 채워 쓸 수밖에 없다. 아무래도 일을 찔하기보나는 일난은 본인의 선거에서 함께 뛰었던 사람들과 함께하려는 것이 있다 보니까 정치 서

비스나 그런 것들에 있어서 일반 유권자들이 만족할 만한 정당의 역할이 잘 되지 않는 것 같다.

17. 그렇다면 정당이 가지고 있는 비전이나 방향성은 크지 않다고 보는가?

» 정당은 매우 중요하다. 정당의 역할을 버릴 수 없는 이유는 정당이라는 것이 사익을 추구하는 것이 아니라 공익, 대의를 위해서 하는 것이기 때문이다. 공익적 목적의 집합 성격이고 어쨌든지 간에, 여당이 되었든 야당이 되었든지 간에 정당이라는 것이 국정운영의 주축이 되어서 가고 있는 것이기 때문에 이 안에서 국민의 말에 더 귀 기울여 듣는 시스템들은 계속 되어야 한다. 그런데 지금 같은 경우에는 보여 주기 식이 많다. 정치가 쇼적인 면이 많다 보니 보통 기획을 할 때 '소상공인들과의 대화' 아니면 '주부들과의 대화' 등의 식으로 기획해서 사진 한 번 찍고, 보도 자료 한 번 내고 후속 대처가 어떻게 되는지는 잘 관심이 없고 잘 안 된다. '한 번 이렇게 했다. 관심을 가졌다'라는 수준으로 그치기 때문에 정당의 싱크탱크, 연구소를 강화해야 하지 않을까 생각한다.

» 어쨌든 주도적으로 일하는 것은 실무진들이다. 국회의원이라든지 이런 분들은 워낙 바쁘시기 때문에 큰 틀에서 방향 설정만 제시를 할 수 있는 것이고 그 밑에 팔로우업을 해 주는 기본적인 기층을 이루는 조직은 결국은 당직자분들이나 그런 분들이 한다고 생각을 한다. 그분들의 역량을 강화시킬 수 있는 그런 과정이 필요하지 않을까 생각한다. 당직자 워크숍 등이 있지만 야당 같은 경우에는 당직자를 공채로 뽑은 지도 얼마 되지 않았고 신변이나 이런 것들에 안정성이 보장이 안 되다 보니까 연속성을 가지고 꾸준히 하기가 어렵다. 그러니까 조금 지나고 선거 지나고 보면 그 당직자도 또 교체되어 있다. 당 대표부터 계속 바뀌는데 당직자가 얼마나 오래 있을 수 있겠는가. 연속성이 보장되는 환경 가운데에서 진행되어야 할 것이다. 연구 같은 것이나 과제 같은 것이 던져졌다고 하면 그것을 꾸준히 연속성으로 이뤄져 나가

면 좋겠지만 중간에 바뀌어 끊기는 것이 문제이다. 그래서 또 끊기고 또 끊기고 한다. 당직자들의 경우 연속적으로 매뉴얼이 남겨지거나 쌓인 노하우가 전수되면 좋겠지만 그런 것들을 안 하는 경우가 많다. 왜냐하면 당직자들의 경우 교체가 되는 것이기 때문에 연속성을 줄 이유가 없다고 생각한다. '내가 잘렸는데 뭐 하러 이것까지 다 남겨 줘야 하나'하는 생각을 하지, '대한민국 정당발전을 위해서 이런 것까지 다 매뉴얼로 남겨 줘야지'라고 생각하는 사람은 거의 없다.

18. 정당개혁의 방향성에 대한 당내 논의가 실제로 어느 정도 (활발하게) 이루어지고 있는가? 어느 정도 합의가 이뤄지고 있다고 보는가?

» 연속성이 남아 있어야 할 텐데. 새누리당 같은 경우에는 당직자들이 몇 기수나 이런 것들이 공채 기수로 쭉 나와 있기 때문에 제도적으로 도입하게 된다면 연로하신 분들, 내공이 있으신 분들은 그런 것들을 추적할 수도 있다. 왜냐하면 그분들은 어떤 법안이 언제 있었고 어떤 상황이 어떤 분기마다 있었는지 모두 경험해 보셨을 것이기 때문이다. 그런데 보통 야당 같은 경우에는 이 일도 했다가 나가서 다른 컨설팅 일도 했다가, 당직자도 했다가 이런 것들이 여러 가지 왔다 갔다 하다 보니까 연속성 측면에서 원체 직업 자체도 그렇고 해서 꾸준히 찾아낸다는 것이 쉽지 않다. 현재 정당 구조가 굉장히 취약하다고 본다. 보다시피 간판만 내걸어진 상황이지 그 내부를 뜯어서 바라보면 선진 정당처럼 잘 되어 있지 않은 상황이라는 생각이다.

» 이번 총선에서 그나마 더불어민주당이 손혜원 홍보위원장이 취임을 하게 되면서, 더민주 '굿즈'라는 아이템 등이 많이 선보여 히트를 쳤다. 외국 정당 같은 경우에는 정당 당원들이 티라든지 우산이라든지 그런 것들을 상품화해서 많이 쓴다. 그런 것이 모범적인 모델이라 생각한다. 당원이라고 해서 괴리감이 있는 것이 아니라 그냥 그 당을 지지하는 사람으로서 그 당의 티셔츠를 입을 수 있고 머그컵을 쓸 수 있고 우산을 쓸 수 있는 것이다. 그냥 생활

속에 녹아드는 정치 모델로서 참신했던 것 같다. 굉장히 인기가 많았고 판매도 많이 된 것 같다.

19. 선거캠페인 과정에서 정당지도부의 지원과 영향력은 어느 정도인가?

» 거의 없다. 왜 없냐면 중앙당에서 일괄적으로 200여 개의 총 지역구를 다 파악을 하고 있는 사람도 드물 뿐더러, 지역적 특색이나 내용까지 알기 어렵기 때문이다. 보통 각 지역의 시당 위원장들에게 먼저 물어본다. 지역적 특성이나 환경이 어떻게 되어 있는지, 구성이 어떻게 되어 있는지 좀 물어보는 의미에서 진행을 한다. 중앙당에서는 보통 지원유세로 많이 힘을 실어준다. 당대표의 동선이나 이런 것들을 어디로 하면 좋겠는지 논의한다. 그런 동선 같은 것들을 기획을 하는 정도는 중앙당에서 할 수 있다. 정책이라든지 내용이라든지 이런 것들은 다 모른다. 서로 다른 지역구의 공약이라든지 정책이라든지 하는 내용은 실질적으로 모른다. 실무자들이 각각 하나의 분야의 전문가들이다. 현역의원 같은 경우에는 보좌관분들이 하실 것이다. 독립적으로 나눠져 있는 스타일이다. 중앙당에서 일사분란하게 내려가는 시스템은 아니다. 각개전투를 해서 살아 돌아오면 거기서 맞추는 것이다.

20. 정당과 후보자가 부담하는 비용의 비율은 어느 정도인가?

» 중앙당에서 지원해 주는 경우도 있고 안 해 주는 경우도 있다. 지원해 주는 경우는 여성이라든지, 전략지역이라든지, 캠프별로 상황별로 다르게 지원한다. 중앙당에서도 전략적으로 전국 지도를 펼쳐 놓고 '어디에 어떻게 투입을 하면 좋겠다'라는 생각이 있을 것이다. 예를 들어서 험지라고 생각하는 대구 지역에 돈을 많이 투여할 필요는 없을 것이다. 왜냐하면 결과나 이런 것들이 어느 정도 예상되는 지역 같은 경우에는 전략적으로 지원금을 내려봤자 배지를 건질 수 없는 지역이기 때문에, 그럴 바에는 선거 경합성이 조금 더 높은 지역에 전략적으로 판단하여 내려 줘서 숨통을 틔울 수 있고 활

동과 운신 폭을 넓힐 수 있게끔 내려 주는 시스템으로 하고 있다. 돈과 관련된 내용이기 때문에 전혀 모른다. 중앙당에서 지목해서 전략적 판단하에서 내려주는 것이다.

21. 중앙당 지도부의 총선 공천에 대한 영향력 행사가 바람직하다고 생각하는가?

» 공천심사위원회의 역할이 굉장히 중요하다. 공천이 거의 절반이라고 본다. 공천하는 것에 따라서 선거의 승패 명운이 달려 있다고 생각한다. 새누리당 같은 경우에는 공천의 주체가 권력자들 위주로 짜여 있는 것이 잘못되었다고 볼 수 있다. 그런 내용이 투명화 측면에서 노력을 하지 않은 것으로 보였다. 더불어민주당도 그렇게 훌륭한 공천은 아니었지만 지난 2012년 공천에 비하면 엄청나게 개선된 것이다. 2012년 당시에는 공천학살이라는 논란들이 많았다. 지금 같은 경우에는 최초로 면접자들을 인터넷 아프리카TV인가 팩트TV 같은 곳으로 생중계로 방송해서 공개하는 시도를 하기도 했다. 그런 것들이 사소하지만 파격적이라고 생각한다. 공천심사를 하는 사람들, 심사위원 10명만 그 사람들을 판단하는 것이 아니라 일반 시민들에게도 똑같이 공개함으로써 후보자 자질이나 역량 같은 것을 함께 확인해 볼 수 있는 시스템을 통해 개방된 공간에서 공천을 한 것이 그나마 더불어민주당이 공천 심사과정에서 잘한 것이 아닌가 생각이 든다.

22. 혹은 당내 후보 선출에서 상향식 공천의 제도화가 필요하다고 생각하는가?

» 상향식으로 하는 것은 굉장히 힘들다. 상향식으로 하게 되면 결국 지역 유지들이나 방송세를 타서 인지도가 있는 유명인이 하게 된다. 아니면 현역 의원들 위주로 유리하다. 100% 상향식 공천을 한다고 해도 우리나라는 특이하게 여론조사 시스템으로 하고 있다. 보통 그렇게 하지 않는다. 정당의 기능을 믿고 선진 정당에서는 정당에 맡기는 추세이다. 독일 같은 경우에도 정당

명부 비례대표제를 하고 있다. 우리나라도 부분적으로 도입하고 있긴 하지만, 우리나라는 비례대표에 대한 신뢰도가 낮다. 하향식으로 무조건 내리꽂는 것도 문제가 있긴 하지만, 상향식도 능사는 아닌 것 같다. 상향식 같은 경우에는 정당이 필요가 없는 것이다. 정당이 하는 역할이 없어지는 것이다.

23. 그렇다면 어떤 방식의 공천이 방안이 될 수 있는가?

» 공천에 관해서는 다양한 논의가 있다. 숙의제, 시민배심원제, 100% 완전 참여경선, 오픈프라이머리를 하자는 사람도 있고 당원을 통해서만 경선하자는 사람도 있다. 방법론은 굉장히 다양하다. 공천이라는 것이 굉장히 어렵다. 공천을 상향식으로만 받게 되면 현역 정치신인들의 발목을 잡을 수 있다. 예를 들어서 구청장이라든지 구의원, 시의원을 지역에서 십수 년씩 해온 사람을 참신한 정치신인들이 제치기에는 어렵다. 그 사람들은 십년 이상 동안 이미 지역 네트워크를 구축해 왔기 때문에 상향식 공천을 한다고 했을 때 그 틈을 비집고 들어가기란 굉장히 어려운 상황이다. 그럼에도 지금 어쨌든 다른 사람들이 계속 영입이 되는 이유는 정당에서 그 틀을 잡고 정당의 지도자가 관리를 하고 있기 때문에 가능하다고 본다.

» 정당 자구책 노력하에서는 공천권을 17개 시도 지역위원회로 나누어 주는 방편을 하려 하고 있다. 과거 삼김시대에는 그냥 줄 세우는 방식으로 공천권을 당 대표가 독식했지만, 지금은 중앙당 대표가 지역의 내용이나 현안들을 모두 알 수가 없으니까 지역별로 나눠서 하자는 내용으로 되고 있다. 지방선거 같은 것을 봤을 때도 공천이 그렇게 좋진 않다.

» 아무래도 시민참여 비율을 좀 늘렸으면 좋겠다. 그것밖에는 답이 없는 것 같다. 예를 들어서 관련 전공을 하고 있는 전문가, 정치학 교수라든지 그런 분들이 심판을 볼 수 있게끔 개입을 할 수 있게끔 하는 것이다. 내부에도 들어오셔서 이권이라든지 이해관계에 의해서만 공천이 되는 것이 아니라 의정활동을 통해서 할 수 있는 역량이라든지 이런 것들을 바라볼 수 있는 다면적

평가에서 전문가들의 참여를 개방하는 것이 낫지 않나 생각한다. 지금도 공천에서 외부그룹을 데려오고 있기는 하지만 사실상 데려올 때 이미 어느 정도 이야기가 된 상태에서 데려오는 것이다. 일면식이 아예 없는 사람을 쓸 수는 없는 것이지만 공정하게 공천이 진행되고 있다는 감시자의 역할, 이 사람이 의정활동을 제대로 할 수 있는지에 관련한 것들을 볼 수 있는 분들이 참여를 해서 정화시키고 보완시켜 줄 필요가 있다. 그렇다고 해서 전문가 그룹에게 모든 것을 다 맡겨 버리면 안 된다. 왜냐하면 그분들은 현업을 정치로 하시는 분들이 아니기 때문에 정치권에서 일반적으로 통용화되거나 아니면 어떤 방식으로 운영되는 것들을 모르실 수도 있다. 때문에 섞어서 조화롭게 하는 것이 가장 좋은 것 같다. 민주주의하에서 다당제가 있듯이, 공천 심사과정도 전문가 그룹, 국회의원 그룹도 어느 정도 있고, 일반 시민이나 시민사회단체 등이 참여할 수도 있을 것이다. 대표할 수 있는 NGO, 시민단체라든지 이런 곳에서도 나와서 하게 된다면, 3:3:3으로 나눠서 구성을 투명하게 한다면 신뢰가 높아질 것 같다.

24. 의원의 입법 활동 과정에서 정당지도부와 유권자의 영향력은 각각 어느 정도인가? 정당지도부/유권자와 어떻게 다르게 입법 과정에 영향을 주고 있는가?

» 보통 유권자들에게 오는 것과 중앙에서 오는 것은 성격이 다르다. 중앙당에서는 의원 개인의 특징적인 점이라든지 하는 것들을 봐서 관련 법안을 처리해 달라는 내용들로 오는 반면에 일반 시민들의 경우는 정치 제도 개혁을 위해서 요청하는 경우는 거의 없고 대게 지역 개발 사업이라든지 입법 청원 같은 제도를 들 수가 있다. 예를 들어 '국립병원을 설치해 달라, 국립대를 설치해 달라' 등의 내용을 의원실을 통해서 지역의 형평성 차원에서 대우를 못 받고 있는 내용 등을 일반 시민 분들이 국회 입법청원과정을 통해서 올라오는 것이 있다. 또 어떤 사안이나 문제점들이 있으면 항의 전화를 많이 하

신다.

25. 정당지도부와 유권자 둘 중 어떤 주체의 영향력이 더 크다고 보는가?

» 두 개 사안이 좀 다르다고 본다. 예를 들어서 의원의 전문성을 고려해서 국
회 내 상임위 등에서 어떤 역할을 맡아 달라는 오더를 당에서 할 수는 있다.
그런데 일반 시민들은 우리 대한민국의 상황을 위해서 이런 역할을 맡아 달
라는 요구를 할 리가 없다. 접근 축이 다른 것이다. 일반 시민들의 경우 국회
의원, 구청장, 구의원, 시의원들을 구별을 못 한다. 선거 때 크게 차이를 못
느껴서 서울특별시나 광역시의 구의원, 시의원, 그리고 경기도 등의 도의원,
시의원 등 기초의원, 광역의원 개념까지 들어가게 되면 더 모른다. 모두 명
칭이 의원이다 보니 때 되면 선거하다 보니까 잘 모른다. 일단 필요하다고
느끼는 분들이 구의원, 시의원한테도 이야기하고 국회의원한테 이야기하는
시스템이기 때문에 보통 법안 때문에 이야기하지는 않는다. 구조가 다르다.
접점이 다르다. 시민들이 대한민국의 정당정치 상황과 국가발전, 정책, 재정
상황의 변화를 위해서 요청하는 경우는 거의 없다고 봐야 할 것 같다.

26. 한국의 사회통합 정도에 대해 어떻게 생각하는가? 높다고 생각하는가?

» 사회통합이 점차 힘들어지고 있는 것 같다. 과거에는 한국 정당정치 상황에
서 지역주의 선거 때문에 사회통합이 안 됐다고 한다면, 이제는 지역주의는
약간 완화되고 있는 현상이고 새롭게 나온 것이 계층이다. 금수저, 흙수저
이런 이야기에 대해서 굉장히 공감이 된다. 아무래도 똑같은 삶을 살고 있
고, 똑같은 환경에 처해져 있는데 살아가는 환경이나 내용 자체가 굉장히 다
변화된 것 같다. 과거 같은 경우에는 일반적으로 대학만 나왔다하면 좀 놀더
라도 대기업이나 이런 곳에 자연스럽게 취직을 해서 연차와 경험가 쌓여 가
다 보면 연봉과 직급도 올라가는 체제였다면, 지금은 개개인이 처해 있는 상
황이 다 다르다. 개개인들의 사회경제적 지위 등에 따라서 선택할 수 있는

선택지 자체가 아예 달라진 사회가 되어 버렸다. 이미 어느 정도 사회가 고착화되어 있다 보니까 우리나라 사회가 통합되기가 더 힘들다고 본다.

» 그 핵심에 부동산이 있다고 본다. 부모님 세대 같은 경우에는 근로소득도 한국 경제발전 상황이 올라가는 시점에 있었기 때문에 실업률이나 이런 것들이 IMF 때를 빼고는 크게 문제를 가졌던 적도 없고, 일반 서민들의 자산증식 수단으로도 할 수 있었던 것은 부동산 투기나 투자 같은 것들을 많이 해서 집을 거주목적으로 살다 보니 자산가치가 계속 꾸준히 올라가 자연스럽게 재테크가 되는 상황이 있었다. 그런데 지금 현재로 보면 부는 어느 정도 독식이 되어 있고 기성세대에 의해 고착화되어 있다 보니 기회균등의 차원에서 세대갈등이 커지는 것 같다. 사회통합하기가 굉장히 힘들어졌다. 다변화되는 속도가 엄청나게 빨라지고 있기 때문이다.

» 과거와 같은 경우에는 지역주의 투표, 지역감정 이런 것들이 주요 내용들이었다면, 지금은 지역감정 플러스에 더 더해서 소득격차 문제, 부의 평등 문제, 학벌 문제, 불균형 문제 등이 있다. 그래서 정당이 더 중요한 것이다. 원래 정당이 만들어진 이유가 사회갈등을 통합하고 대안을 만들기 위해서 구성한 것이다. 우리나라 정당 수준은 과거의 상태에서 고착화되어서 그대로 있는 수준이거나 아니면 제자리에서 약간 한 걸음 나갈까 말까한 수준에 있는데, 사회의 변화 속도는 엄청나게 빠르기 때문에 이것을 담아낼 수 있는 뉴파티 운동이 필요하다고 본다. 그래서 안철수 의원과 국민의당이 많은 지지를 받을 수 있었던 이유는 소선거구제가 양당체제로 이어지고 있지만 어쨌든지 간에 국민들이 3당체계를 만들어 주었기 때문이다. 정치적 실험을 할 수 있게 된 이유가 정당으로서의 새로운 패러다임을 원하고 있지 않을까 생각한다. 다변화되는 구조에서 'YES OR NO'만 있을 수는 없는 것이다. 예/아니오라는 선택지만 있는 것이 아니다 보니까 아무래도 다변화되는 갈등과 문제들을 국회에서도 마찬가지로 담아 달라는 의미에서 구조를 다원화시켜 주시지 않았나 생각한다.

» 사회갈등을 통합하고 치유하는 것이 일차 목적인데, 다변화되고 갈등이 심화되는 골이 깊어지는 속도에 비해서 정당이 수용하거나 그에 발맞춰 나가는 속도는 너무 느리기 때문에 좀 더 채찍질해서 정당이 구조변화라든지 역할들을 해 나가는 것이 과제가 아닐까 싶다. 구조적인 측면에서는 오히려 잘 된 것일 수 있다. 양당체계 구도로만 확고하게 정립된 것이 아니고 세 개의 정부가 화합을 하면서 권력이 균정되어 있기 때문이다.

27. 한국 사회의 가장 큰 갈등이 무엇이라 생각하는가?

» 경제 문제가 우선이라고 본다. 일단 먹고사는 문제부터 해결이 되어야 여가도 있고 다른 부수적인 문화적인 활동도 있다 보니까 아무래도 국민들의 먹고사는 문제를 해결해 줘야 한다. 점점 부의 세습화라든지 권력의 고착화가 진행되고 있다. 우리나라가 역동적으로 발전할 수 있었던 이유는 전쟁을 겪기도 했지만 식민지 과정을 거치면서 양반제도나 이런 것들이 다 사라지고 평등해졌고, 그 다음에 명문가 같은 것들이 존재했지만 6.25전쟁을 거치면서 남북이 밀고 밀리면서 다 사라져 버렸다. 아예 없는 새로운 토대에서 만들어졌기 때문에 그런 과정이 있었다고 본다. 성경이나 이런 데에 보면 이스라엘 민족의 희년(禧年, year of jubilee)이라는 것이 있어서 60년에 한 번씩 다 개방을 하는 제도가 있는 것으로 알고 있다. 과거 선조들의 지혜로 봤을 때 60년 정도 지나게 되면 어느 구조든지 간에 고착화되는 형태가 있지 않을까 싶다. 우리나라도 건국한 지 60여 년이 지났다. 이러한 부동산 독식이라든지, 부의 독식, 편중 문제들이 드디어 나오기 시작하는 것이다. 한국전쟁 50년대를 거치고 나서 거의 60~70년이 넘어가고 있다. 구조의 독식이라든지 내용에 관해서 변화를 줘야 할 때가 아닌가 싶다.

28. 한국 사회의 갈등을 해소하고 분열을 치유하는 데 있어 정당들이 어떤 역할을 수행해야 한다고 생각하는가?

» 굉장히 어려운 질문이다. 정당이 계속 연구하고 발굴을 해야 할 것이다. 민생이라든지 그런 것들을 받아볼 수 있고, 주기적으로 연구해서 올릴 수 있는 그런 시스템이 있었으면 좋겠다. 괴리가 느껴지지 않게끔 다른 연구소의 용역에 맡겨서 내용을 베껴다가 하지 말고 정당 자체 차원에서 자구적으로 문제점이라든지 구조라든지 이런 것들을 연구했으면 한다. 그런데 연구 역량까지 요구하기엔 무리일 것 같다. 걸음마도 못 떼고 있는데 달리라고 하는 것 같다. 달릴 수 있는 수준은 아니더라도 그런 자구책이나 노력들을 위해서 좀 더 신경 써야 되지 않을까 싶다. 정당이 열심히 하는 수밖에 없다. 정당이 끊임없이 실제 생활에서 도움이 되는 정책 연구 개발을 해야 한다. 정책에 걸어야 한다고 본다. 그것이 정당이 해야 할 일이고 정책의 실효를 통해서 일반 시민들이 혜택을 받을 수 있는 것이기 때문이다.

1. 유권자들의 정당정치에 대한 신뢰 및 만족도가 낮다는 지적이 있는데, 그 이유는 무엇이라 생각하는가?

» 한국 정당정치의 신뢰도가 낮은 이유는 우리나라의 예측 불가능한 정치 행태 때문이다. 공천 과정에서도 볼 수 있듯이 전혀 예측이 불가능하다. 상향식 공천을 실시한다고 했다가 정당지도부가 공천권을 휘두르는 등 합의가 된 부분들에 대해서도 정치권이 이행하지 못하는 것이 신뢰를 떨어뜨리는 이유이다. 또 다른 이유로는 선거 때만 되면 나타나는 선거용 인사 영입이다. 선거 때 영입된 인사들은 반짝하고 사라진다.

» 새누리당 같은 경우에는 예측 불가능한 공천과 정당 시스템, 더불어민주당은 선거용 인물성이 문제점이다. 더불어민주당은 이번 20대 총선에서 당 지도부를 새로이 영입했지만, 향후에도 유지될 수 있을지는 미지수이고 당 지도부가 앞으로 어떤 역할을 하게 될지 그런 부분에 대해서는 우려스러운 부분이 많다. 마지막으로 국민의당은 본인들이 '새정치'를 하겠다고 하는데 새정치를 위한 새로운 인물들은 하나도 없이 기존 국회의원들을 비롯해 낙천 혹은 낙선한 의원들을 영입하는 것에 문제점이 있었다.

» 마지막 네 번째는 선거 때만 되면 나오는 포퓰리즘 공약이다. 국회의원 개개인의 공약 이행률은 높지만 정당에서 내세운 시·도별 공약이라든지 전국적인 공약에 대한 이행률은 상당히 낮다고 본다. 더불어서 대통령의 공약도 책임을 질 수 있는 시스템이 아니기 때문에 공약 이행률 또한 상당히 낮고, 이로 인해 국민들은 속는다고 생각할 수밖에 없다.

2. 정당정치에 대한 신뢰 및 만족도를 높일 수 있는 방안이 있을까?

» 예측 가능한 정치 시스템을 만들어야 한다. 예측 가능한 정치 시스템이라는 것은 공천권과 국회 운영과정, 상임위 배분 절차 그리고 국회 일정에 따른 국회 개원 등이 잘 되어야 하는데 잘 이루어지지 않는다.

» 두 번째로는 새로 유입된 인사들의 꾸준한 활용이 필요하다. 인사가 유입 되고 나면 선거가 끝난 후에는 모두 사라지게 된다. 그런 인사들의 활용 방안을 생각해야 한다.

» 마지막으로는 내세운 공약들을 잘 이행해 나가는 부분이 필요하다. 공약에 있어서도 요즘에는 재원 수반이 예측 가능한 공약이 필요하다. 그런 측면에서 공약들이 잘 만들어져야 하고 또한 지킬 수 있는 공약만 내세우는 게 만족도를 높일 수 있는 방안이라고 생각한다.

3. 민주화 이후 한국의 정당정치와 민주주의의 발전이 어느 정도 수준에 달했다고 생각하는가? 특히 어떤 부분이 발전했다고 생각하는가?

» 우리나라가 투표에 의한 정권 교체가 이루어졌던 점이 가장 발전된 부분이라고 할 수 있다. 노무현, 김대중 정부 당시 탈권위적인 정권하에서 민주화적인 부분, 탈권위적인 부분으로 소통이 더욱 잘 이루어졌다고 본다. 이명박 정권 당시에는 강력한 리더십을 요구했기 때문에 소통이 부족했다고 보며, 박근혜 정부는 인사 적체로 인한 불통의 측면이 강하다. 대표적인 예도 내부 인사가 1년마다 교체되지만 이번에는 청와대 참모진뿐만 아니라 장관들의

인사도 순환이 되지 않는 측면이 있다. 또한, 투표를 통해 국민들의 민심을 확인했음에도 불구하고, 장·차관 교체는 없다고 선언을 했고, 선거결과가 자신의 잘못이라고 보기보다는 민의를 수렴하겠다는 수준으로 양당 체제에 대한 평가라고 여기는 부분에 있어 국민과의 소통의 측면에서 '민주주의의 수준이 후퇴하지 않았나?' 생각한다.

» 종합적으로 보았을 때 민주화 이후 발전했지만, 근래에 들어서는 최근 10년에 비해 후퇴하고 있다고 본다. '어느 정도 수준에 달했다'고 평가하자면 아직 발전해야 할 길이 멀다. 왜냐하면 인사권자에 의해 모든 것이 결정되는 그런 구조에서는 인사권자가 생각을 달리 먹지 않는 이상은 민주화의 척도는 항상 변화될 가능성이 있기 때문이다.

4. 한국 정당정치와 민주주의의 발전을 위해 어떤 측면의 개혁이 가장 우선되어야 한다고 생각하는가?

» 제도적으로는 완성이 되어 있다. 제도적으로는 완성이 되어 있는 부분이 많지만 그 제도를 따르는 사람의 문제이다. '사람의 문제'라는 얘기는 윗선의 개입이라는 말인데 이것은 청와대에도 이입될 수 있고, 제도적으로 더불어민주당 같은 경우에는 보이지 않는 친노 세력의 개입 등을 들 수 있다. 즉, 제도적으로는 이미 갖춰져 있으나 그것을 실행하려고 하는 사람들의 권력 의지와 권력 의지로 인해 변화하는 시스템이 문제이다. 구조적·제도적으로는 훌륭하다. 행위자들이 권력의 중심에 있는 사람들의 이야기에 대해 'No'라고 할 수 없는 그런 상황이 더 문제다. 행위자라고 하면 각 국회의원들이라고 할 수 있는데 '각 국회의원들이 과연 투명한 목소리를 낼 수 있는가?'에 대해서는 국회의원 본인이 그 다음에 권력을 잡으려고 하면 상명하복(上命下服)식의 관계를 피하려고 해도 피할 수가 없는 관계가 된다. 당에 어떤 존폐위기에 있어서는 굉장히 긍정적으로 개입할 수 있지 않을까.

5. 한국 정당정치의 개혁에 있어서 가장 큰 걸림돌이 무엇인가?

» 사람이다. 사람과 대통령, 행위자들에 대한 명령을 받아들이는 그런 부분이 걸림돌이다.

» 또한 선출된 대표의 민주적인 의사운영 과정이 필요하다. 양당 모두 당 대표의 입김이 많이 작용하고, 대표자들의 힘에 의해 많이 좌지우지되는데 그런 부분에 있어서 더 투명해질 필요성이 있다.

6. 한국형 정당개혁이 어떠한 방향으로 나아가야 한다고 생각하는가? 한국 정당정치의 개혁 방안으로서 평소에 생각해 둔 아이디어가 있는가?

» 각 정당에 속해 있는 개개인, 즉 국회의원들의 자질이 갖춰져야 한다. 국회의원들이 다음 권력을 위해서는 당의 방향성에 수긍할 수밖에 없다. 당에서도 지켜야 하는 문제가 있기 때문에 당에 위배되는 색깔을 내기가 어렵다. 정당의 개혁을 위해서는 민주적인 의사결정 도입이 필요하다.

» 또한 항상 의중을 모으는 역할을 하는 의원총회 활성화를 통한 무기명 투표 제도 도입이 필요하다. 그런데 이 부분은 하나 마나 한 측면이 많을 것이라고 생각한다. 하게 되면 대표회의에서 또 바뀐다. 국회의원들이 모여 의사를 결정하는 가장 큰 기구가 의원총회이다. 그런데 의원총회에서 결론을 내면 의원 5~6명이 모여 있는 최고위원회라는 곳에서 다시 결정하게 된다. 결국 최고위원회에서 의결이 되어야 당론으로 결정이 된다. 결론이 의원총회에서 결정되면 이것으로 추진이 가능하도록 하는, 즉 하위 의사결정 기구(의원총회)가 모든 최종 결정 권한을 가질 수 있도록 하는 법안이 필요하다. 그렇게 되면 당 대표나 일부 세력에 의해서 정책 방향이 결정되지 않을 것이다. 밑의 기구는 의원총회고 위의 기구는 최고 의원총회라는 이야기이다. 위에서 결재 맡는 시스템이 아닌 아래에서 결정하는 시스템이 필요하다.

7. 소속 정당의 운영방식 및 의사결정구조 등 전반에 대해 만족하는가?

» 만족스럽지 못하다. 앞서 이야기했듯 의사결정이 소수의 사람들에 의해 이루어지고 있다.

8. 중앙당 지도부의 총선 공천에 대한 영향력 행사가 바람직하다고 생각하는가?

» 소수자가 몇 명씩 지분을 갖는 것은 필요하다고 본다. 그것으로 인해 정치라는 행위가 이루어지고 '계파'라는 색깔들이 나타나기 때문에 필요하다. 그런데 무엇이든 특정인이 휘두를 때 문제가 된다. 특정인이라고 하면 청와대, 실력자, 당대표가 될 수도 있다. 특정인에게 쏠리는 현상은 방지하고 다양한 사람들에게 일부의 지분권을 보장해 정치를 할 수 있게 하는 방법은 바람직하다고 본다.

9. 그렇다면 당내 후보 선출에서 상향식 공천의 제도화가 필요하다고 생각하는가?

» 상향식 공천의 제도화는 이미 완벽하게 이루어져 있다. 제도는 완벽하게 이루어졌으나 실행하고자 하는 의지들이 없다. 또한 상향식 공천이 '누구를 위한 공천인가?'를 생각해 보았을 때, 상향식 공천은 정치신인에게는 절대 불리하고, 현역 국회의원이 기득권을 지키기 위한 방식이 되고 있다. '상향식 공천을 100% 한다'고 해도 현재 상향식 공천이 이루어진 곳은 몇 군데 없다. 특정 지역만 상향식 공천을 시행했고 나머지 지역은 단수 후보로 추천된 경우가 많다. 즉, 제도화는 되어 있지만 따라주지 못하고 있는 그런 상황이다.

10. 정당공천 과정(혹은 공천관리기구)에서 정당지도부나 여론조사를 통한 유권자의 참여를 보았을 때, 비율이 어느 정도가 좋다고 생각하는가?

» 현재 국회의원과 외부영입인사의 비율이 6대 4 정도 된다. 이미 제도적으로는 잘하고 있다. 하지만 문제는 외부영입인사들 즉, 교수, 시민단체 출신 인

사들이 정당 내부의 영향을 받지 않아야 한다. 외부영입인사들의 독립성과 자율성이 보장되어야 한다. 외부영입인사들이 의견을 냈을 때 의사결정 과정이 투명하게 이루어지느냐 혹은 밀실에서 이루어지느냐 그 문제가 중요하다. 그런데 대부분 거기에서 논의되었던 내용들은 절대 외부로 나오지 못한다. 그 안에서 어떤 대화들이 오고 갔는지도 모른다. 따라서 외부영입인사들이 국회의원들에게 설득당하지 않을 수 있는 자율성이 보장되어야 한다. 이 내부 논의 과정도 마찬가지이다.

11. 여론조사 경선 방식에 대해서는 어떻게 생각하는가?

» 여론조사 경선의 폐해는 항상 존재한다. 전화를 돌려놓는 시스템이 있을 수 있고, 한 사람이 중복 응답하는 것도 가능하다. 그런 부분을 차단할 수 있는 대안을 찾기가 현실적으로 쉬운 부분이 아니다. 또한 젊은 사람들의 비율이 부족할 때는 젊은 사람들을 두 배수로 반영하고, 남녀의 비율을 맞추기도 한다. 안심번호라는 제도를 도입했는데 그 제도 자체도 악용의 우려가 있다. 당원과 일반 유권자의 비율도 재조정할 필요가 있다. 제도적으로는 국민 참여라는 측면에서 긍정적으로 평가할 만하다. 하지만 국민 참여가 동원에 의한 국민 참여로 변질될 우려가 존재한다.

12. 당내 정당개혁 모델이 존재하는가? 이에 대한 활발한 논의가 이루어지고 있는가?

» 당내 정당개혁 모델은 향후 20대 국회에서 논의될 과정인 것 같다. 국회의원들이 소속된 소속 정치개혁특위가 구성이 될 것이다. 특위 안에서 자연스럽게 의견이 수렴하게 될 것이다. 그 과정에서 국회의원들뿐만 아니라 정치학계의 교수들, 시민단체, 언론인 등 모든 사람들이 동원되어 논의를 하게 될 것이다. 하지만 매년 이런 논의가 이루어지고 결론을 내지만, 실행력이 없는 것이 문제이다. 매년 정치개혁특위는 존재하고, 특위에서 '어떻게 정치를 바

꿀 것인가?' 고민하고 진일보한 방안들을 내고, 그에 대한 실천도 따르지만 아직 국민 수준을 따라가기에는 미흡하다.

13. 정당개혁의 방향성에 대한 당내 논의가 실제로 어느 정도 (활발하게) 이루 어지고 있는가? 어느 정도 합의가 이뤄지고 있다고 보는가?

» 19대 국회 마지막이기 때문에 현재는 논의가 안 되고 있다. 하지만 향후 분 명히 이루어질 것이다. 국회가 개원하면 항상 특별위원회가 구성된다. 새누 리당도 특위가 있을 것이고, 더불어민주당도 특위가 있을 것이고, 국민의당 도 특위가 있을 것이다. 각 당마다 정치개혁특위가 있는데, 각 당의 결과물 을 가지고 3당이 합의를 할 것이다. 그 과정에서 만들어 갈 부분이지, 한 정 당이 일방적으로 추진한다는 것은 쉽지 않을 것이다. 그 안에는 국회의원들 의 세비 문제, 특권 포기, 겸임 금지 등 많은 부분이 포함되어 있기 때문에 여 야가 함께 논의를 할 것이다.

14. 의원의 입법 활동 과정에서 정당지도부와 유권자의 영향력은 각각 어느 정 도인가? 정당지도부/유권자와 어떻게 다르게 입법 과정에 영향을 주고 있는 가?

» 정당지도부와 유권자들의 영향력은 아주 미미하다. 법안이란 것이 만들었 을 때 무조건 통과되는 것이 아니기 때문이다. 대신 가장 영향을 많이 미치 는 것은 국회의원이 가지고 있는 소신, 철학 등이 많이 반영된다.

» 지역 유권자들에 대한 의견은 지역 사업을 추진할 때, 필요한 부분이 있다면 법안을 발의하는 경우가 있다.

» 마지막으로 국회의원의 입법은 어느 특정 이익뿐만 아니라 다양한 스펙트 럼을 가지고 이루어지고 있는 상황이다. 가장 우려해야 할 부분은 사회적으 로 논란이 되고 찬반이 심한 법안들은 꺼리는 경향이 있다는 것이다. 의원들 은 특정 단체에 이롭거나, 불리한 법안들은 발의하지 않으려고 하는 성향들

이 있다.

15. 선거캠페인 과정에서 정당지도부의 지원과 영향력은 어느 정도인가?

» 당 지도부가 인기가 있으면 선거운동 과정에서 줄 수 있는 영향력이 크지만 인기가 없는 사람인 경우에는 선거운동에 주는 영향력은 미미하다. 즉, 개개 인에 따라 다르다. 예를 들어 더불어민주당의 당 지도부의 경우 얼마나 영향 력을 미쳤는지 잘 모르겠고, 새누리당 지도부도 인기가 없었기 때문에 공천 과정 그리고 선거운동 과정에서 미쳤던 영향력이 크지 않았다. 때로는 인기 있고 대중성 있는 국회의원들의 영향력이 당 지도부보다 큰 힘을 발휘할 수 있다.

16. 정당과 후보자가 부담하는 비용의 비율은 어느 정도인가?

» 정당이 선거자금을 지원하는 부분은 없다. 후보자가 100% 부담하는 것으로 알고 있다. 정당은 정책이라든지 로고송, 이런 서포트(support)할 수 있는 부분을 지원하는 것이다.

17. 유권자-정당/의원의 접촉은 주로 어떤 방식으로 이루어지는가?

» 유권자와 의원들은 지역의 행사를 통해서 만난다. 지역의 다양한 행사들이 매월 서너 차례 존재한다. 어린이날 행사, 삼일절 행사 그런 행사를 통해 만 난다. 그리고 이권 단체들 노동조합, 유치원연합회 등의 민원 건의로 인해 국회의원과 유권자가 만나고 개개인의 친분에 의해 유권자들을 개별적으로 만날 수 있다. 또한 지역 민원인들은 '도로 공사가 안 된다', '인허가권이 안 난다'는 등의 민원과 관련해서 만나는 것을 제외하면 특별한 만남이 없다.

» 개별 의원들은 버스 정류장에서 교통 안내 등의 봉사활동을 통한다든지 등 산, 산책 혹은 경찰활동 체험, 1일 파출소장, 환성비와원 등의 활동을 통해 다양하게 유권자들을 만나는 것 같다. 그런데 한계가 있다면 다채롭게 만나

지만, 매번 행사장에 같은 사람들이 나타나기 때문에 스펙트럼이 넓지 못하다는 것이다.

18. 정당에서 추진하는 유권자와의 만남은 없는가?

» 정당 행사를 제외하고는 잘 없다. 정당에서 추진하는 정책 토론회, 세미나, 국정현황의 방향에 대한 토론 과정 등 큰 행사를 통해 유권자들을 만나고 그 외에는 잘 못 만난다.

19. 정당/의원의 일반 유권자, 지지자, 당원에 대한 접촉 방식이 어떻게 다른가?

» 정당은 행사고, 의원은 개인의 접촉이다. 즉, 정당은 행사 위주의 만남이고, 의원은 개인에 대한 만남인데 그 차이를 제외하면 다르지 않다. 그런데 서로 연계가 되어 있다. 정당 행사에 국회의원들이 가게 되어 있고, 정당 관계자를 보게 되고, 쌍방향 소통적인 관계이기 때문에 분리해서 볼 수는 없을 것 같다.

20. 지지자와 지지자가 아닌 유권자를 만날 때 차이가 있는가?

» 의원은 지지자를 행사를 통해 만난다. 당에서 개최하는 행사 혹은 의원이 개최하는 행사에서 지지자를 주로 만난다. 의원이 활동하는 지역구 행사라든지 봉사활동 등을 통해서는 지지자를 만나지 않을 때도 있다. 그럴 때는 안 좋은 소리도 많이 듣는다. 가감 없이 '똑바로 하라'는 얘기도 많이 듣고, '나 너 안 찍는다'는 사람들도 있고, 그런 측면에서 의견 전달이 오히려 자유롭게 이루어지는 부분도 있다.

21. 정당과 당원의 만남은 어떻게 이루어지는가?

» 행사에서 만난다. 당대표 선거, 전국중앙위원회 등의 행사에서 만난다. 또한 각 지구당마다 국회의원들이 중심이 되어 의사결정을 하는 의사결정기구들

이 존재한다. 그곳에서 의견 수렴하는 과정에서 당원과의 접촉이 이루어진다. 공식행사를 제외하고는 당원 접촉 방식은 다양하지 못하다.

22. 귀 정당/의원을 지지하는 유권자들과 다른 정당/의원(후보)을 지지하는 유권자들 간의 차이가 있다고 생각하는가?

» 새누리당 지지자와 민주당 지지당의 차이는 지역색이다. 두 번째는 박근혜 대통령에 대한 충성도, 세 번째는 세대와 계층 간의 차이가 있다. 마지막으로 국민의당 지지자들은 양당체제에 대한 불신이 강하다고 볼 수 있다. 대부분 서울에 있는 경상도 유권자들은 새누리당을 지지하고, 서울에 있지만 호남 유권자들은 민주당을 지지하고, 투표 성향으로 많이 이어진다. 따라서 국회의원들도 출마할 때 서울/경기 일부 지역에서 전라도가 많다고 그러면 야당 성향이 강한 지역이라고 여긴다. 우리 같은 보좌진들이 내부 데이터를 분석하거나 구청의 백서 같은 것을 보면 다 알 수 있다.

23. 그렇다면 귀 정당/의원을 지지하지 않는 유권자들을 설득하기 위해서 어떤 노력을 하고 있는가?

» 첫 번째는 이슈에 대한 언론 보도이다. 국회의원들은 보도 자료를 통해 언론 보도를 많이 한다. 국회의원에 대한 강점을 부각시켜서 언론 홍보를 통한 유권자들의 지지를 바꾸는 방법이 있다. 두 번째는 구전 홍보를 통해 주위 사람들을 포섭하는 방법이 있다. 의원의 업무 능력 등을 주위 사람들에게 전파해 우리 편으로 만드는 방법이 있다. 세 번째는 상대에 대한 네거티브 방식이다. 네거티브 전략을 통해 그 사람을 싫게 만듦으로써 나에게 표가 오게 하는 방식을 사용한다. 마지막으로는 대면 접촉이다. 직접 유권자들을 만나서 설득한다.

24. 선거 과정에서 후보들이 지지율 상승을 위해 지지층을 공략하는가? 아니면

새로운 유권자들을 포섭하려고 노력하는가?

» 이기고 있을 때와 지고 있을 때 두 가지로 나뉜다. 이기고 있을 경우에는 외부 세력을 확대하는 것보다는 '집토끼'라고 하는 지지자들을 잘 관리하면 선거에서 이기는 방법이 된다. 반대로 지고 있을 때는 네거티브를 통해 상대방의 표를 가져오는 방법이 선거전략이다. 근데 보통 이기고 있을 때 상대 지지자를 뺏어 오려고 하는 것은 가까이 있는 지지자를 잃을 수 있기 때문에 바람직하지 못하다.

25. 유권자의 지지를 이끌어 내는 데 있어서 현재 한국 정당 각각의 장단점이 무엇이라 생각하는가?

» 새누리당은 당원들의 당에 대한 충성심이 강하고 위기 때 집결하는 성향이 있다. 또한 새누리당은 보수정당이기에 정당변동이 심하지 않다. 단점은 나이가 많은 층이 지지를 많이 하고 적극적이지 못하다. 또한 SNS, 홈페이지 등의 매체 활용도가 낮다.

» 더불어민주당과 국민의당은 시대의 흐름을 잘 읽는다고 할 수 있다. 또한 변화를 추구하고 젊은 국회의원들이 많아 젊은 의견들을 잘 반영한다. 반면 계파 갈등이 심하고, 수도권과 호남 등에 지지층이 몰려 있다는 것과 분위기에 따라 선거변동이 가능하다. 즉, 선거바람이라든지 정치 지형의 변동에 따라 지지층 이탈이 쉽다는 점이 단점이다.

26. 유권자-정당/의원의 접촉과 소통의 경험이 유권자의 정치참여(투표참여 포함)와 행태에 실질적인 영향을 준다고 생각하는가?

» 정당, 의원이 유권자에게 얼마나 진정성을 가지고 접촉하는지에 따라 영향을 미칠 수도 있고 없을 수도 있다. 후보자가 유권자들을 만날 수 있는 시간은 악수 한 번 하는 것에 그친다. 여기에 그치지 않고 같은 행태를 반복해서 접촉 빈도를 높인다든지, 같은 행사장에 가서 사람들이랑 대화를 한 시간 이

상 한다든지 인력 시장에 아침에 일찍 가서 소주 한잔 한다든지.

» 진정성 있는 접촉을 가장 잘 하는 의원이 50대 후반의 의원인데, 이 의원은 새벽 네 시 반부터 인력 시장에 가서 노동자들과 소주 한잔씩 먹으면서 대화를 해 이끌어 내는 사람이다. 혼자 자전거를 타고 선거운동을 하는 등 그런 긍정적인 접촉은 이끌어 내 호남지역에서 여당 국회의원을 만들어 내는 케이스다. 그런 긍정적인 케이스가 60대 중반의 의원이라고 전주에서도 나온 걸로 알고 있다.

» 진정성을 가지고 시간 대비 접촉 빈도가 늘어나면 실질적으로 유권자들이 참여하는 비율을 늘릴 수 있다. 하지만 이러한 참여는 형식적인 아침 인사, 악수 등으로는 이끌어 내지 못한다.

27. 한국의 정당들이 유권자들의 목소리를 정책결정과정에 제대로 반영하지 못하고 있다는 비판이 있는데, 그 원인과 해결방안이 무엇이라 생각하는가?

» 유권자들의 목소리를 제대로 반영하지 못하는 원인은 기득권을 위한 정치를 하기 때문이다. 국회의원들이 본인들의 기득권을 위한 정치를 하는 것과 폐쇄적인 의사결정구조에 그 원인이 있다고 생각한다. 의사결정과정에서 국회의원들만 설득하면 되는 그런 폐쇄적인 의사결정과정이 문제이다.

» 해결방안은 국회의원들이 소신 있게 일할 수 있도록 3선 이상은 금지하게 하는 등 그런 분위기가 형성될 필요가 있다고 생각한다.

» 또한 유권자들과의 접촉 빈도가 현격하게 떨어진다. 선거 때만 접촉 빈도가 높고, 국회의원이 된 이후에는 의정 활동이라든지 타 일정이라든지 그런 것들로 인해 접촉이 낮아지는 것도 원인이 될 수도 있다. 결과적으로 이러한 점은 의견 수렴 과정의 부족으로 나타난다.

28. 의원-유권자 간 접촉 빈도가 낮은 것은 의원 개인의 의지의 문제인가 혹은 의원의 업무 과정에 의한 것인가?

» 동시적인 것이다. 의원들이 서울에 있으면 잘 내려가지 않는다. 의원의 업무 과중 및 개인 성향의 차이라고 생각한다.

» 또 다른 해결방안은 지역민들과 지역 현안에 대한 간담회, 세미나 개최를 정례화 할 필요가 있다. 결과적으로 다양한 의견 수렴이 될 수 있다.

29. 한국의 사회통합 정도에 대해 어떻게 생각하는가? 높다고 생각하는가?

» 사회통합 정도가 낮다고 생각한다.

30. 한국 사회의 가장 큰 갈등이 무엇이라 생각하는가?

» 첫 째는 빈부 갈등이고, 두 번째는 세대갈등 세 번째는 좌우 이념에 대한 갈등이 아닐까 생각한다.

31. 한국 사회의 갈등을 해소하고 분열을 치유하는 데 있어 정당들이 어떤 역할을 수행해야 한다고 생각하는가?

» 협치를 해야 한다. 각 정당이 각 정당을 지지하는 사람들의 갈등을 치유하기 위해 의견을 모아서 정책으로 만들고, 3당이 서로 의견 수렴을 통해 협의를 이루어 협치를 하게 되면 갈등이 치유될 수 있을 것이다.

32. 정당 간 협의체가 정례화되어 있는가? 또한 그 결정은 효율적인가?

» 정례화되어 있진 않고 현안이 있을 때마다 상시적으로 모인다. 정치는 어차피 딜(deal, 거래)이기 때문에 세 개를 받으면 두 개를 양보하고 이런 식으로 해결방안을 찾아 간다. 따라서 완벽한 타협이나 완벽한 협상은 이루어지지 않는다. 따라서 이번 3당 체제가 완벽한 협의를 이루어 낼 수 있을지, 3당이 캐스팅 보트를 쥐고 어떻게 움직일지는 앞으로 우리가 고민해 봐야 할 문제인 것 같다.

[마지막 추가발언]

» 역으로 국회는 300명의 각 국민들을 대표하는 사람들이 모여 있는 입법기관
이다. 따라서 더 치열하게 싸워야 한다고 본다. 타협이 있고 협치가 잘 이루
어지기보다는 더 치열하게 토론하고 소신 있게 목소리를 내는 국회의원이
많아서 다양성이 확보가 되고 그 다양성 속에서 한 가지 방향을 찾아낼 수
있는 정당정치가 이루어져야 하지 않나 싶다. 지금은 당의 색깔에 맞춰야 하
기 때문에 다양성이 적어진다. 그렇기 때문에 더 치열하게 토론해야 한다.

1. 유권자들의 정당정치에 대한 신뢰 및 만족도가 낮다는 지적이 있다. 그 이유는 무엇이라 생각하는가? 정당정치에 대한 신뢰와 만족도를 높일 수 있는 방안으로 무엇이 있을까?

» 신뢰도와 만족도 하락의 원인은 국회의원의 기본 직무를 수행하지 못함에 있다. 다시 말해 당리당략에 빠져 민생, 경제, 안전, 복지 등을 등한시해 발생한다고 볼 수 있다.

» 우선 중앙집권적인 당 체제를 개선할 필요가 있다. 또한 국회의원 한 사람 한 사람에 대한 의견을 존중해 주어야 한다. 국민들의 표로 이뤄진 직임을 인지할 필요가 있다.

» 금번 20대 국회의원 공천파동과 같은 일은 계파의 이득을 위한 이익 우선주의에서 비롯된 것으로, 국회의원이 본연의 직을 다 한다면 굳이 당의 이익만을 위하지 않아도 국민 참여로 인한 당의 발전을 가져올 수 있다고 생각한다.

2. 민주화 이후 한국의 정당정치와 민주주의의 발전이 어느 정도 수준에 달했다

고 생각하는가? 특히 어떤 부분이 발전했다고 생각하는가?

» 10점 만점으로 봤을 때, 8점 정도의 발전이 있다고 본다.

» 특히, IT 발달로 이어지는 SNS를 통해 개개인의 의견 개진 및 참여도가 높아졌다.

3. 한국 정당정치와 민주주의의 발전을 위해 어떤 측면의 개혁이 가장 우선되어야 한다고 생각하는가?

» 우선 정당정치의 발전을 위해서는 올바른 붕당정치가 자리 잡아야 된다고 생각한다. 우리가 흔히 알고 있는 붕당정치는 조선 중기의 계파와 파벌로 나뉘어 국가발전을 저해한 요인이라고 생각하고 있지만, 국가의 발전을 위해 붕당은 필요하다고 본다. 다만 국민을 외면한 붕당이 이뤄지지 않도록 당의 주체성을 확립하고 국민 중심, 당원 중심으로 변화되어야 할 것이다.

» 지난 십수 년간 민주주의 발전을 이뤄 왔지만 그 이면에 개인주의가 팽배해졌다. 정치참여라는 이유로 근거 없이 남을 비방하고, 마녀사냥처럼 매도하는 식의 행태는 올바른 민주주의가 아니라 생각한다. 이타심이 근거가 되는 대안과 대책이 나올 수 있는 생산적 참여가 이뤄져야 할 것이다.

4. 한국 정당정치의 개혁에 있어서 가장 큰 걸림돌이 무엇이라 생각하는가?

» 집권만 하면 다 해결될 것이라는 착각, 즉 배려 없는 비방 등을 통한 당리당략에 급급한 모습들은 철폐되어야 할 것이다.

5. 한국형 정당개혁이 어떠한 방향으로 나아가야 한다고 생각하는가? 한국 정당정치의 개혁 방안으로서 평소에 생각해 둔 아이디어가 있는가?

» 당원 중심의 정당으로 거듭나야 될 것이다. 당원이 철저히 배제되는 모습의 현 상황에서는 정당개혁이 이뤄지지 않을 것이라 생각한다.

» 또한 당 소속의 국회의원들의 계파 나누기를 지양하고 국민 눈높이에 맞춰

현실 정치를 하는 것이 필요하다고 본다.

6. 정당개혁의 방향성에 대한 당내 논의가 실제로 어느 정도 이루어지고 있는 가? 어느 정도 합의가 이뤄지고 있다고 보는가?

» 거의 이뤄지지 않았다고 생각한다.

7. 중앙당 지도부의 총선 공천에 대한 영향력 행사가 바람직하다고 생각하는 가?

» 바람직하지 않다고 생각한다. 어느 정도의 관여는 있어야 하나, 전적으로 당 원들에게 그 결정권이 있어야 된다고 본다.

8. 당내 후보 선출에서 상향식 공천의 제도화가 필요하다고 생각하는가?

» 필요하다. 단, 당원을 중심으로 한 상향식 공천이 이뤄져야 할 것이다.

9. 한국의 사회통합 정도에 대해 어떻게 생각하는가? 높다고 생각하는가?

» 기준점을 어느 시대에 둘 것이냐에 따라 내용이 달라지겠지만, 광복 이후 사 회통합이 점진적으로 이뤄지고 있으나, 높지는 않다고 생각한다.

10. 한국 사회의 가장 큰 갈등이 무엇이라 생각하는가?

» 급속한 산업 발전으로 인한 양극화가 가장 큰 갈등이라 생각한다.

11. 한국 사회의 갈등을 해소하고 분열을 치유하는 데 있어 정당들이 어떤 역할 을 수행해야 한다고 생각하는가?

» 양극화의 중간점은 없다고 생각한다. 다만 어느 한쪽으로 지나치게 기울지 않도록 하는 것이 정치권의 역할이라 생각한다.

» 정당의 역할은 바로 다수의 국민과 소수의 국민 중 어느 한쪽에 피해가 가지

않도록 하는 데 있다고 본다.

» 당리당략에 앞서 국민 건강, 안위, 경제, 복지 등에 대한 사심 없는 입장으로 다가서야 하는 것이 우선이다.

12. 유권자-정당/의원의 접촉은 주로 어떤 방식으로 이루어지고 있는가?

» 정당에 의해 주로 이뤄진다고 본다.

13. 정당/의원의 일반 유권자, 지지자, 당원에 대한 접촉 방식이 어떻게 다른가?

» 일반 유권자와, 지지자의 경우 지역 내 활동을 통해, 그리고 당원의 경우 전 당대회 등 당 행사를 통해 접촉이 이뤄진다.

14. 귀 정당/의원을 지지하는 유권자들과 다른 정당/의원(후보)을 지지하는 유권자들 간의 가장 눈에 띄는 특징은 무엇인가? 그렇다면 귀 정당/의원을 지지하지 않는 유권자들을 설득하기 위해서 어떤 노력을 하고 있는가?

» 진보와 보수, 다시 말해 재산의 침해와 비침해로 인해 지지정당이 변화를 불러온다.

15. 유권자의 지지를 이끌어 내는 데 있어서 현재 한국 정당 각각의 장단점이 무엇이라 생각하는가?

» 진보적 성향의 당은 포퓰리즘을 통한 희망을 얘기하며, 보수적 성향의 당은 현실적인 생활에 기반한 안정을 얘기한다고 볼 수 있다.

16. 유권자-정당/의원의 접촉은 유권자의 정치참여(투표참여 포함)에 실질적인 영향을 준다고 생각하는가?

» 그렇다.

17. 한국의 정당들이 유권자들의 목소리를 정책결정과정에 제대로 반영하지 못하고 있다는 비판이 있다. 그 원인과 해결방안이 무엇이라 생각하는가?

» 국민 입장이 아닌 당의 입장에서 문제를 바라보기 때문이다.

» 당리당략이 제도권에 있는 본인들을 위함이 아닌, 국민을 위함으로 바뀌어야 한다고 본다.

18. 의원의 입법 활동 과정에서 정당지도부와 유권자의 영향력은 각각 어느 정도인가? 정당지도부/유권자는 어떻게 각각 다르게 입법 과정에 영향을 주고 있는가?

» 지도부 4, 유권자 6 정도이다.

» 지도부의 경우 당론을 결정함에 있어 요구가 많고, 유권자의 경우 지역 현안에 대한 요구가 많기 때문에, 지역 주민의 표로 당선이 된 의원의 경우 유권자가 원하는 입법을 위주로 한다고 생각한다.

19. 선거캠페인 과정에서 정당지도부의 지원과 영향력은 어느 정도인가?

» 정당의 지원에 따라 당락이 결정될 수 있다고 본다.

인터뷰 대상자

07

1. 유권자들의 정당정치에 대한 신뢰 및 만족도가 낮다는 지적이 있는데, 그 이유는 무엇이라 생각하는가?

» 적극적으로 정치에 관심이 있는 사람들은 대부분 야당 성향 사람들인데, 그 사람들이 항상 몇 년째 계속 지는 선거를 해 왔다. 패배감 같은 것도 많이 있다. 어려운 사람일수록 바꿔 봐야겠다는 생각을 할 것 같고 자기표현을 적극적으로 할 것 같은데 실제로는 안 그렇다. 실제로 보니까 기존의 기득권층들이 자기 지위를 공고히 하는 데 목적을 두고 오히려 더 적극적으로 투표를 하는 것 같다. 실질적으로 움직이는 투표 성향을 보니까 자기 목소리를 내야 될 사람들이 오히려 안 하는 그런 경향이 있는 것 같다.

2. 정당정치에 대한 신뢰 및 만족도를 높일 수 있는 방안이 있을까?

» 이번처럼 이기는 선거를 해야 할 것 같다. 계속 졌었다. 특히 야당 쪽에서 보면 계속 져 왔기도 하고, 인구비례를 보면 젊은 사람들이 비율상 적기도 하지만 그렇게 적극적으로 투표할 의지도 없고 실질적으로도 안 움직이는 것 같다. 이기는 선거를 해서 '나도 투표를 하면 이렇게 바뀔 수 있구나' 하는 성

취감 같은 것이 있어야 할 것이다.

3. 한국 정당정치와 민주주의의 발전을 위해 어떤 측면의 개혁이 가장 우선되어야 한다고 생각하는가?

» 지금 언론이 제일 문제인 것 같다. 그 다음에는 교육이 문제이다. 교육이 좀 바뀌어야 한다. 획기적으로 젊은 애들이 숨통이 트일 수 있게 바뀌어야 한다. 일단 학비 이런 것에서 좀 자유로웠으면 좋겠다. 젊은이들이 눈앞에 보이는 먹고사는 문제, 학비 문제를 걱정 안 했으면 좋겠다.

» 언론이 제일 문제이다. 언론이 너무 권력과 유착되어 있다. 언론인들은 자칭 타칭 지식인들이다. 옛날 지식인들하고 지금 지식인들은 금전적인 혜택을 받아서 그런지 모르겠지만. 언론인들이 정치권력과 돈과 너무 밀착되어 타협하는 것 같다. 전체적인 언론을 몰아가는 것 같다. 밑의 민심과 위반되는 그런 행동들을 많이 하는 것 같다.

4. 한국형 정당개혁이 어떠한 방향으로 나아가야 한다고 생각하는가? 한국 정당정치의 개혁 방안으로서 평소에 생각해 둔 아이디어가 있는가?

» 어려울 것 같다. 기존 정치인들의 자기들 간의 연결 고리가 있을 것이다. 어느 정도는 다선 의원들이 가지는 기득권을 내려놓기 쉽지 않을 것 같다. 정당개혁은 쉽지 않을 것 같다. 왜냐하면 너무 가진 것이 많으면 내려놓기 쉽지 않지 않은가.

5. 한국 정당정치의 개혁에 있어서 가장 큰 걸림돌이 무엇인가?

» 기존의 기득권들이 가지고 있는 것에 대한 욕심을 내려놓기 쉽지 않을 것 같다. 가진 것을 빼앗긴다는 것은… 가져 보지 못한 사람들은 모를 것 같다. 왜냐하면 가져 보지 않았으니까 그것이 얼마나 좋은지 모를 것이다. 이번 국회의원 선거에서 캠프에 있었지만 어느 한편으로는 그런 생각이 들었다. '저게

정치현장에서 진단하는 한국 정당과 민주주의

얼마나 좋으면 저렇게 할까' 선거운동하는 것이 쉽지 않다. '진짜 고생한다'
고 생각했다. '저게 얼마나 좋으면 저렇게 하고 싶나' 생각했다. 캠프에 있는
사람이라서 느낀 것이 아니라 유권자로서 그런 생각이 들었다. 자기랑 다른
성향인 사람들을 만나는 경우에 감정이 있는 동물인데도 내색 안 하고 긍정
이든 부정이든 수긍하고 들으려고 노력하는 것이 쉽지 않다. 대부분 나하고
조금만 달라도 다른 사람하고 구별하려고 하고 구분 짓고 그렇지 않나.

6. 중앙당 지도부의 총선 공천에 대한 영향력 행사가 바람직하다고 생각하는
   가? 혹은 당내 후보 선출에서 상향식 공천의 제도화가 필요하다고 생각하는
   가?

» '당에서 꼭 필요한 사람인데, 그 사람이 꼭 당선됐으면 좋겠다' 하는 전략적
공천이 아주 필요 없지 않은 것은 아니다. 왜냐하면 지역위원장이라고 해서
지역을 관리하는 사람이 있다. 그 사람을 어느 정도 인정해 줘야 할 것 같다.
왜냐하면 4년 동안 본인이 욕심이 있었든지 간에 어찌 됐든 당을 대신해서
지역을 관리하는 것이다. 그런데 그냥 위에서 내리꽂는다고 해서 관리되던
사람들이 그쪽으로 모아지지는 않을 것 같다. 반발심도 있을 것이다. 자연적
으로 단일화되면 모르겠지만, 그렇지 않으면 상처가 많은 것 같다.

7. 경선은 상향식이라고 볼 수 있다고 생각하는데, 이러한 방식은 어떻게 생각
   하는가?

» 이것도 문제가 좀 있다. 실질적으로 경선할 때 전화 받는 사람은 정해져 있
다. 전혀 다른 사람들에게 만 건의 전화를 돌렸을 때 전화를 받는 비율이 10
~15% 정도라고 한다면, 꼭 받아야 하는 사람들만 받는다는 결론이다. 조직
관리만 해 가지고 그 조직 사람들은 전화를 꼭 받을 것이다. '그게 공정한 경
선일까?' 하는 약간의 회의감이 들었다. 왜냐하면 대부분의 사람들은 관심
이 없기 때문이다. 그러다 보니 꼭 받아야 될 사람 중에서 한 사람이라도 전

화를 놓치면 안 되니까 '꼭 전화를 받아야 해' 식으로 관리하게 된다. 대부분의 사람들은 경선을 하는지조차 모른다. 전화가 오면 끊어 버린다. 그것(경선)도 그냥 자기가 거느릴 수 있는 사조직들의 싸움이지, 대다수의 국민들이 후보들을 다 알아서 참여해서 투표하는 것은 아닌 것 같다. 그런 것은 좀 보완을 하면 상향식 공천도 괜찮긴 하지만 보완해야 할 부분이 많은 것 같다.

» 노인 분들 같은 경우에는 스마트폰의 키판 누르는 것을 잘 모른다. 그런 교육도 안 되어 있는 상태에서 전화가 오면 그게 어느 정도는 왜곡될 수도 있다. 왜냐하면 60대 이상, 50대도 직장 생활을 하지 않는 가정주부의 경우에는 키판 누를 일이 별로 없다. 나중에는 그것을 뒤늦게 발견하고 느낀 것이다. '키판을 어떻게 누르지' 하는 생각이 들었다. 집 전화 같은 경우에는 번호판이 있지만. 이것부터 다시 하게 되었다. 사람들을 다 불러다가 키판 누르는 것부터 다시 교육을 시키는 것이다. 이런 것들이 다 보완이 되어야 할 것이다.

8. 유권자-정당/의원의 접촉은 주로 어떤 방식으로 이루어지는가?

» 선거 때는 그냥 출근, 퇴근 인사였다. 그리고 유세차를 많이 안 쓰셨다. 거의 자전거 타고 골목골목 다니시면서 만났다. 하지만 구석구석 다닌다고 해도 본인이 그 사람을 안 보면 유권자들은 '우리 동네는 안 왔다'는 말이 나온다. 방금 그쪽을 지나왔는데 '왜 우리 동네를 안 오나' 하는 항의전화가 올 정도이다. 자전거를 많이 활용하고 많이 걸어 다닌다.

9. 정당/의원의 일반 유권자, 지지자, 당원에 대한 접촉 방식이 어떻게 다른가?

» 여성위원회, 산악회 등 단체가 굉장히 많다. 단체나 조직들이 많은 것 같다. 산악회 같은 경우 행사가 있거나 하면 지지자분들이 사무실로 알려 준다. '우리 이번에 산악회에 사람이 얼마나 오는데 와서 인사라도 해라' 그런 식으로 연락이 온다.

10. 귀 정당/의원을 지지하는 유권자들과 다른 정당/의원(후보)을 지지하는 유
    권자들 간의 차이가 있다고 생각하는가? 그렇다면 귀 정당/의원을 지지하지
    않는 유권자들을 설득하기 위해서 어떤 노력을 하고 있는가?

» 후보님에게 물어본 적이 있었다. '그게 느껴지냐고'. 후보님은 인사하고 악수
  만 해도 안다고 하더라. 느껴지냐고 물었더니 표가 보인다고 하더라. 정치인
  들은 진짜 표가 다니는 것이 보인다고 하는데, 그런가 보다. '저 사람은 내 표
  가 아니다' 하는 것이 느껴진다고 한다. 느낌으로 악수만 해도 '아 이 사람은
  내 편이 아니다. 여기는 다른 쪽이네' 하는 것이 어떻게 느끼는지는 모르겠
  지만 '그 느낌이 있어요' 그러더라.

11. 그 느낌이라는 것이 같이 캠프에서 활동하는 사람들도 같이 느끼는 것인
    가?

» 그거는 조금 다른 것 같다. 후보자는 좀 더 민감하게 예민하게 느끼는 것 같
  다. 왜냐면 본인이 직접 뛰는 선거이기 때문이다. 누구를 보좌해서 뛰는 것
  이 아니라 당사자니까 더 예민하게 느끼는 것 같다.

» 설득은 쉽지 않을 것 같다. 그냥 인사하고 악수하고 그러는 것이지 막 설득
  하고 그런 작업은 안 하시는 것 같다. 그냥 인정해 주는 것 같다.

12. 유권자의 지지를 이끌어 내는 데 있어서 현재 한국 정당 각각의 장단점이 무
    엇이라 생각하는가?

» 특별한 것은 없는 것 같다. 끌어들이고 이런 것보다는 선거는 바람을 많이
  타는 것 같다. 이번 선거에는 그 바람이 이쪽으로 불어서 그런 거지만, 전에
  는 뉴타운 바람이 불어서 수도권을 다 휩쓸었다. 당마다 선거기간에 전략도
  있겠지만 이당 저당 이런 것보다는 사고를 안 친다면 한쪽으로 그런 바람들
  이 있는 것 같다.

» 제가 당을 선택하는 데에 있어서 새누리당을 지지할 수는 없다고 생각한다.

고향이 전라도인데 80년도에 중학교 1학년이었다. 그때는 광주 사태였다. 그걸 겪은 세대라 감정적으로나 이성적으로나 절대로 새누리당을 찍을 수 없다. 새누리당의 장점은 자기 이익이 있으면 철저히 뭉치는 것이다. 막 자기 목소리를 내다가도 목표가 딱 정해지면 무섭다는 생각도 든다. 단점이라면 뭐 똑같다. 자기네들 이익을 위해서 철저하게 뛰는 것이다.

» 보수는 부패로 망하고 진보는 분열로 망한다는 말이 있듯이 서로 윈윈하고 잘되면 서로 띄워 주고 같이 이길 수 있는 그런 것을 해야 하는데 대부분의 진보 쪽을 보면 서로 남 잘되는 것을 못 보는 것 같다. 한 사람이 올라가려고 하면 끌어내리려 한다. 이익집단이 아니라 그런지 아니면 자기네 이익을 가져 본 적이 없어서 그런지 모르겠지만, 별 것도 아닌 것을 가지고 분열하는 것 같다. 자기들끼리 싸운다. 언론에서는 또 그것을 침소봉대해서 크게 확대해서 내보내는 것 같다.

» 국민의당은 이야기하고 싶지 않다. 없어져야 될 당이고 이도 저도 아닌 당이고 괜히 야권 분열을 한다고 생각한다. 안철수 대표의 정체성을 아직 모르겠다. 뭐 그냥 생각건대 새누리당 대선후보로 나오지 않을까 싶다.

13. 그렇다면 이번 선거에서 국민의당이 지지를 많이 받은 이유가 무엇이라고 생각하는가?

» 이쪽도 싫고 저쪽도 싫은 유권자들의 덕택이다. 새누리당을 지지하는 사람은 민주당을 절대 못 찍는다. 그래서 대안이 이쪽이었을 것이다. 똑 같은 이유로 민주당에 회의를 많이 느낀 사람들이 대안으로 찍을 수 있었을 것이다. 절대 새누리당은 못 찍을 것이다. 그 중간 지대, 약간 중간 지대 같은 사람들이 많이 찍은 것 같다.

14. 유권자-정당/의원의 접촉과 소통의 경험이 유권자의 정치참여(투표참여 포함)와 행태에 실질적인 영향을 준다고 생각하는가?

» 소통을 중시한다는 것은 소통이 없다는 것이다.

» 아무래도 사회운동에 참여하고 적극적으로 사회문제에 대해서도 '좋아요'라도 누를 수 있는 사람들은 적극적으로 할 수 있을 것 같다.

» 악수를 한 번 해 본 것과 안 한 것은 차이가 크다. 악수를 한 사람은 내 표가 된다고들 한다. 그래서 후보들이 열심히 거리 유세를 나간다. 일단은 눈에 안 보이면 자기를 알릴 수 없기 때문이다.

15. 한국의 정당들이 유권자들의 목소리를 정책결정과정에 제대로 반영하지 못하고 있다는 비판이 있는데, 그 원인이 무엇이라 생각하는가?

» 딱 한 가지, 투표로 철저하게 응징하지 못하기 때문이다. 대통령도 그렇고, 국회의원도 그렇고, 지자체장도 그렇다. 그 임기 기간에 못했으면 철저하게 가려서 투표로 응징해 줘야 하는데, '나는 무조건 이당, 나는 무조건 저당' 이렇게 표가 딱 정해져 있다. 표가 정해져 있는데 하고 싶겠는가. 본인이 하고 싶은 일을 해도 똑같이 표를 받고, 피 묻히지 않아도 표를 받는다고 생각하는 것이다. 본인이 잘못하거나 반하는 행동을 했을 때 다음 투표를 걱정을 하면 그렇게 행동을 안 할 것이다.

16. 이에 대한 해결방안이 무엇이라 생각하는가?

» 시민들이 참여하는 단체들, 소규모 단체들이라도 자기 목소리를 내는 단체들이 많아졌으면 좋겠다. 일본은 지금 자민당이 독재하다시피 하는데도 그런 거에 비해서 시민단체가 굉장히 활성화되어 있다고 한다. 그런데 우리나라의 경우에는 지금 독재를 하는 것은 아니지만 비교적 시민단체가 조금 약하다는 이야기를 많이 들었다. 시민들이 참여하는 소규모 단체들이 더 많아져야 되지 않을까 생각한다. 한두 명의 목소리는 안 들릴 수도 있지만, 사람들이 많이 모이고 목소리가 커지고 마이크가 커지고 그러다 보면 정치인들이 귀담아 듣지 않을까 생각한다.

17. 선거캠페인 과정에서 정당지도부의 지원과 영향력은 어느 정도인가?

» 당연히 후보 사무실에서 기획하시는 분들은 그렇다. 왜냐하면 문구 하나하나까지도 '법적으로 걸리지 않을까, 혹시 문제가 있지 않을까, 선거법에 위배되지 않을까' 디테일하게 다 작성해 놓고도 다시 검토하고 되게 철저하게 가리는 것 같다. 문구 하나를 딱 내놓는 것이 아니라 여러 문구를 갖다 놓고 '이것은 어떤 문제가 있고, 장단점이 무엇인지, 색깔을 이렇게 배열하는 것이 어떤지, 위아래로 배열할지 좌우로 배열할지' 굉장히 디테일하게 세세한 것까지 기획해서 한다.

» 간섭을 하기는 한다. 당원들이 '플랜카드는 왜 거기다 걸었느냐, 플랜카드 문구를 왜 그렇게 했느냐, 이 문구를 넣었으면 더 임팩트가 있지 않았느냐' 하는 말을 하곤 한다. 그런데 그런 것들을 어느 정도 반영을 하기도 하지만, 대부분 사무실에서 기획한 의도대로 그냥 하기도 한다. 그때그때 반영하는 것은 좀 그렇고 그런 문제들이 있으면 나중에 반영하기도 한다.

» 이번 총선 선거기간에 문재인 전 대표도 왔었고, 김종인 대표도 왔었고, 더 컷 유세단도 왔었다. 캠프에서 지원 유세해 달라 요청하기도 했다.

18. 선거캠페인 과정에서 중앙당의 금전적인 지원은 어느 정도인가?

» 이번 선거에서 지원을 조금 해 준 것 같다. 원래 지원금이 없다고 들었었는데 조금 해 주신 것 같다. 여론조사에서는 계속 지는 것으로 나왔는데 안심번호로 당 차원에서 공표기간 이후에 조사했을 때는 저희가 이기는 걸로 나왔다. 그래서 그런지 지원금을 좀 주셨다. 지원금에 대해서는 간섭을 안 한 것 같다. 쓰는 것에 대해서 간섭한 것은 모르겠다. 간섭한적 없었다.

19. 담당하면서 선거기간에 제일 예민했던 부분이 무엇인가?

» 선거비용이었다. 선거비용이 초과되면 무효가 될 수도 있고 안 되기 때문에 초과 안 되게 하려고 제일 신경 썼다. 선거 전전날부터 역산해서 계산을 미

리 뽑았고. 왜냐하면 쓰다 보면 꼭 써야 될 때 나중에 못 쓰게 될 수도 있기 때문이다.

20. 정당과 후보자가 부담하는 비용의 비율은 어느 정도인가?

» 후원금이 있었다. 보전 안 받는 비용이 더 많다. 선거기간 내에 쓴 것을 보전 받는 것이기 때문에 그 전에 사용한 선거비용은 보전 못 받는 것들이 많다. 후보자와 후원회가 6:4 정도의 비율로 쓴다. 인기 있는 의원들의 경우에는 후원금을 초과 달성해서 후원회가 문을 닫았다는 이야기도 있다. 현직의원 이 아니어서 그런지 만족스럽게 후원금이 들어온 것 같지는 않다. 그 전 선 거캠프에서 후원금이 얼마나 들어 왔는지는 모르겠지만 그 전보다는 많이 들어 왔다. 하지만 후보님은 '왜 이렇게 안 들어 왔어요?'라고 하더라.

» 단체나 사업자의 경우에는 후원금이 들어오더라도 다시 반환된다. 개인만 가능하다. 대부분 지지자하시는 분들이 보내 주신다.

21. 한국의 사회통합 정도가 낮다는 비판이 있다. 그 원인이 무엇이라 생각하는 가?

» 아무래도 정치인들이다. 기존에 이미 앞서서 했던 정치인들부터 지역감정 을 조장해 가지고 지역을 나눠 먹는 것이라고 생각한다. 그로 인해 지역감정 의 골이 깊어지고 그 다음에는 언론들이 그것을 조장하는 면도 없지 않아 있 었다. 거기에 또 편승해서 정치인들이 이용하는 것도 있고, 본인들이 조장한 것을 이용하고, 이용해서 이득을 취한 것이다. 그런 사람들이 계속 있는 한 사회통합이 쉽지 않을 것 같다. 갈수록 더 할 것이기 때문이다. 그것을 이용 해서 정치인들이 본인이 얻고 싶어 하는 것을 그동안 많이 얻어 왔다. 대선 도 그렇고 총선도 그렇다. 그것이 숙제일 것 같다. 지역감정을 없애는 것이 가장 큰 문제인 것 같다.

22. 한국의 사회통합 정도에 대해 어떻게 생각하는가? 높다고 생각하는가?

» 더 안 좋아졌다. MB 정부 들어서면서부터 골이 더 깊어진 것 같다.

23. 한국 사회의 가장 큰 갈등이 무엇이라 생각하는가?

» 요즘 세대갈등이 심하다. 이번 총선에서 그나마 경남 쪽은 많이 해소된 것 같다. 앞으로 당 선거들이 어떻게 될지 봐야 되지만 많이 해소된 것 같다. 앞으로는 지역갈등보다 세대갈등이 더 크지 않을까 생각한다. 나이 들어서 더 욕심 부리고 못 놓고 그러는 것을 보면서 어느 한편으로는 '나이 들면 저렇구나. 나도 나이 들어가지만 나이 든다는 게 저런 거구나' 그런 걸 많이 요즘 보게 된다. 젊은 세대하고 나이 든 세대 간의 갈등. 왜냐하면 앞으로는 많지도 않은 젊은 세대들이 먹여 살려야 한다. 그런데 나이 든 사람들은 젊은 사람들 생각 안 한다. 그래서 꼭 투표해야 하는 것이다. 나이 든 사람들은 철저히 자기 이익을 위해서 투표한다. 젊은 사람들도 자기 세력화를 좀 해서 본인들의 목소리를 내야 챙겨 주지 그렇지 않으면 절대 안 챙겨 준다. 왜냐하면 정치인들은 자기한테 표를 주는 사람을 대변할 뿐이다. 표를 주지 않는 젊은 세대는 신경 안 쓸 수밖에 없다. 왜냐하면 본인을 지지해 주는 사람을 챙기기도 바쁘기 때문에 투표도 안 하는 사람은 챙기지 않을 것이다.

24. 왜 젊은 사람들이 투표를 안 한다고 생각하는가?

» 너무 힘들어서이다. 알바해야지 공부해야지 힘들지 않은가.

25. 한국 사회의 갈등을 해소하고 분열을 치유하는 데 있어 정당들이 어떤 역할을 수행해야 한다고 생각하는가?

» 정당이 역할을 할 만한 것이 있겠지만 과연 역할을 할까? 회의적이다. 왜냐하면 지역감정, 계층 간 갈등, 세대갈등 등을 이용하려는 세력은 꾸준히 있기 때문이다. 그런 것조차도 철저히 자기 표를 위해서 정치인들은 움직일 것

이다. 그 달콤한 사탕을 놓겠는가.

26. 정당, 국회의원 등이 해야 할 역할이 무엇이라고 생각하는가?

» 그냥 FM대로 해야 한다. 정치인들이 국민을 위해서 정치하는 그런 것밖에 더 있을까?

27. 민주화 이후 한국의 정당정치와 민주주의의 발전이 어느 정도 수준에 달했다고 생각하는가? 특히 어떤 부분이 발전했다고 생각하는가?

» 요즘 오히려 퇴보하고 있다고 생각한다. 민주화가 잠깐 왔었던 것 같다. 민주 정부 들어서면서 잠깐 왔고 다시 MB정부 들어서부터는 계속 퇴보하고 있다. 야당 쪽에 있어서 하는 말은 아니지만 그렇게 들릴 수도 있지만, 진짜 옛날 모습들을 계속 보고 있다. 언론도 그렇다.

» 특히 언론이 제일 문제라고 생각한다. 왜냐하면 제대로 된 정보를 공개해야 되는 것이 언론인데, 오히려 눈과 귀를 막고 있다고 생각한다. 본인들이 오피니언 리더라고 자임하면서도 그걸 바탕으로 스스로 권력화되고 권력으로 나아가고 있다. 언론인들이 제일 문제인 것 같다. 프랑스가 제2차 세계대전 끝나고 나서 제일 먼저 했던 것이 언론인 숙청이다. 되게 잘했다는 생각이 든다.

[마지막 추가발언]

» 그냥 바람이라면 젊은 사람들이 투표로 자기 목소리를 냈으면 좋겠다. 내가 움직였더니 되더라는 것을 한 번만 느끼면 변화할 것 같다.

1. 유권자들의 정당정치에 대한 신뢰 및 만족도가 낮다는 지적이 있는데, 그 이유는 무엇이라 생각하는가?

» 근본적으로 생각해 봤을 때 정당정치의 흐름이나 이런 것들을 떠나서 헌법구조 자체가 문제가 있지 않나 생각한다. 헌법구조가 변화해야지 정당정치도 바뀔 수 있다는 근본적인 문제를 먼저 지적하고 싶다. 정치구조가 헌법체계에 의해서 정해지는 것인데 지금 1980년대에 정해졌던 헌법 이후에 개정사항이 전혀 없이 이렇게 온 것이 사실이다. 가장 큰 문제점이 제왕적 대통령제라는 5년 단임제에서 올 수 있는 폐해라고 생각한다. 우리 정치권이 이렇게 신뢰를 못 받고 싸움질만 하고 이합집산할 수밖에 없는 것은 승자독식주의 때문이다. 승자독식주의에 따른 패배자들, 51대 49를 했을 때 49를 끌어안지 못하는 사표현상 등이 오게 된다.

» 대통령 하나만 바뀌어도 보수집단에서 생길 수 있는 자리. 소위 말하는 장관부터 시작해서 차관, 공직자들의 승진 문제라든지 산하기관장, 감사 등 임명권자가 가질 수 있는 큰 자리가 결국 밥그릇 다툼이고 그러다 보니 거기에서 올 수 있는 문제들이 있는 것 같다. 그러다 보니 대선이든 총선이든 다 권력

자에게 집중이 되어서 올인하게 되고 무조건 승리하려고 상대방을 완전히 깔아뭉개고, 선진적인 정치문화가 나올 수 없는 그런 구조이다. 양당이 부딪혀서 계속적으로 싸울 수밖에 없는 구조이다. 총선을 하더라도 다음 대선을 위해서 계속적으로 견제하고 뭔가 생채기를 내게 되고 이슈선점을 하려고 하게 된다. 그런 것들이 계속되다 보니까 후진적인 정치문화가 계속 오지 않았나 생각한다.

» 물론 정치발전사에 있어서 정당이 가지고 있는 이점이나 기여한 부분도 많다고 생각한다. DJ나 YS나 이런 분들이 제왕적 정치체제로 군림하면서 정당체제의 구축을 하고 거기에서 훌륭한 인재들을 영입하고 키워내면서 한국 정치가 발전할 수 있는 토양을 만들었다는 데에서는 충분히 긍정적이라고 생각하나 그런 것들이 시간적으로 너무 딜레이가 되어 왔다. 변화를 할 수 있는 시기가 너무 늦어졌다. 진즉에 변화가 필요했는데 후진적인 제왕적 문화나 하나의 대선을 향해서 뛰어가는 정당들의 목적 자체가 헌법구조상에서 근간이 되는 다툼문화로 갈 수밖에 없다는 생각이 든다. 한 가지 예로 든다면 본회의장에 가면 정당별로 의석을 배정해 놓고 있는데, 본회의에서 발언을 하다 보면 서로 삿대질하는 것이 당파적 논리에 의해서 진영논리로 가버린다. 진영논리가 후진적인 정치문화의 근본이라고 생각한다.

» 국회의원 보좌진으로서 다양한 국회의원들을 만나고 있지만 이 사람들 개개인을 하나씩 다 들여다보면 정말 훌륭한 사람들이다. 밖에 있는 사람들이 '국회의원들 그렇게 대단한 사람들이냐 어떠냐'고 물어보면 딱 한 가지 이야기한다. 국회의원들을 보면 공통점이 딱 하나 있다. 각자의 분야에서 일각을 이룬 사람이라고 생각한다. 그렇게 뛰어난 사람들이 모여 있는 곳인데 왜 이렇게 싸울 수밖에 없고 후진적인 양태를 보이냐를 봤을 때는 진영논리에 따라서 달라진다고 생각한다. 아무리 뛰어난 사람도 당의 제왕적 최고위원회나 집단지도체제의 파묻혀서 보수진영을 지키는 하나의 소총수로 활동할 수밖에 없는 것이다. 초선의원들이 아무리 뛰어나도 최고위원회에서 결정

하면 박수로 추인하는 후진적인 모습이다. 각자의 목소리가 살아 숨 쉬지 않고 토론문화도 제대로 정착되지 않은 모습들이 좀 안타깝다. 개개인은 정말 뛰어난 사람들인데 진영논리에 갇혀서 '나를 따르라' 했을 때 그냥 다 같이 따라가게 되고 사회 각계의 다양한 목소리를 오롯이 담아내지 못하는 그런 점들이 안타까운 측면이 있다.

2. 정당정치에 대한 신뢰 및 만족도를 높일 수 있는 방안이 있을까?

» 다양한 게 논의될 수 있다고 생각한다. 일단 정당정치를 바꾸려면 정당정치의 최고 지도집단이라고 하는 체제를 먼저 살펴봐야 한다고 생각한다. 새누리당 같은 경우에는 집단지도체제이다. 전당대회를 열어서 최다득표자가 된 사람이 최고대표위원이 되고 2, 3, 4, 5등까지가 최고위원이 된다. 거기에 지역안배나 여성 이런 것들을 통해서 선출직이 아닌 임명직 최고위원회가 선정된다. 이러한 집단지도체제의 가장 단점은 여기에서 충분히 논의가 되지 않고 자기 계파의 목소리를 내다 보니 매번 싸움질만 하게 되는 것이다. 그래서 집단지도체제를 바꾸고 대표최고위원이 강력한 리더십을 취할 수 있는 권한과 힘을 주자는 이야기가 요즘 많이 논의가 되고 있다. 여기에 대해서도 상반된 의견이 있다. 지금 집단지도체제 내에서도 토론문화를 활성화하고 합의를 도출하는 민주주의 근본정신을 제대로 살려야 한다는 것이 반대 입장이다. 옛날 총재식의 대표최고위원 1인으로 가게 되면 후진적인 모습으로 YS, DJ 때로 돌아가는 것이라는 식의 의견이 있다.

» 그런데 정당정치가 신뢰를 회복하고 만족도를 높이기 위해서는 계파 간의 이합집산부터 근본적으로 없어져야 한다고 생각한다. 오히려 대표최고위원의 권한을 강화하는 식으로 가는 것이 낫지 않나 생각한다. 전당대회가 어떤 선거보다도 제일 힘들다고 이야기를 한다. 같은 정당내에 있는 사람들끼리 편을 나눠서 지역별로 그리고 자기 표를 얻기 위한 이합집산에 따르다 보니 계파가 자연스럽게 생기게 되는 문제가 있다. 보수는 권력자에게 모이는

특징이 있다. 예를 들면 민주당은 이념을 매개체로 한 동지적 개념이 있다면 여기 같은 경우에는 권력을 중심으로 한 보스와 상하관계 위주의 특징이 있다고 생각한다. 그런 것들을 지켜봤을 때 지금의 집단지도체제에서 올 수 있는 폐해, 소위 말하는 자기가 1등을 하기 위해서 치열하게 선거 다툼을 하고 여기에서 쌓인 앙금이나 폐해들이 그 최고위에서도 그대로 들어나게 된다고 생각한다. 그런 것들이 계파를 만들고 자기편에 몇 명이 섰는지를 보게 하며, 화해하고 함께 화합하기보다는 계파대로 이익에 따라서 자기 의견을 내는 모습들을 띤다.

» 이런 부분들을 좀 순화시키기 위한 과도기적 체제로서 대표최고위원의 권한과 권능을 강화해야 하지 않나 생각한다. 전당대회가 2년에 한 번씩인데, 이를 바꿀 수도 있다고 생각한다. 1년마다 한 번씩 한다는 것은 너무 피해가 크지만, 2년에 한 번씩 지속하되 중간에 지도부가 잘 될 수 있도록 감시 견제할 수 있는 상설 기구를 만든다든지, 그를 통해서 비토(Veto, 거부)를 한다든지, 당원이 어느 정도가 찬성을 하면 주민소환 제도처럼 대표와 지도부의 책임 문제의식이 있으면 전당대회를 다시 개최해서 지도부를 바꿀 수 있는 권한을 준다든지 하는 것들이 필요하다고 생각한다. 후진적 모습으로 간다고 마냥 비판을 할 것이 아니라 일단 지도부가 딱 정해졌으면 정해진 지도부를 확실히 믿고 따라갈 수 있는 그런 화합적 모습을 보여야 되지 않나 생각한다. 패배한 사람들도 끌어안을 수 있는 연정개념을 도입해서 각 보직이나 이런 것들에 대해서도 함께 갈 수 있는 러닝메이트 제도 등을 활성화해야 한다고 생각한다. 새누리당만 따졌을 때 현행 집단지도체제의 문제점이 있다.

3. 한국 정당정치와 민주주의의 발전을 위해 어떤 측면의 개혁이 가장 우선되어야 한다고 생각하는가?

» 정치판 자체가 바뀌기 위해서는 헌법이라는 개념부터 바뀌어야 한다고 생각한다. 개인적으로 개헌론자이다. 법과 제도 자체가 바뀌어야 그것에 따른

행위자들도 바뀔 수 있다고 생각한다. 5년 단임제에서 올 수 있는 제왕적 대통령제에 대한 폐해가 너무 심각하기 때문에 과도기적 측면에서 4년 중임제라든지 이런 것들을 통해서 반감시킬 수 있는 개헌 논의에 대해서 활발하게 진행이 되어야 한다고 생각한다. 다음 20대 국회에서는 그런 것들이 생산적으로 논의되기를 희망한다.

4. 한국형 정당개혁이 어떠한 방향으로 나아가야 한다고 생각하는가? 한국 정당정치의 개혁 방안으로서 평소에 생각해 둔 아이디어가 있는가?

» 지금 정당정치에서 가장 문제가 많이 되는 것들이 어떻게 보면 공천이다. 당의 최고의 역할이라고 해야 할지 그 생존논리라는 것은 당과의 이념과 정체성을 같이 할 수 있는 우수한 인재들을 옆에 두고 껴안고 이 사람들을 효율적으로 배치해서 그 당이 선거나 국민들의 민의를 통해서 선출이 되도록 하여 그에 따른 책임정치를 구현하는 것으로 정당정치의 본질이라고 생각한다. 공천이라는 것이 가장 중요한데 사람을 어떻게 영입해서 어떻게 쓰느냐, 적재적소에 배치를 하느냐 이 측면이다. 이런 공천들이 많이 논란이 되었던 것이 사실이고 이번 총선에서도 솔직히 문제가 많이 있었다. 당내에서도 큰 문제가 많이 있다는 이야기가 있다.

» 공천 시스템 자체를 근본적으로 바꿀 수 있는 문제들에 대해서 다양한 논의가 이루어져야 한다고 생각한다. 이번 총선에서 논의됐던 여론조사 방식은 국민들의 민의나 당원들의 민의를 전반적으로 받아들이기에는 한계가 있지 않나 생각한다. 전 세계에서 여론조사를 통해서 공직 후보자를 추천하는 경우는 우리나라밖에 없다고 한다. 깜짝 놀랐다. 그런 문제점들이 있다. 분명한 것은 완전 국민경선제, 오픈프라이머리라는 것에 대해서도 긍정적인 입장을 갖고 있으나, 그걸로 한 번에 가기에는 여러 가지 장애나 문제점들이 있다고 생각한다. 오픈프라이머리가 가지고 있는 단점으로 예를 들 수 있는 것은 반대표가 흡수되어서 제대로 된 인재들이 선출되는 것이 당에 의

해서 움직이는 것이 아니라 다른 개체에 의해서 정해질 수 있는 우려들이다.

» 당의 중심과 당의 주인은 당원이라 생각한다. 어찌 됐든 당원이 제일 중요하기 때문에 당원들을 중심으로 해서 당의 일꾼과 인재를 배출할 수 있는 효율적인 시스템을 우선적으로 구축하는 것이 제일 중요하다는 생각을 갖고 있다. 오픈프라이머리, 100% 국민경선제보다는 당원의 비중이 좀 더 커져야 한다고 생각한다. 물론 국민들의 민의를 같이 섞을 수 있는 부분도 충분히 필요하지만, 6:4, 7:3 정도의 다수는 당원의 민의가 반영되어야 한다. 당의 정체성과 이념을 올바로 갖고 있는 당의 인재를 당원들이 선출해야 된다고 본다. 그런데 지금은 좀 바뀌어 있다고 생각한다. 당비를 계속 납부하고 있는 당원으로서 당의 인재를 뽑는 데 역할을 하지 못한다면 당원으로서의 권리를 행사하지 못한다는 것에 대한 불만이 충분히 생길 수 있다고 생각한다. 본질 자체가 흐려질 수 있다는 것이다. 당이 책임정치를 구현한다는 차원에서 당의 분명한 입장과 노선을 같이하는 사람이 선출되어서 국민들의 선택을 받아야 하는데 그와 별개인 사람이 당의 대표로서 후보자로서 선출이 된다는 것은 문제가 있다고 생각한다.

5. 중앙당 지도부의 총선 공천에 대한 영향력 행사가 바람직하다고 생각하는가? 혹은 당내 후보 선출에서 상향식 공천의 제도화가 필요하다고 생각하는가?

» 일정 부분 필요하다고 생각한다. 일정 부분 필요하다는 의미는 바람직하다라는 것과는 별개의 문제이다. 바람직한지 바람직하지 않은지 이분법적으로 생각할 것이 아니라고 생각한다. 정치라는 것은 어찌 됐든 정치공학적인 측면이 반영이 되고, 대표지도부의 책임이라든지 그 사람들이 선거를 치르든지 하는 것에 대한 대표성을 지니고 있기 때문에 일정부분에 권한을 행사한다고 생각한다. 물론 그런 부분들이 음성적으로 이루어지면 문제이다. 대표최고위원과 최고위원 간의 암묵적인 것이 아니라 공개적으로 정해졌으면

좋겠다. 그냥 공론화시켜서 '우리 당의 발전에 기여할 수 있는 인재로서 이 사람을 추천한다'고 언론이든 당에든 보고를 해서 대표최고위원이나 최고위원급이 되는 중진급의 인사들이 이 사람들을 보증한다면 당원들도 그 사람에 대해서 더 신뢰할 수 있고 정치신인들이 오히려 정치무대에 데뷔할 수 있는 하나의 창구로서 긍정적인 역할을 하지 않을까 생각을 한다. 물론 그런 것들이 계파로서 이어지지 않겠느냐는 반론도 제기할 수 있겠지만, 무자비하게 무조건으로 음성적으로 추천한다면 계파화될 수 있지만 공개적으로 논의된다면 다르다고 생각한다.

» 제도라는 것은 시대의 흐름이나 시대상, 국민들의 목소리 등에 따라서 시시각각 바뀌어야 하는 것이 맞는 것 같다. 흐름에 따라서 바뀌는 때에 적절하고 안정적이고 모든 사람들이 공감할 수 있는 제도를 정착화하는 것은 좋은 것 같다. 그런데 하나의 방식이 무조건 옳다고 하는 것은 공감하지 못한다.

6. 소속 정당의 운영방식 및 의사결정구조 등 전반에 대해 만족하는가?

» 전반적으로 만족하냐고 했을 때는 솔직히 잘 모르겠다. 뭐냐 하면 청년당원으로 활동을 하고 있지만 그런 목소리들이 전달될 수 있는 창구들이 활성화되어 있지는 않다. 문제점이 분명히 있다.

7. 정당 내부 권한의 분권화 정도가 어떻다고 생각하는가? (중앙당-지구당 관계)

» 실질적으로 어느 부분은 잘 분권화가 되어 있는데 어느 부분은 또 그렇지도 않은 측면이 있다. 시도당이 다 나눠져 있지만 거기 내부에서도 각자의 당직자들이 있고 조직이 따로 형성이 되어 있다. 그렇지만 독자적으로 움직이기에는 좀 한계가 있다. 자율권을 인정을 하지만 중앙당의 지침에 따라서 대부분 좌지우지되는 상황이다.

8. 정당개혁의 방향성에 대한 당내 논의가 실제로 어느 정도 (활발하게) 이루어
지고 있는가? 어느 정도 합의가 이뤄지고 있다고 보는가?

» 언론에서 보이는 그대로이다. 그 이상도 그 이하도 없다.

» (추가질문: 정당개혁의 방향성에 대한 당내 합의가 이뤄져 있다고 보는가?)
아니다. 전혀 그렇게 보고 있지 않다. 개혁은 어찌 됐든 당을 움직이는 주체
세력 간의 치열한 헤게모니 다툼으로 인해서 당이 계속 발전하는 것이다. 주
도세력과 비주도세력이 다투는 것이 나쁘다고 생각하지 않는다. 정치라는
것은 이런 싸움들을 통해서 계속 성숙한 문화가 형성이 되고, 더 치열하게
싸움으로써 우리문화가 토론하면서 더 나아갈 수 있는 선진적인 문화가 구
축이 된다고 생각한다. 다만 기본적인 것들이 지켜져야지 가능한 부분들이
있다고 생각한다.

» 개혁이라는 중요한 과제는 모든 구성원들이 컨센서스를 구축해야 하는 측
면에 있다. 이것에 대해서 제각각 다른 입장을 가진 사람들이, 세력들이 있
기 때문에 그것을 모아 나가는 것이 제일 중요한데, 모아 나가는 계기를 찾
는 것도 중요하다고 생각한다. 한국 사람이 어떤 큰 사고가 터져야 응집되는
그런 것처럼, 정당개혁도 마찬가지라고 생각한다. 물 밑에서는 이런 것들에
대한 문제의식을 다들 갖고 있다. 그런데 어떤 계기나 발단이 있으면 한 번
큰 변혁이 분명히 일어날 것이라 생각한다. 개헌논의도 마찬가지다. 큰 변화
는 그런 계기를 만나야지 순풍의 돛 달 듯이 나아가지 않겠는가 하는 생각을
갖고 있다.

9. 의원의 입법 활동 과정에서 정당지도부와 유권자의 영향력은 각각 어느 정도
인가? 정당지도부/유권자는 각각 어떻게 다르게 입법 과정에 영향을 주고 있
는가?

» 거의 없다고 보긴 어렵지만, 지도부의 영향력이 크다고 단 한 번도 생각해
본 적은 없다. 발의하는 측면에서 그런 것들은 전혀 없고 처리하는 과정에서

는 지도부의 영향력이 있다. 의원의 입법발의라는 것은 개개인의 의원들이 다 고유의 헌법기관이기 때문에, 의원 본인이나 혹은 소속 의원실의 보좌진들과 함께 논의해서 공동의 문제의식을 갖고 문제의식에 대한 해결을 위해서 입법을 진행하는 것이다. 개개인 의원실과 의원의 재량권이 다 존중된다. 한 달에 70건, 100건씩 발의하는 데도 있다. 물론 발의가 되고 나서 처리를 하는 과정에서 당론과 배치된다든지, 튀는 것 등 그런 부분들에 있어서 제어가 되는 것이다. 지도부의 영향력이 발의과정에서는 전혀 미치는 것이 없다. 물론 어떤 핫이슈가 있을 때 당 차원에서 전반적으로 끌고 가는 큰 문제들, 예를 들어서 노동 4법이라든지 하는 여러 가지 굵직굵직한 법안들에 대해서는 정책위의장이든 원내대표든지 하는 당의 지도부가 주축이 돼서 진행하는 것들은 지도부의 영향력이 가미됐다고 봐도 무방하다. 그런데 그런 것에 대해서는 소속 의원들도 다 찬성한다. 당론이라는 것이 어찌 됐든 당의 정체성과 이념을 같이 하는 것이기 때문이다.

» 크지 않다. 그런데 유권자 개개인의 영향력은 크지 않지만 이익집단, 이익단체 그리고 지역구에서 소위 말하는 유지 등 목소리를 낼 수 있는 위치에 있는 분들의 입장은 충분히 영향력이 있다고 보는 것이 중론이다. 유권자 개개인이 목소리를 낸다고 진행되는 경우는 많지 않다. 목소리를 직접적으로 요청해 주시는 분들도 있다. 전화를 해서 '이런 부분은 잘못되지 않았느냐, 이런 부분은 좀 해 달라' 의원실 내에서 검토하고 발전시킬 수 있는 의미가 있는 부분들은 보좌진들이 판단하고 의원님께 보고드리고 진행하는 경우는 더러 있다. 하지만 그렇게 전화가 오는 부분은 드물고, 이익단체, 시민단체 이런 분들이 방향성을 제시한다고 했을 때는 개개인의 이념과 신념에 따라서 결정이 되고 추진이 되는 것이라고 본다.

10. 선거캠페인 과정에서 정당지도부의 지원과 영향력은 어느 정도인가?

» 총선이라면 당연하다. 지도부의 영향력이 중요하다. 예를 들어서 캠프 관계

자라고 했을 때 당의 지도부라고 하는 최고위원들이 총선을 뛰고 있는 지역구에 와서 유세를 하고 '준비된 후보입니다. 지역이 발전할 수 있는 가장 확실한 후보입니다' 이런 말을 해 주는 것 자체가 영향을 미친다. 당의 지도부라는 것은 어찌 됐든 당의 주인인 당원들이 선택한 사람이다. 그 사람들이 신원보증을 해 준다고 보면 되니까 당연히 지도부의 영향력이 크다고 할 수 있다. 그리고 선거 자체가 공천과 연관된 것이기 때문이다.

» 공약도 당연하다. 일단 기본적으로 우선적인 초점은 지역구 의원이라고 한다면 지역의 발전을 위한 지역공약을 제일 처음에 내놓는 것이 첫 번째이다. 하지만 그 공약을 내놓더라도 당이 추구하고 있는 이념과 가치에 배치되지 않는 측면에서 중앙당의 내놓은 공약들을 샘플링해서 내놓는 경우가 많다. 그것과 궤를 같이 해야 한다. 궤를 같이 하지 않는 사람은 당의 후보가 맞나 하는 비판에 직면할 수 있으니까 당연한 것이다.

11. 유권자-정당/의원의 접촉은 주로 어떤 방식으로 이루어지는가?

» 정당과 의원 간의 관계를 먼저 이야기 하자면, 당 소속 의원들은 상임위든 어디든 배치가 되면 상임위대로 운영되는 당의 정책조정위원회가 있다. 정책위 산하의 소위들이 있다. 그런 데에서 의견조율이 충분히 가능하고, 상임위별로 소통할 수 있는 창구들이 있기 때문에 충분히 이야기가 가능한 측면이 있다. 본회의나 중요한 핵심 사안을 처리해야 되는 과제가 있는 회의에 들어가기 전에는 꼭 의원총회를 열어서 당의 중요한 사안 등에 대한 브리핑을 항상 원내대표라든지 원내수석부대표라든지 정책위의장이든지 하는 사람들이 당의 입장과 당에서 정하고 있는 당론들에 대해 상세히 설명을 하기 때문에 소통들은 잘 이루어진다고 볼 수 있다. 대부분의 의원들이 하나씩은 직책을 맡고 있다. 직책에 따른 회의들, 원내대표단 회의, 최고위원회 회의, 시도당 연석회의 등이 많이 있기 때문에 시역 산, 시노부 산, 일반 상임위 산의 효율적인 의사소통은 충분히 창구가 있어서 원하는 대로 이뤄질 수 있는

측면은 충분하다.

» 정당과 유권자 간의 커뮤니케이션은 유권자라는 개념이 너무 포괄적이라 어떻게 말씀드려야 될지 모르겠다. 보수정당을 지지하는 유권자는 당연히 보수당원과 커뮤니케이션할 수 있는 여지가 많이 있다. 당원으로서든 지지를 밝히면서든 자신의 목소리를 이야기할 수 있는 통로들은 활성화되어 있다고 생각한다. 진보성향이나 중도성향을 가진 유권자의 경우에는 진보성향은 보수정당과 이야기하지도 않을 것이기에 단절되어 있다고 볼 수 있다. 중도성향의 유권자들은 행동 양식이나 양태가 적극적이지 않다. 선거를 통해서 본인의 권리를 구현하는 모습으로 나타나게 되는 것이라 생각한다.

» 유권자─의원 간의 관계를 봤을 때, 지역구 의원으로 한정을 하면 지역구 주민이 유권자이다. 요즘 들어서 문제가 되고 있는 것은 지역구 국회의원들이 나랏일을 하는 사람들이 아니라 지역구 일을 하는 사람들인 것 같다는 말을 많이 한다. 의원들이 지역에서 중요한 행사라든지 지역에서 얼굴을 내밀어야 되는 이런 것들이 다 표로 이어지기 때문에 지역구 유권자와 대면접촉면을 늘리기 위해서 부단히 노력하고 있다. 과거에 비해서 굉장히 많이. 국회의원으로서 해야 하는 입법, 행정부 견제, 예산심의 등 소위 말하는 나랏일을 하라고 주어진 국회의원들인데, 이 사람들이 주중에는 국회에서 상임위 활동, 예산 활동, 입법 활동 등으로 의무를 다해야 한다고 생각한다. 그런데 표를 얻기 위해서는 지역구에 얼굴이라도 더 내밀어야 하는 것들이 있기 때문에 계속적으로 지역을 왔다 갔다 하면서 조금이라도 인사한다. 지역구 의원과 유권자들 간의 관계 속에서는 소통할 수 있는 체계는 지금은 충분히 많다고 생각한다. 접촉면이 많지 않으면 재선, 삼선, 사선을 하기가 힘들어지니까 생존본능에 의해서 유권자와의 소통을 강화하는 것은 국회의원으로서 당연히 해야 하는 것이다.

» 소통관계는 원활한데 여기에서 발생하는 문제점이 있다. 주중에는 국회의원으로서 나랏일을 하는 본연의 기능들을 충분히 수행하고, 주말에는 지역

에 가서 지역구민들과 소통을 강화하는 행보라든지 이런 것들을 유지하기 위해서는 (국민들의 인식이 부족하다면) 제도화를 통해서라도 이런 분위기를 만들어야 하지 않나 생각한다. 지역에서는 지역 일을 하라고 시의원과 도의원, 구의원들을 뽑는다. 지방의회라는 개념이 풀뿌리 민주주의를 구현하기 위해서 만들어 놓은 것인데, 국회의원이 나라전반에 대한 살림살이라든지 행정부 견제라든지 큰 그림을 그린다면 지역구에 있는 지역 지방의회의 의원들이 그런 것들을 더 해야 한다고 생각한다. 분명히 이원화돼서 활동할 수 있는 인식이 분명히 주어져야 한다. 요즘은 국회의원의 지방의원화가 문제가 되지 않나 생각한다. 국회의원 본연의 기능을 할 수 없을 정도이다. 유권자의 의식자체도 올라간 것이 맞지만 지역에서 얼굴 좀 안 비추면 욕하기 때문에 당연히 의원들은 살기 위해서 지역으로 계속 더 가는 것이다. 이러한 문제의식도 충분이 가지고 있다.

» 지역구 의원들의 경우에는 직접적으로 면대면 접촉을 할 수 있는 기회를 늘리는 것이 가장 소통하는 것이다. 얼굴을 맞봐야 소통도 할 수 있는 것이다. 물론 SNS 등을 통해서도 외연을 확대하는 측면은 맞지만, 유권자라는 개념 자체가 지역구 구민인데 지역구 구민과 소통을 하려면 직접 만나야 한다.

12. 정당/의원의 일반 유권자, 지지자, 당원에 대한 접촉 방식이 어떻게 다른가?

» 당원들 같은 경우에는 각 지역마다 당원협의회라는 것이 있다. 각 지역구 마다 당협이 있다. 그 조직이 또 산하로 쭉 많이 있다. 당원들이 거기에 배치되어서 함께 연례 행사, 월례 회의가 진행된다. 당원들은 그런 식으로 접촉한다.

» 지지자들 같은 경우에는 행사라든지 주민과 접촉할 수 있는 기회들을 통해 만나 뵙고 소통하는 편이다.

13. 귀 정당/의원을 지지하는 유권자들과 다른 정당/의원(후보)을 지지하는 유

권자들 간의 차이가 있다고 생각하는가? 그렇다면 귀 정당/의원을 지지하지 않는 유권자들을 설득하기 위해서 어떤 노력을 하고 있는가?

» 크게 보면 가장 큰 첫 번째 이유는 당에 대한 선택이고, 두 번째는 인물에 대한 선택이라 생각한다. 일반 유권자들이 정치인을 선택할 때 당과 인물을 보는 것이 당연하다고 생각한다.

» 지지하지 않는 사람을 분류하고 어떤 사람이냐에 따라 달라질 것 같다. 방법들이 전략적으로 선택되어지기 때문이다. 일단 당을 지지하지 않는 사람들 같은 경우에는 당연히 인물론이다. 이 인물이 지역 발전을 위해서 할 수 있는 능력과 검증된 실력과 그동안의 경험들이 있다고 이야기하는 것이다. 하지만 당의 선택을 배치하면서까지 인물만 보고 찍는 유권자는 거의 없다. 당이 아닌 인물을 지지하지 않는 분들을 오게 하는 것은 그 인물이 그 사람과의 어떤 커뮤니케이션을 갖느냐, 어떤 관계를 맺느냐에 달려 있다. 한 개 지역구 당 사람이 대략 20~28만 명, 30만 명까지인데, 정치를 오래한 다선의 의원일수록 유권자와의 관계도 넓다. 그러니까 관계를 많이 맺음으로써 나를 싫어했던 사람도 인간적인 매력이든, 그동안 몰랐음에도 불구하고 어떤 홍보활동이라든지 의정활동이라든지, 진정성을 보여줄 수 있는 성과 등을 통해서 설득하고 지지 세력으로 품기 위한 노력들을 계속해야 한다고 생각한다.

14. 유권자의 지지를 이끌어 내는 데 있어서 현재 한국 정당 각각의 장단점이 무엇이라 생각하는가?

» 당연히 다 다르다. 당의 정체성과 이념에 따라서 다 다르다. 이념에 따라서 정책이 달라지는 것이고, 정책에 따라서 유권자의 선택이 달라지는 것이다. 노동문제라는 민감한 사안을 예로 들어봤을 때 보수정당 같은 경우에는 친기업 성향으로서 관련 입법 활동 등이 중론을 이루고 있는 것이 사실이다. 진보 같은 경우에는 노동자 입장을 대변하는 정책과 정강들을 갖고 있다. 그

런 것들에 따라서 정책이 발산되는 것이기 때문에 정책들을 보고 유권자가 선택한다고 보면 되는 것이다.

» 새누리당의 장점은 보수라는 가치 이념이다. 그것이 제일 큰 것이다. 보수라는 가치이념만큼 우위에 설수 있는 것이 있을까 싶다. 보수라는 것은 시장경제와 자유민주주의를 대변하고 있는 그런 가치를 담고 있는 중요한 단어이기 때문이다. 보수라는 단어 이상의 것이 있을지 생각했을 때 없다고 생각한다.

» 단점이라고 한다면 보수의 스펙트럼도 굉장히 넓은데, 중도까지 품을 수 있는 외연의 확장과 어떤 이슈나 사안에 따른 합리성을 조치할 수 있는 유연함, 그리고 꾸준한 자기 개혁이 부족하다는 것이다. 개혁이라는 의미가 보수와 진보에서 다르다. 보수는 큰 문제가 있으면 하나의 부분들을 단계 단계씩 고쳐나가면서 변혁을 하지만, 진보는 한 번에 다 변혁시키는 것이다. 그런 측면에서 큰 차이가 있다고 볼 수 있다. 상황의 합리성이라든지 이슈에 대한 적절성 있는 대처나 유연성이라고 하는 것들이 부족한 것이 사실이다. 과정에 수반된 결과들이 보수를 합리적으로 만드는 것이 아니라 수구꼴통으로 만들어 버린다.

15. 유권자-정당/의원의 접촉과 소통의 경험이 유권자의 정치참여(투표참여 포함)와 행태에 실질적인 영향을 준다고 생각하는가?

» 당연하다. 긍정적일 수 있고 부정적일 수 있다. 어떤 접촉을 했느냐에 따라 결과는 달라지겠지만, 대부분의 정치인들은 접촉을 했을 때 긍정적인 효과를 기대하고 행동을 한다. 효과가 있다고 믿고 어느 정도 효과를 있다고 생각한다. 그러나 객관적으로 입증할 수 있는 수치나 지표는 없기 때문에 확증적으로 말할 수는 없지만 대략적으로 있다고 생각한다.

16. 한국의 정당들이 유권자들의 목소리를 정책결정과정에 제대로 반영하지 못

하고 있다는 비판이 있는데, 그 원인과 해결방안이 무엇이라 생각하는가?

» 조금 다르게 생각을 한다. 어떤 문제의식, 문제이슈를 가지고 정당들이 정책을 내놓는 것이 유권자들의 호응을 얻지 못하는 이유를 언론에서는 접촉들이 있지 않기 때문이라고 계속 이야기를 하고 있는데, 그것은 아닌 것 같다. 정책에 대한 완성도를 중점으로 봐야 될 것 같다. 물론 정당들도 유권자들의 목소리나 민의에 대해 충분히 인지를 하고 있고 거기에 따른 자신들의 정당색과 같이 이념을 토대로 정책을 만든 것이다. 이런 정책들의 결과물이 국민들이 봤을 때 미진하다고 보여지는 완성도의 결여인거지, 소통 측면에서의 문제와는 또 다른 문제가 있지 않나 생각한다. 정책적 완성도라는 것이 어찌됐든 100%를 얻을 수가 없는 것이 당연하다. 이념과 가치를 살리면서 현실적으로 예산과 정책이 수반되는 현실성을 기반으로 해서 정책을 만드는 것이다. 모든 유권자가 100이라고 봤을 때 그 100을 다 수용할 수 있는 완벽한 정책은 없다는 것이다. 기업으로 봤을 때 정책을 하나의 상품이라고 생각하고 내놓는 것이다. A라는 상품이 있고, B라는 상품이 있을 때 유권자가 선택을 하는 것이다. A, B 둘 다 완전하진 않지만 둘 중에서 그나마 나은 것을 선택하는 개념으로 인식을 하는 것이 적절하다고 본다.

» 미국이나 어디의 선진 정당 등 어떠한 우수한 정당도 이 문제는 두고두고 해결해야 하는 과제라고 생각한다. 정당정치가 보여줄 수 있는 한계라고도 볼 수 있다. 계속적으로 정책적인 부분을 더 완성도 있게 성안하고 국민들에게 잘 설명하고 홍보함으로써 국민적 공감대를 어느 정도 확보할 수 있는지 그 확보 우위적 측면에서 각 정당별로 더욱 분투, 노력해야 하지 않나 생각한다. 모든 선거들을 봐도 이슈중심이지 정책중심 선거는 거의 없다.

» 가장 큰 문제는 언론이라고 생각한다. 언론에서 그런 그림 자체를 그렇게 그려 놓기 때문에 그런 문제들도 있다고 본다. 언론이 바라보는 시각에서 정치권이 가장 오도되는 측면이 있다. 언론이 이슈를 어떻게 재단하고 이슈메이킹을 해 버리느냐에 따라서 정치권도 그에 따라서 재단되어지는 측면들이

있다. 실질적으로 옆에서 직접 봤을 때와 언론에서 보여지는 모습이 괴리감이 상당히 있다. 일반 국민들이나 유권자들이 봤을 때는 상대적으로 정치권보다는 언론을 신뢰하기 때문에 언론이 그려주는 단상을 그래도 흡수해 버리는 것에서 오는 오도, 폐해, 문제들은 있다고 생각한다.

17. 한국 사회의 가장 큰 갈등이 무엇이라 생각하는가?

» 빈부격차라고 생각한다. 과거 1920~30년 때의 시대정신은 대한독립이었고 70년대는 민주화였고, 80년대에는 산업화였고 다 이념이 있지 않았는가. 오늘날에는 다 같이 잘 사는 사회라고 생각한다. 평등사회라고 이야기하기는 힘들지만 기회가 충분히 주어지고 모든 국민들이 격차에 대한 어려움을 느끼지 않는 편안한 사회가 필요하다고 생각한다. 그것이 시대정신이라고 생각한다. 한마디로 정리하기에는 어려운 문제이지만, 오늘날의 시대정신이 두 개라고 생각하는데 하나는 통일이고 두 번째는 빈부격차를 해소하는 기회가 충분히 주어지고 잘 사는 사회, 더불어 사는 사회라고 생각한다.

» 세대 간의 갈등이나 이런 것들은 늘 있어 왔다고 생각한다. 고령화가 되면서 더 심각해진 문제이지만 어느 사회, 어느 시대나 다 있었다고 생각한다. 당연한 것이다. 구세대가 있으면 신세대가 있다. 그 사람들을 어떻게 조화롭게 이끌어 나가느냐는 방법론의 차이이다. 이념갈등은 솔직히 과거에 비해 많이 좋아졌다고 생각한다. 대학사회에서도 운동권-비권으로 나오면 학생들이 전혀 선택하지 않는다. 운동권-비권이라는 것 자체가 대학사회에서도 경계가 희미해지고 논의되는 것이 진부하게 느껴지는 시대까지 왔다. 이념갈등이나 그런 것들은 별로 의미가 없다고 생각한다. 지역갈등은 오히려 이번 총선에서 더 의미 있는 결과가 있었기 때문에 지역구도 갈등은 서서히 없어질 것이라 확신하고 있고, 남녀차별은 서서히 더 좋아지고 있는 중이라 생각한다.

» 경제 불평등 문제가 가장 핵심 갈등이지 않나 생각한다. 어찌 됐든 보수라

는 이념 자체가 자유민주주의와 시장경제를 기반으로 한 가치 이념을 준수하고 그에 따른 정책을 발현시켜서 진행하는 것이지만 너무 맹목적으로 빠지게 되면 경제 불평등이라고 할 수 있는 빈부격차 등에 대해서 좀 소홀해질 수 있고 그로 인해 사회가 피폐해지고 굉장히 안 좋은 쪽으로 가고 있다고 생각한다. 이런 갈등의 격차를 줄일 수 있는 방법론에서 보수라는 가치 이념을 존중하면서 어떠한 방법이 있을지에 대해서 고민하는 것이 과제라고 생각한다. 진보 같은 경우에는 증세든 뭐든 해서 부자의 돈을 떼서 하자는 것인데, 개인의 권리를 최대한 존중하면서 침해받지 않는 선에서 다 같이 공생할 수 있는 공생경제라든지 공정경제라는 개념들에 대해 확실한 해답을 줄 수 있는 사람이 차기 지도자가 돼야 한다고 생각하고 있다. 그런 것들에 대해 국민들에게 명확한 메시지가 없는 사람은 지도자로서 자질이 불충분하다고 생각한다. 오늘의 시대정신은 그런 것들이지 않나 생각한다.

18. 한국의 사회통합 정도에 대해 어떻게 생각하는가? 높다고 생각하는가?

» 높지 않다. 사회통합이라는 것이 거시적인 측면에서 이전 시대와 지금, 이전 정권과 지금을 분명하게 이분법적으로 나눌 수 있는 객관적인 수치나 근거들이 사실상 없다. 그런데 본인들이 어떤 계층에 소속되어 있는 사람으로서 이전에는 살기 편했는데 지금은 살기 불편하다든지, 아니면 어떤 단체에 소속되어 있다가 지금은 그 단체가 핍박을 받는다든지 이런 것들에 따라서 사회통합 정도가 개개인이 느끼는 정도가 다 다른 부분이 있다. 사회통합도라는 것을 이야기 한다는 것은 개인적인 주관을 담아서 이야기하는 것이라고 생각한다.

» 정치적으로 대한민국이라는 하나의 집단을 봤을 때, 사회통합이라는 매개체와 사건들이 시기마다 그동안 있어 왔다. 과거의 독립운동, 산업화 시대의 한강의 기적, IMF를 이겨 내는 활동, 산풍백화점 붕괴 등 국민적으로 큰 사건들이 곳곳마다 있었다. 세월호도 그렇다. 이렇게 발전되는 모습들, 산업화

와 민주화를 동시에 이뤄 낸 유일한 나라라는 입장에서 봤을 때는 분명히 서서히지만 계속적으로 발전하고 있다고 생각한다. 부분적으로 광우병 사태 등 정권에 대한 반대 심리라든지 불만이라든지 반대적 작용들이 분명히 있어 왔다. 이런 목소리로 발현되는 것들이 계속적으로 있지만, 이런 것들이 사회통합을 저해한다고 생각하지 않는다. 모두가 자기 목소리를 내고 그런 목소리들을 품어 줄 수 있는 사회로 서서히 눈에 보이지 않지만 시간이 지나면서. 2만 불을 넘어 3만 불로 가고 있는 경제대국으로 온 대한민국을 바라봤을 때는 서서히 사회통합은 이뤄지고 있고 계속적으로도 진행될 것이라고 생각하고 희망하고 있다.

19. 한국 사회의 갈등을 해소하고 분열을 치유하는 데 있어 정당들이 어떤 역할을 수행해야 한다고 생각하는가?

» 정당이라는 것이 어찌 됐든 정당정치를 구현하는 집단이기 때문에, 사회갈등을 치유하는 가장 합리적인 수단으로서는 정치가 제일이라고 생각하는 입장에서 그 정치를 수행하는 주체로서 정당의 역할이 매우 중요하다. 어떤 이슈든 어떤 사건이든 간에 사건이 불거지고 나서 한참 이슈메이킹이 됐을 때 진행되기보다는 선제적으로 더 국회에서 공론화를 시켜서 이슈가 따라가게 되는 선제적 대응이나 예방조치를 위해서 국회가 존재하는 것이라고 생각한다. 국회의원 보좌진으로서 가장 필요한 첫 번째 덕목도 문제의식이다. 사회에 대한 문제점에 대해서 눈에 보이지 않지만 '문제가 될 것이다'라는 문제의식을 가지고 미리 예방하고 선도할 수 있는 방안들을 꾸준히 찾아서 해법과 해답을 제시하는 것이 정치를 하는 사람들의 책무라고 생각을 하고 당연한 것이라고 생각을 한다. 그런 것들이 더 적극적으로 이루어진다면 사회통합에 기여할 수 있는 하나의 축이 되지 않을까 생각한다. 정치가 사회통합을 위해서 사회갈등을 예방할 수 있는 선도적 집단이 돼야 된다고 생각한다.

[마지막 추가 발언]

» 사회적인 인식 측면에서도 달라져야 한다고 생각한다. 제도적 측면에서 보면 지금 정치신인들을 위해서 가산점을 주는 제도들이 활성화되어 있는 것이 사실이다. 그런데 정치신인들이 목소리를 낼 수 있는 기회나 장이 많이 주어져야 하는데 사실상 없다. 기성 정치세대들이 특권의식이라고 해야 할지, 본인들의 계속적인 생존본능에 의한 것이라 해야 할지, 기본적으로 관심을 갖지 않는 사람들이다. 그중에서는 청년신인들을 발굴하고자 하는 것들도 많이 있기도 했다. 아무리 훌륭한 사람이라 해도 역량이라든지 하는 것들이 받쳐지지 않으면 힘든 측면이 있다. 결론은 사람이 잘해야 한다.

» 풀뿌리 민주주의를 구현한다는 측면에서 유럽의 독일이나 선진 유럽 국가 같은 경우에는 정치신인들이 갈 수 있는 단계들이 있다. 소위 말하는 지방의회에서 구의원부터 시작해서 시의원, 도의원, 국회의원이 되는 일종의 엘리트 코스들이 활성화되어 있다. 그런데 우리나라 같은 경우에는 청년 정치인이 지방의회 정치부터 시작하게 되면 그 이상 성장할 수가 없다. 지역에서는 그 깜냥으로밖에 보지 않기 때문이다. 물론 우리 정치인들 중에서도 지방의회부터 차곡차곡 밟아서 국회의원이 된 사람들도 있다. 스텝 바이 스텝으로 코스를 밟아 오는 사람들이 있는데, 이들은 거의 유일무이한 특별한 케이스라고 할 수 있다. 청년 정치인들이 목소리를 낼 수 있는 장을 만들어주는 것이 중요한데, 지방의회에는 좀 권한을 확대할 수 있는, 청년 정치인들이 대거 들어와서 목소리를 낼 수 있도록 존중해 주는 시스템 정도는 갖춰져야 되지 않나 생각한다.

1. 유권자들의 정당정치에 대한 신뢰 및 만족도가 낮다는 지적이 있는데, 그 이유는 무엇이라 생각하는가?

» 정당정치라고 딱히 정확하게 말하기는 그래도 정치권에 대한 불신, 만족 저하 이런 것들을 말할 수 있을 것 같다. 우선은 우리나라 정치구조에서 각 정당들이 이념적으로 많이 나태해진 것 같다. '어떤 정당인지, 어떠한 성격을 가지고 있었던 정당인지'에 대한 명확한 목적의식이 사라진 것 같다. 그러다 보니까 그것이 자연스럽게 정책개발의 미비함으로 이어졌고, 정책개발을 제대로 안 하고 있다는 것을 국민들이 피부로 느껴 버리는 것이다. 정책개발을 잘 안 하고 있다. 왜냐하면 국민들은 본인의 문제를 해결해 주고, 본인의 필요를 채워 주는 정치권의 답을 요구하는데, 그런 것들이 나오지 않기 때문이다.

» 그리고 또 하나는 계파갈등이다. 정치라는 것이 민생을 해결하는 등 어떤 문제점들을 해결하는 것에서 존재이유를 찾아야 하는데, 전혀 그런 것 없이 그냥 밥그릇 싸움에만 몰두하다 보니까 피로감을 가중시키지 않았나 생각한다. 민생보다 계파 싸움에 더 많은 시간을 허비한 정당의 안일한 정치놀음에

국민들이 피로감을 넘어 이제는 포기해 버린 상태라 생각한다. 내 필요를 채우지 못하고, 내 문제를 해결해 주지 못하는 정치권에 더 이상 기대할 필요가 없기 때문이다.

2. 정당정치에 대한 신뢰 및 만족도를 높일 수 있는 방안이 있을까?

» 그렇다. 보수당에서 일을 하고 있다 보니까 좀 치우쳐 있을 수도 있긴 한데, 남북분단 상황에서 정당정치를 제대로 구현해 내는 것에는 한계가 분명히 있다고 생각한다. 보수 가치를 추구하는 당과 진보 가치를 추구하는 당이 남북분단 상황에서 자유롭게 뜻을 펼치기 어렵다고 생각한다. 하지만 남북분단 상황이 하루 이틀 된 것도 아니고, 이제는 이 한계를 현실로 받아들이고 나아가야 한다. 이번 총선에서 더민주가 안보문제에 대한 확고한 입장과 의지 등을 보여 준 것은 희망이며 해결이 될 수 있다고 보고, 또 한편으로는 보수당도 헌법이라든가 민주주의는 우리만의 것이라는 입장을 버려야 한다. 헌법과 민주주의는 보수만의 것이 아니다. 각자 건드려서는 안 된다고 했던 부분들을 깨부수고 이념적인 논쟁에서 벗어나서 정책을 가지고 정치를 해 나아갈 때 그런 것들이 좀 먹히지 않을까 생각한다. 보수든 진보든 이념적 논쟁을 배제하고 국민들이 피부로 느낄 수 있는 정책으로 승부 볼 필요가 있으며, 동시에 각 정당의 색을 입힌 정책도 필요할 것이다.

3. 민주화 이후 한국의 정당정치와 민주주의의 발전이 어느 정도 수준에 달했다고 생각하는가? 특히 어떤 부분이 발전했다고 생각하는가?

» 의사결정 과정만 보더라도 현저하게 개선되었음을 알 수 있다. 수직적이고 폐쇄적이던 의사결정 방식이 이제는 수평적이고 개방적인 구조로 바뀌고 있다. 국회에서 국회의원들의 총회 현장만 가보면, 초선 의원이더라도 자유롭게 본인의 의사를 개진하는 것을 볼 수 있다. 이제는 권력자들이 자신의 의지나 뜻대로만 정책을 만들지 않는다. 포럼이나 간담회, 공청회 등을 통해

많이 배우고, 또 의견 수렴에 대한 노력을 기울이고 있다. 이러한 노력만으로도 대한민국 정치와 민주주의가 많이 발전하고 있다는 방증이 아닐까 생각한다.

4. 한국 정당정치와 민주주의의 발전을 위해 어떤 측면의 개혁이 가장 우선되어야 한다고 생각하는가?

» 공천에 답이 있다고 생각한다. 정치적 폐해의 근원은 공천으로부터 나온다는 것이 개인적인 생각이다. 민주주의 꽃을 선거라고 한다고 하면 가장 예쁘고 가장 열매를 맺기 좋은 꽃을 우리가 선택을 하는 거라고 생각한다. 그러면 후보자를 뽑고 선정하는 것은 가장 튼실한 봉우리를 선택하는 것이라 생각한다. '우리는 이 봉우리가 제일 튼실해'라고 생각해서 딱 내놓아야만 저 봉우리랑 싸워서도 이길 수 있는 것이다. 뿌리로부터 가장 온전하게 영양분을 공급받는 봉우리가 가장 아름다운 꽃으로 피어날 수 있으며, 모양이 이상하거나 튼실하지 않은 봉우리는 사람들로부터 인기가 없을 것이다. 이는 현역들에게도 해당이 되고 처음으로 공천을 받는 사람들에게도 해당이 된다.

» 선거를 앞두고 현역 물갈이를 포함한 공천과정에서 잡음이 나는 것은 불가피하지 않나 생각한다. 왜냐하면 현역이 있는 사람들은 '나는 지금까지 잘 해 온 것 같은데, 나는 이미 선택을 받았는데, 왜 뭐라고 해, 날 왜 끌어내리려고 해' 이런 불만이 있을 것이고, 또 되려고 하는 사람들은 '내가 더 우수해, 내가 더 뛰어나' 이런 것을 자랑하기 위해서 남을 흠집 내는 사람도 있을 것이다. 이것을 해결하는 방법으로 전략공천이나 상향식 공천이 답은 아니라고 생각한다. 다만 이때 요구되어지는 것은 누구를 어떻게 채우는가의 문제이다. 어떤 자리에 누구를 어떤 봉우리를 넣을지에 대한 논의가 다시금 이루어져야 한다고 생각한다. 구체적인 방법으로는 여러 방법들이 있을 것이다. 전략공천이라고 해서 나쁜 것만은 아니고, 마찬가지로 상향식 공천이라고 해서 좋은 것만도 아니다. 누구를 어떻게 추천하는지에 대해서 충분한 시간

을 가지고 논의할 필요가 있다. 때문에 공관위 구성은 객관적이고 공정하게 이루어져야 할 것이다.

5. 한국형 정당개혁이 어떠한 방향으로 나아가야 한다고 생각하는가? 한국 정당정치의 개혁 방안으로서 평소에 생각해 둔 아이디어가 있는가?

» 여야 중진들, 당직자 등 이런 사람들의 협의체, 연합체를 마련하는 것이다. 대부분 그런 것은 아니겠지만 3선 이상 중진들은 욕심이 크다고 생각하지는 않는다. 다음 선거에서 또 되어야 한다는 욕심은 크지 않은 것 같다. 당선에 목숨 걸지 않는 것 같다. 3선 정도 됐으면 해 볼 것은 다 해 봤기 때문에 나름 객관적인 시야가 확보 가능하다. 여야구분을 막론하고 3선부터는 국민들의 심판을 겸허히 받아들일 줄 아는 그런 마음가짐은 됐다고 객관적으로 생각한다.

» 각 당의 당직자들은 누구보다 그 당의 세포 같은 존재들이다. 이 사람들은 의석수에 따라서 정당지원금을 받기 때문에 그것에 되게 민감하다. 공천을 엉뚱한 사람에게 줘 버리면 지기 때문에 '저 사람 안 되는데' 하고 민감하게 받아들인다. 지원금이 깎이면 일자리가 날아가는 것이다. 이번에 새누리당도 그래서 당직자들이 많이 날아갔다. 그 사람들이 정말 객관적으로 경쟁력 있는 후보인지 아닌지를 가려낼 수 있는 분별력이 있다고 생각한다.

» 일선 현장에서 뛰어 봤던 국회의원들 중에서 중진들, 각 당의 당직자들이 협의체를 구성해서 연도별로라도 현역들에 대해서 평가를 내리는 시도가 있으면 좋지 않을까 생각한다. 현실적으로는 많이 불가능할 것이다. 그런데 당사무처 직원들을 활용하는 것은 꼭 필요하다고 생각한다. 피부로 느끼기 때문이다.

6. 중앙당 지도부의 총선 공천에 대한 영향력 행사가 바람직하다고 생각하는가? 혹은 당내 후보 선출에서 상향식 공천의 제도화가 필요하다고 생각하는

정치현장에서 진단하는 한국 정당과 민주주의

가?

» 사실은 좀 반대한다. 대안이 없어서 그렇게 하고 있는 것이지 개인적으로 상
향식을 좀 더 선호하는 편이다. 그런데 상향식의 방법도 문제가 너무 많다.
누구의 어떤 뜻을 받들어서 상향식으로 할 것인지에 대한 문제도 있다. 이번
총선에도 여론조사를 돌린다고 했는데 그 번호가 잘못된 번호인 경우도 있
었다. 비용이나 방법 이런 것도 문제가 너무 많다. 그런 문제점들이 있기 때
문에 위에서 찍는 부분도 없지 않아 있다고 생각한다.

» 긍정적으로 생각한다. 그런데 제도화가 된다는 것은 비용이라든가 방법의
문제들에 대한 어느 정도의 해결책을 제시하고 보완이 돼서 만들어지는 것
들이다. 그렇기 때문에 문제점들을 보완해서 제도화시키는 것은 의미 있다
고 생각한다.

» 완전 국민 상향식이 아니라 국민 몇 %, 당직자 % 이런 식으로 하는 것이다.
당원 말고 당직자이다. 당원들은 여론몰이에 그냥 넘어간다. 당원들은 결국
계파싸움의 희생양들이다. 여기 우르르 갔다가 저기 갔다가 한다. 당원은 바
람에 휩쓸리고 힘의 논리에 휩쓸린다고 생각한다. 그런데 당직자들은 힘의
논리에 움직이지는 않는다.

» (추가질문: 당직자들이 당에 대한 충성심보다는 직원으로서 일하는 것이 아니
냐는 지적에 대해 어떻게 생각하는가?) 당이 유지되는 이유는 국민들의 선택
에 의해서 유지가 되는 것이다. 그러면 그 당이 어떤 목적을 가지고 움직이
고 있는 것인데, 사무적인 것들을 떠받치고 있는 사람들이기 때문에 이 목적
과 분리되어서 그냥 직장이기 때문에 일만 하는 것은 아니라고 생각한다. 혹
이 사람들이 그냥 직장이기 때문에 일을 한다고 해도 당은 국민들의 요구를
받들어서 쭉 에너지를 가지고 어떤 방향으로 움직이는 것이다. 그렇기 때문
에 그냥 단순히 직장일 뿐이라고 하더라도 당의 어떤 존폐위기에 있어서는
굉장히 긍정적으로 개입할 수 있지 않을까 생각한다.

7. 한국 정당정치의 개혁에 있어서 가장 큰 걸림돌이 무엇인가?

» 권력자들 의지, 지도부들의 개입, 간섭 이런 부분들이 가장 큰 폐해라고 생각한다. 권력무상을 권력자들은 피부로 느끼기 때문에 무상함을 마비시키기 위해 계속해서 권력을 유지할 방법을 강구한다. 그것이 뒷돈 챙기기가 될 수도 있고, 권력 연장의 꿈이 될 수도 있을 것이다. 최근 사회가 투명해지다 보니 금전적 보상은 쉽지 않은 일이기 때문에 권력 연장의 꿈으로 대부분 방향을 선회한다. 그것이 현재 우리나라 각 정당에서 보여 주는 계파 갈등의 주원인이라 생각한다.

8. 유권자-정당/의원의 접촉은 주로 어떤 방식으로 이루어지는가?

» 두 가지가 있는데 협의체를 만나기도 하고, 개인별로 만나기도 한다. 가장 편한 것은 협의체들과 만나는 것이다. 단체, 협회 이런 사람들이다. 어떤 성격에 맞춰서 집단들이 형성된 것이다. 어린이집 연합회라든가 농민 연합회라든지 그런 협회와 정기적으로 간담회 등을 통해서 그 집단의 요구사항이 무엇인지를 듣는 접촉 방식이 있다. 협의체를 만나는 것이 의견수렴에 있어 편리하기에 대부분 선호한다. 다만, 어느 한 측면으로 기울어진 입장을 대표한다는 우려가 있을 수 있다.

» 또 한편으로는 한 달에 한 번씩 '민원의 날'이라고 해서 일반 시민들이 신청을 하도록 한다. 국회의원이 해결할 수 있든 아니든 간에 그냥 무작정 자신의 문제점을 들고 오는 것이다. 그들의 문제점들을 직접 듣는 것이다. 해결해 줄 수 있는 문제는 해결해 주고, 아니면 지역의 시도의원들도 같이 배석을 하는데 그분들 선에서 해결할 수 있는 것들은 거기서 해결을 하는 방식으로 하고 있다. 일부 의원님들이 이런 방식으로 각 지역에 가서 하고 있다.

» 민원의 날은 평균적으로 한 번 할 때 20팀 정도 온다. 수의 제한을 두는 것은 아닌데 평균적으로 20팀 정도 온다. 4년 동안 2천 명 정도 만났다. 한 민원당 30명씩 오기도 한다. 지역사무실에서 한다. 사실 개인적으로는 보좌 생활

하면서 뿌듯했던 것 중 하나가 이런 것이다. 여기서 방음벽 문제 등도 접하게 된다. '내 집 앞에 도로가 지나가는데 너무 시끄럽다. 도로공사에서는 방음벽을 지어 주지 못하겠다고 한다' 이럴 때 분쟁이 되는데 일반 시민들은 사실 그런 정부나 공기업과 싸울 수 없으니까 그럴 때 우리가 한 번 알아보는 것이다. 도로가 먼저 생겼느냐 집이 먼저 생겼느냐에 따라서 방음벽을 설치하는 주체가 달라지는데, 이런 부분들을 우리가 듣고 방음벽을 설치하게 되고 이럴 때 되게 많이 뿌듯하고 예산 같은 것도 이런 것을 통해서 많이 확보한다. 필요처가 어딘지를 민원의 날을 통해서 접수를 한다. 그래서 돈을 요구하는 학교들도 많은데 민원의 날을 통해서 우선순위를 따질 수가 있다. 직접 목소리를 들으니까.

9. 정당/의원의 일반 유권자, 지지자, 당원에 대한 접촉 방식이 어떻게 다른가?

» 일반 유권자는 정말 발로 뛰어다니며 접촉하지 않으면 만날 수 없다. 일일이 가서 노력한 만큼 만나는 것이다. 그것 말고는 방법이 없다. 그렇기 때문에 많이 피곤하고 부지런해야 되는 것 같다. 그런데 지지층은 굳이 만나지 않아도 된다. 그분들은 멀리 있어도 지지해 준다. 항상 어느 정도 %가 있는 것 같다. 한번 지지자는 영원한 지지자기 때문에 그분들에 대한 노력은 크게 기울이지 않아도 되고, 그분들은 개인을 지지하는 것이 아니라 정당을 지지하는 것이다. 때문에 노력하지 않아도 된다.

» 당원이랑 지지자는 또 다른데, 당원은 대규모 집회 형식으로 접촉한다. 당원들도 물론 당을 지지하지만 당원들 중에는 인물을 본다. 그래서 그분들은 단체로 모아놓고 당원협의회나 이런 것들을 1년에 한 번 정도는 열어 줘서 설명도 친절하게 해 줘야 한다. '우리 당의 이 의원이, 이 후보가 무엇을 하고 있다'는 것들을 친절하게 설명하지 않으면 그분들은 좀 흩날릴 수가 있다. 그래서 일반 시민〉 당원〉 지지층 이렇게 노력을 기울이는 순서가 된다고 봐야 할 것이다. 보통 당협위원장을 의원이 맡게 되면 정당보조금을 이용해

서 한다. 그런데 그 노력은 의원이 있느냐 없느냐 하는 것이다. 본인이 국회의원이자 그 지역의 당협위원장이어도 별로 필요성을 못 느끼면 안 하는 것이고, 해야겠다 하면 어떻게든 도움을 받아서 하는 것이다.

10. 귀 정당/의원을 지지하는 유권자들과 다른 정당/의원(후보)을 지지하는 유권자들 간의 차이가 있다고 생각하는가? 그렇다면 귀 정당/의원을 지지하지 않는 유권자들을 설득하기 위해서 어떤 노력을 하고 있는가?

» 보수냐 진보냐에 따라서 극명하게 갈린다고 생각한다. 인간 됨됨이나 정책을 가지고 시비를 거는 사람들은 거의 없다. 비하하고자 하는 의도는 전혀 없고 죄송한 말이지만 보수 유권자들은 상대당에 대해서 이념문제로 접근한다고 생각한다. 진보 유권자들은 기득권 무너뜨리는 것이나 부자 같은 것으로 상대를 본다고 생각한다. 반대로 보수쪽은 기득권 있고 안보의식 강한 것이고 진보는 기득권을 무너뜨려서 어떻게든 개혁하자는 분들이 계신 것이다.

» 사실관계를 명확하게 설명하는 것이다. 의정 활동을 하는 과정들을 투명하게 공개하는 것이다. 어느 국회의원도 본인을 지지하는 당의 지지만 받아서 '이 지역에서 또 당선되어야지' 하는 분들은 없을 것이다. 진짜 열심히 일하신다. 그런 부분들이 온전히 전달되지 않는 것이다. 예를 들어서 송전탑을 지어야 하는데 여러 이해관계를 따져봤을 때 우리 시민들을 위해서는 절대 지으면 안 되는데 다른 지역과의 이해관계라든지 전반적으로 큰 틀에서 봤을 때 지을 수밖에 없다면, 그런 부분들을 투명하게 설명하고 안내를 해야 하는데 마치 큰일이 날 것 같으니까 그냥 입을 닫아 버리는 경우가 많다. 이런 과정에서 유언비어가 쉽게 퍼지기도 한다. 당하는 사람 입장에서는 억울하기 때문에 그럴 수밖에 없다. 대화 안 하고 소통하지 않으면 그렇게 되어 버리는 것이다. 사실관계를 명확하게 이야기하고 이 지역을 대표하는 국회의원으로서 입장이 어떠하다고 밝혀야 한다. 그것이 많은 사람들의 지지를

받는 것이면 더 적극적으로 하면 되고, 그렇지 않다면 그렇지 않을 수밖에 없었던 이유를 설명하는 노력이 있어야 한다.

11. 유권자의 지지를 이끌어 내는 데 있어서 현재 한국 정당 각각의 장단점이 무엇이라 생각하는가?

» 우리를 지지하는 유권자들 때문에 우리가 있는 것이다. 우리가 어떤 가치를 딱 던진 다음에 '이거 좋아하는 사람 다 달라붙어' 하는 것이 정당의 출현이 아니다. 시민들의 의지나 욕구 이런 것들이 모아져서 가치를 형성하고 이것을 쭉 끌어나가는 것이 정당이다. 각 정당마다 그런 것이 있는 것 같다. 다만 새누리당 같은 경우에는 '잘 살자. 안보, 파이를 좀 키워서(기업 위주의 경제구조를 만들어서) 그 다음에 나눠 주자' 이런 것들을 주장하는 것이고, 저쪽에서는 '기득권이 너무 많이 해 먹었다. 민주주의가 사라지고 있다' 이런 것들을 이야기하면서 평등 가치들을 주장하는 것 같다. 이런 것들에 실증을 느낀 사람들이 제3영역으로 나오는 것 같다. 단순히 국민의당뿐만 아니라 그 전에도 제3정당들은 많았다. 그때그때 요구와 필요도가 쌓이고 쌓여서 요구가 분출되는 것이라 생각한다.

» 새누리당의 골수층은 안보를 중시한다. 우리나라에서는 보수 진보이지만 사실 보수진보의 또 다른 이름이 우파좌파이다. 보수진보는 어느 이념을 가지고 있는 정당이 정권을 잡고 있느냐에 따라서 사실 바뀌는 개념이다. 그렇기 때문에 우파좌파라고 생각한다. 우파좌파의 논리는 경제에서 나왔다고 배웠다. 그렇기 때문에 새누리당 같은 경우에는 경제논리에 있어서 자유 시장경제를 주장하고 그러다 보니까 부의 쏠림 이런 부분들을 평등의 가치로 생각하기보다는 자연스러운 것이라고 본다. 자연스럽게 분배가 이뤄질 것이라고 믿고 개입을 덜 하는 것이다. 그것을 선호하는 자들, 안보와 경제 이념에 있어서 우파를 주장하는 사람들의 지지층이 새누리당을 지지하는 사람들이 아닐까 생각한다. 그런데 지금의 경제구조에서 기업은 너무 도가 지

나쳐 제어가 안 될 정도로 탐욕이 너무 커졌다고 생각한다. 이제는 제재가 필요한데 지금 현재 새누리당은 제재를 가할 의지가 없어 보인다. 있어도 너무 부족하다. 이대로 가다가는 너무 불평등이 심해질 것 같다. 갈등이 너무 심해질 것 같다. 그런 것을 아는지 모르는지 너무 한쪽에만 지원을 하다 보니까 그런 것들이 비판하고 싫어하는 이유가 되지 않을까 생각한다.

» 개인적으로는 더불어민주당은 많은 지지를 받진 않은 것이라고 생각을 한다. 그냥 어부지리가 아닐까 생각한다. 123석이 성공했다는 지표로는 굉장히 부족하다고 생각을 한다. 정체성이 흐려졌다. 장점도 많다. 그래도 그나마 이번에 성공한 것은 그 어떤 특정 지지층을 배제하려는 노력 덕택이다. 민주당이 그나마 선방했던 것은 당내에서 계파갈등을 좀 해소하려는 강한 힘이 위에서 작용해서 물론 그로 인한 갈등도 당연히 있었지만 그런 노력이 자체적으로 있지 않았나 생각한다.

» 국민의당은 가능성이 되게 많은 것 같다. 굉장히 확고한 호남민심을 꽉 잡고 있고 호남민심의 지역적인 기반을 가지고 있고, 경제 이념적으로는 굉장히 열려 있다. 자유 시장경제를 나름 주장하고 있다. 그런 부분을 봤을 때 이쪽으로도 저쪽으로도 팽창할 수 있는 가능성이 되게 많은 것 같고, 국민들이 그 기대를 가지고 뽑아 주신 것이 아닐까 생각한다. 단점은 회색분자가 될 수 있다는 것이다. 국민의당이라는 제3당을 만들었을 때 여야구도에서 '새로운 영역이 필요하다. 국민들이 목말라 한다'라는 필요성 때문에 만든 것인데, 이제는 본인들이 어느 정도 세력화가 되니까 제1당이 되고 싶은 욕심을 부린다면 그들은 이전의 제3당들과 똑같이 공중 분해되거나 어디에 흡수되어 존재를 잃어버리지 않을까 생각한다. 그대로 가야 되지 않을까 생각한다.

12. 유권자-정당/의원의 접촉과 소통의 경험이 유권자의 정치참여(투표참여 포함)와 행태에 실질적인 영향을 준다고 생각하는가?

» 당연하다. 많이 영향을 미친다고 생각한다. 아무 이해관계 없이 접촉하는 사

람들은 없다. 접촉이라는 것 자체가 사실 이해관계가 상충하는 것이다. 서로
의 이해관계가 맞아서 진행되는 것이다. 그냥 만난 것이 아니다. 서로 원하
는 바가 있었던 것이다. 그것이 자의든 타의든 이루어진 이상 이해관계의 합
이냐 반이냐를 확인하는 결과의 장이 된다. 정치인들이 유권자를 만나는 것
도 똑같다고 생각한다. 접촉은 선거에 영향을 미친다. 이해관계가 맞고 뜻
이 같으면 지지하게 되어 있다. 접촉을 해서 그 결과가 유권자들로 하여금
'나랑 이해관계가 같네. 내 문제를 해결해 줄 수 있네'라고 하면 그것이 표로
이어질 것이고, 그렇지 않다면 표로 이어지지 않을 것이다. 다만, 많은 국민
들이 정치권에 대한 오해가 많고, 또 그럼에도 불구하고 이를 해소하기 위
한 정치권의 노력이 제대로 이루어지지 않기 때문에 투표율이 낮을 수밖에
없다.

» 정치인들은 본인과 이해관계가 맞는 사람들을 위해서 정책을 개발할 것이
고, 맞지 않는 사람들을 위해서도 보완하기 위한 정책을 준비할 것이다. 그
렇기 때문에 접촉은 상당한 의미가 있다. 그런데 접촉이 모두와 이뤄질 수는
없다. 여러 명 몇백 명을 모아 놓고 만나는 것도 접촉이긴 한데 그들의 이야
기를 들을 수가 없으니까 효과가 좀 미비하다. 최대한 1대1 접촉이 많아질수
록 그 정치인이 성장할 수 있지 않을까 생각한다. 더불어 정치가 발전할 수
있지 않을까 생각한다.

**13. 한국의 정당들이 유권자들의 목소리를 정책결정과정에 제대로 반영하지 못
하고 있다는 비판이 있는데, 그 원인과 해결방안이 무엇이라 생각하는가?**

» 그 비판에 대해 온전히 동의하기란 쉽지 않다. 그 부분은 국민들이나 유권자
들이 이해의 폭을 좀 넓혀야 된다고 생각한다. 이해관계라는 것이 1인당 1개
씩만 가지고 있는 것은 아니다. 사회가 더 복잡해지고 다양해지다 보면 이해
관계들이 정말 많다. 개인의 정체성도 최소 3~4개가 되는 이런 사회에서 이
해관계가 하나일 수는 없다. 때문에 그것들을 하나로 모으기도 힘들고, 충돌

과 갈등도 많은 것이다.

» 정당이 어느 특정 유권자들의 것만 선택할 수가 없다. 물론 하나의 목적을 가지고 하나의 의사결정 구조로 모아져서 정당이 나아가는 것이라고는 하지만 쉽지 않다. 그렇기 때문에 유권자들이 본인의 목소리나 입장이 잘 전달이 되지 않는다고 생각하겠지만 무조건 검토하고 고려를 한다, 정책결정과정에 무조건 반영이 된다. 다만, 검토만 하느냐 결과로까지 도출되느냐, 결과물에 녹아들어 있느냐 아니냐의 문제라고 할 수 있다. 검토는 무조건 한다. 안 할 수가 없다. 무시할 수가 없다. 유권자들도 이해의 폭을 넓힐 필요가 있다. 의사결정과정을 매체나 타인에 의해서 접하기보다 직접 찾아보고 들여다볼 필요가 있다. 도출 과정에 문제가 있다면 공식적으로 문제제기해도 늦지 않다. 말을 안 듣는다면 선거라는 평가무대에서 처절하게 복수하면 될 일이다. 그것이 민주주의라 생각한다.

» 공개하는 것이다. '왜 못했는지. 왜 받아들일 수 없었는지'라는 부분들을 공개하는 것이다.

14. 의원의 입법 활동 과정에서 정당지도부와 유권자의 영향력은 각각 어느 정도인가? 정당지도부/유권자는 각각 어떻게 다르게 입법 과정에 영향을 주고 있는가?

» 있다. 발의할 때는 눈치는 좀 보이지만 전혀 문제는 없다. 왜냐하면 이 당이랑 맞지 않아도 저 당에서 해 주기 때문이다. 발의하는 데에는 문제가 없다. 진보색깔이 강한 법안을 발의한다면 우리 당에서 안 해 준다고 해도 야당에서는 반갑게 발의는 해 줄 것이다. 그런데 통과가 안 될 것이다 우리가 과반을 차지했을 때를 기준으로 해서 그럴 수 있겠지만 결과적으로 영향을 많이 미친다고 봐야 할 것이다. 타협을 할 수가 없다. 정당지도부와 개인 의원이 내는 법안이 색깔이 달라 버리고 나중에 본회의나 상임위장에 가서 다툴 때도 서로 타협을 할 수가 없다. 타협점을 찾을 수가 없다. 그런 법들이 가장 먼

저 무시되는 법이 되는 것이다. 논의에서 가장 먼저 제외된다.

» 있다. 근데 유권자들의 성격 이런 것들을 좀 본다. 해 줘도 나를 찍어 줄, 우리당을 지지할 유권자들인지 아닌지를 따져 볼 것 같다. 유권자들이 많이 요구한다. 직접 전화하고 메일을 보내기도 한다. 본인들의 필요를 메일로 전달하고 찾아온다. 대게 단체인 경우가 많다. 정말 죄송하지만 개인이 하는 입법요구는 수준이 많이 떨어진다. 거의 민원에 불과하다. 법 제도로 풀 수 있는 문제가 아니다. 그냥 민원이다. 그런 것은 웬만하면 해결해 줄 수 있다.

15. 선거캠페인 과정에서 정당지도부의 지원과 영향력은 어느 정도인가?

» 영향력이 크게 없다고 봐야 한다. 선거는 각개전투다. 캠프까지 차렸다면 정당지도부의 영향력은 없다. 캠프까지 차렸다는 것은 후보가 됐다는 것인데, 그때부터는 각개전투이다. 공약에도 크게 의미가 없다. 유권자들이 판단하지 지도부에서는 뭐라고 안 한다. 지도부의 뜻과 다른 공약을 내면 유권자들이 이미 안 찍는다. 그렇기 때문에 지도부의 영향이라고 하기보다는 유권자들의 영향이다. 당원들이 싫어하게 될 것이다.

» 금전적인 지원은 있지만 거의 없다고 봐야 된다. 그냥 선거송이라든가 의류, 그리고 현수막 비용, 정당보조금 조금 정도이다. 그것밖에 없고 별로 의미가 없다. 안 받아도 된다. 없어도 할 수 있다. 다만 각 후보들이 좀 현실적으로 아쉬운 부분이지만 경제라든가, 복지라든가 이런 부분에서 전문가들이 아니다. 그렇기 때문에 정당이라는 나름 권위 있고 연구하는 이런 조직들로부터 경제정책이라든가 복지정책의 도움을 좀 받는다. 정책적 지원을 받는다.

16. 한국의 사회통합 정도에 대해 어떻게 생각하는가? 높다고 생각하는가?

» 1에서 10까지 기준으로 봤을 때 이번 총선 이전에 4점이었다면 총선 이후에 약 6점 수준까지 가지 않았나 생각한다. 다음 총선 때는 7까지는 갈 수 있지 않을까 생각한다. 민주화 이전에는 2 정도였다. 거의 폐쇄적이었다.

» 이번 총선을 통해 확인된 것은 지역갈등도 서서히 붕괴되어 간다는 것이다. 지역갈등이 해소될 수 있는 물고를 텄다고 본다. 매우 반가운 일이다. 깨질 것 같지 않던 지역구도가 붕괴된 것은 이미 우리나라 국민들의 정치 수준이 상당히 높아졌다는 것이라 본다.

17. 한국 사회의 가장 큰 갈등이 무엇이라 생각하는가?

» 이제 지역갈등이 해소되려다 보니까 우리나라뿐만 아니라 전 세계적인 문제일 테지만 경제 불평등, 소득격차가 심화되고 있다는 사실이 우려스럽다. 이 갈등이 비슷한 힘 크기를 겨루는 경쟁이나 갈등의 것이 아니라 기본권을 흔드는 불평등의 모양으로 나타난다는 것이 문제다. 갈등의 차원이 아니라 평등권 침해까지 번져 위험하다고 생각을 한다. 자본주의하에서 자본은 그 자체로 힘이며, 힘을 가진 자들과 가지지 못한 자들의 싸움이다. 양측 모두 치열해 놓기 힘든 싸움이라 생각한다. 문제 해결의 답은 찾기 힘들다. 최근 들어 그 힘을 가진 자들의 탐욕이 이루 말할 수 없는 수준에 이르고 있다. '여기에는 국가가 좀 개입을 해야겠다. 기업의 탐욕이 너무 극에 달했다' 그런 것들이 발생한 것이다. 지금 가장 큰 문제는 경제적인 문제들, 경제적으로 발생하는 불평등이 크지 않나 생각한다.

18. 한국 사회의 갈등을 해소하고 분열을 치유하는 데 있어 정당들이 어떤 역할을 수행해야 한다고 생각하는가?

» 정당이 큰 역할을 해내야 한다. 극단적으로 이야기하면 정당만이 해결책이다. 정당에 의한 해결만이 유일하다고 생각한다. 그런데 또 한편으로는 동시에 매우 모험적인 시도다. 왜냐하면 지금 우리나라 정당구조에서는 '불평등을 깨자'라고 하는 입장이 야당 쪽이고, 불평등 문제는 있지만 소극적으로 나서고 있는 것이 여당이다. 그래서 이런 부분들을 모든 국민이 모여 가지고 갈등을 해결할 수 없으니까 정당이 유일한 해법이라고 보는 것이다. 이쪽과

저쪽을 대변할 수 있는 양 측이 가장 윗선에서 의견이 수렴돼서 위에 와 있는 것이다. 여기서 타협점을 찾아야 된다고 생각한다. 타협점을 찾는 것이기 때문에 어떻게 하나에 대한 문제는 사실 답이 없다. 이쪽으로 치우진다고 답이 아니고 저쪽으로 치우진다고해서도 답이 아니다.

» 의견이 모아졌다고 해서 정답이 될 수는 없다고 생각한다. 협의가 반드시 정답을 도출하진 않기 때문이다. 전문적인 내용의 타협점 찾는 법까지는 본인의 소양이 미치지 못해 말하기 어려우나, 분명히 피해야 할 것은 타협점이 문제 해결에 가장 가까운 점이 되어야 하지, 그것이 단순히 정쟁의 타협점이기에 도출되는 결과여서는 안 된다는 것이다. 가장 합리적이고 국민을 위하는 길이 무엇인지, 갈등을 해결할 수 있는 방법이 무엇인지를 해결하려고 노력하는 것이 답이지 않을까 생각한다.

» 긍정적이다. 정당 말고는 없다고 생각한다. 정치 말고는 없다. 그것이 정당이 할 일이다.

[마지막 추가 발언]

» 생각보다 정치인들이 많은 일을 하고 있다. 되게 많은 일을 하고 있다. 이런 일까지 해야 되나 싶을 정도로 많은 일을 하고 있다. 그런데 일반 국민들이 보기에는 싸움만 하고 나라 걱정을 하지 않는 사람들처럼 비칠 때가 많이 아쉽다. 그런데 그 이유는 정치권에 있다고 생각한다. 공개하지 않기 때문이다. 정치권이 무엇을 하고 있는지를 잘 알리지를 않는다. 그런 노력을 안 한다. 그런 부분들이 투명하게 잘 공개가 되지 않고 소통도 잘 안 하다 보니까 그런 정치권에 대한 불신이 커지고 있지 않나 생각한다. 소통하기 위한 창구를 많이 마련하는 것이 중요하다고 생각한다. 그래서 이번 총선도 그랬지만 선거의 추세가 홍보에 많은 비중을 차지하고 있다. 상대적으로 정책이 좀 약해진 부분도 없지 않아 있지만, 본인을 알리고 정책을 알리기 위한 노력들이 급변하고 있다. 국민들 눈에는 그것조차도 '쇼 한다'는 식으로 조롱하시기도

하는데 그렇지 않으면 알릴 수 있는 방법이 없다. 국민들이 홍보하는 것을 진지하게 받아들여 줘야 한다. 인물과 정책을 보고 뽑는 선거가 되어야지 보지 않고 하다 보면 본인이 생각하는 프레임에 갇혀서 정치가 개혁될 수가 없다. 홍보를 하는 이유가 무엇인지를 국민들도 한번 생각을 해 볼 필요가 있다. 정당이 먼저 개혁해야 한다. 이런 시도들이 왜 필요한지 설득을 해야 국민들이 듣는 것이다.

인터뷰 대상자　10

1. 유권자들의 정당정치에 대한 신뢰 및 만족도가 낮다는 지적이 있는데, 그 이유는 무엇이라 생각하는가?

» 유권자들은 1~2년에 한 번씩 돌아오는 그런 전국적인 선거 때 그때 본인이 정치랑 관여가 있다고 생각을 한다. 기존의 정당들이 평소에 유권자들에게 다가가고 생활 정치하는 데 부족한 것 같다. 그래서 새누리당이나 더민주당이나 기존의 정당들을 보면 당내의 계파싸움이라든지 당내 여러 가지 권력 관계에 집중을 하고 일반 국민들, 일반 유권자들하고 만나는 여러 가지 행사나 일정들이 평소에 조금 적다. 선거가 다가오거나 당의 큰 이벤트나 행사나 계기가 있지 않는 한 이러한 부족함들 때문에 유권자들이 정당정치에 대해서 신뢰가 낮은 것 같다.

» 언론의 소중함은 알지만 언론이 갈등 구조를 재생산하는 데 일조하고 있는 면도 있다. 그렇지만 언론의 중요성을 완전히 부정하는 것은 아니다. 다만 그런 면이 있기 때문에 국민들과 정치가 자꾸 멀어지는 것은 아닌가 걱정을 하고 있다.

2. 정당정치에 대한 신뢰 및 만족도를 높일 수 있는 방안이 있을까?

» 아무래도 정당이 국민들의 신뢰를 다시 얻고 거듭나야 되는데, 여러 가지 정
책 개발을 많이 해서 국민들 생활에 맞는 생활 정치 이런 것으로 각 정당의
기조가 변해야 될 것 같다. 생활정치 쪽으로 하면 국민들이 '아 정치가 내 삶
과 직결 되구나'라고 느끼면 정당에 대한 신뢰도가 높아지고 정당을 통해서
국민들이 의사를 많이 표현하게 될 것 같다. 유권자와 정당의 지도부를 잇는
그 사이의 매개체나 기구 이런 것이 중요할 것 같다.

3. 한국 정당정치와 민주주의의 발전을 위해 어떤 측면의 개혁이 가장 우선되어야 한다고 생각하는가?

» 국회의원 선거 같은 경우를 예로 들어 보면, 한국의 국회의원들이 좀 더 국
익적 차원의 일을 해야 됨에도 불구하고 지방의원의 역할과 차별성이 좀 적
은 것 같다. 의원님들이 지역현안, 지역발전에 매달리는 부분이 크기 때문에
국가 전체의 비전이나, 미래 먹거리라든지, 향후 10년~20년의 국가 장기적
인 관점을 위해서 서로 일하시는 모습이 좀 적은 것 같다. 민주주의 발전을
위해서는 그런 부분이 필요한 것 같다.

4. 소속 정당의 운영방식 및 의사결정구조 등 전반에 대해 만족하는가?

» 지금 최고위에서 집단지도체제라는 것을 선택하고 있다. 그런데 개인적으
로 조금 문제라고 생각하고 있다. 왜냐하면 대표최고위원을 선출하지만 그
대표최고위원도 9명의 최고위원 중에 1명에 불과하기 때문에 좀 더 효율적
이고 집중적인 의사결정과정이 잘 안 되고 있다. 대표최고위원을 선출하는
데 있어서도 정교한 룰이 있다. 그 룰에 의해서 선출된 당의 최고 지도자고
당을 대표하는 사람이지만 9명 중에서 일정 수 이상이 반대하면 본인의 의
사를 하나도 관철시킬 수 없는 구조이다. 다른 사람들이 듣기에 이상하다고
생각할 수도 있지만, 대표의 권한이 좀 더 강화되는 방향으로. 너무 수평적

의사결정구조로 병렬을 해놓지 않았나 생각이 든다. 대표의 권한이 강화되고 좀 더 많은 권위를 가지고 당을 컨트롤해야 한다고 생각한다. 너무 집단지도체제가 계파 간의 이익에 따라, 계파갈등에 따라 의견이 나눠지는 것은 정치에 맞지 않는다고 생각한다. 민주주의 과정의 프로세스로서는 맞는데 최고의사결정기구로는 아닌 것 같다는 생각이 든다.

5. 정당 내부 권한의 분권화 정도가 어떻다고 생각하는가? (중앙당-지구당 관계)

» 사실 분권화는 어느 정도는 이뤘다. 뭐냐 하면 지방선거 할 때 지방의원들, 시의원·구의원·구청장들은 중앙당에서 하지 않고 지역의 시도당에서 선출을 한다. 중앙당에서는 형식적인 절차만을 거친다. 최고위에서 의결해서 도장 찍어서 내려보내는 것이다. 선관위에서 접수할 때 그런 중앙의 도장을 원하기 때문이다. 그런 절차만 구하고 상당한 권한이 이미 시도로 이미 이양이 됐고, 그런 혁신적인 것들이 한 10여 년 정도 내려온 것 같다. 물론 타당도 그런 식으로 하고 있는 것 같다. 서로 경쟁하듯이 서로 뭔가를 이뤄가는 역사의 과정 속에 있기 때문이다. 그래서 분권화는 굉장히 많이 됐지만 아직도 중앙에서 결정하는 대로, 중앙의 여론대로 움직이는 것이 많기는 하다. 부정할 순 없다. 하지만 상당 부분 분권이라는 것이 정답이라고 옳은 방향이라고 많은 분들이 생각을 하고 있으니까 차츰차츰 나아질 것 같다.

6. 중앙당 지도부의 총선 공천에 대한 영향력 행사가 바람직하다고 생각하는가? 혹은 당내 후보 선출에서 상향식 공천의 제도화가 필요하다고 생각하는가?

» 정치라는 것은 어떤 신념이나 가치를 같이하는 사람들의 모임이고 어떤 권력을 추구하는 이유가 본인의 사익이 아니라 이루고자 하는 대의가 있기 때문에 같이 뭉치는 것이라 생각한다. 그래서 정당지도부가 가고자 하는 방향,

지도부의 구성원들이 설정하고 바라보는 시선, 가고자 하는 방향이 있다면 같이 함께 하는 사람들, 가치관에 공감하는 사람들이 많이 오는 것은 중요하고 그런 분들이 비전을 가지신 분들을 찾아서 모셔 오는 과정을 중요하게 생각한다. 지도부가 영향력을 미친다는 말이 상당히 부정적일수도 있지만, 가치관은 같이하는 사람들을 네임밸류(명성)가 있는 지도부들이 길을 나서서 찾아와야 한다고 생각한다. 왜냐하면 국민이 정당이 바뀌었다고 가장 먼저 느끼는 것은 사람을 통해서이고, 둘째가 정책이 바뀌었을 때이다. 공천을 통해서 인재를 영입하고 사람을 모셔 오는 것이 영향력을 미치는 것이라면, 영향력을 미치는 것에 찬성한다.

» 새누리당은 상향식 공천을 상당한 부분 많이 제도화했다. 예를 들면 2005년도에 홍준표 혁신위원장을 모시고 혁신안을 만들 때 대선후보를 2:3:3:2라는 당원과 국민의 비율을 정해서 상향식 공천의 정신을 반영하고, 시도지사를 뽑을 때도 2:3:3:2라는 대선의 룰을 반영해서 후보들을 뽑았다. 여러 가지 많은 노력들을 하다가 2014년도에는 지방선거할 때 5:5, 당원 5, 국민 5라는 정신하에 국민경선을 통해서 후보들을 선출했다. 이번에 새누리당이 종지부를 찍으려고 했던, 찍었던이 아니라 찍으려고 했던 것이 국민공천제이다. 사실은 새누리당이 원했던 것은 여야합의로 오픈프라이머리를 하고 싶었는데, 야당이 반대해서 안 됐지만 어쨌든 그 대안으로 여론조사식의 국민공천제를 추진을 하려고 했었다.

» 그리고 새누리당 당헌·당규에는 전략공천이라는 단어가 없다. 우선추천, 단수추천이라는 것이 있다. 그걸 통해서 후보를 추천했다. 당헌·당규 상으로 제도적으로는 새누리당은 세팅을 많이 해 놓은 상태이다. 다만 이번 공천에서 국민들께 보여드렸던 불미스러운 일들 때문에 새누리당이 하고자 했던 상향식 공천제가 잘 안 됐고 여러 가지 기술적인 문제가 있긴 있었다. 안심번호라든지 여론조사를 함에 있어 기술적인 문제 등 때문에 아직은 뿌리 내리지 못했지만 새누리당은 상향식 공천에 대해서 앞으로 문제점이 뭔지

보안해야 될 것이 뭔지 좀 더 고민을 해서 차근차근 정착시켜 나갈 것이다.

» 하지만 문제는 상향식 공천이 선은 아니라는 것이다. 정답은 아니라는 것이다. 왜냐하면 훌륭한 인재가 있고 우리가 생각하는 것과 같은 가치관을 가지신 분이 있고 우리보다 앞선 어떤 미래를 지향하는 분이 있다면 상향식이 아니라 모셔 와야 된다. 그런 양쪽의 조합이 잘 이루어질 수 있는 민주주의의 묘미를 만들어 가는 것이 정당의 역할이라고 생각한다. 국민도 그것을 원하는 것 같다. 동네에서 아는 사람 뽑거나 하는 것도 좋지만, 그동안 접촉해 본 적이 없어서 잘 몰랐지만 국가를 위하는 분들을 국민들도 받아들일 수 있다고 생각한다. 어떻게 두 제도를 잘 섞어서 국민의 신뢰를 얻어 가느냐가 다음 총선에서 새누리당의 숙제인 것 같다. 이번에는 이쪽저쪽 실험에다가 이쪽저쪽 계파갈등이 합쳐져서 국민들께 너무 안 좋은 모습을 보여드려서 죄송한 마음이다. 거기서 신뢰를 잃었기 때문에 이번 총선에서 안 좋은 결과가 나왔다고 생각한다.

7. 유권자-정당/의원의 접촉은 주로 어떤 방식으로 이루어지는가?

» 과연 정당이 무엇인가 하는 고민이 들 때가 있다. 정당이라는 것은 뜻을 같이 하는 사람, 앞으로 우리가 어떻게 해야 된다고 바라보는 지점이 같은 사람들이라면 대의명분으로 해서 모일 수 있다고 생각한다. 비슷한 생각을 가진 사람들끼리 모인 집단인 것 같다. 그리고 그 집단을 지지하는 분들께 지지를 호소하고 그러는 것이다. 그래서 새누리당이 일반유권자들, 당원들하고 먼저 잘 지내야 될 것 같다. 왜냐하면 이번에 새누리당이 상향식 공천을 진행하면서 문제가 있었다. 당원들이 자신의 권리를 행사할 여지가 하나도 없는 것이다. 왜냐하면 여론조사로 뽑고, 오픈프라이머리 식으로 당원이 아니어도 상관없이 일반 유권자들이 뽑아 주면 그 사람이 후보가 되다 보니 본인과 생각이 같기 때문에 혹은 여러 가지 정치적인 이유로 당을 지지하고 있었던 사람들에게 아무런 권한이 없는 것이다. 유권자와의 소통도 필요하지만 그 전에

당원과 어떻게. 민주주의하에서 상향식 공천이 좋은 것처럼 보여서 상향식 공천을 도입했는데, 현재 새누리당과 당원 간의 사이가 굉장히 멀어졌다.

8. 정당/의원의 일반 유권자, 지지자, 당원에 대한 접촉 방식이 어떻게 다른가?

» 일반유권자들은 그냥 길거리에서 익명으로 누굴 만날 수는 없다. 정당의 의지가 부족했을 수도 있고 선거법상 어렵기도 하다. 우리가 생각하는 넓은 범위의 유권자는 매일 언론을 통해 간접적으로 기자를 통해 만난다고 기본적으로 생각하고 있다. 또한 현장 일정을 통해서 당대표가 됐든 정책위의장이 됐든 간에 현장을 돌면서 조선소의 노동자, 영세상인, 중소상공인회 등 다양한 분들을 직능별로 만나가는 것이다. 세탁소 운영하시는 분들, 부동산 연합회, IT 업체의 일반 직장인 등 직능별로 일반유권자들을 만난다. 목적에 의해서 설계하고 그룹핑(grouping, 분류)을 해서 주제를 짜서 일반유권자를 만난다.

» 당원은 그야말로 새누리당이라는 이름으로 만난다. 지역에 가서 '앞으로 홍보는 이렇게 하자, 조직은 이렇게 하자, 대선이 다가오니까 어떤 후보의 장점과 단점이 있는데 단점이 이런 식으로 기회가 될 수 있다'는 식으로 당원 교육 방식으로 당원들을 만난다. 또 당원들에게 여러 가지 매체를 통해서 빨리빨리 정보를 전해 주고 일체감을 느끼게 할 수 있도록 노력을 하고 있다. 일반 유권자들은 유형을 정해서 유형별로 만나고, 이것이 표로 연결될 수 있도록 하기 위해 집단에 맞는 메시지를 준비해 가서 만난다.

9. 유권자-정당/의원의 접촉과 소통의 경험이 유권자의 정치참여(투표참여 포함)와 행태에 실질적인 영향을 준다고 생각하는가?

» 그렇다. 영향을 미친다고 생각한다. 정당이 잘못한 것이 있으면 유권자는 그 정당을 안 찍을 것이다. 이것이 영향을 미치는 것이다. 예를 들면 담뱃값을 올렸다면 흡연자들은 그 정당을 찍지 않을 것이다. 세금을 올린다면 관련 직

종의 유권자들은 그 정당을 찍지 않을 것이다. 정부가 세금을 올리지만 정당이 찬성하는 발언을 했다든지 압도적으로 국민들의 뜻과 다른 행동이나 법안 통과를 시켰을 때는 유권자들의 행태에 영향을 미친다고 생각한다. 영향이라는 것은 두 가지라 생각한다. 하나는 심판, 하나는 선택이다. 정당이 유권자들에게 잘하면 선택받고 못하면 선택받지 못하는 것이다. 눈에 보이는 평소의 영향이 아니라 선거 때 선택하느냐 심판하느냐 두 가지인 것 같다. 이번 총선에서 새누리당이 언론을 통해서는 직접 방문을 통해서든 어쨌든 유권자들과 만났지만 잘못된 메시지로 만났기 때문에 영향을 나쁘게 받았다. 심판 받았다고 생각한다.

10. 유권자의 지지를 이끌어 내는 데 있어서 현재 한국 정당 각각의 장단점이 무엇이라 생각하는가?

» 민주당은 지지 세력을 굉장히 공고히 하는 말들을 되게 잘하는 것 같다. 유권자들의 호감을 이끌어 내는 자극적인 말을 잘하는 것 같다. 지지자들을 결집시키는 말들을 잘하는 것 같다.

» 국민의당도 어쨌든 양당정치의 극한 대립갈등구조에 지친 국민들에게 정말 중간처럼 잘 보인 것 같다.

» 새누리당은 정책적인 실수, 오판들, 국민들 앞에서 보인 계파갈등 이런 것이 단점이다.

11. 한국의 정당들이 유권자들의 목소리를 정책결정과정에 제대로 반영하지 못하고 있다는 비판이 있는데, 그 원인과 해결방안이 무엇이라 생각하는가?

» 안타까운 이야기긴 한데 국민들하고 현장에서 만나는 시간들보다는 오피니언 리더들과 더 많이 만나시는 것 같다. 사실은 현장에서 만날 때는 많은 준비와 인력과 예산과 여러 가지 필요한 것이 많다. 의전이나 그런 것 때문은 아니지만 그냥 길거리에 나갈 수는 없기 때문이다. 그런데 오피니언 리더를

만나면 좀 더 빠른 시간 내에 집약적인 의견, 학습되고 훈련된 분들로부터 뭔가를 듣는다고 생각하시는 것 같다. 예를 들면 노동자를 만나지 않고 노동 관련 전문가이신 교수님을 만난다든지 하는 것이다. 시민들과 맥주를 한 잔 하지 않고, 정치 이야기를 하기 위해서 청년을 만나지 않고, 청년 실업 해소 방안을 연구하신 교수님과 만나는 것이다. 그런 식으로 오피니언 리더들과 갇힌 공간에서 밥을 먹거나 만난다. 물론 더 짧은 시간에 집약된 정보과 더 정제된 여러 가지 좋은 대안을 받을 수 있지만 현장의 목소리와는 멀어진다고 생각한다. 현장감은 좀 떨어진다고 생각한다. 그러다 보니 살아 있는 그런 좋은 말씀들은 많이는 안 나오시는 것 같다. 스터디는 엄청 되지만 말이다.

12. 한국의 사회통합 정도에 대해 어떻게 생각하는가? 높다고 생각하는가?

» 남북으로 나눠진 상황에서 참 나라가 힘들다. 사회통합을 주제로 사람들하고 이야기한다는 것이 쉬운 것은 아닌 것 같다. 남북으로 갈려져 있는 것이 나라의 발전이나 서로 시민으로서 소통하는 데 가끔 장애가 되어서 나타난다. 그래도 사회통합을 이야기한다면 어느 정도 많이 이뤘다고 생각한다. 그런데 너무 양극화가 심화되어서 사회통합을 저해하고 있는 부분이 걱정된다.

13. 한국 사회의 가장 큰 갈등이 무엇이라 생각하는가?

» 남북한의 갈려 있는 이념적인 문제로서의 통합 말고, 우리 안에서의 민생이나 경제 이런 쪽으로 통합 부분을 이야기하자면, 양극화를 제일 먼저 이야기하고 싶다. 양극화가 너무 심화됐다. 자유민주주의 국가에서 누구는 가난하고 누구는 잘 살 수 있다. 그런데 부를 가지신 분들이 노블레스 오블리주, 사회를 위한 봉사와 헌신이 부족하다. 정당한 절차에 의해서 얻은 부에 대해서 뭐라고 하는 것이 아니라 그런 부분이 부족하다. 공동체 복원을 위해서 어떻게 하자고 외치기에는 어렵다. 가진 자들이 먼저 내려놓는 모습을 보이면서

그쪽에서 먼저 공동체를 이뤄 가는 모습을 보여 주셔야 하는데 그런 것이 좀 부족하다. 우리 사회의 통합을 위해서는 극단화되어 가는 양극화 문제를 해결해야 한다. 재벌 등을 포함한 가지신 분들이 좀 내려놓으시고 어려운 분들을 위해서 사회의 모범이 되어 줘야 한다. 그동안 쌓인 우리 사회의 트렌드가 최근 재벌을 주제로 한 영화 속에서 나온다. 그런 영화가 사실은 아닐지라도 사람들은 실제로 그럴 것이라 믿을 수 있다. 심한 양극화에서 나온 이미지고 허상이지만 그런 허상까지도 가능하게 만드는 일련에 사태와 사건들이 있었다. 양극화 이야기는 정의 이야기와 같이 갈 수밖에 없는데 정의롭지 못한 것이라 생각한다. 열심히 일해서 돈 벌고 잘 살아서 배 아픈 것이 아니라 정의롭지 못한 것에 대해서 국민들이 느끼는 것 같다. 사회통합을 이루려면 그런 것이 중요한 것 같다.

14. 한국 사회의 갈등을 해소하고 분열을 치유하는 데 있어 정당들이 어떤 역할을 수행해야 한다고 생각하는가?

» 정당과 관료사회 등이 가진 자들의 영향력에서 자유로웠으면 좋겠다. 대기업의 영향을 많이 받는다든지 하는 것 같다. 예를 들어 단통법이 통과될 당시 네티즌들 사이에서 통신 관련 주요 회사들의 입장만 반영된 것이 아닌가 하는 비판들이 있었다. 전체적으로 경제발전과 경제활성화를 위한 정책을 해야 하는데 정당이 생산하는 정책이나 정부가 하는 정책들이 그런 분들의 영향을 많이 안 받는 사회가 되어야 할 것이다. 제가 정치에 매력을 느낀 이유는 똑같이 1인 1표기 때문이었다. 가진 자나 못 가진 자나, 서민이든 장애가 있든지 간에 '당신도 1표, 나도 1표'라는 평등이 마음에 들어서 정치에 대해서 좋게 생각했다. 회사의 주주들처럼 본인이 가진 돈의 양만큼 영향을 미치면 안 된다고 생각한다. 그래서 그 영향력이 좀 차단될 수 있을 때 정치가 살에서 그런 영향을 받지 않고 오히려 그런 것들을 견제할 수 있을 때 우리 사회가 통합되고 정치가 순기능을 할 수 있다고 생각한다.

» 정당이 살고 정치가 순기능을 하려면 정당에 있는 사람들이 기업이나 정부에 공급되는 인력보다 더 똑똑해야 하고, 정당에서 일하는 분들에게 더 많은 예산과 지원이 이뤄져야 한다. 개인적으로 안타까운 것은 국민들이 정당에 대한 비판을 많이 하고 있기 때문에 사람을 하나라도 늘리면 엄청나게 비판할 것이라는 점이다. 여의도 정당정치의 아주 불행한 아이러니인 것 같다. 왜냐하면 재벌, 대기업, 정부의 관료주의를 견제하려면 여의도 정치가 살아있어야 한다. 정치만이 권력을 가지고 다른 권력을 견제할 수 있으며 해야한다. 권력을 제대로 견제하지 못하고 있으며 이것들이 사회통합을 저해하는 것 같다. 여의도 정치가 갈등의 진앙지이다.

[마지막 추가 발언]

» 정당에 더 많은 예산과 더 좋은 인력이 공급될 수 있어야 한다. 보좌관 1명을 늘린다고 생각하면 국민과 언론이 가만히 있지 않을 것이다. 그리고 의원들도 보좌관을 지역으로 보내고 있다. 국회에서 보좌관이 비서관과 비서들을 데리고 정책 개발을 해서 재벌과 정부를 견제할 수 있는 법안을 만들어야 할 것이다. 그런데 보좌관을 늘리면 국민들이 가만히 있지 않을 것이다. 너무 안타깝다. 보좌진들이나 여의도 중앙당에서 일하시는 분들이 정부를 제대로 견제하지도 못하고 자본주의 사회에서 금권의 영향력하에 있다고 생각한다. 그렇다고 해서 뇌물을 받거나 하는 것이 아니라 프레임 자체가 돈 있는 사람들이 짠 프레임 속에 있다고 생각한다.

인터뷰 대상자 11

1. 유권자들의 정당정치에 대한 신뢰 및 만족도가 낮다는 지적이 있는데, 그 이유는 무엇이라 생각하는가?

» 원인은 친일파라고 생각한다. 친일에 대한 청산을 못 했기 때문이다. 친일청산을 완전히 했으면 정부여당에 대한 불신이 없을 수 있다고 생각한다. 그리고 있는 자, 가진 자들의 부패 등도 유권자가 정당을 신뢰하지 못하는 이유라 생각한다.

2. 정당정치에 대한 신뢰 및 만족도를 높일 수 있는 방안이 있을까?

» 싫든 좋든 법치주의로 가야 한다. 법이 공정한 잣대가 되어야 한다. 그리고 도덕성을 겸비한 지도자들이 나와야 한다. 애국심, 시민들을 사랑하는 마음이 중요하다고 생각한다.

3. 한국 정당정치와 민주주의의 발전을 위해 어떤 측면의 개혁이 가장 우선되어야 한디고 생각하는가?

» 도덕성과 국민들을 생각하는 마음, 책임감을 갖춘 정당이 되어야 한다.

4. 한국 정당정치의 개혁에 있어서 가장 큰 걸림돌이 무엇인가?

» 기득권이다. 그 다음에 돈, 그 다음에 정치권과 대기업 간의 경제적 고리를 들 수 있다.

5. 유권자-정당/의원의 접촉은 주로 어떤 방식으로 이루어지는가?

» 일대일로 만난다. 그 다음에 SNS도 하지만 SNS보다는 일대일로 접촉하는 것을 선호한다. 시민들도 그렇다. 아니면 소상공인회라든가 번영회라든가 하는 어떤 그룹별로 접촉한다.

6. 정당/의원의 일반 유권자, 지지자, 당원에 대한 접촉 방식이 어떻게 다른가?

» 방식은 비슷하다. 직업군으로 접촉한다고 보면 될 것 같다. 만나는 목적이 대부분 민원이다. 정당정치로 가야 할 수밖에 없는 이유 중의 하나도 이런 것이다. 왜냐하면 정치에 관심 있는 사람은 일부이다. 당원들도. 소수가 하기 때문에 거의 비슷하게 한다. 유인물 나눠 주고 우리가 하는 일에 대해서 얘기해 주고, 이익단체들은 이익단체를 대변해 줄 수 있는지 본다. 당원은 수시로 접촉한다. 전당대회도 있고, 당원대회도 있다.

7. 귀 정당/의원을 지지하는 유권자들과 다른 정당/의원(후보)을 지지하는 유권자들 간의 차이가 있다고 생각하는가? 그렇다면 귀 정당/의원을 지지하지 않는 유권자들을 설득하기 위해서 어떤 노력을 하고 있는가?

» 눈에 띈다. 반대하는 사람들은 반대한다고 와도 얘기한다.

» 설득하는 노력을 많이 한다. 교육을 통해서도 하고, 식사도 하고, 계속적인 대민관계를 가질 수밖에 없는 그런 입장이다. 그들도 지지하지 않는다고 해서 꼭 민원이 없는 것은 아니다. 그들도 까놓지만 우리도 까놓고 이야기한다. '이걸 해 주면 지지하겠다' 이렇게 접촉해 온다.

» 한편으로 정치라는 것이 소통이라기보다는 어떤 관심이고 마음을 사는 것

이다. 그들 입장에서 띄워 주면 그 사람들이 좋아할 수밖에 없다. 제가 그런 역할을 많이 했다. 보좌관 중에 두 부류가 있다. 하나는 정책보좌관이라고 해서 입법을 하는 보좌관이고, 나처럼 선거를 하는 보좌관도 있다. 선거를 하는 보좌관은 사람의 마음을 터치하는 것을 많이 한다.

8. 유권자-정당/의원의 접촉과 소통의 경험이 유권자의 정치참여(투표참여 포함)와 행태에 실질적인 영향을 준다고 생각하는가?

» 거의 없다고 봐야 한다. 국민들 입장에서는 정당으로 가든 내각으로 가든 본인의 이익을 대변하는 사람이 좋은 것이다. 예를 들면 본인의 집값이 올라가면 좋은 것이다. 변화라는 것은 표라고 봐야 하는데, 역시 시민들은 이익이 있어야 한다. 안 바뀐다고 본다. 유권자의 표심이라는 것은 피상적인 것이 많다. 정확히 알지 못하는 상태에서 정치는 상대가 있기 때문에 누구를 죽이고 일어나야 하는 것이기 때문에, 절대평가가 아니기 때문에 선거제도 방식도 바꾸자는 이야기도 많다. 역시 불완전한 인간사이기 때문에 개혁을 해도 문제점이 있을 수 있다. 그런 것들은 정치인들이 얼마나 정직하고 정의성을 갖고 하느냐, 그러한 노력들이 국민들한테 감동을 주느냐 하는 것이 중요하다고 생각한다.

9. 유권자의 지지를 이끌어 내는 데 있어서 현재 한국 정당 각각의 장단점이 무엇이라 생각하는가?

» 시민들은 그렇게 안 본다. 사실 패거리 정치이기 때문이다. 물론 언론 인터뷰할 때는 포장해서 얘기하겠지만 까놓고 얘기해서는 전라도와 경상도가 싸우는 것이다. 그리고 계층별로 싸우는 것이다. 또 시민들의 본인 환경이 어떤가에 따라 바뀔 수 있다고 본다.

10. 한국의 정당들이 유권자들의 목소리를 정책결정과정에 제대로 반영하지 못

하고 있다는 비판이 있는데, 그 원인과 해결방안이 무엇이라 생각하는가?

» 그 원인은 돈이 아니겠는가. 이익이라고 봐야 한다. 정치인들도 표에 계속 흔들릴 수밖에 없다. 그런 걸 깨기라는 것은 쉽지 않을 것이다. 원론적으로 말씀드리면 사람이 먹고살아야 되기 때문에, 부모가 돌아가도 배고프기 때문이다. 인간의 기본 욕구들이 있기 때문에 어떤 형태의 개혁이 오더라도 인간이 성선설이 아닌 이상 쉽지 않다고 본다.

» 이익을 공정하게 챙겨 주지 않으니까 문제가 되는 것이다. 그럴 수밖에 없다. 정치인들은 당선이 또 돼야 하기 때문이다. 의원들을 모셔 보니까 사실 점심도 두세 번 먹을 때 있고, 저녁도 그렇다. 그렇게 할 수밖에 없다. 김밥으로 때울 때도 있고 너무 피곤한 것이 사실이다. 노력을 함에도 쉽지 않다.

» 파격적인 이야기지만 지방자치제도를 중앙집권제도와 좀 더 섞어야 하지 않겠나 생각한다. 지방자치단체장들도 표에 의해서 움직이고 있다. 국회의원들도 표에 의해서 움직인다. 사실 지역에 내려가면 시장들이 힘이 더 좋다. 솔직히 말하자면 우리나라는 중앙집권제가 맞는 것 같다.

» 왜냐하면 안 그렇다고 생각하지만 아직까지도 글을 모르는 문맹이 있다. 6.25를 거치고 수많은 것들을 거치면서 세대 간에 어우를 수 있는 철학이 없다. 우리의 철학이 있다면 '잘 살아보자'는 새마을운동이 철학이라고 보는데, 80년대 이후에는 철학이 단절되었다. 독일 같은 경우에는 계속적으로 철학자들이 나온다. 우리는 새마을 정신이 없어진 다음에는 전체적인 국민을 아우를 수 있는 철학이 없었다. '잘 살아보자'는 새마을운동이 지금에 와서는 '정직해 보자', '나눔과 베품을 해 보자', '가치 있는 삶을 살자' 등이 될 수 있을 것이다. 지도자들이 나와서 그런 것을 한번 이끌어 줘야 한다. 수학과 물리가 같이 가듯이 정치와 철학이 같이 가야 하는데, 우리는 정치와 철학이 같이 못 가다 보니까 문제가 있다고 본다.

11. 소속 정당의 운영방식 및 의사결정구조 등 전반에 대해 만족하는가?

» '만족이다 불만족이다'는 '나한테 이익이 되냐 아니냐'는 원론적인 것이다. 좀 틀리더라도 당헌당규 그대로 하면 된다. 그런데 그것을 왜곡하고 힘으로 누르려 하다 보니 문제가 되는 것이다. 법대로 가야 한다고 생각한다. 좀 틀리더라도 그런 것이 맞지 않나 싶다. 당헌당규가 있으면 당헌당규를 존경해야 한다.

» 새누리당은 대통령 눈치를 보는데, 국가수반이기 때문에 대통령 눈치는 당연히 봐야 한다. 새누리당은 최고위에서 결정해 버리는데, 아직까지도 패거리 정치가 남아 있다. 새누리당의 문제, 젊은 사람들이 싫어하는 이유가 그런 것이다. 가진 자들의 누림의 대물림을 근원적으로 친일을 대물림으로 봐야 할 것이다. 얼핏 보기에는 있는 자들이지만 실질적으로는 그런 것이 있을 수 있다.

» 하여튼 불만족스럽다. 당헌당규를 존경하고, 당헌당규대로 하면 좋겠다. 정치인들이 당헌당규를 읽어 봐야 하는데 안 읽어 보니까 아쉽다.

12. 정당 내부 권한의 분권화 정도가 어떻다고 생각하는가? (중앙당-지구당 관계)

» 실질적으로 없다고 보면 된다. 일단은 우리나라 NGO가 좀 문제이다. 대한민국의 NGO가 노무현 정부 당시에 많이 컸다. 그래서 경기도당에서 결정한 것을 단체들에서 승복을 안 한다. 버스 두 대 대동해서 바로 중앙당으로 올라간다. 그래서 뒤집어진 사례도 있다.

13. 중앙당 지도부의 총선 공천에 대한 영향력 행사가 바람직하다고 생각하는가? 혹은 당내 후보 선출에서 상향식 공천의 제도화가 필요하다고 생각하는가?

» 바람직하다. 왜냐하면 정당정치이기 때문이다. 정당정치에서 정당이 안 하면 뭘 하겠는가. 정당에서 그걸 안 하면 무의미하다고 생각한다. 공천은 누

가 해도 문제가 있을 수 있기 때문에 바람직하다고 본다. 최고위원들이 판단하고 결정하면 좋은데, 그것이 다른 환경에 의해서 바뀌니까.

» 말도 안 되는 얘기이다. 톱다운 방식이 맞다고 본다. 그런데 채점 기준이 이랬다 하는 등 명확하게 발표를 해야 한다.

14. 정당개혁의 방향성에 대한 당내 논의가 실제로 어느 정도 (활발하게) 이루어지고 있는가? 어느 정도 합의가 이뤄지고 있다고 보는가?

» 당내에서 계속 논의가 되고 있지만 활발하지는 않다.

» 그런 논의는 그만해야 한다. 상대가 있는 게임이기 때문에 공천의 기준은 상대를 이길 수 있는 사람을 내보내는 것이라 생각한다. 공천도 전쟁이라 생각한다. 개인적으로는 정당개혁하지 말고 제대로 된 사람을 원칙에 의해서 선출하면 되는 것이라 생각한다. 전략전술이 필요하다.

» 개혁보다도 노블레스 오블리주가 중요하다. 제도보다도 시민들을 위하고 국가를 위하고 조국을 위하고 다음 세대, 미래 세대, 통일 세대를 위하는 그런 지도자가 필요하다.

» 사람은 철학과 소신과 신념이 있어야 한다. 새누리당은 보수의 진정한 색깔을 내야 한다. 친일했다면 잘못한 것은 인정을 하고 반성을 하면서 보수다운, 진보개혁은 진보다운 서로 정반합, 정반합이 되어서 나라가 발전해야 한다. 타켓이나 목표는 정확히 조국과 민족과 동포들을 생각하는 것이 마음에 깔려 있어야 한다.

15. 의원의 입법 활동 과정에서 정당지도부와 유권자의 영향력은 각각 어느 정도인가? 정당지도부/유권자가 각각 어떻게 다르게 입법 과정에 영향을 주고 있는가?

» 있는 정도가 아니다. 상당히 있다. 초선은 얘기도 못한다. 더군다나 비례대표는 더하다. 위에서 하라는 대로 한다. 그나마 극히 전문적인 일들은 할 수

있는데, 그 외에 개혁이나 이런 것들은 비례대표 의원이 할 수 없다.

» 개인적으로는 유권자가 입법 과정에 영향을 안 줬으면 좋겠다. 각자 맡은 일을 열심히 했으면 좋겠다. 되려 한다면 시의원으로 나오고 해서 정치인으로 크든가 해야 한다. 시민들이 참여하고 반영하는 것을 소통이라고 하는데, 꼭 그렇게 하지 않는 것도 소통이라고 할 수 있다. 너무 참여를 강조하는 것 같다. 왜냐하면 지금 우리나라에 NGO도 충분히 있기 때문이다. 시민이 중간에 법률을 검토하는 등 할 수 있는 청원권 등이 충분히 잘 되어 있다. 아니면 또 야당도 있기 때문에 그런 견제 세력을 통해서 하는 것이 맞다. 다 영향을 미치려 하면 십인백색(十人百色) 천인만색(千人萬色)이 될 것 같다. 본인 색깔만 나오는 것이 아니라 별다른 부작용이 또 생길 것이다. 당에서 당원들 집합시켜서 해 봤지만 잘 안 됐다. 딱 당원협의회의 10명만 들어와야지 20~30명이 넘으니까 힘들었다. 나중에는 다수결로 하자는 말도 나왔다. 그럼 국회의원은 왜 있는가. 국회의원에게 권한과 책임을 줬으면 그 사람이 하는 것을 존중해 줘야 한다. 국회의원과 소통이 안 된다고 해서 "다음에 뽑아주면 안 되겠다"는 식으로 압력을 가한다. "아니다. 저 사람에게 뭔가 있을 것이다. 믿어보자"는 것이 좀 필요한데, 우리나라는 일단 자기 의견이 해결 안 되면 화분을 집어던지고 발로 차고 탈당하는 등 문제가 많다.

16. 선거캠페인 과정에서 정당지도부의 지원과 영향력은 어느 정도인가?

» 제로. 거의 없다고 본다. 다 속고 있는 것이다. 새누리당 걸어 놓고. 예를 들어 당 대표와 친하다거나 하면 얘기가 될 수 있다. 다 개인적이고 이익에 따른 것이다. 정치를 시작한 지 얼마 안 된 경우 정당의 이익을 봐야 하는데, 루트도 없다. 정당이 굉장히 불투명하게 운영된다. 어떻게 할 수 없다. "캠페인 지원되나요? 법률은 누가 자문하나요? 상대방에 선거법 공약이 있는데 우리는 이렇게 해야 되나요?" 질문에도 진퍼 없었다.

17. 정당과 후보자가 부담하는 비용의 비율은 어느 정도인가?

» 지금 자꾸 개혁을 시도하는 바람에 사실 시민들이 피해보는 경우도 있다고 본다. 정당이 선거캠프에 돈을 내려주지 않는다. 물론 이미지가 크거나 될 만한 곳에는 몇 억씩 지원이 가겠지만 그것은 대표 마음이다. 그래서 서로 대표하려고 하는 것이다.

» 선거비용은 거의 후원을 받는다. 인지도가 있는 사람들은 오히려 돈을 번다. 당선될 것 같으니까 후원해 주는 것이다.

18. 한국의 사회통합 정도에 대해 어떻게 생각하는가? 높다고 생각하는가?

» 전반적으로 사회통합이 안 되고 있다.

19. 한국 사회의 가장 큰 갈등이 무엇이라 생각하는가?

» 한국사회의 통합을 저해하는 것은 돈이다. 잘사는 놈, 못사는 놈으로 너무 극명하게 갈려 있다. 우리나라는 '갑질사회'다. 무전유죄인 것이다. 돈이 있어야 정치도 한다. 현수막도 2개를 거는 사람이 이기는 것이다.

» 세대갈등도 돈 문제라 생각한다. 있는 놈으로 태어나느냐 하는 것이다. 금수저라는 말이 그래서 나오는 것이다. 돈이 없으면 기반을 다질 수 없기 때문이다.

» 지역갈등은 지리산을 없애면 해결될 것이다. 지역갈등은 역사적으로 올라가겠지만 사실 전라도하고 경상도는 민족이 다르다. 백제 쪽 계열은 늘 수용적이었다. 한 번도 싸운 적이 없었다. 신라시대는 종교적 갈등으로 통합이 안 되니까 통합을 하기 위해 이사돈이 죽은 것이다. 정치의 가장 기본은 힘 있는 사람에게 시민들이 가는 것이다. 그냥 작두를 타는 것이 아니라 돼지를 안고 작두를 타는 무당이 인기 있겠지만, 사실 그냥 작두 탄 무당의 칼날이 섰지만 돼지를 안고 탄 무당의 칼날은 무딜 수 있다. 그런 것까지 볼 수 있는 시민들이 아직 거의 없는 것 같다. 그래서 백날 개혁해봐야 안 되는 것 같다.

정치현장에서 진단하는 한국 정당과 민주주의

지역적 통합은 요원하다. DNA 때문에 요원하다. 힘들 것 같다. 절대 안 바뀔 것이라 본다. 그대로 인정하면서 가야 한다. 커피도 종류가 많듯이 커피와 코코아를 인정해 가면서 가야 한다. 통합이라는 것은 구성원들이 철학적 통합을 해야 하는 것이지 지역적 통합을 갖기는 상당히 어렵다. 역사적으로 민족이 다르기 때문이다.

» 다 잘 산다면 갈등이 별로 없을 것이다.

20. 한국 사회의 갈등을 해소하고 분열을 치유하는 데 있어 정당들이 어떤 역할을 수행해야 한다고 생각하는가?

» 지대하다. 정치인들은 고정적으로 노출이 되고 늘 이슈의 주인공들이 되고 있기 때문이다. 정확히 사람들을 뽑아 줘야 하는데, 너무나 시간도 짧다. 언제 우리가 후보들과 식사를 해 보고 찍겠는가. 매번 뉴스로 왜곡된 사회를 듣는 데 불과하다. 이 사회가 너무나 웃긴다. 전부 쇼라 생각한다. 아나운서 자체도 쇼다. 방송에는 상체만 나오니까 바지 없이 속옷만 입고 방송하는 경우도 있다. 너무 대한민국의 정치인들이 보여 주기 식이다. 그 다음에 약점을 잡으려고 하는 불완전한 시대, 서로를 믿지 못하는, 신뢰가 깨진 시대라 생각한다.

» 정말 빛과 소금의 역할을 하는 지도자가 나와야 한다. 시민들 위하고, 다음 세대, 미래 세대, 통일 세대를 위하는 지도자들이 정치인이 되면 시민들의 통합은 된다고 본다. 또 그렇게 우리는 해 왔다. 하지만 인정을 안 하고 있다. 이승만, 박정희 대통령도 인정하고 늘 긍정적인 면으로 인정하고 평가를 가야 하는데, 우리는 늘 안 좋은 면을 보기 때문에 아쉽다. 정치인들이 철학이 있어야 한다. 다음 세대를 배려하는 철학, 안중근처럼 자기 이름을 영원히 남길 수 있는 철학이 있어야 한다. 이름이 영원히 남는 것이다. 호사유피 인사유명(虎死留皮 人死留名)이라고, 이름을 남기는 것이 오래 장수하는 것이라 생각한다. 그러니까 한마디로 얘기하면 변하지 않는 가치를 추구하는

정치인들이 나왔으면 좋겠다.

» 왜 정치인들의 문제가 생기냐 하면, 실질적인 정치인들이 몇 안 된다. 의사 등 전문가들이 대변해서 나오는 것이다. 의사 출신 정치인은 의사협회가 밀어준다. 대한민국은 약사협회가 엄청 세지 않은가. 사실 이익을 대변하기 위해 나오는 것이다.

» 정당 구성원들이 정당에 대한 교육이 없다. 정당의 변혁보다도 정당의 교육이 우선되어야 한다. 포럼이나 이런 것이 아니라, 정당인이 정당인으로서의 당헌당규라든가 하는 것을 국회의원이 교육을 받아야 한다. 정당이 굉장히 중요하다. 정당이 힘이 있는 것이다. 본인을 찍어 준 사람, 표를 준 사람들에 대한 기본적인 예의와 매너가 있어야 한다. 믿고 찍어 준 그 사람들을 대변해 줘야 한다. 그 사람들의 색깔을 내 줘야 함에도 불구하고 못하고 있다. 남의 떡이 커 보인다고 남의 발목만 잡고 있어 문제가 있다. 시민들이 정당원이니까 오픈 교육을 해 줄 필요가 있다. 국회에서도 교육을 정기적으로 받아야 한다. 민주당 성향인 사람은 민주당 성향의 교육을 받아야 한다. 그런 교육을 안 받으니까 오해가 많다고 생각한다.

» 충분히 역할을 할 수 있다고 본다. 아직까지 우리는 배워야 한다. 다 아는 것 같지만 실제론 모르는 것이 많다. 교육이라는 것이 고리타분하다고 할 수 있겠지만, 소통이라고 할 수 있다. 소통의 장을 정기적으로 주기적으로 열어 놔야 한다.

» 만약 개혁을 한다고 하면 선거도 날짜를 통일했으면 좋겠고, 지방자치체를 대통령처럼 단임제나 2번 정도로 제한해야 한다. 재임 기간을 늘려서 단임으로 가든지 아니면 4년씩 2번 정도 하든지 해야 한다. 지금은 3번, 12년인데 너무 길다. 단체장들이 당선되면 다른 일 하지 않고 재선하기 위해, 재선하면 삼선하려고만 한다. 지방자치단체장들을 주방장에 비유하자면, 시민들이 짬뽕을 시켰는데 짜장이 나왔지만 공짜(복지)이기 때문에 불평을 할 수 없다. 그냥 "다음에 와서 먹어야지" 하고 돌아서는 것이다. 국회의원과 지방

자치단체장 간에 갈등이 굉장히 심하다. 예를 들어서 집 앞에 도로가 하나 생긴다고 했을 때, 국회의원이 도로를 만들겠다고 예산을 가져왔다면 나중에 떨어지더라도 이게 기본이 되어서 단체장이 계속 이어 나가야 하는데 그러지 않는다. 끝까지 하지 않으면 국회에서 해당 예산을 자연소멸시킨다. 국회와 지방자치 간의 정당이 다르기 때문에 갈등이 굉장히 심하다. 이유는 하나이다. 정당이 다르기 때문이다. 그 밑으로 가면 누가 떨어지냐 안 떨어지냐 하는 이익 때문이기도 하다. 지방자치 시장들도 철학이 없는 것이다. 철학이 없으니까 본인 마음대로 하는 것이다. 대한민국을 축구라고 한다면 너무 개인플레이가 많다. 팀워크로 해야 한다. 뭐든지 오케스트라처럼 화합으로 가야 하는데 전부 각자 플레이를 하고 있다. 화합이 안 되는 이유는 자기 이익 때문이다. 시장의 횡포가 너무 크다. 국회의원들은 지역을 잘 모른다. 지방자치단체들은 거기서 평생을 살았기 때문에 전부 아니까 국회의원을 갖고 논다.… 지금 대한민국이 힘든 이유는 지방자치제가 뿌리를 못 내리고 있기 때문이다.

» 통합을 하려면 정당이 받은 지지도에 따라 장관도 나눌 수 있도록 제도화를 해야 한다. 예를 들어 농림부 장관은 호남평야가 넓은 전라도에서 하는 것이 맞다고 본다. 한번 해 봤으면 좋겠다.

[마지막 추가 발언]

» 선거를 한마디로 말하면 돈이다. 전쟁이기 때문에 역시 군수물자가 얼마나 투입되느냐에 따라서 선거의 승패는 갈릴 수밖에 없다. 보이지 않는 우리의 마음속에 양심이라는 것이 있어서 대한민국을 생각하고 뽑으려고 하는 선량한 마음은 다들 있다. 쉽게 얘기하자면 문자에 사진을 넣어 보내는 것은 선거법 위반이다. 그런데 카카오톡은 괜찮다. 법이 통과될 때 카카오톡이 없었기 때문이다. 카카오톡으로 깊은 불법을 저지르고 있다. 그게 돈이다. 아르바이트를 사서 카카오톡을 이용해서 불법을 하고 있는 것이다. 카카오톡

자체는 선거법에서 제외되고 있기 때문이다. SNS, 인터넷 세상이라고 하지만 실제로는 그렇지 않다. 돈의 흐름이 상당히 깔려 있다.

» 그리고 유권자들에게 시간이 너무 없다. 먹고사는 데 바빠 관심이 없다. 인간의 본성이기도 하다. 우리나라가 먹는 문화는 맞다. "아침 드셨나요" 먹는 것으로 얘기한다. 웰빙에서 힐링 시대가 되었다. 다음 세대의 단어는 무엇인가. 이런 것을 정치인이 제시해 주고 반 보(步) 정도 앞서나가면서 시험도 하고 "이런 것이 맞습니다" 하는 발표도 하면서 정치인들이 미래지향적인 것들을 해 줘야 한다. 그런데 원론적으로 얘기해서 우리는 태어나면서부터 엄마의 젖꼭지를 물고 태어나듯이 어쩔 수 없다. 식구란 같이 먹는 것이 식구이다. 생물학적으로 이로 무언가 씹으면 자기도 모르게 뇌로 전달이 된다. "질기다. 맛있다" 하면 당선인데, 안 씹으면 생각이 안 나고 낙선이다.

» 시민들을 만나 보면 그들의 표와 선거결과가 피부와 눈빛에서 느껴진다. 딱 손잡으면 안다. 기러기랑 친한 어떤 어부가 있었는데, 어느 날 어머니가 병에 걸려 죽기 전에 기러기 고기가 먹고 싶다고 했다. 어부는 일도 아니라 생각했지만 결국 못 해 주고 어머니는 돌아가셨다. 어부가 '기러기를 잡겠다' 마음을 먹었기 때문에 기러기가 어부에게 오지 않는 것이다. 유권자가 원하는 것이 무엇인지도 사실 다 안다. 그런데 소통이 안 되는 이유는 내면에 돈과 이익이라는 뿌리가 있는데 충족을 못 시켜 주기 때문이다. 우리나라 사회가 갑자기 생활의 자유라든가 표출이라든지 하는 것들이 교육 없이 풀린 것 같다. 교육을 통한 배움의 힘을 이야기하는 것이다.

» (추가질문: 유권자와 정당이 소통을 통해 정치적 대표성을 높여야 대의민주주의가 발전할 수 있다는 주장이 있는데, 소통을 하더라도 유권자를 만족시키는 것이 불가능하기 때문에 사실상 대의민주주의를 발전시키기가 어렵다라고 보시는 것인가?) 표면적으로 답은 맞을 수 있지만 꼭 그렇다고 할 수도 없다. 겨울에 어머니가 얼음에 미끄러져 다리를 다쳤을 때 아들이 "엄마 집에 좀 있지. 이 날씨가 왜 나갔어요" 하는 것은 정답이 될 수 있다. 집에서 안 나오

면 안 다치고, 자동차 운전 안 하면 사고가 안 나는 것이다. 그런데 우리의 유권자들은 해법을 요구하는 것이다. 직장에 취직시켜 줄 수 있는 해법을 달라는 것이다. 정치인들은 눈높이를 낮춰서 다른 곳에서 일하라는 정답을 이야기한다. 이것은 유권자들에게 해법이 될 수 없다. 해법과 정답 사이의 절충점을 마련해 줘야 한다. 정석과 해법 사이에 중간 단계에 대한 소통이 안 된다는 것이다.

» 수신제가치국평천하(修身齊家治國平天下)가 정답이라고 본다. 기존의 보편적인 가치도 봐야 한다. 80%가 인정하면 이쪽으로 가 줘야 하는데, 언젠가부터 NGO를 통해 20%의 이야기를 들어주고 있다. 그러다 보니까 가치가 흔들려 버릴 수 있다.

» (추가질문: 유권자들이 원하는 해법을 찾는 방법이 있다고 보는가?) 예를 들면 정보공개를 하더라도 "완전히 다 공개해라"는 것이다. 공개는 하는데 공개하지 않는 것이 많다. 만약 재산 공개하려면 유권자들이 쉽게 찾아볼 수 있도록 완전히 다 공개해야 한다. 물론 악용할 수도 있겠지만 정치권에서 모두 감수해야 한다. 대한민국 정치의 폭이 의외로 넓다. 사람마다 지문이 다르듯이 각자 다른 것을 인정하되 어른, 지도자에 대한 교육을 해야 한다. 가정교육이 다 죽었다고 본다. 아버지가 우습게 되었다. 아이를 많이 낳아야 한다. 가정 구성원이 많으면 그 안에서 다양성을 인정하기 때문에 교육이 그냥 되고 대의정치도 될 것 같다.

» 우리의 어젠다는 통일이다. 통일을 계속 얘기하면 통합이 될 것이다. "우리의 소원은 통일"이라고 목표 제시를 해 주는 것이다. 다음 세대, 미래 세대에 안 되더라도 통일이라는 것이 구심점이 될 수 있다. 또 다른 길을 제시할 수 있고, 통일이 되어야만 우리가 뭐든 할 수 있기 때문이다. 우리 눈 바로 앞에 있는 것은 잘 안 보인다. 좀 떨어져 있어야 보이는 것이다. 그렇듯이 그 안에 있으면 사실 잘 보이지 않는다. 전쟁이기 때문이다. 직접 경험해 보니 국회의원들이 무지하게 힘들다는 것을 깨달았다. 의원들에게 돈을 더 줘도 된

다고 본다. 별소리를 다 듣고 힘들다. 사생활이 어디 있겠는가. 식사도 제대로 못하고 나랏일 해야지, 정당일 해야지, 지역일 해야지, 가족일 해야지, 친구 만나야지, 이익단체 만나야지, NGO 만나야지 힘들다. 국회의원들이 대단히 훌륭하신 분들이다. 존경할 자들을 존경하는 사회, 인정의 사회, 남을 배려하는 사회가 되어야 하는데 쉽지 않다. 교육이 필요하다. 그러면 사회가 언젠가는 바뀔 수 있을 것이다.

1. 유권자들의 정당정치에 대한 신뢰 및 만족도가 낮다는 지적이 있는데, 그 이유는 무엇이라 생각하는가?

» 일단 정당이 신뢰를 주지 못해서인데, 그 이유를 뭐라고 해야 할지 잘 모르겠다.

2. 한국 정당정치의 개혁에 있어서 가장 큰 걸림돌이 무엇인가?

» 어차피 민주주의 제도 자체적인 문제이고, 정당정치 개혁을 할 수 있는 주체가 국회이다. 국회의원은 여당이든 야당이든 당선되면 본인이 기득권이 되는 것이다. 그러니까 국회의원들은 본인들의 기득권을 지키려고 한다. 정당정치 개혁을 말로는 하지만 본인들이 절실히 원하지 않는다. 이미 기득권이 되어 버렸기 때문이다. 그래서 국회가 정당정치를 개혁할 수 있는 스스로의 능력이 없는 것이다. 국회에서 국회의원들이 정당정치 개혁을 아무리 떠들어 봤자 본인들이 이미 기득권이 되어 버렸기 때문에 요원한 것이다. 이러한 제도적 모순 때문이 아닐까 하는 생각이 든다. 국회의원이 되면 이미 국회의원 본인이 기득권이 되는 것이다. 그러면 현재의 제도하에서 본인이 국회의

원이 되었기 때문에 그것을 지키려 하는 것이다. 본인이 국회의원이 되기 전에는 필요하다는 것을 절실히 느낄 것이다. 그래서 아마 낙선자들에게 정당정치를 바꾸라고 하면 굉장히 많이 달라질 것이다.

3. 한국 정당정치와 민주주의의 발전을 위해 어떤 측면의 개혁이 가장 우선되어야 한다고 생각하는가?

» 정확한 답변이 될지는 모르겠지만, 선출직 자체가 근본적으로 문제가 있다고 본다. 국회의원들을 예로 들어 보면, 국회의원들은 원론상 국정에 충실해야 된다. 그런데 선출직 국회의원들이 국정에 충실하면 다음에 재선되기가 힘들다. 지역 주민들은 지역에 충실하기를 바라는 것이다. 지역에 충실한 것이란 지역에 예산을 많이 가져오는 것도 중요하지만, 자주 얼굴을 보는 것이다. 지역 행사에 자주 찾아가 인사하고 골목골목 찾아다녀 주는 것. 본인들이 그래야 잘한다고 답변은 그렇게 안 할지라도, 그런 사람들에게 표가 간다. 국정을 아무리 잘해도 사람들이 잘한다고 생각하지 않는다. 물론 아주 특별한 케이스도 있을 것이다. 국회의원들은 너무 잘 안다. 이걸 너무 잘 알기 때문에 사실 재선, 삼선 되는 사람들 중에 국정에 충실한 사람들도 있지만, 대도시에서는 아마 좀 가능하겠지만, 지방에 지역구를 둔 의원들은 국정을 잘하고 지역구도 잘하는 양립 자체가 힘들다. 본인의 몸이 두 개라면 모르지만. 이런 측면에서 선거제도 자체에 있어서 모순들을 안고 있는 것이다. 그리고 사실상 조금 과격한 답변 같지만 국민들이 늘 최선을 선택하는 것은 아니라 생각한다.

4. 소속 정당의 운영방식 및 의사결정구조 등 전반에 대해 만족하는가?

» 더불어민주당이 어떤 의사결정구조를 가지고 있고 어떤 식으로 하는지 잘 모른다. 특히 영남 지역의 원외위원장들이 정당의 의사결정구조에 관여를 거의 못하고 있다. 당직에서도 소외되고 가끔씩 의견을 묻기도 하지만 어떻

게 되는지 잘 모른다. 그리고 실질적으로 대부분 힘 있는 자들에 의해서 운영된다. 정당의 의사결정구조가 가장 비민주적이라고 느끼고 있다. 오히려 지역에 있는 풀뿌리 사회단체 등에서는 시민단체활동을 많이하고 있는데 이런 곳은 의사결정구조가 굉장히 민주적이다. 정당은 깡패집단이라고 할 수 있다. 당권을 잡기 위해서 그렇게 노력하는 이유가 여기에 있다. 깡패기 때문이다. 당권을 잡아야만 의사결정의 중심에 있는 것이다. 공천할 때는 공천관리위원장이 얼마나 중요한지 이번 총선 새누리당 사태에서 볼 수 있었다. 공천관리위원장이 누가 되느냐에 따라서 공천이 확 바뀌는 것이다. 이것이 깡패 집단이다. 새누리당만 그런 것이 아니라 민주당도 마찬가지다.

5. 정당 내부 권한의 분권화 정도가 어떻다고 생각하는가? (중앙당-지구당 관계)

» 지금 실질적으로 옛날의 돈 안 쓰는 정치를 하기 위해서 지구당을 없애 버렸다. 지구당을 없애버리니까 각 시도당이 최소단위이다. 나머지는 그냥 지역위원회이다. 이러다 보니까 특히 원외의 지역위원회 활동들이 굉장히 제한되어 있다. 국회의원들은 사무실을 낼 수 있지만, 원외 지역위원장들은 사무실도 낼 수 없다. 본인이 개인 돈으로 개인 연구소를 차릴 수는 있겠지만, 정당 활동 자체를 못한다. 이것이 굉장히 큰 어려움이다. 그래서 이야기 나오는 지구당 부활이 일단은 선행되어야 한다고 본다. 상주중심으로 얘기하자면 사람들이 민원 등을 제기할 때 여당이 아닌 야당에 하고 싶은 일들도 많다. 하지만 지역위원회 사무실이 어디에 있는지, 지역위원장이 어디에 있는지, 누구에게 연락해야 할지 모르는 사람들도 많다. 많이 부족하다고 본다.

6. 중앙당 지도부의 총선 공천에 대한 영향력 행사가 바람직하다고 생각하는가? 혹은 당내 후보 선출에서 상향식 공천의 제도화가 필요하다고 생각하는가?

» 지도부가 영향력을 행사해야 된다고 생각한다. 그 자체가 잘못됐다고는 생각하지 않는다. 지도부들의 많은 사심이 들어가는 것에서 문제가 있다. 지도부가 당연히 정당의 공천에 영향력을 발휘할 수 있다고 본다. 그런데 로비에 의해서, 사심에 의해서 움직이는 줄 세우기가 맞느냐는 것이다. 평가가 제대로 되어야 하는데 지역에서 진짜 열심히 하는 사람에게 공천을 주는 것이 아니고 본인에게 인사 잘 하고 아부 잘 하는 사람이 지역 활동도 열심히 하는 줄 착각하고 있다는 문제점들이 있다. 평가가 제대로 되어야 한다.

» 더불어민주당이 취약한 지역을 제외한 지역에서는 상향식 공천이 괜찮을 것이다. 그런데 취약 지역은 상향식 공천 자체가 제대로 실현될 수가 없다. 당원 구조 자체가 굉장히 취약한데, 상향식 공천을 어떻게 하겠는가. 앞서 정당지도부의 영향력이 필요하다고 말씀드린 이유가 이런 취약지역을 염두에 둔 것이다. 취약지역에서 좋은 인물들을 발굴해서 공천을 해야 한다고 생각한다.

7. 정당개혁의 방향성에 대한 당내 논의가 실제로 어느 정도 (활발하게) 이루어지고 있는가? 어느 정도 합의가 이뤄지고 있다고 보는가?

» 국회의원들은 개혁의 주체가 될 수 없는 사람들이다. 국회의원이 되면 이미 기득권이 되어 버리기 때문이다. 원외라든지 이런 사람들만 열망을 가지고 있지, 상부 구조에서는 거의 없는 것으로 알고 있다. 국회의원들은 관심도 없을뿐더러 시간도 없고 다음에 한 번 더 당선되는 것에만 노력하지 정당개혁이라는 근본적인 문제 자체까지 관심을 가질 여유가 없을 것이다. 하기 싫어서도 있지만 그렇게 절실하지 않으니까 거기까지 못 가는 것이다. 다른 지역구 활동, 국정 활동을 다 포기하고 해야 하는데, 어느 바보가 그것을 하겠는가. 본인의 지역구 챙기기가 더 바쁘다. 국회의원들에게 물어보면 모두 정당개혁이 필요하다고 이야기할 것이다. 하지만 거기에 투자할 시간적 여유가 없다. 그러니까 계속 뒤로 밀려가는 것이다. 민주주의 시대에서 국회가

입법권을 가지기 때문에 어쩔 수 없는 것이지만, 좀 다른 방식으로 개혁할 수 있는 방법을 찾지 않으면 현재의 국회에 맡겨 놓아서는 힘들다고 본다.

8. 선거캠페인 과정에서 정당지도부의 지원과 영향력은 어느 정도인가?

» 정당의 지원이나 영향력은 전혀 없다. 공약 같은 것은 메일로 계속 내려오지만 실질적으로 참고할 만한 것은 거의 없다. 왜냐하면 참 모순적이게도 국회의원은 국정활동을 해야 하는데 시민들은 "내가 우리나라의 정당 구조를 바꾸겠다. 정치를 개혁하겠다" 하면 안 찍어 준다. "다리 하나 놔주겠다" 해야 찍어 준다. 국회의원이 지역구 일을 해야, 지방 시의원, 구의원 공약을 해야 찍어주는 것이다. 기기(정당)에서 나오는 것들은 참고자료로 대략적인 아웃라인을 하는 데에는 도움이 되겠지만 세세한 항목들은 본인이 직접 발굴해야 하는 것이다. 중앙에서 지역의 현안사항을 다 알아서 공약을 못 만들어주기 때문에 아예 기대 자체도 안 한다.

» 지원은 극히 일부 있다. 처음부터 얼마를 주겠다는 것이 아니고 취약지역을 중심으로 이야기하자면, 예를 들어 더불어민주당의 경우 경북지역 13개 선거구에서 6명이 출마했다. 나머지 7곳에는 출마를 못 했다. 참 문제다. 한 명이 출마하고 안 하고에는 그 지역 토양을 변화시키는 데 엄청난 차이가 있다. 취약지역에 출마자가 적은 이유는 개인적인 상처도 있지만, 돈 문제도 크다. 괜히 돈쓰고 안 될 것이 뻔하기 때문이다. 유효득표수의 10% 이상을 얻지 못하면 선거비용을 보전 한 푼도 못 받고, 15% 이상 얻지 못하면 50%밖에 못 받는데 무엇 하러 돈 쓰냐는 것이다. 정당에서 2000만 원, 3000만 원 받아 가지고는 선거 못한다. 그래서 이 문제를 정당에 한 번 제시하려고 한다. 사실 10%도 못 얻으면 그냥 예외로 하더라도, 15% 넘기가 굉장히 힘들다. 10% 이상 받았을 때 선관위에서 50%를 보전해 주면 나머지 50%를 정당에서 보전해 줬으면 좋겠다. 취약지역일수록 정당의 지원이 필요하다고 본다.

9. 유권자-정당/의원의 접촉은 주로 어떤 방식으로 이루어지는가?

» 유권자와 소통하는 방식이 사실상 거의 없다. 직접 가서 만나는 것, 선거 때 바쁘니까 만나서 인사하고 찾아오는 사람들 만나고 이런 것밖에 없다. 선거운동 기간 중에 소통이 일어날 수가 없다. 선거기간 중에는 굉장히 바쁘고 전부 어쨌든지 간에 한 표를 더 얻기 위한 방법을 찾는다. 소통은 평소에 이루어져야 한다고 본다. 그래서 지구당 부활이 중요하다고 생각하고 있다.

» 지구당이 아니라 선거운동 경비가 나오는 것은 아니지만 특별히 자체적으로 운영하는 사무실이 있다. 거기에서 사람들과 소통을 하고 있다. 주로 시민단체 활동을 같이 하면서 소통하고 있다. 지역에 있는 다른 지역위원장들이 시민단체 활동을 잘 안 한다. 특히 경북 지역의 시민단체에서 실질적으로 민주당 싫어한다. 시민단체의 특성상 정의당, 녹색당, 옛날 민노당 이쪽 중심으로 계속 사고를 하기 때문에 민주당을 기성집단과 비슷하게 본다. 야당이면서 오히려 보수화되어 있다고 생각하고 별로 안 좋아 하기 때문에, 사람들 서로가 좀 소통이 잘 안 이루어진다. 저는 좀 예외적으로 시민단체 출신이다. 시민단체도 많이 만들고 활동도 많이 했기 때문에 그나마 지역에서 시민단체들과 서로 활동하면서 스스로는 소통이 많이 이루어지고 있다고 본다. 여기에서 외연이 더 확장되어야 할 것이다. 지금까지는 제가 지역의 나머지 80%들과 소통이 좀 부족했지 않나 생각하고 있다. 차츰차츰 그 사람들 세계 속으로 들어가서 사람들의 생각을 이해하고 소통을 해야 한다고 생각한다. 그렇지 않고는 늘 이 자리에만 머물러 있을 뿐이다.

10. 정당/의원의 일반 유권자, 지지자, 당원에 대한 접촉 방식이 어떻게 다른가?

» 다르다. 당원들과 지지자들은 적극적으로 관심을 표명한다. 하지만 그 사람들 외에 나머지 사람들은 더불어민주당에 대한 거부감이 굉장히 크다. 더불어민주당 지역위원장이 취약지역에서는 기득권 조직이 아니다. 오히려 아무도 하기 싫어하는 3d 업종이다. 그럼에도 불구하고 모든 사람들은 타이틀

로 생각하고 정치적으로 이용하려고 한다고 생각을 하고 오해를 많이 받고 있다. 소통은 스킨십밖에 없다고 생각한다. 소통이 다른 것이 아니다. 자주 만나서 막걸리라도 기울이고 해야만이 열린다. 그렇게 하려면 사실상 직업이 없어 시간은 많고 돈은 좀 있는 건달이 되어야 하는 것이다. 그런 사람은 다음에 또 당선되기도 유리할 것이다. 이런 것이 정치의 모순점이다.

11. 귀 정당/의원을 지지하는 유권자들과 다른 정당/의원(후보)을 지지하는 유권자들 간의 차이가 있다고 생각하는가? 그렇다면 귀 정당/의원을 지지하지 않는 유권자들을 설득하기 위해서 어떤 노력을 하고 있는가?

» 차이가 있다. 일단은 싫어하고 지지하지 않는 사람들이 우리 지역의 80~90% 되는 사람들이다. 나에 대해서 정확히 알고 분석을 해서 "저 사람의 사상과 방향이 나하고 맞지 않는다" 이렇게 해서 지지하지 않거나 거부하는 사람은 10~20% 정도로 얼마 되지 않는다고 본다. 나머지는 그냥 늘 그렇게 살아왔기 때문에 그냥 더불어민주당은 쉽게 말해서 "종북일 것이다", "전라도 당일 것이다", "반대만 하는 사람들이다" 이렇게 딱 재단을 해 버리고 있는 것이다. 구체적인 내용은 모르면서 "원래 반대하는 사람", "국정 발목 잡는 사람"이라고 보는 것이다. 예를 든다면 종편의 영향이 클 것이다. "야당은 국정 발목만 잡는 사람", "노동4법 반대만 하는 사람"이런 인식이 "지역에 있는 이 사람도 똑같은 사람", "도움 안 되는 사람"으로 재단을 해 놓고 있는 것이다. 이 사람의 이데올로기가 무엇이고, 저 사람의 정책이 무엇인지에는 관심이 없다. 그래서 우리가 아무리 좋은 정책을 이야기해도 사람들이 안 듣는다.

» 얼마 전에 공해가 많이 배출되는 기업이 우리 지역에 온다고 해서 그 반대 활동에 나섰다. 실상을 알고 '큰일 났다' 싶어서 모인 지역 사람들에게 서민 생활 정치, 민주당의 정치를 이야기했더니 그런 좋은 이야기를 왜 주민들에게 이야기 안 했느냐고 하더라. 진작 하지 그랬느냐고 하더라. 그래서 "저는

열 번도 더 이야기했습니다. 그때는 마음을 안 열어서 제 이야기를 못 알아들은 것입니다. 지금은 마음을 열고 서로 이해하고 있으니까 이야기를 들어주고 그러다 보니까 옳다고 생각하는 것입니다" 했더니 "그래?" 하더라. 이것이 가장 큰 문제이다. 우리가 그 사람들에게 설파를 안 한 것이 아니라, 안 듣는 것이다. 선거를 해도 "왜 나왔어?" 하지 내가 말하는 내용, 공보물도 안 읽어 본다. 읽어 봐도 그냥 흘려버린다.

» 지지해 주는 사람들 중에서 많은 사람들, 예를 들어 10% 정도의 기준에서는 후보가 훌륭하기 때문에 지지한다기보다는 본인들이 이미 새누리당의 정책에 대한 반감과 지역의 변화와 야당이 필요하다는 생각을 갖고 있는 것이다. 꼭 이 후보가 아니더라도 찍어 줄 수 있는 사람들이 10% 미만, 약 7~8% 정도 된다고 본다. 그다음에 나머지는 개인적인 것이다. 그중에서 아무리 그렇더라도 후보가 시원치 않으면 못 찍어주겠지만, 후보를 보고 찍어 주는 사람이 약 2~3% 정도 될 것이다.

» 한다. 하는데 그런 방법들이 극히 제한적일 수밖에 없다. 지역 사람들이 오로지 듣는 것은 동네 주민들이 술자리 등에서 이야기하는 것만 듣는다. 그 사람들의 90%가 다 기득권층, 새누리당, 보수 정당들이 장악하고 있기 때문에 그 사람들은 그 이야기만 듣는 것이다. 지역의 조직들은 이미 조합장 선거부터 시의원선거, 시장, 구청장, 국회의원 선거 등 다 새누리당이 장악하고 있는 조직들이다. 그 이야기만 들으니까 그것이 옳다고 생각하는 것이다. 우리가 들어갈 수 있는 틈이 없다.

» 저를 지지하는 사람도 세 가지 측면이 있는데, 예를 들어서 누가 뭐라고 하든지 간에 지지해 주는 사람은 지역에서 영향력이 없다. 이미 빨갱이라고 찍힌 사람들이다. 그 사람이 진짜 그런 것이 아니라 다른 사람들이 그 사람 말을 안 듣는 것이다. 나머지 중에서 두루뭉술한 사람들 중에서 그나마 조금 변화를 바라는 사람의 경우에는 개인적으로 도와주고 싶은데 본인도 그렇게 찍혀서 따돌림 당할까봐 나서지 못한다. 그것을 무릅쓰고도 도와주고 싶

어 하는 사람들은 활동비, 돈이 필요하다. 누구와 나와서 커피라도 한잔 마셔야 하는데, 커피값을 내 돈 주고 왜 활동하느냐는 것이다. 그렇다고 돈 주면 걸린다. 이번에도 우리 지역에서 몇 명 구속되었다. 그 돈이 "나 찍어 주면 10만 원 줄게" 이런 것이 아니라 활동 집단에게 들어가는 경비를 준 것이다. 쓸 돈도 없고 써서는 안 되고 야당이고 이러니까 조직들이 활동할 수 없는 것이다. 방법 자체가 없는 것이다.

» 각종 복지단체라든지 이런 곳도 설, 추석 등에 많이 찾아다닌다. 예를 들어서 "내가 후원을 받았기 때문에 이 사람을 찍어준다"는 것은 아니다. 그걸 바라고 후원하는 것도 아니다. 여러 가지 어려움들이 많다. 어려움이 많을 수밖에 없는 이유는 그 사람들이 갖고 있는 생각들 자체가 '공해 기업이더라도 대기업 유치해야 한다'고 생각하는 것이다. 거기에 가서 그 사람들 비위에 맞춰 가며 찬사해야 하지만 내 양심은 그것이 아니다. 공해기업은 지역에 오면 망한다. 그 문제점들을 이야기하면 "또 반대하는 놈"이라고 하기 때문에 소통 자체가 힘들어지는 것이다. 사람들 사고가 이미 우리 생각과는 다르기 때문에 소통의 길들이 계속 막힌다. 4대강 사업을 예로 든다면, 우리 지역의 90%가 당군 이래 최대의 발전 기회라고 생각하는 것이다. 하지만 우리는 문제점을 알고 있다. 그 문제점들이 많지만 왜 문제점이 있는가 하는 내용은 안 보는 것이다. 안 보고는 "왜 반대하느냐, 우리 지역이 발전하는 것을 싫어하느냐" 이렇게 재단하는 것이다. 문제점들 안 듣다가 나중에 어느 기회가 생겨서 문제점을 이야기하면 왜 그것들을 시민들한테 이야기 안 했느냐고 한다. 수백 번 이야기했었지만 안 들은 것이다. 전시회도 하고, 강연회도 하고, 전단지도 돌리고, 시청 게시판에 올리고 할 수 있는 모든 것을 다 했지만 그 사람들이 내 이야기를 안 듣는 것이다. 제일 답답한 것이 이것이다. 왜 안 알렸느냐고 하지만, 충분히 알렸다. 돈도 많이 투자했다. 사람들이 관심이 없어서 안 본 것이다.

12. 유권자-정당/의원의 접촉과 소통의 경험이 유권자의 정치참여(투표참여 포함)와 행태에 실질적인 영향을 준다고 생각하는가?

» (추가질문: 영향을 미친다고 보지 않으시는 건가요?) 좀 그렇다. 유권자의 선택은 또 다른 문제다. 지역발전에 대한 소통의 문제에 따라서 표가 움직이는 경우는 극히 적다.

13. 한국의 정당들이 유권자들의 목소리를 정책결정과정에 제대로 반영하지 못하고 있다는 비판이 있는데, 그 원인과 해결방안이 무엇이라 생각하는가?

» 대도시 문제이다. 정치에 관심 있는 사람들의 문제이다. 농촌지역과는 전혀 관계 없다.

» (추가질문: 대도시에서 이러한 비판들이 있는 원인과 해결방안이 무엇이라 생각하는가?) 적당한 예가 될지 모르겠는데 지난번 선거 때 내 공보물과 주장들을 보고 사람들이 "네가 민노당 후보지 어떻게 민주당 후보냐"라고 했다. 당시에는 웃고 말았다. 실질적으로 정의당이나 녹색당은 그런 부분에 대해서 훨씬 열려 있을 것이다. 그럴 수밖에 없다. 왜냐하면 그 정당들은 수권, 집권하고는 거리가 있기 때문에 원칙을 지킬 수가 있다. 민주당은 가장 큰 목표가 집권이다. 정당의 목표는 정권이다. 집권을 하기 위해서는 유연해야 한다. 대한민국의 정치구조상 그런 정의당이나 녹색당의 정의만 가지고는 20~30%를 넘기가 힘들다. 51%를 독파하기 위해서는 보수층을 수용하고 중도층을 끌어안아야 한다. 그렇기 때문에 시민단체라든지 이런 데에서 요구하는 것들을 정책에 다 반영 못할 수밖에 없는 구조가 있다고 본다. 때문에 자꾸 그런 문제가 나온다고 본다. 그래서 수권정당이 가질 수밖에 없는 한계점이라고 본다. 그 사람들이 일부러 외면하는 것이 아니라 다 노력을 해서 나오는 것이다. 솔직히 말해서 정의당과 녹색당의 정책에 대해서 시민단체가 비판 안 한다. 그 정당들은 10%가 중요하지, 51%까지는 기대를 안 하기 때문에 굉장히 원칙적으로 이야기할 수 있다. 민주당이 그렇게 한다면 중

도층이 다 이탈하여 바로 지지율이 뚝 떨어질 것이다.

14. 유권자의 지지를 이끌어 내는 데 있어서 현재 한국 정당 각각의 장단점이 무엇이라 생각하는가?

» 각 정당의 장단점들이 있다. 그런데 반대 이야기지만 시민단체 등에서 더불어민주당의 정당정책에 대해서 너무 많은 것을 요구하면 안 된다고 본다. 너무 원칙만 이야기하면 집권하고 좀 멀어진다. 최선이 아니면 차선이라도 집권이 굉장히 중요하다고 본다. 옛날 김대중, 노무현 대통령 당시에 마음에 안 들어 하는 사람들도 많았겠지만, 얼마나 많은 민주성의 변화가 있었는가. 거기에서 변화가 되었기 때문에 정권을 잡기 위해서 그런 면은 일부 수용을 해야 한다고 본다. 자기들 밥그릇 싸움 하는 것도 아니고.

» (추가질문: 거대 양당들은 많은 유권자의 지지를 이끌어 내기 위해서 진한 색깔을 띠지 않는데, 군소정당들은 수권의 목표가 없기 때문에 원칙을 세울 수 있다고 보시는 건가요?) 본인들은 수권의 목표가 있다고 생각하지만 사실상 멀다. 멀기 때문에 원칙을 지키기가 훨씬 더 자유롭다. 그 정당(정의당, 녹색당 등 군소정당)도 필요하고 민주당처럼 큰 정당도 필요하다. 가장 안타까운 것은 민주당이 제대로 못 할 경우, 정의당이나 녹색당 등의 지지자들이 민주당을 새누리당보다 못한 정당이라고 비판하면서 무시해 버리는 유권자들의 의식이 굉장히 문제가 많다고 본다. 이 사람들이 그렇게 갈 수밖에 없는 것을 이해하고, 대선이나 총선 때 서로 힘을 합쳐 줘서 최선보다는 차선이라도, 최악이 아닌 차악이라도 선택해서 힘을 실어 줘야 약간의 변화라도 올 수 있다. 새누리당이나 민주당이나 똑같다는 식으로 무시해 버리고 투표를 안 한다든지 다른 정당을 찍으면 최악이 되는 것이다. 결국 새누리당 후보로 가는 것이다. 그런 의식구조랄까 투표행태에 대해서 좀 불만이 있다.

15. 한국 사회의 가장 큰 갈등이 무엇이라 생각하는가?

» 분단이다. 분단에 대해서 접근 방법이 너무 다르다. 사람들은 모든 것을 안보 논리로 재단하는 경향이 있다. 평화를 이야기하면 안보가 취약하다고 생각하는 경향들이 있다. 평화가 안보의 가장 중요한 문제라고 본다. 안보에서 평화보다 더 중요한 것이 어디 있는가. 전쟁보다는 평화가 안보 제1번이다. 그런데 사람들은 평화를 이야기하면 종북이라고 얘기하고 안보에 취약하다고 생각한다. 이것이 분단으로부터 비롯되었다고 본다.

» 세대갈등은 그렇게 심각하진 않은 것 같고, 지역갈등이 훨씬 더 심각하다. 세대갈등은 크게 심각한 것이 아니다. 노인 세대들이 약간의 계층투표 등을 하는 경향들이 있는데, 그것은 우리 사회에서 크게 문제될 것은 아닌 것 같다. 당연히 사람들이 살아가면서 보수화될 수도 있는 것이다. 그들을 설득하는 것이 우리의 임무이지, 그것 자체가 잘못되었다고 볼 정도는 아닌 것 같다. 우리가 노력해야 할 과제이다.

» 지역갈등 문제는 정권에서 워낙 이용하기 때문에 굉장히 고착화되어 있고 많은 문제점들이 있다. 정치권에서 특히 대선, 총선 때도 마찬가지지만 지역갈등을 너무 많이 이용하고 있다.

» 양극화 문제가 앞으로는 아마 지역갈등보다 더 큰 문제가 되지 않겠나, 더 큰 갈등의 골이 될 수 있지 않겠나 생각한다. 민주당에서도 양극화 해소를 위해서 많은 노력들을 하고 있는 것으로 알고 있다. 이제 여소야대가 됐으니까 많은 정책들이 나올 것이라 본다. 사실상 이전에 새누리당는 말로는 양극화 해소라고 하지만 관심이 없었고, 오히려 양극화를 부추기는 정책들을 펼쳐 왔다. 야당이 많이 필요하다고 생각한다. 그래도 민주당이 양극화 해소와 같은 부분에 대해서는 새누리당보다 훨씬 더 진보적인 정책들을 가지고 있다. 사람들이 민주당의 그런 부분에 대해서 마음을 열고 서로 사회변화를 같이 이루어 나갈 동반자라고 생각하는 것이 중요하다고 생각한다. 물론 대선 때 야권연대가 조금씩 이루어지기는 하지만, 평소에 지역에서 보면 민주당을 너무 못마땅하게 보는 그런 구조에 대해서 불만이 있다.

16. 한국의 사회통합 정도에 대해 어떻게 생각하는가? 높다고 생각하는가?

» 사회통합을 이야기하는 것이 획일화를 원하는 것인지 무엇인지 정확하게 이해가 잘 안 되는 측면이 있다.

» 사회갈등이 더 심화되었다고 본다. 양극화 문제까지도 붉어졌기 때문이다. 대한민국 현대 사회에서 굉장히 불행한 일 몇 가지를 꼽으라면 해방 직후에 반민특위가 해체된 것이 제일 첫 번째라고 본다. 물론 분단이라든지 전쟁 등은 외부요인이니까 제외하고 자체적으로 본다면 반민특위 해체가 가장 컸다고 본다. 그다음에 반민특위 해체 못지않게 사회갈등을 부추긴 요인이 3당 합당이라고 본다. 3당 합당을 하면서 지역구도가 고착화되어 버렸다. 경상도지역에 야당의 씨가 말랐다. 그 전에는 통일민주당 등 민주 색깔들이 상당히 많았는데, 이것들이 전부 민자당으로 흡수가 되면서 야당의 뿌리가 없어져 버렸다. 이래서 지역주의가 굉장히 커졌다고 본다. 게다가 이명박, 박근혜 정부가 들어서면서 양극화가 심화되었고 사회적으로 통합과는 훨씬 더 뒤로 후퇴되었다고 본다.

17. 한국 사회의 갈등을 해소하고 분열을 치유하는 데 있어 정당들이 어떤 역할을 수행해야 한다고 생각하는가?

» 선거제도 자체에 대한 근본적인 고민이 있어야 된다고 본다. 개혁을 국회에 맡길 수 없는 이유 중의 하나이다. 지역 내에서도 선거 때문에 갈등이 계속 심화되었다. 선거하면서 모든 패가 갈라진다. 이 선거를 좀 다른 방식으로 했으면 좋겠다. 농담으로 "대통령을 제비뽑기로 뽑자"는 이야기도 한다. 이 사람이나 그 사람이나 능력이 똑같은데 제비뽑기로 하는 것이 낫지, 선거가 제일 좋은 사람을 뽑는 제도가 아니지 않은가. 국회의원 선거도 마찬가지다. 민주주의의 꽃은 선거이고 선거를 부정하는 것은 아닌데, 선거제도에 대한 근본적인 고민이 있어야 한다고 본다. 예를 들어 국회의원 선거를 성냥갑무식이라든지 선진국의 좋은 제도들을 받아들여서 한꺼번에 다는 안 되겠지

만 차츰차츰 민의가 반영될 수 있는 식으로 변화되어야 할 것이다. 정당명부
식 비례대표제만 도입되어도 진일보하는 것이라 본다. 많은 도움이 될 것이
라 본다. 선거제도 자체를 없앨 수는 없다. 선거 제도를 개혁하자는 것이다.

[마지막 추가 발언]

» 가장 중요한 것은 풀뿌리 민주주의, 지방자치이다. 지방의회가 지금 정당에
종속되어 있다. 선거를 예로 들면, 새누리당 후보는 공천만 받으면 자기 돈
들고 나가서 선거운동을 다 한다. 민주당은 오히려 공천을 안 받는 것이 좋
다. 민주당 후보와 가깝다고 하면 떨어진다. 정당의 선거 사무실에 갔다 왔
다는 소문이 나면 본인의 이미지가 훼손될까봐 발길을 못 놓는다. 그러니까
운동하는 사람이 아무도 없다. 도와는 주고 싶은데 아무도 모르게 한 표는
찍어 주지만 도와준다는 소문이 날까봐 두려워하는 이런 구조가 되어 있다.
이런 것을 바꾸기 위해서 기초의회의 정당공천제가 폐지돼야 하지 않겠나
생각한다. 정당공천제가 폐지되면 지방의원들이 국회의원들한테 줄을 많이
안 설 것이다. 그러면 훨씬 더 객관화될 것이다. 그렇다고 해서 상대 후보에
게 줄선다는 것이 아니라, 열 몇 명씩 구속되거나 하는 사태가 좀 줄어들지
않겠나 생각한다. 물론 그러나 돈으로 뿌려야 하겠지만 일단은 자발적인 형
태들은 좀 줄어들지 않겠느냐 생각하고 있다.

» 그리고 지방의회에 대해서 많은 고민을 했다. 지방의회는 각 읍면동별로 몇
명씩 뽑고 있는데, 이 사람들이 면장이 해야 할 일을 대신하고 있다. 지방의
회의 기능을 제대로 못하고 있다. 그래서 지방의회의 지역구를 없애야 한다
고. 그렇다면 무소속이 좀 그럴 수도 있겠지만 공천제를 없애든지, 정당투
표를 해서 하나의 선거구로 해서 소속 지역구를 없애야 한다. 지방의회가 시
(지역 전체)를 위해서 노력해야지 왜 자꾸 면을 위해서 노력하는지 모르겠
다. 그 지역구를 없애고 전체 시를 할 수 있는 방법들을 고민해야 한다. 지방
의회가 바뀌면 나중에 국회의원 선거까지도 바뀔 수 있다고 본다. 풀뿌리 민

주주의, 지방의회 제도에 대해서 제일 큰 고민을 해야 한다. 가장 가깝고 훨씬 더 중요하다.

1. 유권자들의 정당정치에 대한 신뢰 및 만족도가 낮다는 지적이 있는데, 그 이유는 무엇이라 생각하는가?

» 정당정치에 대한 신뢰도가 낮은 이유는 첫 번째는 언론이라고 생각한다. 시민들은 정당정치를 겪을 일들이 많지 않으며, 당내에서도 돈을 내는 진성 당원들이 직접 의사결정구조에 참여하는 비율이 비교적 낮다. 당비를 납부 하는 당원이라도 의사결정과정에 참여하는 경우는 전당대회 때 당 대표, 최고위원을 뽑는 한 번에 그친다. 그럼에도 불구하고 당원들은 그들의 정체성을 당에 두며 충성도 또한 당에게 주지만, 그렇지 않은 일반 국민들은 언론을 통해 정당에 대한 소식을 접하게 된다. 하지만 언론은 여야가 특정 법안이나 이슈에 대해서 싸우는 것만 보여 주지 구체적인 법안 발의나 협의하는 과정은 보도하지 않는다. 그것이 결정적이다. 실제로 국회에 있어 보면 의원들이 첨예하게 싸울 때도 있지만 생산적으로 토론하는 경우도 많다. 일반 국민들이 이름을 아는 정당인과 국회의원은 10명이 채 안될 것이다. 그런데 이름 모르는 국회의원들 중에서도 법안 발의를 진정성 있게 하는 사람들도 많고, 정당에서도 정책에 대한 고민을 하는 사람들도 많다. 그런데 그런 부분과 좋

은 법안들의 내용 등은 보도되지 않는 경우가 많다.

» 정당 내부에 문제가 아예 없다고 볼 순 없다. 표면적으로는 언론의 역할에 있어서의 문제점을 하나로 꼽고 싶고, 두 번째는 정당 내부에서 일반 시민들이나 당원들의 참여를 이끌어낼 만한 시스템의 부재 때문이다. 예를 들면 당원들도 전당대회 때 한 번 투표한다. 그 투표는 당 체제가 빨리 끝나면 1년 몇 개월, 전당대회가 임기를 2년으로 봤을 때 2년에 한 번이다. 또한 시민들 같은 경우는 당원이 아니기 때문에 당이 무슨 정책을 결정할 것인가에 대해 참여할 이유와 과정이 없다. 대통령 선거, 국민 경선 할 때만 가능하다. 따라서 정당 내부에서는 다양한 소통의 활로를 찾는 것을 고민해야 한다.

2. 정당정치에 대한 신뢰 및 만족도를 높일 수 있는 방안이 있을까?

» 정당 스스로가 자신들이 어떤 좋은 정책들을 내고 있는지, 그리고 중진 의원이 아니더라도 좋은 사람이 있다면 적극적으로 홍보해야 한다. 의외로 신인들의 활동을 부각시키는 홍보 활동이 별로 없다. 여당은 조금 있을지 모르겠지만 야당은 신인들의 활동에 대해서 부각시키는 게 많지 않다. 그들이 혼자 찾아서 해야 되는데, 신인 정치인의 노력에 대해서 언론들은 관심을 갖지 않는다. 일반 시민들에게 접근하기 위해서는 언론은 꼭 필요하다. 요즘 뉴미디어라고 칭해지는 SNS나 그런 루트를 활용하는 방법이 있는데, 현재 그 루트를 통해서 진지한 토론이 이루어지기는 쉽지 않고 말초적인 토론에 불과한 상황이다. 이러한 당내에서 고민을 해야 한다.

3. 한국 정당정치의 개혁에 있어서 가장 큰 걸림돌이 무엇인가?

» 정치의 본질이기 때문에 어쩔 수 없는 부분인데 기득권 세력이다. 이건 여·야 모두 마찬가지이다. 이번 20대 총선에서도 그렇듯 당내 기득권 세력은 그들의 기득권을 지키기 위해 새로운 세력의 신출이나 이들에 대한 시민들의 지지를 확장하는 것에 대해서는 오히려 부정적인 작용을 한다.

4. 한국형 정당개혁이 어떠한 방향으로 나아가야 한다고 생각하는가?

» 우리나라가 민주화된 지 역사가 얼마 길지 않기 때문에 당장의 문제가 아니라 시간이 흐르면서 해결될 문제라고 생각한다. 정당정치가 아주 상식적인 수준의 정당정치나 정당민주화가 되기에 생각보다 오래되지 않았다. 예를 들면 80년대에서 거의 90년대 초반까지 3김정치의 그늘아래 계속 이어 왔기 때문에 인물중심이었다. 그러고 나서 정당민주화가 되는 과정인데 아직도 여전히 특정 몇몇의 기득권에서, 그 계파에서 파생되는 조직들로 운영이 많이 되고 있는데 기본적으로는 그렇지 않더라도 활동할 수 있는 개개인의 영역을 키울 수 있는 구조도 필요하다. 그러면 공천권 주는 개혁부터 필요하다. 대표한테 잘 보이지 않아도 열심히 활동한 것에 대해 인정을 받을 수 있다면 굳이 줄서지 않아도 된다. 정당개혁과, 의회개혁이 맞물린다고 생각되는데 정당에서 의회를 주관하는 거니까 그러면 특정인물에 잘 보여서 공천권을 따는게 아니라 내가 4년간 열심히 일했고 쉬운일이라 하더라도 내가 굉장히 열심히 일한 것에 대한 평가만 잘 이루어진다면 그게 정당개혁의 첫 걸음이라고 생각된다. 특정인물에 빌붙어서 공천권을 따 내서 의회활동을 잘 못하는 일이 없으면 의회활동이나 시민들의 대한 커뮤니케이션의 중점이 예를 들어 4년동안 법안, 활동, 상임회의를 얼마나 열심히 했냐에 따라 평가가 공정하게만 이루어진다면, 그게 정당개혁의 첫걸음이라고 생각된다. 그렇게되면 기득권들의 쓸데없는 권력다툼을 버릴 수 있을 것이고 열심히 하는 사람이 살아남을 것이다.

5. 중앙당 지도부의 총선 공천에 대한 영향력 행사가 바람직하다고 생각하는가? 혹은 당내 후보 선출에서 상향식 공천의 제도화가 필요하다고 생각하는가?

» 바람직하기보다는 어쩔 수 없는 부분이 있다. 누군가는 공천을 해야 되는 것인데, 지역마다 모든 당원과 시민들이 공천에 참여할 수는 없다. 일단 당의

일이라고 봤을 때 당원들이 모두 공천에 대해 관심을 갖는 것은 아니다. 따라서 공천심사에 대해 특별히 면밀하게 검토할 수 있는 공천심사위원회를 구성해 평가를 내리는 방식 자체는 거부할 수 없는데, 지도부가 끼치는 영향이 너무 크다. 물론 지도부가 그 정도의 권한도 없다면 지도부를 할 이유가 없는 것은 사실이다. 권력의 속성과도 연결되는 부분이지만, 권력의 속성에서 어쩔 수 없는 부분은 차치하고서라도 개혁이라든지 공천권의 문제를 긍정적인 방향으로 발전시키기 위해서는 기득권들이 욕심을 조금 내려놓을 필요가 있다.

» 기득권층이 욕심을 내려놓게 할 수 있는 방법은 공천심사 시스템을 바꾸는 것이다. 공정한 기준이 필요하다. 예를 들면 미국은 청문회를 할 때 200여 개가 넘는 항목을 다 본다고 한다. 또한 심사 과정에서 후보의 옆집 사는 사람까지 인터뷰하는 등 우리나라는 서류 제출이 생각보다 간단하고, 그 항목이 계량화되어 있지 않다. 그러다 보니 특정 지도부·계파와의 친밀도의 영향력이 커진다. 또한 공천심사위원으로 시민단체 인물 등을 영입한다 해도 공천심사를 한 사람이 공천을 받고 나오는 경우가 있는데, 이런 시스템을 바꿔야 한다고 생각한다.

» 상향식 공천은 당연히 필요하다고 생각하는데 현재 정당에서는 대체로 전략공천을 30% 정도 하고 있다. 하지만 전략공천이 어쩔 수 없는 부분도 있다. 왜냐하면 당내 싸움이 아니라 당 대 당 싸움이기 때문에 당 대 당 싸움에서 이기고 의석수를 많이 차지하기 위해서는 당에서 전략공천이라는 카드를 통해 승부수를 던질 만한 지역들이 분명히 있다. 다만 현직 국회의원이 잘 하고 있는 사람인데 갑자기 지도부 마음대로 바꾸거나 그러면 안 되고, 전략공천의 지역 선정이라든지 여러 가지를 더 면밀하게 기준을 세워서 할 필요가 있을 것이다.

» 상향식은 기본적으로 당연히 가서가야 할 시스템이나. 하지만 딜레마가 존재한다. 국회의원 선거와 대통령 선거의 문제인데, 국회의원이나 대통령은

공직선거이다. 공직선거는 공직자를 선출하는 것이기에 당원이 아니더라도 국민 경선 등의 방식으로 일반 유권자들의 참여가 상당한 의미가 있으며 그런 과정이 필요하다고 생각한다. 그런데 당직 선거는 애매하다. 당직이라는 것은 그 당의 대표를 뽑는 건데 '이 과정에서 일반 국민이 와서 뽑는 게 맞냐'는 것에 대한 고민이 필요하다. 따라서 당직은 당원들이 먼저 우선권을 갖고 투표를 하는 것이 사실은 맞다. 근데 우리나라 같은 경우 당직, 당 대표를 뽑는 것이 곧 대통령 후보와 연결이 된다는 지적이 있기 때문에 전당대회에서도 국민경선이 얘기가 되는 것이다. 하지만 원칙적으로는 당직선거의 첫 번째 권한은 당원, 공직선거에서는 국민이 우선인 방향으로 가는 게 원칙적으로 올바르다고 생각하는데, 아직은 한국의 현실 정치 상황에서는 당직 중 당 대표급에서는 국민들의 관심과 그 당에 대한 지지를 기반으로 모바일 선거 등의 방식으로 경선을 한다.

6. 정당개혁의 방향성에 대한 당내 논의가 실제로 어느 정도 (활발하게) 이루어지고 있는가? 어느 정도 합의가 이뤄지고 있다고 보는가?

» 선거를 앞두고 늘 존재한다. 정당개혁, 정치개혁, 당내 개혁 등을 열심히 하는 사람들이 있다. 열심히 하는 사람이 권한을 가졌을 때는 개혁을 잘 추진해 나갈 수 있지만 그 사람이 권한을 갖지 못했을 때는 보고서 작성에서 끝내야 된다. 대표적인 예로, 진보 정당 소속의 한 의원은 오랜 시간 정치개혁에 대한 과제, 토론, 세미나, 연구를 많이 한 사람이다. 좋은 안도 많이 제시했다. 그런데 항상 그 사람은 주요한 당직에는 가지 못했다. 당내 권한이 없으면 성과에 대해 인정은 받아도 추진은 안 되는 것이다. 그리고 그 영향과 무관하게 당내 의원들의 힘을 규합해서 추진해 나가는 힘이 부족하다. 한편 당내에서는 개혁에 대한 의지뿐만 아니라 원내정치를 잘 하는 의원도 필요한데, 그 역량이 떨어지면 정당개혁을 강력하게 추진해 나가는 데에 문제가 있다.

» 늘 얘기한다. 공천권에 대한 얘기를 비롯해 당내 민주화 논의가 핵심이 된
다. 19대 국회에 있었을 때도 2~3년 전부터 도덕성 등 여러 항목을 정해 공
천 심사 기준을 만들어야 한다는 논의가 있었는데 20대 총선에 반영된 것은
별로 없다. 20대 총선 기준을 보면 총선 규칙 세규, 내규 이런 식으로 있고 정
치력, 도덕성 등의 항목 또한 정해져 있다. 하지만 항목에서 법안 발의 건수
나 의제 처리 과정 등의 부분은 세세히 볼 수 없다. 궁극적으로는 여야 모두
시간이 너무 촉박하다. 4월 13일 선거인데 경선을 3월 초·중반에 하고, 선거
시작 며칠 전까지 후보가 결정되지 않은 지역구가 많았다. 공천 심사를 엄
밀히 하는 것에 있어 시간이 너무 촉박하다. 따라서 여야 간 합의를 통해 공
천 심사 기간을 충분히 갖는 방향으로 바꾸기 위한 토론이 필요하다. 구체적
으로 보면 예를 들어 3월 25일에 후보 등록을 한다고 하면 23일까지도 후보
결정이 되어 있지 않다. 만약 25일까지 후보 등록이라면 27일까지 선관위
에 포스터를 내야 한다. 미리 포스터를 다 만들어 놓는다. 된 사람은 인쇄하
고 안 된 사람은 인쇄를 못하게 된다. 이런 식이면 돈 낭비, 시간 낭비, 재원
낭비다. 공천 심사하는 사람도 이 사람이 어떻게 활동했는지 알 수 없다. 자
료도 봐야 하고 조사도 해야 하고, 인터뷰도 해야 하는데 심사위원이 일주일
동안 보고서도 보기 어려운데 모든 면면들을 보는 것은 어렵다.

7. 한국 정당정치의 개혁 방안으로서 평소에 생각해 둔 아이디어가 있는가?

» 돈 문제를 비롯한 여러 가지의 시도가 이루어졌다. 지구당 문제와 관련된 것
이다. 지구당의 운영 자체가 좋지 않은 것은 아니다. 우리나라가 지구당을
부패의 온상처럼 이용했기 때문에 문제인데, 사실 현재도 법적으로 지구당
을 두지 못하게 했지만 '지역위원회'라는 이름으로 존재한다. 편법적으로 지
구당이 유명무실한 제도가 된 것이다. 지구당을 부패의 온상이나 돈 먹는 하
마처럼 쓰지 않도록 하는 게 중요한 것이며, 지구당 자체를 악의 숲으로 보
았던 것은 우리나라가 그동안은 조금 더 후진적이었기 때문에 지구당을 없

애서라도 개혁해 보자는 것이었지만 현재 더 발전한 상태에서는 지구당을 어떻게 운영해야 할 것인가에 대해 고민해야 한다. 즉, 지구당 폐지가 무조건 정답은 아니라는 것이다. 하지만 정치적으로 의원들은 논의를 제기하는 것을 어려워한다. 그러나 국회의원 대부분은 그 필요성에 대해 공감한다. 현실과 법적인 것이 괴리되어 있는 상황이 온 것이다. 지구당에 대한 재논의는 필요하다고 생각한다.

8. 정당 내부 권한의 분권화 정도가 어떻다고 생각하는가? (중앙당-지구당 관계)

» 이름만 없는 거지 조직은 있는 것이다. 결탁이 되지 않아서 문제다. 정책은 유기적으로 연결될 필요가 있다. 예를 들면 서대문, 마포, 은평은 비슷하기 때문에 공약·정책이 연결된 것이 많다. 따라서 세 후보 또는 세 지역 간 입장을 맞추거나 협의가 필요한데, 이런 지구당 간의 소통이 부족하다. 중앙당을 통해 중앙당과 지구당이 유기적으로 연결돼야 되는데 이런 부분이 이루어지고 있지 않다. 과거처럼 돈만 받는 관계에서 벗어나 정책적으로 지구당끼리의 그룹화가 이루어져 정책적으로 연결해 내고 소통하는 방안들이 필요하다. 하지만 오히려 현재는 중앙당에서 어떤 정책이 이루어지고 어떤 입장을 가지고 있는지는 지구당에 하달이 되고 있지 않고, 당대표의 지역 방문 등의 특별한 일정만 일방적으로 하달된다. 또한 지구당이 필요한 것이 있을 때나 협의를 요청했을 때 중앙당과의 소통이 빨리 이루어지지 않는다. 법적으로 지구당이란 건 없는 것이고, 현재는 당원들의 모임이라는 지역위라는 형태로 만들어졌다. 결과적으로 그 지역을 대표하는 국회의원들이 모여서 할 일이 있다고 생각한다. 의외로 그런 것들이 부족하다고 생각한다.

9. 유권자-정당/의원의 접촉은 주로 어떤 방식으로 이루어지는가?

» SNS. 요즘엔 SNS가 이메일이나 다른 방식들에 비해 가장 빠르다. SNS를 잘

이용해 피드백도 가능하다. 중요한 점은 피드백을 통한 쌍방향 소통이 이루어져야 한다는 것이다. 그런데 뉴미디어에 대한 인식이 부족한 의원들은 자신의 정책 홍보, 기사를 게재하는 등 일방향으로만 이용한다. 자기 자신을 홍보만 하고 피드백이 없는 것이다. 기사 링크 올리고 이런 부분은 하는데 글에 댓글을 쓰는 사람들에 대한 피드백은 없는 것이다.

10. 정당/의원의 일반 유권자, 지지자, 당원에 대한 접촉 방식이 어떻게 다른가?

» 당원 같은 경우는 전당대회를 비롯한 중요한 순간에 선거권들을 가지고 있는 사람들이다. 당 대표나 최고위원에 출마할 뜻이 있는 사람들은 당원을 존중할 수밖에 없는 상황이다. 특히 우리도 일반적으로 당원의 비판이라면 애정 어린 비판이 되기 때문에 주의 깊게 듣는 편이다. 지지자들 또한 마찬가지다. 의원들과 지지자들의 관계는 뉴미디어를 활용하기 때문에 끈끈하다. 따라서 당내에서 비판을 받을 때도 지지자들이 지켜 주는 것이며, 지지자들은 정치인의 기반이 된다. 당, 당 지도부와 대치되는 일들을 지지자들이 그 부분을 지지하고 옹호해 줄 수 있고, 또 반대로 지지자가 소속 정당과 다른 의견을 갖고 있지만 나를 오랫동안 충성도 높게 지지해 주는 사람들이기 때문에 당과의 의견이 배치되더라도 지지자들의 의견을 반영한다.

» 일반 유권자들은 이슈에 따라 조금 다르다. 어떤 이슈에서는 지지를 하고 어떤 이슈에 있어서는 반대를 하기 때문에 주로 정치인들이 민감한 것은 지지자들일 수밖에 없다. 정치인에게는 명분이 굉장히 중요하다. 따라서 자신이 뭔가를 하는 데에 있어서 명분과 기반이 되어 주는 것이기 때문에 그럼에도 불구하고 지지자들의 요구사항을 묵살하고 당내의 의견에 따르는 경우도 있다.

11. 귀 정당/의원을 지지하는 유권자들과 다른 정당/의원(후보)을 지지하는 유권자들 간의 차이가 있다고 생각하는가? 그렇다면 귀 정당/의원을 지지하지

않는 유권자들을 설득하기 위해서 어떤 노력을 하고 있는가?

» 많이 다르다. 지지자들은 만나면 사진을 같이 찍자고 하고, 안티(다른 정당 지지자)들은 당장 욕을 한다. 만나서 욕을 하진 않지만 전화를 걸어서 받자마자 욕을 한다. 의외로 의원 회관으로 전화하는 사람들이 많다. 특히 내가 모셨던 의원은 호불호가 극명하게 갈리는 의원이었기 때문에 지지하는 분들은 호감을 내보였고 지지하지 않는 분들은 혐오하는 수준이었다.

» 잘 하지 않는다. 왜냐면 어차피 나의 기반은 지지자들이라고 생각하기 때문이다. 예를 들면 나를 혐오하는 사람은 당원, 지지자가 아니고 상대 당의 당원이거나 지지자인 경우가 많다. 그렇기 때문에 굳이 그 사람들의 의견을 귀기울여서 들으려고 하진 않는다. 다만 일반 유권자들이 세월호, 옥시 등 특정 이슈들에 대해 '너네 뭐하냐', 'OO의원이 이것과 관련된 상임위면 열심히 챙겨야 하는 거 아니냐' 등의 의견들은 당연히 듣는다. 상대 당을 지지하는 유권자라도 수렴할 만한 것이면 듣는다. 하지만 정치적으로 이유 없이 그러는 사람들을 굳이 반영하지 않는다.

12. 유권자의 지지를 이끌어 내는 데 있어서 현재 한국 정당 각각의 장단점이 무엇이라 생각하는가?

» 새누리당이 장점이 제일 많다. 왜냐하면 기본적으로 35%를 가지고 가는 것이기 때문이다. 선거를 많이 치르는 사람들 사이에 '선거 공학'이라는 말을 쓰는데, 선거 공학적으로 새누리당은 경상도와 보수층을 포함한 35%의 고정표를 가지고 있다. 물론 이번 20대 총선에서 그런 부분이 깨진 것이 있다. 하지만 지금까지 늘 35%를 고정적으로 가지고 가는 것이 장점이라고 할 수 있다. 단점이랄 것은 딱히 없다. 기본 고정표가 제일 많은 것이 장점이라고 할 수 있는데, 다만 이번 총선에서는 기존 지지층투표 참여를 조금 덜 했다. 그리고 무당파층에서 기본적으로 여당 성향을 가진 사람들이 있는데 표가 가지 않았다. 국민의당이 중간 지대의 역할을 했기 때문에 국민의당으로 간

유권자들이 존재한다. 이번 20대 총선 같은 경우는 모든 것에서 예외적이다. 19대 국회는 복지 문제가 이슈였는데 이번 총선에서는 정책 이슈도 모두 상실되고, 계파 갈등이 심해 유권자들이 새누리당에 기대할 수 있는 것이 사라졌다. 기대치가 없고 계파 갈등이 심했기 때문에 기존 고정 지지층 중 충성도가 떨어지는 사람들은 투표를 아예 하지 않거나 중간지대로 간 것이다. 반면 강한 사람들은 그대로였는데, 예를 들면 대구 같은 경우 박근혜 정부에 대한 욕을 하다가 '그래서 그럼 이번에 몇 번 뽑을 거예요?' 그러면 '그래도 1번이지'라고 한다. 그런 습관화된 투표 행태를 가지신 분들은 계속 뽑는 것이고 조금 덜 습관화된 보수 성향을 가지고 있지만 때에 따라 조금 유동성이 있는 분들은 특별한 사정이라든지 예외 변수가 없을 때는 새누리당을 지지했다면 이번에는 약간 더불어민주당까지 가기는 그렇지만 국민의당이라는 중간 변수도 있었기 때문에 이탈표가 생겼다. 보통 새누리당은 선거 전에 결집을 잘 시킨다. 예를 들면 '이번에 우리 질지도 몰라요' 하거나 삼보일배(三步一拜)하면서 '한 번만 도와주세요'라고 하는 등 지난 총선 때도 그랬다. 하지만 이번 20대 총선은 계파 갈등이 심하고 기득권 싸움에 매달렸기 때문에 그 부분도 통하지 않았다. 어쨌든 새누리당의 장점은 고정표고, 단점이라는 건 이제는 구도가 변하는데 안주했던 것이다. 자신들의 고정적인 표에 안주해서 표의 확장을 끌고 오지 못한 부분이 문제였다.

» 더불어민주당의 장점은 항상 새누리당의 반대급부적인 표를 가져온다는 것이다. 새누리당과 더불어민주당은 비슷하지만 더불어민주당의 고정표가 더 적다. 그래서 더불어민주당과 같은 기존의 민주당 라인은 제3당 또는 진보세력과 연대를 하지 않으면 구조적으로 선거에서 이기기 힘들다. 새누리당의 고정 지지층이 35%면 더불어민주당은 기껏해야 20%밖에 되지 않는다. 따라서 진보세력이나 무당파를 10%~15% 끌고 왔을 때 승리가 가능한 것이기 때문에 이번에 더불어민주당이 이기기 어려울 것이라고 생각했다. 하지만 국민의당이 큰 변수가 되었다.

» 국민의당은 선거를 한번 치렀기 때문에 장단점을 얘기하기 어렵다. 우리나라는 정당의 이념적 구분과 차이가 대북정책에서 나온다. 그런데 국민의당의 이념은 대북정책에 있어서, 새누리당에 굉장히 가까운데 실제로 소속해 있는 더불어민주당과 그 맥을 같이하고 있다. 즉, 국민의당은 두 가지 이념이 혼재돼 있는 모습이다. 그렇기 때문에 이번 한 번을 보고 얘기하기가 어렵고, 존속 여부 자체를 봐야 분석이 가능하지 않을까 생각한다.

13. 한국의 정당들이 유권자들의 목소리를 정책결정과정에 제대로 반영하지 못하고 있다는 비판이 있는데, 그 원인과 해결방안이 무엇이라 생각하는가?

» 정당이 많이 노력하고 있지만 조금 더 밖으로 나올 필요가 있다고 생각한다. 물론 의회민주주의이기 때문에 의회 내에서 토론하는 것도 중요하다. 그리고 시민들이 장외투쟁에 대해 부정적인 인식을 갖고 의회 내에서 모든 걸 다 해결해야 된다고 보는 측면이 있다. 하지만 정책과 정책결정과정에 대한 국민들의 관심을 이끌어 내려면 의회 내에서 토론하는 것에는 한계가 있다고 생각한다. 물론 의회민주주의, 의회주권은 중요하다. 그런데 지지를 받아야 하기 때문에 국민들의 관심과 사랑으로 먹고 살아야 한다. 따라서 의원들은 밖에서 국민들과 같이할 수 있는 뭔가를 끊임없이 고민해야 한다.

» 아주 개인적인 생각인데 딱딱하게 세미나, 토론, 강연 등의 방식이 아니라 정책결정과정을 문화적 모티브와 결합했으면 좋겠다는 바람이 있다. 이번 20대 총선에서 국민의당 의원이 살아남을 수 있었던 것은 토크 콘서트를 했기 때문이라고 생각한다. 토크 콘서트가 국민의당 의원을 대선 후보로 키우는 중요한 계기가 되었다. 토크 콘서트 같은 형식으로 청년들이 필요한 형태의 모티브를 가지고 진지한 걸 같이 논의해야 한다고 생각한다. 문화적 요소와 결합을 하면 괜찮지 않을까 생각한다.

» (추가질문: 문화적 요소와 정책결정 과정을 결합해 유권자의 목소리를 반영하는 것이 해결방안인가?) 예를 들면 육아정책을 주제로 토론회를 한다고 하면

딱딱하기 때문에 유권자들이 잘 참여하지 않는다. 그렇기 때문에 육아정책이면, 현장에서 육아 문제를 같이 논의할 수 있는 문화적 행사와 연계시켜서 하면 어떨까 고민해 왔는데 실제로 추진하기는 쉽지 않을 것 같다.

14. 의원의 입법 활동 과정에서 정당지도부와 유권자의 영향력은 각각 어느 정도인가? 정당지도부/유권자는 각각 어떻게 다르게 입법 과정에 영향을 주고 있는가?

» 국회의원은 그 한 명 한 명이 헌법기관이기 때문에 입법 과정에서 생각보다 개인의 역량이 많이 발휘된다. 따라서 정당지도부가 막을 수 없다. 물론 법안의 내용이 좋고 당의 정체성 및 이념에 맞으면 당론으로 채택하기도 한다. 당론으로 채택하는 등의 그런 역할은 할 수 있지만, 특별히 정당이 법안 발의에 있어서 큰 간섭 내지는 개입을 하는 경우는 많지 않다.

» 입법 과정에서 법안이 만들어지기까지 유권자가 개입할 수 있는 부분은 입법 과정에서 필요한 법안에 대한 의견을 주는 것이다. 실제로 법안을 발의하고 법안심사소위에서 협의를 거쳐 법안이 통과되기까지는 국회의원 개인의 역량이 많이 발휘된다. 법안이 당론으로 채택돼서 전면적으로 언론에 보도되고 하면 법안을 강력하게 추진할 수 있다. 그리고 당론으로 채택은 되지 않았어도 오히려 유권자들의 지지가 큰, 예를 들면 지금의 옥시 관련 사태와 관련된 법안을 발의했는데 많은 유권자들이 이에 대한 통과를 주장하면 입법 과정에서 힘을 발휘하는 것이다. 하지만 이것을 소관 상임위에서 통과시키는 것은 의원 개인의 역량이 굉장히 많이 발휘된다.

15. 소속 정당의 운영방식 및 의사결정구조 등 전반에 대해 만족하는가?

» 여야 공동의 문제인 것 같다. 의사결정구조 자체가 당지도부 의지에 굉장히 많이 좌우된다. 그런게 권력인 것이다. 그래서 당대표나 최고위원을하고 그런 것이다. 예를 들면 그러한 권력을 갖고 있음에도 불구하고 당 지도부가

소속의원들의 의견을 경청해서 잘 수렴하는 경우가 있는 반면 안그러는 경우가 더 많다. 이거는 시스템 문제라기보다는 리더십의 문제라고 생각된다. 우리나라의 당원당교 수준에서 그렇게 미흡하다고 얘기하기는 뭐하다. 어느 나라 어떤 제도 등 제도 자체는 우리나라 헌법 굉장히 잘 되어 있다. 그것을 운영하는 리더십의 문제라고 생각된다. 새누리당은 장기집권을 오래 해왔고 구조 자체가 예를 들면 의원과 보좌진의 관계가 더 위계적이다. 대신 일사분란하게 돌아갈 때가 많다. 근데 민주당은 덜 위계적이고 의원과 보좌진 또는 당내 분위기도 조금 더 비권위적이고 동지적 관계라고 소위 얘기한다. 그러나 의사결정구조, 예를 들어 당내의 중요한 의사결정을 위해 의원총회도하고 투표도 하겠지만 기본적으로 당지도부 의견이 많이 반영이 된다. 근데 그것을 형식적으로 절차와 규정의 운영을 굉장히 잘하는 게, 예를 들면 모 당의 원내대표를 들 수 있다. 리더십의 문젠데 대중적 인지도는 굉장히 떨어지잖아요. 그가 원내대표를 위기 때마다 하는 이유가 뭐냐면 특정안이 발생했을 때 당을 규합하고 의사결정을 해야 되는데 어느 정도 방향은 정해져 있다. 이 분은 관련된 모든 분께 일대일로 전화를 다 돌린다. 일대일전화 다 돌려서 어찌 됐건 설득을 한다. 이 사람이 완전히 반대되 사람은 이 사안의 결정을 이렇게 하려고 하는데 당신 생각은 어때 그러면 또 반대의견 얘기할 수도 있다. 그러면 이번에는 이렇게 하고 다음에는 저렇게 해 볼까 설득도 하고 동의를 이끌어 낸다. 어쨌든 당을 같이한다는 것은 전제적 뜻을 같이 한다는 것인데 일단 자기가 동의를 구하고 자신이 의사결정구조에 참여했다고 생각을 한다. 내 의견을 물었고, 내가 이 의사결정과정에 참여했고 내 동의를 구했다고 했을 때 이 의견을 따른다. 근데 어떤 절차와 참여를 구하지 않고 무조건적으로 당 지도부가 결정을 내리면 설사 이때까지 같이했다고 해도 쉽게 따르지 않는다. 그러니까 팔로잉을 하지 않는 것이다. 근데 그걸 너무 잘한다. 소문이 이미 기자들과 모든 당내에서는 그런 걸로 유명하다. 어떤 형태로든 법에 정해진 것은 아닌데 전화가 요즘 sns도 많이 쓰면서 뭐가 어렵겠나. 카톡창 만들어서 할 수도 있다. 그런 식을 어떤 형태든 동의와 참여의 절차를 만들어서 구하면은 굉장히 오히려 이끌어 가기가 쉽다. 그거는 리더십 문제인 것 같다. 그것을 특별히 잘하는 몇몇 층이 있지만 사실은 이해가 갈 만한 게 정치권이 너무 시시각각 많이 변한다. 굉장히 숨가쁘게 갈때가 많다. 그러면은 일을 빨리빨리 처리하고 그다음 일을 해야 하는 경우가 많은데 아까도 얘기했듯이 의원 개개인 하나하나가 자기 지역구에서 당선된 사람이고 헌법기간으로서의 프라이드를 갖고 있어야 되는데 내 의견을 묻지도 않고 어떻게 당론으로 결정할 수가 있다. 내가 당원이고 소속 의원인데. 그 과정을 만들어 내는 것이 리더십이다. 그거는 지도자급되는 역량문제인 것 같다.

16. 선거캠페인 과정에서 정당지도부의 지원과 영향력은 어느 정도인가?

» 캠프가 대선일 수도 있고 총선일 수도 있는데, 대선을 예를 들어 말하면 두 시기로 구분할 수 있다. 이 사람이 당의 후보로 결정되는 시점을 전후로 두 시기로 나뉜다. 경선을 치를 때까지는 어떠한 지원도 없고, 후보 캠프 내에서 캠페인을 비롯한 모든 것들을 개별적으로 해야 한다. 하지만 경선을 통해 당의 후보가 됐을 때부터 지원을 받고, 심지어 경호도 나오는 등 국가 지원을 받게 된다. 이렇듯 두 가지 시기로 나누어 볼 수 있다.

» 정당지도부의 영향력은 없으며 방해만 안 하면 다행이다. 당지도부가 나와 밀접하고 운명공동체적 관계가 있다면 물밑으로 많은 부분을 돕는다. 반면 나와 반대되는 사람이라고 할 때는 많이 해를 주고 전혀 도움이 되지 않는다. 결과적으로 정책 등을 비롯한 모든 것을 캠프 내에서 하게 된다.

17. 유권자-정당/의원의 접촉과 소통의 경험이 유권자의 정치참여(투표참여 포함)와 행태에 실질적인 영향을 준다고 생각하는가?

» 그렇다. 대선후보급 되는 사람이면 기본적으로 대국민 인지도가 90% 넘는

사람들이기 때문에 일반 유권자나 시민들의 호감 내지는 관심을 이끌어 내는 데에 있어서 탁월한 사람들이다. 그래서 '어디 유세 가서 악수 한 번 한다고 이 사람 뽑을까?' 하는 의문이 있었는데 뽑는다. 정도의 차이는 있겠지만 어디 가서 실제 악수 한 번 하고 인사하고 스킨십을 하고 나면 그 지역의 여론조사 결과가 달라진다. 그 정도의 인간적인 매력과 정치적인 매력을 갖고 있는 사람이기 때문에 대선후보까지 간 것이다. 이러한 것은 당내 선거에서도 마찬가지다. 전당대회 할 때도 그 당원을 실제로 만난 것과 만나지 않은 것의 차이는 더 크다.

18. 한국의 사회통합 정도에 대해 어떻게 생각하는가? 높다고 생각하는가?

» 한국의 사회통합 수준에 대해서는 온라인, 오프라인 두 개의 공간으로 나눠서 볼 수 있지 않을까 생각한다. 공간적으로 정당 간 이념의 차이가 대북정책을 제외하고는 과거처럼 심하지 않다. 왜냐하면 사회적 양극화가 심해지면서 사람들이 문제의식. 오죽하면 지난 대선에서 새누리당, 더민주당 할 것 없이 복지정책을 내세웠고 오히려 새누리당 복지 정책이 더 좋았다. 대북정책을 제외하고는 이념적인 스펙트럼에서 중도화 경향이 나타나고 있는 것 같다. 온라인은 그 반대인 것 같다. 온라인은 그 격차가 훨씬 크다. 온라인은 말초적 분노라든지 그런 관심을 좀 더 편하게 표출할 수 있는 공간이기 때문에 오프라인 공간과는 달리 필터링이 필요 없다. 자신의 족적에 따른 이름이 남지 않기 때문에 필터링이 필요 없기 때문에 극단으로 치닫는 경향이 더 많다.

19. 한국 사회의 가장 큰 갈등이 무엇이라 생각하는가?

» 경제적인 양극화를 빼놓고 얘기할 수 없을 것 같다. 오죽하면 금수저, 흙수저가 나오겠나. 옛날에는 조금 잘사는 사람들과 못사는 사람들이었다면 지금은 그게 심해져서 양극화 갈등이 기반에 다 깔려 있는게 아닌가라는 생각

이 든다. 점점 심화되서 제 2차적인 문제까지 나오는 것 같다. 이게 사회적 분노로 가는 거다.

20. 한국 사회의 갈등을 해소하고 분열을 치유하는 데 있어 정당들이 어떤 역할을 수행해야 한다고 생각하는가?

» 정당이 해결하기보다는 심화시킬 수 있지 않을까 생각한다. 정당은 기본적으로 민주주의도 갈등이 있다는 전제하에 생긴 구조다. 정당 간에 쉽게 합의가 되고 똑같은 얘기를 할 거면 당을 나눌 필요가 없다. 정당은 기본적으로 갈등 구조에 기반해 존재를 하는 집단들이기 때문에 사회통합을 위해 기여를 하려고 하지만 실질적으로 얼마나 기여할 수 있을지에 대해서는 의문이다. 의무론적으로는 사회통합에 기여를 해야 한다. 그런데 현실적으로 선거 문제와 연결시켜 보면 정당들은 갈등과 대립을 기반으로 해 정권을 차지해야 하는데, 사회통합을 이룬다는 것은 이념의 스펙트럼의 극과 극을 조금 줄이고 조금 더 가운데로 오는 것이다. 그렇게 해서 정당이 선거에서 어떻게 정권을 차지할 수 있을지 의문이다.

» 사회통합은 정당보다는 정부가 할 수 있는 일이라고 생각한다. 기본적으로 구조 자체가 그렇다. 각 정당의 대선후보는 지지표를 결집하기 위해서는 갈등적, 대립적 구도에서 양쪽을 대변할 수밖에 없다. 하지만 대통령이 되고 나서는 당원의 대통령이 아니라 국민의 대통령이 되기 때문에 그때는 가운데로 오는 것이다. 새누리당, 민주당 이 양쪽 스펙트럼을 대표하고 있었다면, 대통령이 돼서는 중간으로 와야 한다. 오히려 정당보다는 정부가 할 수 있는 일이라고 생각한다. 정당보다 정부가 할 수 있는 일이 많고 또 그럴 수밖에 없다.

» 물론 여당과 정부가 보조를 맞춰야 하지만 기본적으로 여당과 정부에서 관료, 예산, 조직을 가지고 있기에 주신념이 있다. 야당은 여당을 비판하면서 존재할 수밖에 없다. 그래서 연정을 하지 않는 이상 정부에 협력하기가 쉽지

않다. 따라서 잘하든 못하든, 물론 잘하면 칭찬해 주는 문화가 있어야 하지만 우리나라는 그 수준까지는 가지 못했다. 보통 여당이 야당 쪽을 안고 가야 하는 상황이다. 야당은 지지 세력을 결집시키려면 반정부적 성향의 지지표를 가지고 갈 수밖에 없다. 하지만 사회적 양극화를 해소하는 등 중요한 문제에 있어서는 기본적으로 합의되는 면들이 있을 것이다. 그런 공통의 의제에 있어서는 통합을 끌어낼 수 있다.

21. 정당과 후보자가 부담하는 비용의 비율은 어느 정도인가?

» 대선 후보에 오르는 사람들이 연구소를 차리는 이유가 연구소 후원을 받아 운영을 해야 하기 때문이다. 그래서 어쩔 수 없이 연구소를 비롯한 단체들을 만드는 것이다. 후보 지명 이후에는 당연히 당비도 나오고 이후에는 국가보조금도 나온다.

22. 민주화 이후 한국의 정당정치와 민주주의의 발전이 어느 정도 수준에 달했다고 생각하는가? 특히 어떤 부분이 발전했다고 생각하는가?

» 보통 학문적으로 민주주의의 공고화 이런 말을 쓴다. 일단 절차적 형식적 민주주의는 달성됐다고 한다. 이미. 그런데 내용적 민주주의라던가 성숙한 민주주의는 아직 아니라고 본다. 성숙한이라는 것은 우리 요즘 숙의민주주의 이런거 많이 얘기하는데 다수결이라는 것은 너무 간단한 원칙인거고 소수의 의견도 반영된 것을 말한다. 얼마 전에 포도농사 짓는 분한테 들었는데 모든 농사도 그렇고 자연의 법칙이 성장의 기간이 있는데 이 성장의 기간은 단시간의 빨리 큰다는 거란다. 성장의 기간이 단시간적으로 끝나고 나면 성숙의 기간을 갖는데 그 성숙의 기간은 오래간다는 거다. 포도도 몇 개월 만에 금방 성장을 확 한다고 한다. 그러고나서 성숙의 단계인데 민주주의도 그런 것 같다. 성장을 급박하게 한다. 근데 거기서 끝나 버리면 금방 죽는데 거기서 성숙의 단계로 넘어간다는 거다. 우리나라는 민주주의나 산업이나 성

장의 단계였지 않나. 이제는 성숙기를 넘어서 가야 되는데 성숙기라는 것은 그야말로 이걸 원하는 사람은 다수니까 이것만 하고 이건 아니다. 조금 더 소수의 의견도 존중이 되고 그야말로 다양한 의견들이 존중되고 인정되는 그게 민주주의라고 한다. 국민에게 주권이 있는데 얼마나 다양하겠나. 다양성이 존중되는 사회로 가는 것이 성숙한 민주주의로 가는 것 같다. 그런 면에서 우리나라는 아직 부족하다고 생각된다.

23. 한국 정당정치와 민주주의의 발전을 위해 어떤 측면의 개혁이 가장 우선되어야 한다고 생각하는가?

» 하버마스(Habermas)의 공론장에 대해 얘기하고 그러는데, 토론 문화이다. 우리나라는 토론을 하면 '내 편인가 아닌가', 혹은 '새누리당 편인가 민주당 편인가', '나에게 동의하는가 하지 않는가' 등으로 구분지어서 보게 된다. 토론하면서 '나랑 다른 의견도 있구나' 해야 하는데 '저 사람은 왜 저러지 미친 거 아니야?' 등의 서로 인정하는 문화가 있어야 되는데, 당내에서도 그런 문화가 존재하지 않는다. 당내에서도 튀는 발언을 하면 '쟤 뭐야?'라는 식의 반응이 나온다. 이 부분은 당내 민주화와 연결되는 부분인데, 국회의원 300명은 다양한 사람들이다. 그러면 나와 경험, 생각도 다르기 때문에 '저렇게 얘기할 수 있구나' 그러면서 그 이견을 좁혀 가고 다양하게 듣고 토론하는 문화가 정착이 되어야 하는데 우리나라는 일방적인 하달 관계이다. 또한 그런 식으로 분열시켜 싸우는 건 언론에 큰 책임이 있다고 본다. 프레임을 딱 이분화해서 토론하게 하는 문화가 정착되어 있다. 물론 양쪽을 대변하는 입장을 듣는 것도 중요하지만 나와 다른 의견도 수용하면서 여유 있게 들어야 하는데, 우리나라는 당내 분위기도 그렇고 민주주의 자체가 여유, 관용의 측면에서 부족한 것 같다. 정당뿐만 아니라 우리 사회 전반에서 다른 의견을 받아들이는 것이 필요하다.

[마지막 추가 발언]

» 정당은 당원들이 당비 납부를 하니까 그 자금으로 운영이 되지만, 당원들의 당비 납부는 그렇게 많지 않다. 결국 정당은 정당보조금, 선거보조금, 국가보조금을 받아서 운영이 돼야 하는데 모든 것들은 국민 세금이다. 그런데 국민들은 정당 얘기를 하면 나와 너무 멀리 떨어져 있다고 생각하고, 무관하다고 여긴다. 물론 그러한 측면에서는 시민들뿐만 아니라 정당의 책임도 있다. 정당이 나와 무관하다고 생각하지만 우리의 혈세가 들어가는 조직들이다. 이번 20대 총선에서도 선거보조금이 새누리당은 170억, 더불어민주당은 140억을 받아 총 390억이 투입되었다. 선거보조금 등은 모두 국민 혈세인데, 국민들이 무관심하면 지금보다 더 못한 사람들이 들어와서 일할 것이기 때문에 정치권에 대한 국민들의 감시 수준의 관심을 갖는 게 중요하다는 점을 교육적인 차원에서 강조를 했으면 좋겠다고 생각한다. 또한 이러한 측면에서 언론도 역할을 했으면 좋겠다. 바람직하지 않은 일을 하지 않도록 계속 눈 뜨고 감시하는 것이 얼마나 중요한지에 대한 인식을 다 같이 가졌으면 좋겠다. 일해 보면 그 돈이 아깝지 않게 일하는 사람들도 있지만 그 돈이 너무 아깝게 일하는 사람들도 있다. 그런데 국민들이 감시한다고 생각하면 그러기 쉽지 않을 것이다.

» 정당은 기본적으로 정권을 잡기 위해 만들어진 존재다. 따라서 정당이 모든 것을 통합시켜서는 정권을 잡을 수가 없다. 기본적으로 권력 속성이고 구조 자체가 그렇다. 정당은 갈등을 기반으로 만들어진 조직이기 때문에 그 갈등 내에서 최대한 지지자를 결집해내야 한다. 정당의 1차적 목적은 정권 획득이기에 우리가 기대하는 공정하고 올바른 역할들을 정당에 기대하는 것은 한계가 있다고 생각해 아쉬운 점이 있다.

» 새누리당은 여의도 연구소가 있고, 더불어민주당은 민주정책연구원이 있는데 여의도 연구소는 생각보다 활동이 활발하다. 반면 민주정책연구원이 생각보다 많은 역할을 하고 있지 못하다. 하지만 정책연구원에서 발전적인 역

할을 할 수 있다고 생각한다. 흔히들 놀고먹는 곳이라고 생각하지만, 실제로 정책연구원에서 정당에서는 할 수 없는 민심에 대한 조사나 정당과 일반 유권자와의 관계를 뒷받침해 줄 수 있는 콘텐츠 창출을 할 수 있다. 이렇듯 정책연구원에서 생각보다 할 수 있는 역할이 많다고 생각한다.

1. 유권자들의 정당정치에 대한 신뢰 및 만족도가 낮다는 지적이 있는데, 그 이유는 무엇이라 생각하는가?

» 근본적인 원인이라고 말하긴 그런데 어느 순간 언론 쪽에서 정치 불신을 조장한다는 생각들이 크게 든다. 한 예로 들어보면 지난주에 있었던 20대 총선 당선자 초선 연찬회가 있었다. 도서관, 본청, 그리고 회관 등을 다니게끔 되어 있는 프로그램이었는데, 그날 오후부터 기사들이 쭉쭉 나온 것이 뭐였냐면 '당선되자마자 특권부터 누리는 의원들'이라는 내용의 기사였다. 큰 기사들을 보면 겨우 200~300m 거리를 이동하는데 버스를 대절하고 일반 시민들과 보좌진들이 다닐 수 없도록 엘리베이터를 다 잡아 놨다고 하는데, 만약 밖에 있었던 외부인이라면 당연히 "아유 이런 놈들이 있냐"라고 했었을 테지만 내부자 입장에서는 사실 초선의원들이라고 해서 국회의 지리를 잘 아는 것도 아니고 특히 건물 같은 경우 되게 복잡하게 되어 있다. 첫째, 엘리베이터의 경우 아주 여러 대의 엘리베이터가 있는데 거기서 잡아 놨던 그 엘리베이터 같은 경우에는 그 시간대에는 거의 보좌진들이 다니지 않는 시간이었다. 그 다음에 일반 시민들이 그쪽으로 출입을 잘 안 한다. 그리고 둘째, 버

스를 대절했다고 하는데, 딱 보면 아는 게 그건 국회 통근버스였다. 그런데 그런 것을 어마어마한 예산을 들여서 했다는 식으로 기사 제목이 뽑아져 나오니까, 기사를 읽지도 않을뿐더러 기사제목만 보고 "아 이것 봐라 역시 뽑아줘 봤자 이따위로 한다."라고 생각하게 된다. 사실은 굉장히 잘못된 것이다. 여러 가지 다각도로 볼 부분이 충분히 있었음에도 불구하고 매우 악의적으로 나간 것들도 예를 들자면 많았다.

» (추가질문: 언론에서 비치는 모습들 외에 정당정치 자체가 가지고 있는 이유도 있다고 보는가?) 아무래도 그렇다. 새누리당 같은 경우 비박이니 친박이니 "당이 쪼개진다."는 소리가 계속 나오고 있다. 민주당 같은 경우에도 그런 부분이 있을 것이다. 그런데 당 시스템의 문제도 물론 있긴 한데 지지자를 중심으로 하는 패거리 정치 같은 부분들이 서로가 서로를 안을 수가 없고, 내가 좋아하는 사람이 꼭 무엇인가가 되어야 되기 때문에 아예 타인을 배제하는 정치로 가 버리는 것 같다. YS, DJ 때만 했어도 그냥 '우리 야권이 통합을 해서 하나로 뭉쳐야 한다.'는 부분들이 있었는데 대선주자라든지 유력정치인들을 중심으로 해서 너무나 그들만의 리그 같은 부분들이 심해졌다. 요새 밖에서 보면 그냥 정치인들 자체를 다 욕한다기보다는 문빠니, 안빠니 이상한 신조어들이 생기면서 서로가 정치 성향들에 대해서 말을 못 꺼내게 되었다. 그것도 굉장히 큰 부분이다. 정당 내부 시스템의 문제라고 생각하기보다.

2. 정당정치에 대한 신뢰 및 만족도를 높일 수 있는 방안이 있을까?

» 일단은 정당의 유력 정치인들이라고 하는 사람들이 좀 내려놓을 부분이 분명히 있다고 생각한다. 분명히 본인을 중심으로 해서 파생되는 현상들이 있다는 것을 알면서도 그 파생되는 부분들을 아예 눈감아 버리고 외적인 요인들의 원인으로 자꾸 몰리려고 하고 있다. 사실 문제는 그들이라는 것을 알고 있는데 시스템 문제라기보다는 인간적인 문제가 아주 크지 않을까 하는 생

각이 든다.

3. 한국 정당정치와 민주주의의 발전을 위해 어떤 측면의 개혁이 가장 우선되어야 한다고 생각하는가?

» 사실 당헌당규나 이런 부분들이 당을 이루는 근간과 뼈대가 되는 부분인데, 그 부분에 큰 문제는 사실 없다고 본다. 어떤 시스템을 가져다 놓더라도 사람의 문제로 자꾸 귀결되는 부분들이 너무 크다는 생각이 든다. 기본적으로는 그렇다.

4. 한국형 정당개혁이 어떠한 방향으로 나아가야 한다고 생각하는가? 한국 정당정치의 개혁 방안으로서 평소에 생각해 둔 아이디어가 있는가?

» (추가질문: 행위자들이 어떤 방향으로 어떻게 바뀌어야 한다고 생각하는가?) 정당의 목적과 존재 이유가 수권이다. 그런데 내가 야권에 몸을 담고 있는 사람이기 때문에 야당 쪽으로 생각을 해 보면 야권 리더들이 전체 국가 경영의 수권 의지보다는 사실 어떤 작은 부분에 매몰되어 있는 측면이 굉장히 큰 것 같다. 전체를 수권하기 위해서는 어떤 부분을 내어 주는 양보라든지 타협이라든지 하는 부분들이 필요한데, "어차피 내가 아니면 아무 의미가 없다"는 생각들이 너무 크기 때문에 야권 내에서도 조율이 전혀 안 된다는 생각이 든다.

» 정치신인이 들어와야 된다는 기본 콘셉트는 이해를 하겠지만 지금처럼 인재영입 1호, 2호 이런 시스템은 절대로 아니라고 생각한다. 그것이야말로 대국민 사기고 쇼다. 그렇다면 기본적으로 충원 시스템이 회복되어야 된다. 뿌리부터 들어올 수 있도록 대학생위원회, 청년위원회도 다 있긴 한데 그 접근성 자체가 좀 많이 멀다는 생각이 든다. 그래도 조금씩 바뀌고 있는 것이 SNS라든지 온라인, 미디어들의 발달이 조금 조금씩 젊은 인재들을 내부로 끌어들이는 동력은 될 것이라고 생각한다. 그런데 이 부분들을 좀 더 적극적

으로 활용해서 "내가 관심이 좀 있어"라고 생각하고 당원으로서 1000원씩 소액 당비부터 시작해서 편안하게 정치에 다가갈 수 있는 분위기를 만들어 주는 것도 참 좋다고 생각한다. 그렇게 해서 영국 같은 경우에는 20대 의원 들도 있는데 우리는 없다. 있을 수가 없다.

5. 중앙당 지도부의 총선 공천에 대한 영향력 행사가 바람직하다고 생각하는 가? 혹은 당내 후보 선출에서 상향식 공천의 제도화가 필요하다고 생각하는 가?

» 일장일단이 있는데 없을 순 없다. 왜냐하면 아주 뿌리부터 키워진 충원시스 템이 아닌 현재로서는 누가 이 풀에 들어와 있는지를 그 누구도 검증을 못한 다는 말이다. 그래도 지도부라 함은 비민주적인 절차로 당선된 사람들이 아 니고 전체 전당대회를 통해서 당원들 및 외부자가 될 수도 있지만 그런 어느 정도의 위임을 받은 사람들이기 때문에, 이 사람들이 책임을 지고 하는 건 맞다고 생각을 한다. 그런데 논외로 공천심사위원회라는 존재가 있는데, 그 부분에 대해서는 "글쎄요"라는 의문이 든다. 공심위가 도대체 누가 위임해 줬느냐는 말이다. 어떤 권한을 가지고 어떤 기준을 가지고 컷오프를 한다. 글쎄 그것이야말로 새로운 칼자루가 되지 않나 싶어서 차라리 지도부가 그 안에서 조직을 해서 진행하는 것이 맞다고 생각을 한다.

» 일정 부분은 필요할 테지만 상향식 시스템이 들어 왔을 때 오히려 진입해야 할 사람들이 못 들어온 경우도 상당히 많다. 전략공천으로 심는다고 얘기하 는 것이 절대 무조건적으로 나쁘다는 생각은 결코 하지 않는다. 어느 정도는 상향식 공천이 필요한 부분에 대해서는 해야 될 필요가 있을 것이다. 예컨대 지역 경선 같은 경우에는 밑에서부터 표가 받아져 오는 것이니까 상향식 공 천의 큰 범주로 봐도 되지 않나 개인적으로 생각을 한다.

6. 유권자-정당/의원의 접촉은 주로 어떤 방식으로 이루어지는가?

» 편안하게 다니신다. 왜냐하면 인지도가 아주 높은 쪽이기 때문에 편안하게 그냥 시간 날 때 동네 마실 다니듯이 하신다. 그걸 저희는 '어슬렁 투어'라고 얘기를 하는데 어슬렁, 어슬렁 편안하게 다니는 것이다. 그냥 동네에 시장 보러 온 아저씨, 아줌마가 대상이다. '오늘은 00동의 어떤 길을 걷는다.'고 지점을 정해서 그냥 쭉 걷는다. 여러 사람들이 우르르 다니게 되면 위화감을 조장할 수도 있다. 그래서 그 동네의 시구의원 한 명, 그 다음에 보좌진 한 명 정도. 어떻게 보면 기초의원분들도 사실은 윈윈(win-win)인 셈이다. 가게가 많은 상가들이면 보좌진이나 기초의원들이 "날씨 좋네요. 오늘 의원님이랑 동네 마실 나왔어요."라고 한 번 인사를 터 주시고, 그 다음에 의원님이 인사를 터 놓은 상황이니까 "안녕하세요. 가게 장사에 방해가 되지 않는지 모르겠다."고 하면 많이들 아주 격하게 반겨 주신다. 사진도 찍고 바로 전송도 해드린다. 이런 어슬렁 투어는 짬 날 때마다 한다. 5월 같은 경우에 크게 일 없고 날씨도 좋고 그럴 때는 일주일에 두 번, 세 번도 나간다. 추울 때는 덜 나가기도 한다.

» 공식적인 부분들은 보통 의원들이 구에 행사들이 있는데, 그런 데는 거의 대부분 다니신다. 김장을 담근다든지 하는 모든 행사들에 웬만하면 최대한 참석을 하려고 하고 있다. 당원들 모임도 따로 있는데, 그런 당원 모임도 따로 하는 것이다.

7. 정당/의원의 일반 유권자, 지지자, 당원에 대한 접촉 방식이 어떻게 다른가?

» 다르다. 지지 모임이라고 하는 것은 보통 팬클럽 형식의 '00이 좋아서 모인 모임' 등 이렇게 하는데, 저희 같은 경우에는 좀 특수성이 있기 때문에 그 부분들로 모여 있는 모임도 있고 직업적인 모임 등도 있고 또 SNS 번개모임도 있다. 팔로우하시는 분들 중에서 특히 좋아하시는 분들, 지지층 모임으로 번개 때리는 경우도 있다. 그 다음에 지역에서 기초의원들이 본인의 세를 과시하려는 성향이 있긴 한데, 그들이 조직한 모임들도 있고, 당원 모임들도 역

시 있다.

» (추가질문: 일반 유권자는 의원님이 직접 찾아가시는데, 지지자와 당원들은 그들이 의원님을 찾아오시는 건가요?) 쌍방향이다. "한번 봅시다." 하는 경우가 있고 그들이 정기모임을 하는데 "한번 오세요." 하는 경우도 있다.

» (추가질문: 일반 유권자가 먼저 접촉을 시도하는 경우도 있나요?) 말씀 나누고 싶다며 한번 뵙자고 하는 경우가 꽤 많다. 그리고 또 한 가지 구에서는 '민원인의 날'이라는 것을 운영을 해서 의원님과 기초의원들이 다 같이 사무실에 상주해 있다. 그러면 지역 분들이나 민원을 가지신 분들이 오시는데, 혹은 뵙고 싶어서 오시는 분들도 꽤 많다. 예약 받은 순서대로 개인 면담을 다 하시고, 그 결과에 대해서 피드백도 들어간다. 이런 민원인의 날은 한 달에 한 번으로 진행을 했다. 그게 가장 이상적인 경우라 생각한다.

8. 귀 정당/의원을 지지하는 유권자들과 다른 정당/의원(후보)을 지지하는 유권자들 간의 차이가 있다고 생각하는가? 그렇다면 귀 정당/의원을 지지하지 않는 유권자들을 설득하기 위해서 어떤 노력을 하고 있는가?

» 크다. 인사라도 하고자 하면 "만날 그놈이 그놈들이지" 혹은 "얼굴 보이는 것 보니 선거 때가 가까워졌나 보구나" 선거 2년 전이었는데 이게 뿌린 깊은 것이다. 그분들은 선거를 언제 하는지도 모르신다. 게다가 악수를 청하는데도 굳이 손을 휙 때리고 가시는 분들도 아주 많다. 달려와 안기시거나 한번 안아 달라며 너무 팬이라고 하시는 분들도 계신다.

» 의원님 같은 경우에는 "만날 그놈이 그놈이라고 하시는데, 그런 분들도 있지요. 그렇지만 저는 안 그렇습니다." 그런 식의 말로 풀어내려고 하기도 하는데, 솔직히 길가다가 스쳐 지나가시는 분들은 말씀을 오래 나누지 못한다. 그래도 악수라도 한 번 다시 청하시면서 "그래도 악수는 한 번 하십시다."라며 끝까지 인상을 안 쓰시려고 노력을 하신다. 보좌진들 같은 경우에도 의원실로 민원 전화뿐만 아니라 불만이 폭주하는 그런 전화도 많이 오는데, 들을

부분도 있고, 그런 경우에는 사실은 이러하다는 사실관계를 밝혀드리려고 계속 노력을 한다. 언론에서 보도한 제목과 달리 내용을 들어보면 전혀 아닌 경우가 많지 않은가. 그래서 "어르신, 그 부분은 이러이러합니다. 상황이 그러하지 않으니 오해를 풀어주세요" 하면 "아 그래요? 아휴 언론 나쁜 놈들이네" 하고 화가 풀려서 전화를 끊으시는 분들도 계신다.

9. 유권자-정당/의원의 접촉과 소통의 경험이 유권자의 정치참여(투표참여 포함)와 행태에 실질적인 영향을 준다고 생각하는가?

» 그래도 하시는 만큼 나오지 않을까 생각한다. 그리고 한 번을 보더라도 좋은 인상과 선한 웃음을 보고 하면 "아이고 사람 참 소탈하네. 좋네" 하시면서 뒤를 돌아서 "꼭 찍을게요." 하시는 분들도 계시니까.

10. 유권자의 지지를 이끌어 내는 데 있어서 현재 한국 정당 각각의 장단점이 무엇이라 생각하는가?

» 새누리당 같은 경우에는 중앙당 조직이 굉장히 탄탄한 당이다. 우리로서는 되게 부러운 부분이다. 어쨌든 당원 교육이나 훈련 같은 것들을 중앙정치 상황에 부침이 최대한 없게 하려고 노력하는 쪽이다. 지방 내려가서 어떤 연수를 한다든지 당원 교육을 우리 쪽보다는 훨씬 많이 한다.

» 그런데 민주당은 중앙당 조직이 너무 약하다. 그래서 당직자들의 퀄리티나 그런 것들도 많이 약해서 줄 서기 문화도 많이 강하다. 대권주자 내지는 유력 정치인에 따라 좌천 및 여러 가지 거취들이 결정이 되기 때문에 중앙정치 상황에 따라서 중앙당 조직이 왔다 갔다 할 수밖에 없는 것이다. 그게 굉장히 큰 차이점이다.

» 그런데 국민의당 같은 경우 지금 당직 인원 충원 중인데, 현재 있는 것은 민주당보다 훨씬 더 안 좋은 상황으로 보인다.

» 정의당은 워낙에 당심이 투철하신 분들이라서 몇 명 안 되는 중앙당 조직들

이 일당백으로 의원실 업무들도 많이 도와주고 있다.

11. 한국의 정당들이 유권자들의 목소리를 정책결정과정에 제대로 반영하지 못하고 있다는 비판이 있는데, 그 원인과 해결방안이 무엇이라 생각하는가?

» 어떻게 보자면 좀 내 표가 아니기 때문인 것이 가장 크다. 제일 가슴 아픈 걸 들자면 세월호 같은 경우, 아직 20~30대층 같은 경우에는 그래도 끝까지 이 부분들을 밝혀내야 한다는 것이 굉장히 크다. 그런데 50~60대 이야기만 들어봐도 "지겹다" 등의 정말 다른 생각들이 많다. 지역에서도 돌아보면 실질적으로 이제 그만 좀 하라는 얘기가 많다. 세월호 배지를 항상 가지고 다니는데, 이것에 대해서도 격하게 반응하시는 분들이 많다. 그러면 결국 나에게 표를 몰아줄 수 있는 집단은 어디인가라는 것이 굉장히 크다. 점점 더 이슈 파이팅이 약해지는 것에 대해서는 점점 목소리가 낮아질 수밖에 없다. 결국엔 그 표가 본인의 표가 되지 않고 오히려 부메랑이 돼서 날아올 것을 아는 것이 가장 큰 이유라 생각한다. 표가 분산이 되거나 혹은 마이너스가 될 것을 철저하게 계산을 한다. 모든 건 표의 계산이다.

» (추가질문: 유권자의 목소리를 알면서도 무시하시는 건가요?) 무시라기보다는 만약 20% 목소리가 나오는데 40%의 조용하지만 반대하는 것이 감지가 되면 20%의 목소리를 따라가지는 않는 것이다. 왜냐하면 20%을 위해서 40%을 버릴 수는 없는 것이기 때문이다.

» 개인 의원으로는 좀 힘들 수 있는 부분들을 당에서 해 줘야 한다. 중앙당에서 정책들을 내놓고 그 부분들을 당론으로 밀어 가는 것이다. 요즘에는 당론이란 것도 굉장히 어려워서 본인의 지역구에서는 유리하게 밀 수 있는 것이지만 다른 지역구에서는 발의되면 그 의원은 낙선하는 경우도 있다. 환경적으로 산수가 한 번 들어간 다음에 중앙당의 정당정치에서 다시 한 번 산수가 늘어가는 셈이라 생각히 복잡한 셈법이 있나. 그야말로 셈을 해야 되는 셋이다. 그래서 개별 의원들의 노력보다 중앙당에서 피드백할 수 있는 창구가 있

다. 민원 전화부터 시작해서 SNS 등 여러 가지 창구들이 있는데, 귀를 활짝 열어야 한다.

» 그리고 안 되는 부분에 대해서는 설득할 수 있는 부분이 있어야 하는데 지금 정당정치에서는 설득이나 양해를 구하는 것보다 어느 순간 스르륵 사라져서 너도나도 '나 몰라라' 하는 경우가 아주 비일비재했다. 그러면 유권자의 입장에서는 그야말로 배신의 정치가 되는 것이다. 이 부분에 대해서는 하다 못해 새누리당은 막말로라도 안 되는 것이라 얘기를 해 버리니까 욕하지만 "쟤네는 안 해 주나 보다" 하고 마는데, 우리 쪽에서는 끊는 게 없다. "해 주는 것도 아니고 안 해 주는 것도 아니고 그래서 뭐야?" 하다 보니까 야권 제1당을 믿지를 못하고 그냥 쪼개져 버린 것이 아닌가. 지금 제3당이 어떻게 될지는 모르겠지만, 그런 불만들로 인해서 떨어져 나온 것이라 생각하면 듣는 부분에 대해서는 3당의 출현이 서로의 경쟁을 좀 더 정당하고 공정한 경쟁이 되도록 할지, 이 부분은 한번 봐야 되지 않을까 싶다. 결국에는 개별 의원에 대해서는 인적인 부분밖에 기대할 수 없을 것 같고, 개별 의원들한테 기대하기보다 중앙당의 노력들이 많이 필요하지 않을까 생각한다. 그러려면 당내 리더십들이 확고히 서는 것이 좋을 것이라는 생각이 든다.

12. 의원의 입법 활동 과정에서 정당지도부와 유권자의 영향력은 각각 어느 정도인가? 정당지도부/유권자와 어떻게 다르게 입법 과정에 영향을 주고 있는가?

» 특별하게 어떤 쟁점법안이 아니고는 일절 그런 부분이 없다. 유권자 혹은 이익단체, 이익집단 내지는 유관단체들이 있는데, 예를 들어서 개성공단이 닫혀 버렸는데 개성공단입주기업협회라는 것도 따로 있고 여러 단체들이 있다. 당연히 개성공단에 대해서는 이 협회와 함께 법안 등을 같이 구성해 보고 "이건 되고 이건 안 되고" 등을 조율한다든지 하는 부분들도 있다. 유권자들이 아예 청원을 해서 입법하는 경우들이 있긴 한데, 그것들도 받아들일 수

있는 경우라면 받아들이고 개선해야 하면 개선을 한다.

» 지도부의 영향력이라는 것이 개별 법안에 대해서는 당론이라든지 큰 법안
이 아니고서는 지도부가 좌지우지하는 것이 이제는 정말 없다고 보면 된다.
지도부가 아니라 10명의 의원만 날인을 해 주면 법안 발의가 되는 것이니까
거의 친소관계 내지는 보좌진들의 네트워크를 통해 도장을 받는 경우가 되
게 많다. 지도부는 본인들을 법안 발의하기에 바쁘다. 오히려 유권자의 영향
력이 더 크다고 본다.

13. 한국의 사회통합 정도에 대해 어떻게 생각하는가? 높다고 생각하는가?

» 회귀했다고 본다. 사회통합 정도가 다시 퇴보하고 있다고 생각한다. 하다못
해 야권은 그래도 좀 범야권이라고 해도 응집성이 조금은 있었다고 보는데,
지금은 이도 저도 없이 야권 내에서도 패거리 정치처럼 정말 응집력 강하게
그들만의 리그가 형성이 되어 있다. 일단 정당을 지지하고 인지하고 있는 지
지층 같은 경우에는 아주 분화가 되어 있다고 본다. 정치개념에 있어서도 그
런 상태고, 일반 사회통합을 얘기한다고 하더라도 격차나 극화가 너무 심한
것이 좀 오래가고 있지 않나하는 생각이다.

» (추가질문: 사회통합 정도가 회귀한 시점이 언제라고 보시나요?) MB 이후라
고 생각한다. 그런데 사실 노무현 정부 때 조짐들이 많이 컸다. 그때 민주 세
력들의 분화가 자기 멋대로 되었다. 10여 년 넘어간다고 본다. 오히려 올 것
이 왔다는 생각도 든다.

14. 한국 사회의 가장 큰 갈등이 무엇이라 생각하는가?

» 세대에 대한 부분도 있을 것이지만, 결국에는 모든 것이 경제적인 부분에서
온 것이라 생각한다. 그래서 어느 날 평생직장이란 개념이 없어지고 비정규
직이란 이야기를 하는데, 어떻게 보면 가치관의 혼란이 가장 큰 부분이라고
생각을 한다. 시스템은 외국 것을 들여왔는데 우리 마인드와는 전혀 안 맞

는 것이다. 아노미 현상처럼 된 것이다. 기성세대들은 평생직장을 생각하는데 젊은 세대들은 그것이 아니란 것을 알면서도 바라는 생각들이 있는 것 같다. 그런데 다 뒤집어 보면 그 부분들이 경제적인 부분에서 오는 것이고, 결국에는 세대갈등이라는 것도 부모세대와 자녀세대가 마치 대치되는 상황처럼 온 것이다. 세대갈등과 경제갈등이 중첩된 부분인데, 가치관과 제도가 괴리된 상황들이 밑바닥에 많이 깔려 있지 않나 하는 생각이다.

15. 한국 사회의 갈등을 해소하고 분열을 치유하는 데 있어 정당들이 어떤 역할을 수행해야 한다고 생각하는가?

» 입법부와 행정부가 보조를 같이 맞추어 갈 수 있는 부분들이 가장 이상적인 것이 아닐까 생각한다. 그러려면 국회 내에서 비정규직양산법 등 어떤 법안들을 조율해 가는 과정들이 국회 내에서 좀 더 투명하게, 그리고 일반 국민들이 편안하게 받아들일 수 있는 형태들로 좀 더 노력을 해야 한다. 그러면 받아들이는 정책 수용자인 유권자 입장에서도, 그리고 정책을 집행하는 정부 입장에서도 삼발이 체제가 잘 돌아갈 수 있게 하려면 국회와 정당의 역할들이 제일 크지 않을까 생각한다.

» 한국사회의 갈등을 치유하고 분열을 완화하기 위해서는 정당이 정부와 유권자를 연결하는 역할을 해야 한다. 서로 셋이 다 따로 논다고 생각한다.

[마지막 추가 발언]

» 정당의 충원기능도 있고 이익 집약 기능도 있다. 지금 세대갈등, 경제갈등, 지역갈등 등 다각적이고 다층적인 갈등 상황들을 한데 넣어 놓고 우선순위를 정하고 해결해 내야 할 것들을 정해야 하는데, 이놈의 정당이 그런 중장기적인 비전들을 가지질 못하고 너무나 눈앞의 것들을 우선 하나씩 쳐내려는 냄비 같은 성향이 있다. 미국에는 미래와 중장기적인 계획을 논의하는 위원회 등이 있는데, 우리 정부는 연속성들이 없다. 정당뿐만 아니라 정부에서

도 그렇다. 그러면 결국에는 이 갈등들이 미친 듯이 혼재된 상황에서 하나도 제대로 해결이 안 된 채 이번 대가 끝나면 또 다시 제로베이스에서 시작하고 반복되는 것이다.

» (추가질문: 사회갈등을 완화하고 통합하려면 정당이 장기적인 시각과 방안이 필요한데 그러지 못하고 있다고 보시는 건가요?) 텀들이 너무 짧다. 그 근본적인 것들은 대선이 5년마다 있다는 것이 크다. 5년마다 한 번씩 나라의 대장이 바뀌고 당도 역시나 거기에 따라 휙휙 뒤집힐 수밖에 없다. 그런 면에 있어서는 또 개헌이 있어야 할 것이다.

인터뷰 대상자 15

1. 유권자들의 정당정치에 대한 신뢰 및 만족도가 낮다는 지적이 있는데, 그 이유는 무엇이라 생각하는가?

» 대한민국 유권자들이 정치에 대한 관심은 많은 반면, 정치인과 정당에 대한 신뢰도 및 만족도는 매우 낮은 수준을 넘어 불신하는 상황이다.

이렇게 된 이유는

① 소통과 토론, 다수의 의사를 존중하고, 소수를 배려하는 정치 문화와 의식이 낮은 점

② 의회정치와 민주주의에 대한 기초 룰은 만들어져 있지만, 의회정치와 민주주의를 학습하고 실천하는 과정이 미비했던 점

③ 3김 정치 등 정당 정치가 실제 민주주의 운영 원리에 맞게 운영되지 못하고, 계파와 패거리 정치로 흐른 점

④ 유럽 서구 정당에 비해 정당활동을 청소년기부터 경험하지 않고, 의원 등 선출직 출마 도구로만 인식하는 점

⑤ 보수 언론 등에서 정당과 정치인에 대해 정책의제를 중심으로 다루지 않고, 파벌, 분열, 싸움, 논쟁 등 부정적 인식 노출을 극대화하는 측면 등

2. 정당정치에 대한 신뢰 및 만족도를 높일 수 있는 방안이 있을까?

» 정당정치 신뢰와 만족도를 높일 수 있는 방안

① 제도 정치에 몸담고 있는 사람들이 민주주의 운영원리에 따른 정당 운영, 의회 운영에 맞게 제도를 운영

② 각 정당의 교육 프로그램과 인재 양성 프로그램이 청소년기부터 종합적으로 이뤄질 수 있도록 마련

3. 민주화 이후 한국의 정당정치와 민주주의의 발전이 어느 정도 수준에 달했다고 생각하는가? 특히 어떤 부분이 발전했다고 생각하는가?

» 형식적·제도적 민주주의 발전은 어느 정도 도달했으나 실제 민주주의를 구현하고 실행하는 데 있어서는 아직도 많은 보완이 요구된다. 당원에 의한 정당 운영, 협력과 소통의 정당 및 의회 운영 등 민주주의 실제 원리를 구현하지 못하고, 아직도 전근대적인 방법에 따라 작동하는 경우가 꽤 있다.

» 형식적 언론의 자유는 최고의 수위로 보장되나, 실제 언론이 제 역할을 하고 있느냐에 대한 문제는 강한 의구심이 든다.

4. 한국 정당정치와 민주주의의 발전을 위해 어떤 측면의 개혁이 가장 우선되어야 한다고 생각하는가?

» 선거제도 개편이 가장 우선되어야 한다고 생각한다. 특히 승자 독식인 소선거구제는 국민들의 투표 및 정당의 득표가 반영될 수 있는 정당명부 비례대표제로 변동되어야 한다.

5. 한국 정당정치의 개혁에 있어서 가장 큰 걸림돌이 무엇인가?

» 계파, 기득권, 다음 세대의 재생산구조 취약 등이 걸림돌이라 생각한다.

6. 한국형 정당개혁이 어떠한 방향으로 나아가야 한다고 생각하는가? 한국 정

당정치의 개혁 방안으로서 평소에 생각해 둔 아이디어가 있는가?

» 각 세대와 부문을 온전하게 대표할 수 있는 시스템 마련이 필요하다.

» 정당의 주인은 당원이다. 당원 교육 프로그램을 대폭 확대하고, 당원이 실제 마을 단위, 구 단위에서 생활 정치를 통해 검증되고 성장할 수 있는 시스템 마련 또한 필요하다.

7. 정당개혁의 방향성에 대한 당내 논의가 실제로 어느 정도 (활발하게) 이루어 지고 있는가? 어느 정도 합의가 이뤄지고 있다고 보는가?

» 혁신과 개혁에 대한 공감대는 형성되어 있으나 문제는 결정된 안에 대한 철저한 집행과 실행이 중요하다. 실제 각종 혁신위원회, 개혁위원회 등 당내 개혁을 위해 수많은 노력들이 진행되어 왔다. 그러나 제도부가 교체되면 용두사미로 전락하였다.

» 전체 당원의 의사가 반영되지 않고 의원 중심이다. 기득권 중심으로 당 운영이 이뤄지고 있다.

8. 중앙당 지도부의 총선 공천에 대한 영향력 행사가 바람직하다고 생각하는가? 혹은 당내 후보 선출에서 상향식 공천의 제도화가 필요하다고 생각하는가?

» 전당적 차원에서 총선 전략 등을 고려해서 전략 공천 등을 하는 행위는 불가피하다고 생각한다. 그러나 기본은 생활정치를 통해 단련되고 검증된 일꾼이 그 지역의 후보자가 될 수 있는 시스템을 마련하는 것이 필요하다.

» 반드시 필요하다.

9. 의원의 입법 활동 과정에서 정당지도부와 유권자의 영향력은 각각 어느 정도인가? 정당지도부/유권자는 각각 어떻게 다르게 입법 과정에 영향을 주고 있는가?

» 한국 사회는 당론이라는 이름으로 주요 정책에 대해 공동으로 통일을 하는 경우가 있다. 이는 정당의 지도부의 의사가 반영된 것이라 할 수 있으나, 당론 결정 과정이 의원 총회, 각종 정책협의회 등을 통해서 이뤄지기 때문에 지도부의 일방적인 의사 반영 구조라고 생각하지는 않는다.

» 유권자 또한 생활 민원, 제안 등을 통해 입법 제안을 하는 경우가 종종 있다. 이는 매우 바람직한 현상이다. 개인의 사적 이익 추구가 아니라 공적 영역에서의 제도화를 이루기 위한 입법 제안과 입법 활동은 장려되어야 하며 확대되어야 한다.

10. 선거캠페인 과정에서 정당지도부의 지원과 영향력은 어느 정도인가?

» 공천까지는 지도부의 영향이 존재하나 캠페인 과정에서 정당지도부가 영향을 미치고 있다고 생각하지 않는다. 특히 양당의 지도부가 접전지역을 순방하며 거리 유세를 하는 것이 과연 도움이 되는 것이냐에 대해서는 정치학계에서 연구해 볼 만한 주제임이다.

11. 유권자-정당/의원의 접촉은 주로 어떤 방식으로 이루어지는가?

» 주로 지역구 국회의원을 통해 이뤄지고, 의원의 입법, 예산, 민생 활동에 대한 보도 자료를 통한 기사화, 유권자를 대상으로 하는 의정보고회 및 문자 발송, 지역 정책 현수막 게첩 등의 방법으로 이뤄진다.

» 정기적인 '민원의 날' 행사 등을 개최하여 접촉면 확대를 지향하고 있다.

12. 정당/의원의 일반 유권자, 지지자, 당원에 대한 접촉 방식이 어떻게 다른가?

» 지지자 및 당원이 접촉 빈도가 약간 높을지는 모르나 현재 각 지역위원회 활동이 왕성하지 않은 상황 속에서 큰 차이를 느끼지는 못한다.

13. 귀 정당/의원을 지지하는 유권자들과 다른 정당/의원(후보)을 지지하는 유

권자들 간의 차이가 있다고 생각하는가? 그렇다면 귀 정당/의원을 지지하지 않는 유권자들을 설득하기 위해서 어떤 노력을 하고 있는가?

» 소속 정당 지지자들은 자신의 정치 지향을 대중들에게 드러내지 않는 경향이 있으나, 타 정당을 지지하는 유권자들은 자신의 정치 지향을 명확히 드러내는 경우가 많다. 이는 집권 세력과 야당 세력의 지지에서 나오는 일반적인 특징이라고 할 수 있다.

» 타 정당을 지지하는 유권자를 설득하는 방식은 ①인물론 ②견제론 등을 이용한 것이다.

14. 유권자의 지지를 이끌어 내는 데 있어서 현재 한국 정당 각각의 장단점이 무엇이라 생각하는가?

» 새누리당의 장점은 집권당으로서 정책 실행력이고, 단점은 정부의 실정에 대한 공동운명체. 심판론 등이다.

» 더불어민주당의 장점은 정권 심판론의 대안 정당으로서의 맏형이라는 점이고, 단점은 계파싸움, 수권 능력에 대한 미비 등이다.

» 국민의당의 장점은 1대1 구도가 아닌 제3의 선택 가능성이고, 단점은 새롭지 않은 특정 지역으로서의 한계 노출 등이다.

15. 유권자-정당/의원의 접촉과 소통의 경험이 유권자의 정치참여(투표참여 포함)와 행태에 실질적인 영향을 준다고 생각하는가?

» 유권자-정당/의원의 접촉은 유권자의 투표 행위 및 정치의식 형성에 있어 큰 역할 및 영향을 준다.

16. 한국의 정당들이 유권자들의 목소리를 정책결정과정에 제대로 반영하지 못하고 있다는 비판이 있는데, 그 원인과 해결방안이 무엇이라 생각하는가?

» 선거 때 외에는 접촉면이 넓지 못한 데에 원인이 있다. 그러나 초·재선 의원

들을 중심으로 유권자 의사반영을 위해 다양한 채널을 마련하고 노력하고 있다.

» 새로운 방법이 없다. 대면, 유선, SNS 등 접촉면을 최대한 확대하고 의제와 제안에 대한 피드백이 이뤄질 수 있는 구조를 구축하고 끊임없이 실천하는 길 밖에 없다.

17. 한국의 사회통합 정도에 대해 어떻게 생각하는가? 높다고 생각하는가?

» 선거로 선출된 정권은 각종 사회통합 기구들을 설치한다. 그러나 대체적으로 갈등을 조정하거나 사회통합을 위한 실천적 노력들은 부족하다. 사회통합 기구들이 선거 때 도움 준 사람들에 대한 논공행상으로 전락해 버렸다는 느낌이다.

18. 한국 사회의 가장 큰 갈등이 무엇이라 생각하는가?

» 전쟁을 경험한 후손들이 아직도 갖고 있는 극단적인 종북-반북 프레임이다. 실용적 접근이 아닌 증오와 격멸에서 파생되는 이념 논쟁과 이를 정치적으로 이용하는 세력에 의한 확대 재생산, 보수 언론의 부추김 등이 전쟁의 경험을 치유하고 화해하고 협력할 수 있는 사회통합 분위기를 만드는 데 가장 큰 저해 요소라 생각한다.

19. 한국 사회의 갈등을 해소하고 분열을 치유하는 데 있어 정당들이 어떤 역할을 수행해야 한다고 생각하는가?

» 극단적 분열적 언행과 행위를 중단하고 남북 화해, 노사정 대화 등 갈등 중재자, 조정자로서의 역할을 할 필요가 있다.

1. 유권자들의 정당정치에 대한 신뢰 및 만족도가 낮다는 지적이 있는데, 그 이유는 무엇이라 생각하는가?

» 정당이 국민 다수를 대변하지 못하고 있고, 특히 국민들은 먹고사는 문제에 대한 해결책을 주기를 상당히 원하는데, 정당들이 어떻게 보면 특정한 합의점을 찾아서 국민들한테 제시를 하고 어떻게 가자라고 얘기를 못하고 있는 것이 가장 큰 문제인 것 같다. 구체적으로 얘기해 보면 스펙트럼이 되게 국한되어 있는 것 같다. 새누리당 같은 경우 부자, 크게 보면 중견기업부터 대기업, 고소득자, 임대사업자 등 특정 부자 계층을 대변하는 정당이고, 민주당 같은 경우에는 운동권 출신 의원님들이 많다. 먹고사는 문제보다는 민주화나 이념적인 이슈에 대한 관심이 많다. 민주당은 여태까지 먹고사는 문제에 대해서는 크게 중요하게 생각하지 않았던 것이 사실이다. 국민의당은 앞으로 두고 봐야 할 것이다. 기타 진보당 같은 경우는 노동자층을 대변한다. 어떻게 보면 노동자가 유권자의 대부분일 수 있는데, 우리나라 노동자들의 특징은 본인들이 노동자인지를 잘 모르는 것이다. 노동자 의식이 없다보니 힘을 발휘하지 못하는 것 같다. 상황이 이렇다 보니까 국민들이 되게 중요하

게 생각하는 것이 먹고사는 문제인데, 그 문제를 대변해 주는 정당이 없으니까 국민들은 신뢰를 할 수가 없는 것이다.

2. 정당정치에 대한 신뢰 및 만족도를 높일 수 있는 방안이 있을까?

» 없다. 우리나라 민주주의 같은 경우는 이식이 된 것이고, 보통 유럽을 많이 이야기하는데 유럽은 민중들이 피를 통해 획득한 민주주의다. 역사적 기반 차이가 너무 크다. 그렇다 보니까 유럽에 있는 시민들은 의식이 있다. 정치가가 못하면 투표로 분명하게 심판을 한다. 그런데 우리 같은 경우는 민주주의가 공짜로 주어지다 보니까 시민의식이 유럽에 비해 많이 떨어진다. 우리나라 사람들의 지능이 떨어진다는 것이 아니라, 민주주의가 도입되는 과정 자체가 워낙 달랐다. 어떻게 보면 지금 우리가 그런 대가를 치르고 있는 중이라고 본다. 그런 관점에서 봐야 될 것 같다. 국민들이 깨어 있어야 한다. 어떻게 보면 이번 20대 총선 같은 경우에는 의미가 있다고 본다. 청년층과 관심 없는 중도층들이 표로서 자신들의 의사를 표현해 주신 것이다. 이게 보다 활발하게 진행되어야 할 것 같다. 우리나라 정치 흐름에 있어서 사실 지역주의가 가장 큰 문제점이기도 하다. 특정 의원과 같은 분들이 계속 생겨나게 된다면 먼 미래에 좋은 환경이 만들어지지 않을까 생각을 한다.

3. 민주화 이후 한국의 정당정치와 민주주의의 발전이 어느 정도 수준에 달했다고 생각하는가? 특히 어떤 부분이 발전했다고 생각하는가?

» 일단 절차적으로나 형식적으로는 잘 되어 있다. 일단 선거제도가 확립되어 있다. 그걸 뒤엎을 만한 사건이 없었다고 생각한다. 형식적으로는 완벽하게 갖춰져 있는데, 내용적인 부분에서 정당의 가장 큰 문제점이 양당 간의 합의가 잘 안 되는 것이다. 어떻게 보면 우리 근대사가 대결의 역사였다고 본다. 그 관점에서는 군사독재 세력이 있었고 이에 투쟁했던 민중 세력이 있었다. 이 두 세력들이 지금 현재도 여전히 같은 싸움을 하고 있다고 본다. 독재가

나쁜 것이라고 한다면 이제 확실하게 심판을 받고 새로운 무대가 다시 만들어졌어야 되는데 어떻게 보면 연장선이다. 독재세력이 계속 그 명맥을 유지해 와서 새누리당이 된 것이고, 독재세력에 맞서 싸우던 사람들은 민주당이 된 것이다. 역사적으로 이 두 양반들 간에는 대결의 역사였기 때문에 지금도 그런 대결의 역사가 계속 진행되고 있다. 그래서 형식적으로는 갖춰져 있지만 내용적인 면에서는 아직 갈 길이 멀다고 본다. 바로 역사적 문제들이 해소가 안 되고 연장이 되어 왔기 때문이다.

4. 한국 정당정치와 민주주의의 발전을 위해 어떤 측면의 개혁이 가장 우선되어야 한다고 생각하는가?

» (추가질문: 한국형 정당개혁이 어떠한 방향으로 나아가야 한다고 생각하는가? 한국 정당정치의 개혁에 있어서 가장 큰 걸림돌이 무엇인가?)

» 국민의식이 깨어서 선거 때마다 투표로 심판을 하면 알아서 개혁이 될 것이다. 그런데 그렇게 안 하니까 개혁하겠다거나 상향식 공천을 하겠다는 얘기들을 하다가도 선거가 끝나면 말짱 도루묵이 되는 이유는 국민들이 감시의 눈으로 계속 보지 않기 때문이다. 정치하시는 분들은 목표가 국회의원 한 번 더 하는 것이다. 대통령되고 싶은 것이고, 명예욕이 강하신 분들이다. 정당이 원래 그런 것이지 않은가. 권력을 갖고 권력을 쓰기 위해 존재하는 것이 정당이다. 정당인들의 욕구가 원래 그렇다. 일반 사람들과 같이 보면 안 될 것 같다. 이분들 욕구가 원래 이렇기 때문에 국민들이 끝까지 감시하는 눈으로 보고 계속 선거 때마다 심판을 해 준다고 하면 개혁은 자연스럽게 일어날 것이다. 국민들이 관심을 안 갖는다면 제도를 아무리 바꾼다고 해도 중간쯤 가게 되면 다시 원상태로 될 것이다. 국민의 의식수준이 달라지는 것이 제일 중요하다고 본다.

» 그럼에도 불구하고 제도적인 부분을 하나 말씀드리면, 지역구 국회의원 제도가 가장 큰 문제인 것 같다. 이것은 현실적인 문제다. 개개인 국회의원들

이 유능하신 분들이 다 모인 것이고, 그분들이 바보가 아니다. 그런데 바보 같은 결정을 하는 이유는 여러 가지가 있겠지만, 하나는 당연히 당론이라는 것이 여전히 존재한다는 것이고, 또 다른 하나는 지역구 국회의원이 대다수라는 것이다. 행정부가 잘못하는 것을 감시하는 것이 국회가 할 일인데, 이 국회의원들이 다음에 또 당선되는 것이 목표기 때문에 지역에다가 예산 등 많은 걸 해 드려야 된다. 국민의 입장에서는 필요한 데에 예산이 많이 가는 것이 당연할 것 같은데, 국회의원들은 다르다. 자기 지역구에 국가 예산을 많이 끌어다가 퍼붓는 걸 제일 중요시한다. 그래야 다음에 당선될 가능성이 높기 때문이다.

» 나중에는 행정부가 문제 있는 것을 국정감사나 국회 열릴 때마다 지적하고 법을 내서 바꾸려고 하다가도 일단 액션을 취한다. 그러고 관련 행정부 쪽에서 와서 "예산을 더 드릴 테니 봐주십시오." 이러면 십중팔구 다 봐준다. 그런데 비례대표는 그럴 이유가 없다. 어쨌든 직능을 대표해서 국회의원이 된 것이고 그 분야에 대해서 잘못된 것은 그냥 지적하고 다음번에 떨어지면 떨어지는 것으로 볼 수 있는데, 지역구 국회의원들은 그게 아니다. 재선, 3선, 4선, 5선을 하고 싶어 하기 때문에 결국에는 행정부가 잘못하는 것에 대해서 지적을 하더라도 행정부가 예산 등과 맞바꾸자고 하면 거의 딜을 하는 것이 너무 고착화되어 있다. 그래서 사실은 그런 부분이 가장 큰 걸림돌일 수 있다. 그게 결국에는 일반 국민들이 보면 정부가 잘못한 것인데 국회의원들이 그냥 쉬쉬하고 가만히 있는 것이다. 몰라서 그러는 게 아니다. 밑에 이런 밑밥들이 깔려있으니까 뭐라고 못하는 것이다.

» 땅덩어리가 좁은데 굳이 지역구 국회의원이 이렇게 많을 필요가 있나 생각한다. 비례대표를 많이 늘렸으면 좋겠다. 이번 20대 총선에서 그런 시도가 있을 뻔 했는데 무산이 되었다. 어떻게 보면 지역구 국회의원을 많이 줄이고 비례대표를 많이 늘리는 것이 그나마 멀리 봤을 때 유권자들한테 더 정당에 대한 신뢰도나 만족감을 더 높일 수 있는 방안이다. 그래야 더 정책적으

로도 많이 일을 할 수 있다고 본다.

5. 한국형 정당개혁이 어떠한 방향으로 나아가야 한다고 생각하는가? 한국 정당정치의 개혁 방안으로서 평소에 생각해 둔 아이디어가 있는가?

» 지자체장들 같은 경우에는 3선 이상 못 하도록 되어 있다. 맞는 얘기인 것 같다. 그런데 보좌진을 하다 보니 생각이 바뀌는 부분도 있다. 당내에서는 예를 들면 민주당 같은 경우는 호남이 깃발만 꽂으면 되는 데니까 지역구도가 어쨌든 고착화되어 있는 상태에서는 호남 지역 국회의원들은 재선 이상 못 하게 하자는 얘기들이 계속 아이디어로 나오긴 나온다. 그런데 역차별이라고 얘기하니까 못하고 있는 것이다. 지역구도가 지금 이렇게 가는 상황에서는 말씀하신 대로 3선 제한을 두는 것도 하나의 방법일 수도 있겠다. 그런데 실현 가능성이 상당히 없다.

» (추가질문: 어떤 비례대표제로 가야 한다고 생각하는가?) 정당명부제로 가야 한다고 본다. 사실은 정당명부제와 권역별 비례대표를 분리할 수도 있겠지만 합치는 방안에 대해서도 얘기하시는 분들도 있다. 둘 다 장단점이 있으니까 어떤 것이 맞다고 말하기 어렵다. 정당명부제는 독일식 정당명부제 틀로 가는 것이 맞지 않나 생각한다.

6. 중앙당 지도부의 총선 공천에 대한 영향력 행사가 바람직하다고 생각하는가? 혹은 당내 후보 선출에서 상향식 공천의 제도화가 필요하다고 생각하는가?

» 바람직하다고 보는 입장이다. 왜냐하면 선거는 승리를 해야 된다. 우리가 아무리 좋은 정책방향과 대안을 가지고 있다 하더라도 권력을 잡지 못하면 아무짝에 소용이 없는 것이다. 이길 만한 사람을 내세우는 것이 맞다고 본다. 예를 들면 상향식을 한다고 하더라도 이분이 본선에서 경쟁력 있다는 것도 보장할 수가 없다. 여태까지 새누리당 같은 경우에는 될 만한 사람을 욕먹더

라도 꽂아서 이겨 왔다. 저희는 뭐 몇 % 날린다 하면서 국민들이 보기에는 그래도 열심히 하는 것 같다고 하지만, 실제로 유권자들이 선택할 때는 그렇게 안 한다. "쟤를 뽑아 주면 믿을 만하겠다."라는 사람을 뽑아 주는 것이 유권자들의 의무다. 그래서 100% 다 지도부가 공천에 관여하는 것이 맞지 않다고는 보지만, 전략공천 등은 충분하게 활용되어야 한다고 본다.

» 앞으로는 필요하다. 물론 큰 틀의 방향은 그렇게 가는 것이 맞는데, 지금 전략공천이나 이런 것은 완전히 매도되는 분위기가 좀 있으니까 꼭 그렇지만은 않다고 본다. 정당의 입장에서는 선거 승리를 위해서라도 필요하다는 입장을 가지고 있다.

7. 의원의 입법 활동 과정에서 정당지도부와 유권자의 영향력은 각각 어느 정도인가? 정당지도부/유권자는 각각 어떻게 다르게 입법 과정에 영향을 주고 있는가?

» 지도부라기보다도 당론을 상당히 중요시한다. 당론은 전제이다. 당론에 반대되는 것을 내면 상당히 문제가 많다. 고초를 많이 겪게 된다. 당론에 반대된다는 것은 절대 안 된다. 이건 거의 원칙 같은 경우다.

» 정치인은 표를 먹고사는 동물이기 때문에 많은 유권자들을 가지고 있는 단체가 우호적이라면 당연히 법 발의하는 데 상당히 영향을 미친다. 그런데 법을 발의하는 것도 중요하지만 통과시키는 것이 더 중요하다. 발의를 100건, 200건 할 수 있지만 통과되는 것은 또 다른 문제다. 정부라는 상대가 분명히 있기 때문에 정부를 설득시켜서 아니면 눌러서 통과를 시켜야 하는 것이 국회의원들이 해야 되는 일이다. 그렇기 때문에 그런 정도의 노력을 국회의원들이 하려면 당연히 본인들에게 우호적이면서 유권자 수가 많은 시민단체나 이런 분들이 법 개정을 요구하면 요구할수록 통과될 가능성이 높고 우리도 그 법안에 대해서 더 공을 들어서 통과시키려고 노력한다. 이게 당연한 것이다.

» (추가질문: 당론의 영향력과 유권자의 영향력이 어떻게 다른가?) 당론은 전제다. 유권자가 해 달라고 하더라도 당론에 안 맞으면 아예 배제가 되는 것이다. 유권자가 요구를 하는데 기본적으로 당론에 맞아야 되고, 유권자층이 상당히 많은 같은 이익을 공유하는 그런 구성원들이 많으면 많을수록 의원실에서는 법을 내고 통과시키려는 노력을 더 많이 한다.

» (추가질문: 유권자 단체의 입법 요구가 자주 있는 편인가?) 자주 있다. 접촉 방식은 특정한 루트가 있는 것은 아니다. 민주당 같은 경우는 야당이고 아무래도 노조 쪽이나 이런 쪽이랑 가깝다. 평소에도 많이 만나고 국회 내에서 공청회나 포럼 등을 상시적으로 하는데 그럴 때마다 만나서 고충을 이야기하다가, "이런 고충이 있다. 이런 법을 좀 내 달라"고 하는 제안서 같은 걸 만들어서 온다. 아주 중요한 사안이고 당론으로까지 갈 수 있는 사안이라고 판단이 되면, 의원님과 면담 약속을 잡아서 노조로 예를 들면 노조위원장과 얘기할 수 있는 자리를 마련한다. 그 정도까지는 아니지만 상당히 필요한 법이고 당론과도 맞다고 생각되면 보좌관님 등 보좌진들을 모아 놓고 얘기하는 정도다.

8. 선거캠페인 과정에서 정당지도부의 지원과 영향력은 어느 정도인가?

» 정당지도부들이 인기가 많으면 영향력이 있다. 정당지도부가 영향력을 미치긴 미친다.

» (추가질문: 정당지도부의 지원 외에 공약이나 캠페인 방식 등에 대한 간섭이 있는 편인가?) 있어야 되는데 없다. 우리 중앙당이나 지역에 있는 시도당처럼 중앙당 바로 밑에 있는 조직들이 일을 잘 못하는 것이다. 공약을 만들 때 중앙 공약이 있고, 지역 공약 있어야 되는데, 이번에 중앙 공약이 몇 개 없었다. 중앙 공약이 있어서 "민주당은 이러한 것을 중앙 공약으로 내세웠기 때문에 나를 뽑아 주면 이런 중앙 공약은 무조건 통과되도록 노력하겠다"라는 것이 전제가 되는 것이다. 민주당이라는 타이틀을 달고서 선거에 나서는데

정치현장에서 진단하는 한국 정당과 민주주의

민주당이 어떤 공약을 내세웠는지도 캠프에서 제대로 말을 못 하면은 유권자들은 분명히 정치적 성향이 있기에 당연히 중요하다. 이번 총선에는 그게 굉장히 부족했다. 아시다시피 비대위가 구성이 돼서 공약을 만들 만한 시간이 없었다. 그래서 지역 공약 위주로 갔었다. 그런 얘기를 많이 들었다.

» (추가질문: 이번 선거에서는 사실상 각개전투를 하신 건가?) 정확한 지적이다.

9. 유권자-정당/의원의 접촉은 주로 어떤 방식으로 이루어지는가?

» 유권자가 시민단체들이 있고 정말 개개인이 있는데, 개개인들은 정치에 관심이 없다. 보통 시민단체라든지 향우회 등 조직, 단체들과 소통하는 경우가 대부분이고 이분들의 요구가 있다. 일반 유권자들은 거의 요구가 없다. 요구라고 해 봤자 지역 사무실에 전화해서 "버스 노선 늘려 달라"는 정도다. 당연히 이런 것은 반영한다. 그 정도는 반영을 하지만 보통 의원님께서 상대하시는 분들은 시민단체나 조직들이다. 예를 들어 장애인 관련 단체가 있다면 이분들이 정말 장애인을 대표하는 단체냐, 이분들의 얘기를 들어서 법을 개정하고 정부 예산을 늘린다고 해서 과연 일반 장애인분들의 정치에 대한 신뢰도나 만족도가 높아질 것이냐는 다른 문제라고 본다. 개인적인 생각일수도 있겠지만 어떤 분야의 대표 단체라고 하시는 분들도 이미 너무 어떻게 보면 까질 대로 까졌다. 본인들이 먹고살기 위한 행동들이지, 이분들이 장애인을 대표하고 여성을 대표하고 아이 키우는 엄마를 대표한다고 보지 않는다. 이분들과 소통하는 것이 신뢰도를 높이는 길인지는 솔직히 잘 모르겠다.

» (추가질문: 단체들과의 소통에 있어서 보통 단체들이 먼저 접근해 오는 방식인가?) 방식은 여러 가지다. 예를 들어 우리 당이나 의원님이 육아에 관심이 많다면, (실제로 최근에 3~5세 영유아보육법에 관심이 많았는데) 우리가 먼저 어린이집 협회에 제안하고 만나서 "이렇게 했으면 좋겠느냐"하는 그 쪽의 얘기를 들어보려고 노력하는 경우가 있다. 이슈화된 것에 대해서는 우리

가 먼저 요구하는 경우도 있다. 아니면 의원님이 개인적으로 관심 있어 하는 분야도 먼저 관련 협회나 단체를 모셔서 공청회 등을 가져 보는 경우가 있다. 아닌 경우는 그쪽에서 먼저 제안서라든지 투서 등을 보내는데, 계속 온다. 하루에도 2~3개씩 계속 온다. 그걸 저희가 선별하는 것이다.

10. 정당/의원의 일반 유권자, 지지자, 당원에 대한 접촉 방식이 어떻게 다른가?

» (추가질문: 당원분들과 의원님이 접촉할 수 있는 기회가 따로 있나?) 주기적으로 만난다. 예를 들면 경기도 지역의 국회의원이기 때문에 당원 중에서도 경기도를 대표하는 당원들이 있는데 그분들과 워크숍을 주기적으로 갖기도 한다. 1박2일, 2박3일 가셔서 같이 어울리시는 활동을 하신다. 그리고 지역위원회의 위원장이시니까 당원이 200명 정도 있는데 두 달에 한 번씩은 저녁에 모여서 회의를 한다. 평상시에는 '지역위원회를 어떻게 운영됐으면 좋겠느냐'라는 주기적인 회의를 하신다.

» (추가질문: 지지자들의 모임이 따로 있는 편인가?) 당원들이 대부분 자영업을 하시는 분들이다. 어떤 분은 꽃가게를 하시는 분들도 있고, 신발 파시는 분들도 있고 그렇다. 이분들이 쫙 퍼지셔서 어떤 분은 교회에 계신 분들도 있다. 국회의원들은 평일에는 대부분 중앙에서 있다가 토요일과 일요일을 이용해서 지역을 계속 돈다. 일주일 내내 일을 한다. 주말 일정은 보통 당원들이 계속 물어다 주는 일정이 많다. 예를 들어 어떤 당원이 배드민턴 협회의 사무국장인데 오늘 큰 대회가 있다고 오시라고 하신다. 당원이 소개해 주는 일반인들 중에서도 "이쪽 사람들은 의원님을 지지하시는 것 같다"면서 따로 티타임을 갖게 한다든지 한다. 이런 식으로 4년 내내 그렇게 활동을 하신다.

» (추가질문: 유권자와 의원님이 소통하고자 하는 기회를 당원들이 도와주고 계신 구조라고 할 수 있는가?) 그렇다. 이게 기본이고, 의원님마다 다른데 어떤 의원님은 아침마다 마당 쓰시는 분도 계시고, 교통 신호 정리하시는 분들도

계신다. 출퇴근하는 일반 유권자들을 만날 기회가 많이 없다. 아니면 주기적으로 잘 보이는 데를 매일 청소하시는 분도 계시고 굉장히 다양하다. 저희 같은 경우도 여태까지 그렇게는 안 했는데, 이제는 그렇게 해야겠다는 생각이 들어서 그런 식으로 추가해서 평일 아침에 한 번 해 보자는 계획을 짜고 있다.

» (추가질문: 당원이나 지지자, 혹은 유권자 중에서 어느 그룹에 좀 더 포커스를 두나?) 당연히 당원에 좀 더 포커스를 두고 있다. 선거가 동심원이다. 의원님이 중심에 있고 지지하는 1차 그룹, 2차 그룹, 3차 그룹이 있고, 일반 유권자들이 있다. 이분들이 활력을 줘야 일반 유권자에게까지 영향력이 미쳐진다. 선거의 기본 원리다. 이분들을 평소에 제대로 관리하지 못하면 일반 유권자들과 접촉할 수 있는 기회 자체가 상당히 줄어들게 된다. 그러니까 당연히 당원 관리를 잘 해야 한다.

11. 귀 정당/의원을 지지하는 유권자들과 다른 정당/의원(후보)을 지지하는 유권자들 간의 차이가 있다고 생각하는가? 그렇다면 귀 정당/의원을 지지하지 않는 유권자들을 설득하기 위해서 어떤 노력을 하고 있는가?

» 일단 정당 차이일 것이다. 새누리당을 지지하시는 분들은 일단 경제력이나 학력과 같은 두 요인에서 차이가 크다. 개인적으로 느끼기에는 새누리당 같은 경우 상당히 고학력이거나 상당히 저학력이신 분들이 지지하신다. 민주당 같은 경우는 일반이거나 고학력, 화이트칼라 정도가 지지하신다. CEO들은 새누리당을 지지하고 CEO 밑에서 일하시는 화이트칼라는 민주당을 지지한다. 아니면 공장에서 일하시는 분들은 새누리당을 지지한다. 이렇게 보면 된다. 그 다음에 경제력도 굉장히 부자 아니면 굉장히 못사시는 분들은 새누리당을 지지하고, 그냥 일반적으로 먹고살 만하신 분들은 민주당을 지지한다. 그리고 연령대로 보면 노인층은 당연히 새누리당, 청년층은 민주당으로 구분이 된다. 이런 것들이 실제로 느껴진다. 저희 지역구 같은 경우는

야성이 강한 편인데, 그래도 선거 때나 평소에 일반 유권자들이 우리 편인지 아닌지 모를 때 보통 이런 기준을 갖다 대서 우리 쪽이다 아니다를 구분한 다음에 들어간다.

» (추가질문: 어떤 단체를 만나기로 했을 때도 그렇게 하는지?) 그렇다.

» 선거 때와 평소에 상당히 다르다. 선거 때는 시간이 없으니까 그냥 제친다. 평소에는 적만 안 되면 된다고 생각한다. 정치 성향이라는 것이 자존심 문제다. 이건 돈을 더 준다고 해서 바뀌거나 이런 것이 아니다. 안 바뀐다. 중요한 것은 "민주당은 싫은데 이 의원은 괜찮은 것 같아" 이렇게 얘기하게끔 만들어야 한다. 새누리당을 지지하시는 분들이어도 대단히 깍듯하게 한다. 선수가 높아지면 높아질수록 선수가 높아진 것 때문에 욕을 먹는다. "한 게 아무것도 없다"는 식의 공격들이 온다. 그런 것을 미연에 방지하기 위해서라도 우리 당이 아니신 분들한테도 잘해 드린다. "당은 별로 맘에 안 드는데 의원은 괜찮으니까" 이런 식으로.

» (추가질문: 그러면 선이 높으신데 좋은 말씀을 들으시는 데에 특별한 노하우가 있나?) 사람 마음을 움직이는 것은 작은 것이다. 일반적으로 시민들이 서울이든 지역이든 의원실로 전화를 하면, 민원인데 안 되는 게 거의 90%가 넘는다. 그런데 이분들은 어디든 부여잡고 싶은 것이다. 전화를 하시면 안 되더라도 빨리 알아보고 "상황이 이러해서 안 될 것 같습니다. 죄송합니다. 다음에 또 민원이 있으시면 전화주세요" 이렇게 재빠르게 응대를 해 드리고, 아니면 차선책으로 "이쪽으로 전화를 한 번 해 보십시오"라든지 알려 드린다. 의원실에서 민원 주신 분의 존함과 전화번호, 사시는 곳, 무엇 때문에 민원을 주셨었는지 등을 카드로 관리를 하고 있다. 나중에 다시 한 번 전화를 드릴 때도 있다. 그게 쌓이고 쌓이면 어마어마한 힘을 발휘한다. 이런 것을 무시할 수 없다.

12. 유권자-정당/의원의 접촉과 소통의 경험이 유권자의 정치참여(투표참여 포

함)와 행태에 실질적인 영향을 준다고 생각하는가?

» 미친다. 왜냐하면 아시다시피 선거 때 문자가 어마어마하다. 전화번호를 알려 준 적이 없는데 문자가 오고, 알려 줬더라도 계속 문자가 오면 짜증하기 마련이다. 그런데 이런 분들한테는 계속 문자를 보내도 별말이 없으시다. 나중에는 문자 받았다고 오히려 전화 한번 주시고 힘내라고 말해 주시는 분들도 많으시다. 그런 걸 보면 접촉의 경험이 효과가 있다는 생각이 든다.

13. 유권자의 지지를 이끌어 내는 데 있어서 현재 한국 정당 각각의 장단점이 무엇이라 생각하는가?

» 잘사시는 분들은 새누리당을 찍어야 본인들이 세금을 덜 내니까 그런 것에 대한 믿음이 있는 것이다. 그 다음에 나이 많으신 분들은 새누리당의 전신인 정당들이 원래 배고팠는데 먹고살게끔 해 줬던 좋은 기억이 있으니까 이런 것에 대한 신뢰와 믿음이 있는 것이다. 그래서 찍어 주는 것이다. 잘 먹고 잘 살게 해 줬지만 독재를 했던 것에 대한 반감이 있으신 분들은 반대급부로 민주당을 지지해 주시는 것이다.

» (추가질문: 새누리당이 유권자의 지지를 이끌어 내지 못한 이유가 있다고 생각하나?) 새누리당을 지지하지 않는 분들은 보통 잘사시는 분들이 아니다. 열심히 일하시고 어느 정도 배우신 분들이 새누리당을 지지하지 않는다고 본다. 그런 관점에서 봤을 때는 부자들만 대변하니까 사다리를 끊는다고 봐야 할 것이다.

» (추가질문: 민주당을 지지하지 않는 분들은 왜 그런 것일까?) 민주당은 발목만 잡는다. 새누리당이 뭘 하려고 하면 항상 발목을 잡는다는 것이다. "저것들은 만날 싸움만 한다"고 생각하게끔 하는 것이 단점이라고 본다. 유권자들이 그런 것에 질려 있다.

14. 한국의 정당들이 유권자들의 목소리를 정책결정과정에 제대로 반영하지 못

하고 있다는 비판이 있는데, 그 원인과 해결방안이 무엇이라 생각하는가?

» 각 정당들의 스펙트럼이 너무 좁다. 새누리당은 부자들만 대변하는 당이고, 민주당은 여태까지 경제에는 큰 관심이 없었다. 그 다음에 진보당은 많은 노동자들을 대변하려고 노력하는데 힘이 없는 것이다. 열심히 회사 다니면서 일하시는 분들이 대부분이고 아니면 가게 내서 자영업하시는 분들이 다수이다. 이런 분들을 포용하는 정당이 없다고 본다.

» (추가질문: 각 정당이 가지고 있는 스펙트럼이 좁아서 거기에 속하지 못하는 유권자가 많다는 말인가?) 그렇다. 정당들이 말만 서민, 중산층 이야기하지만 결국에는 그들이 목소리에 귀 기울이는 정당이 없는 것과 마찬가지다. 그걸 민주당이 해야 되는 것이 맞는데 지금부터는 할 것 같다.

» 이번 선거에 재미를 봤던 것이 바로 이거다. 0점이 진보고 10점이 보수라고 했을 때, 일반 국민들이 5점 몇 점이었다. 중도에서 약간 우측으로 치우쳐져 있는 것이 국민들의 관점이다. 그런데 민주당은 1점 몇 점이다. 그런데 이번에 김종인이 들어오면서 3점 몇 점 정도로 옮겨졌다는 얘기가 있다. 신문에서 본 기억이 있다. 새누리당이 부자를 대변하는 것은 알겠지만 우리를 먹고 살게끔 했던 경험이 있어 믿음이 가는데, 민주당은 뭐 한 것도 없고 게다가 너무 운동권 사람들만 모여 있어서 으쌰으쌰만 하고 싸우려고만 하고 발목만 잡으니 믿음이 안 가는 것이다. 그런데 김종인이 와서 경제에 대해서 얘기하고, 부자 얘기를 하는 것이 아니라 일반 중산층에 대한 경제민주화와 같은 개념을 얘기하기 시작했다. 이제 믿을 만하다고.

» 여태까지 이명박도 마찬가지고 박근혜 정부도 마찬가지로 못했는데 선거 때마다 우리가 진 이유가 새누리당이 못했으니까 대안으로서 심판의 의미로서 민주당을 찍고 싶은데 무능하니까 "나쁜 놈이라도 유능한 게 낫지, 착하고 무능한 건 아니다"는 생각에 안 찍은 것이다. 이번 총선에서 우리가 비전을 보이고 경제에 대한 큰 화두를 계속 내세우다 보니까 반사 효과를 얻은 것 같다. 이제부터는 민주당이 좀 뭔가를 할 수 있는 것을 내세워야 한다. 민

주당이 여태까지 총선에서 앞으로 내세웠던 적이 없었다. 그래서 이제는 중산층과 서민을 대변하는 당이 될 수 있지 않을까 하는 생각을 하고 있다.

» (추가질문: 그런 것들이 비판에 대한 해결방안이 될 수도 있나?) 그렇다. 우리나라 국민들은 먹고사는 문제를 제일 중요시하는데, 이에 대한 얘기를 정당이 해 줘야 하는 것이 맞다.

15. 한국의 사회통합 정도에 대해 어떻게 생각하는가? 높다고 생각하는가?

» 지금 거의 무너질 대로 무너졌다. 체감하기로는 IMF 전후의 차이가 극명하게 나뉜다. IMF 당시에 우리가 금모으기 운동도 하고 태극기도 책가방에 붙이고 다녔다. 그런데 지금은 뭐 그런 것이 없다. 이제 워낙 경제적 빈부 차이가 커지다 보니까 그런 거다. 옛날에는 그냥 하나였다. 1997년도 외환위기 이후부터 2008년도 외환위기 전까지는 '예전에는 한민족, 하나라는 개념이 있었는데 우리나라가 조금 위험하다'는 정도였다면, 2008년 이후에는 완전히 세대 간의 다툼, 그다음에 경제적 편차에 따른 계층 간의 갈등이 이제는 표면화되었다고 본다. 대단히 심각하다.

» (추가질문: 경제 위기가 기준이 되어서 사회통합을 저해한다고 보나?) 그렇다. 가장 큰 문제라고 본다.

16. 한국 사회의 가장 큰 갈등이 무엇이라 생각하는가?

» 경제 불평등이라고 생각한다.

» 세대갈등도 심한데 먹고사는 문제만큼 심하진 않은 것 같다. 세대 간의 갈등이라기보다는 서로 간에 좀 무시하는 것 같다. 이해하려고 하지 않고, 그렇다고 해서 서로 죽이려고 싸우는 것도 아니다. 정체되어 있는 상황이다.

» 지역갈등도 심한데 완화되고 있는 중이다. 중요한 것은 어떻게 가는 흐름이 나가 중요할 것 같은데, 경제 불평등은 더 벌어지고 있는 것이고 지역 간의 갈등은 조금 조금씩 치유되고 있는 과정에 있는 것 같다. 선거로도 나타나고

있다.

17. 한국 사회의 갈등을 해소하고 분열을 치유하는 데 있어 정당들이 어떤 역할을 수행해야 한다고 생각하는가?

» 경제적 불평등을 완화해야 한다. 그래서 우리 당이 경제민주화를 얘기하고 있는 이유도 그것이다. 다른 것이 아니라 성의가 중요한 것 같다. 우리나라 국민들이 아직까지도 마음이 여리고 미담들을 좋아한다고 생각한다. 노블레스 오블리주 얘기를 많이 하듯이 부자인데 약간 베푸는 것을 많이 접하면 부자들에 대한 굉장히 안 좋은 감정들이 상당히 많이 누그러들 수 있다고 본다. 삼성 이건희 회장의 딸인 이부진 사장이 예전에 본인의 호텔에 어떤 택시 운전사가 잘못해서 문을 쳐서 5억 원인가를 배상하게 되었는데 그냥 가라고 했다. 그거 하나로 삼성에 대한 이미지가 달라지는 것이다. 별거 아니다.

» 민주당이 얘기하고 있는 것 중에 가장 큰 것이 법인세고, 그다음에 소득세, 최고 세율 구간을 조금 더 높이자는 딱 두 가지 정도이다. 이것들이 기업들한테 대단히 큰 나쁜 영향을 주지는 않는다고 내부적으로 연구를 해서 내놓은 것인데 기업들은 그것조차 양보를 하지 않겠다는 것이다. 그리고 예를 들면 3억 원 이상을 버는 분들에게 세금을 조금 더 올리겠다는 것인데, 아주 부자들이 조금만 양보하면 국민들이 "그래도 부자들도 양보했으니까 우리도" ···

» 예를 들면 지금 박근혜 정부가 노동개혁을 많이 외치고 있는데, 어떻게 보면 일방적인 노동자들의 희생을 요구하는 것이다. 그런데 노동개혁도 필요하다고 본다. 민주당이 노동개혁을 하지 말자는 것이 아니라, 노동개혁을 하되 너무 노동자들이 힘들어지니까 대신에 부자들도 조금 희생을 해서 서로 국가공동체를 위해서 희생하는 모습을 보이자는 것이다. 지금 이명박 정부 때부터 박근혜 정부까지의 기조가 일단은 힘없고 발언권이 약한 사람들에게

참으라고 계속 하고 있는 것이다. 그것이 사회통합의 문제라고 본다. 노블레스 오블리주를 조금만 해 주시면 제가 보기에는 사회갈등이 많이 완화되지 않을까 싶다. 지금 대단히 심각하다고 본다.

» 경제민주화의 가장 큰 것이 세법부터 해서 대표적인 몇 가지 법안을 바꾸는 것이다. 지금 정부가 곳간이 비었다고 하는데, 이 곳간을 어떻게 채울 것이냐 하는 방법을 박근혜 정부가 3년 동안 머리를 싸매고 야당과 싸워 왔는데 결국엔 결론이 안 났다. "부자들 세금은 더 걷을 수 없으니 조금 못사는 사람들을 털어 보자" 이런 것인데 우리가 반대하니 곳간이 안 채워지는 것이다. 그래서 부자들이 조금만 희생을 하면 부자들이 희생을 하니까 대국민적인 차원에서 모두 희생을 하자고 이야기할 수 있는 것이다. 일방적인 희생을 강조하는 것은 안 된다.

[마지막 추가 발언]

» 경제 불평등을 지금 해소하지 않으면. 지금 우리나라가 성장 동력과 잠재력이 없다고 하는데, 지금까지 쭉 크게 성장할 수 있었던 것도 물론 정부가 잘한 것도 사실이지만 정부가 하자라고 하는데 밑에 국민들이 안 따라오면 잘 되겠는가. 국민들이 여태까지 잘 따라왔고 희생도 있었던 것이 사실이다. 지금은 우리가 선진국이 아직 된 것은 아니고 개발도상국이지만 선진국의 문턱을 왔다 갔다 하는 상황인데, 경제 후진국에서 막 개발도상국으로 갈 때랑은 경제 시스템이 많이 다르다. 예전에는 정부가 밀어붙이고 국민이 조금 희생하면 정부도 잘되고 기업도 잘되고 국민도 잘되는 형국이었다고 치면, 이미 지금 개발될 대로 거의 개발된 선진국을 목전에 두고 있는 상태에서는 국민을 밀어붙인다고 해서 경제가 성장하는 것이 아니다.

» 새누리당은 이명 박 정부 때부터 계속 그런 식으로 성장론과 낙수효과를 계속 얘기하고 있는데, 그런 부분에 대해서 정밀 다시 한 번 제고를 해야 된다. 지금은 잠재 성장력을 높이기 위해서라도 일단 사회적 불평등을 줄여서 국

민들이 반감을 갖지 않게 해 놓은 다음에 구조개혁, 경제개혁이 일어나야 된다. 지금 불평등이 커져 있어서 많은 다수의 일반 대중들의 불만이 가득 차 있는 상태에서 또 희생을 요구하게 되면 개혁이 안 된다. 경제구조가 굉장히 왜곡되어 있다고 본다. 새누리당이 이야기한대로 서비스 산업이 발전해서 일자리를 늘려야 되는 것이 맞다. 그런데 이런 갭을 줄이지 않은 상태에서 계속 그런 식으로 하면 안 된다.

1. 유권자들의 정당정치에 대한 신뢰 및 만족도가 낮다는 지적이 있는데, 그 이 유는 무엇이라 생각하는가?

» 현실정치와 유권자들이 바라는 것과 괴리가 좀 있는 것 같다. 국회에 들어와 서 많은 것을 느꼈지만, 우선 첫째로는 정당이나 국회가 가시적인 성과들을 못 보여 주는 것이 오래된 측면이 있다. 비슷하게 연결되는 얘기인데 둘째로 는 정당이나 국회가 본인들 개인의 잇속을 차리는 모습들이 많이 보도가 되 고 많이 봤던 것 같다. 그래서 유권자들이 좀 실망을 계속 하는 것이 아닌가 한다.

2. 정당정치에 대한 신뢰 및 만족도를 높일 수 있는 방안이 있을까?

» 제일 아쉬운 것은 언론이나 이런 데 좋은 것은 보도가 잘 안 되고 안 좋은 것 만 보도가 된다. 뭔가 정당 등에서 다른 수단으로서의 홍보가 필요할 것 같 다. 큰 이슈들에만 너무 집중하지 말고 세세한 작은 것들도 더 알리는 것이 중요한 것 같다. 소통이란 말을 너무 많이 써서 소통이란 말의 값어치가 좀 떨어진 것 같다. 서로 소통한다는 것이 아니고 일방으로라도 정당이나 국회

에서 하는 일들을 더 많이 홍보하고 알리는 노력이 필요하다.

3. 한국 정당정치와 민주주의의 발전을 위해 어떤 측면의 개혁이 가장 우선되어야 한다고 생각하는가?

» (추가질문: 정당정치와 민주주의가 발전하려면 정당정치의 개혁이 필요하다고 보는지?) 정당개혁이 항상 화두인데 뭘 해야 개혁인지가 되게 중요한 것 같다.

» 사람을 바꾼다는 것이 개혁이 아니다. 항상 나오는 얘기지만 방법론적으로 어렵긴 하지만 당의 노선이나 입장을 좀 더 명확히 해야 할 필요가 있고, 그 다음에 가장 큰 것이 공천이다. 공천을 어떻게 하는 것이 투명하게 하는 것인가에 대한 고민이 더 많이 필요한 것 같다. 여론조사를 한다든지 그런 것으로 경선을 한다든지 하는 것뿐만 아니고, 개인의 업적이라든지 아니면 당과의 노선이 맞는지 정책이 맞는지 이런 것들까지 힘들기는 하겠지만 점수화 한다든지 어떤 식으로든 해서 "당에서 이 사람을 공천한다 혹은 못 한다." 할 때 납득할 만한 객관적인 자료들을 제시하는 것이 공천이 투명해지는 것이라고 본다. 그런 쪽으로 하는 것이 개혁이지 그냥 현역 몇 % 갈아 치웠다 하는 것만 가지고 개혁이라고 얘기했던 것 같은데, 그런 것은 구체적이지도 않다. 이번에 20대 총선에서 보면 그게 적나라하게 드러났다고 생각한다.

4. 중앙당 지도부의 총선 공천에 대한 영향력 행사가 바람직하다고 생각하는가? 혹은 당내 후보 선출에서 상향식 공천의 제도화가 필요하다고 생각하는가?

» 당연히 해야 한다고 생각한다. 지도부 혹은 계파라면 계파가 이익을 챙겨 주는 것이 그 안에서는 바람직하냐 안 하냐는 것은 조금 추상적인 얘기인 것 같고 당연한 것이다. 당연한데 그게 납득할 만한 방식으로 이루어져야 한다는 것이다. 충성도 이런 것 가지고 "우리 계파는 몇 자리, 그 몇 자리를 누구

로 채운다. 누구는 꼭 공천을 해야 한다." 이런 것 말고 힘을 발휘하되 납득할 만한 사람이 공천되는 것이 맞다.

» 오픈프라이머리까지는 동의하지 않는다. 그런데 당원들한테는 상향식 공천이 꼭 필요하다고 본다. 당원들 수준까지는 필요하다. 오픈프라이머리가 필요하냐 안 하냐는 것은 이번 총선에도 여러 가지 방식들을 많이 썼고 대국민 여론조사 같은 것이 많아지긴 했는데, 이것은 지역적인 측면이나 혹은 당의 전략적인 입장에 따라서 바뀔 수 있다고 생각한다. 당원들은 꼭 참여하는 것이 맞다고 본다.

5. 한국 정당정치의 개혁에 있어서 가장 큰 걸림돌이 무엇인가?

» 우리나라 정당이 변화가 많다. 당명 바뀌는 것부터 이합집산이나 이런 것들이 많으니까 뭔가 체계적이지 않은 것 같다. 당헌이나 당규 이런 것들은 있는데 전체적으로 추상적인 측면이 많고, 당원 관리에서부터 공천 제도화 등이 훨씬 더 구체화될 필요가 있다. 구체적으로 되면서 체계적으로 관리될 필요가 있다.

» (추가질문: 지금까지 그렇게 못 해 왔던 것이 걸림돌이라고 생각하시는 건지?) 후보자를 못 내는 지역구 같은 경우에 공식 조직은 아니지만 가장 하부 조직인 당원협의회 같은 데는 하늘에 붕 떠버리는 경우가 생긴다. 그런 경우에 제도적으로 어떻게 관리 혹은 유지를 해 나가느냐에 대한 규정 같은 것도 아무것도 없고 경험도 없다. 그리고 당원들이 내는 당비를 어떻게 활용하느냐하는 것에서부터 정당조직이라는 것 자체가 좀 더 구체화되고 체계화될 필요가 있다.

6. 한국형 정당개혁이 어떠한 방향으로 나아가야 한다고 생각하는가? 한국 정당정치의 개혁 방안으로서 평소에 생각해 둔 아이디어가 있는가?

» (추가질문: '한국 정당의 노선이 불분명하고 입장이 명확하지 않은데, 이를 좀

더 명확히 하고 체계화하는 방향으로 개혁이 이뤄져야 한다.'는 큰 흐름 속에서 평소에 생각하고 있는 개혁방안으로서의 아이디어가 있는가?) 항상 화두가 되고 심심치 않게 국회에서 토론회 같은 것을 하는데, 국회의원 평가, 의정활동 평가를 좀 더 객관적이고 구체적으로 시간을 들이고 머리를 써서 제도화할 필요가 있을 것 같다. 전체적인 국회의원 평가 말고 정당 안에서라도 '출석을 많이 했네 못 했네', '누가 법안 발의를 많이 했네 못 했네', 또 본인 지역구 쪽에서는 '돈을 얼마를 끌어 왔네 못 끌어 왔네' 이런 기준을 가지고 단편적으로 평가되어 왔는데, 이런 것 말고 양적으로 계량화할 수 있는 것은 양적으로 그리고 질적으로 평가할 수 있는 것은 질적으로, 공천 때 급하게 하는 것이 아닌 평가가 정당내에서부터 우선시될 필요가 있을 것 같다. 시민단체 같은 데에서 단편적으로 평가를 하고는 있는데, 객관성을 사실은 담보하기도 어렵다.

» 정당 안에서 정당이 본인들의 입장에서 본인들 국회들의 활동을 구체적으로 평가해야 한다. 예를 들어 이번 중점처리 법안이 70개가 있었는데 40개밖에 통과를 못 시켜서 죄송하다는 것은 그냥 표면적으로 할 수 있는 것이다. 예전에 18대 국회 때까지만 해도 국정감사를 하고 나면 새누리당 같은 경우에는 피상적이긴 하지만 국감평가 보고서 같은 것을 내긴 했었다. 의원실에서 각각 본인들이 국정감사에서 잘한 것들을 몇 개씩 보내면 그걸 묶어서 '이런 활동을 했고 어떤 부분에서 성과를 냈다'는 것을 앞에 붙여서 그것들을 내고 그런 적이 있었던 것 같다. 이게 어디 수준에까지 배포가 되는지는 잘 모르겠지만, 어느 순간부턴 그것도 없어져 버렸다. 안 나오고 있다. 평가를 제대로 받기가 되게 어려운 것 같다.

» (추가질문: 정당에서 평가를 하면 오히려 계파 간의 이해관계로 인해 복잡해지지 않을까?) 그럴 수도 있긴 한데, 그거를 점수를 매긴다는 측면보다는 "너의 성과가 뭐가 있는지 내 봐라" 해서 그걸 가지고 구체적으로 점수를 매긴다는 수준까지는 아니더라도 뭘 했고 못했고 이런 것들을 정당 자체에서 공

천을 뒤돌아보는 효과도 있을 것 같다.

» (추가질문: 지금 하고 있는 평가보다 더 구체적인 기준이 있어야 한다는 말씀인지?) 그렇죠. 양적으로 계산할 수 있는 것은 양적으로 계산하고 예를 들어 출석을 많이 못 했다면 당직을 맡아서 혹은 정무직으로 나가 있어서 등 왜 출석을 못 했는지에 대한 소명을 한다든가 해야 한다. 국회 및 정당 대변인 같은 것을 하다 보면 회의에 못 가는 경우가 다반사다. 이런 소명을 듣고 따로 평가를 해 주는 등 하나의 기준을 가지고 일관적으로 평가하지 않더라도 그 내용을 보면 "아 이 국회의원은 그런 이유 때문에 법안도 많이 못 내고 그랬을 수 있겠구나. 그러면 대변인으로서 잘 했나" 하는 것을 다시 볼 수 있을 것이다.

7. 유권자-정당/의원의 접촉은 주로 어떤 방식으로 이루어지는가?

» 두 가지가 있다. 지역구의 경우 지역구에 찾아가거나 요즘은 상시적으로 하긴 힘든데 지역주민들과 만나거나 하는 방법이 있다.

» 입법에 관련된 것은 각종 단체들이나 시민단체, 이익단체 등에서 민원이나 혹은 입법 제안이나 이런 것들을 가져올 때 같이 만나는 것 아니면 의원실이 어떤 주제로 뭔가 준비한다고 할 때 학계나 혹은 시민단체 등과 토론회나 공청회 방법을 통해서 만나는 방법 그런 정도이다.

8. 정당/의원의 일반 유권자, 지지자, 당원에 대한 접촉 방식이 어떻게 다른가?

» 다르다. 그냥 일반 유권자들을 만나기는 정말 어렵다. 따로 뭔가 조직을 해서 만날 수도 없고 정치자금법상, 그리고 공직선거법상 밥 사 주는 것도 안되고 커피 사 주는 것도 안 되기 때문에 아무것도 없이 저희 사무실에 오셔서 1000원~1500원 하는 믹스커피와 다과를 베풀며 이야기를 한번 나눠 보자고 하면 일반 유권자 중에 오실 수 있는 분들은 없다고 생각한다.

» 그다음에 당원이나 당직자 같은 경우에는 각 직역별로 모임들이 있는데 그

런 자리에서 만날 수가 있다. 일반 유권자를 만나는 것이 제일 어렵다. 일반 유권자는 언론을 통해서 만나는 경우밖에 없다. 일반 당원들도 있긴 하지만 당비를 내는 책임당원들 같은 경우에는 어떤 조직에든 속해 있다. 월례회 등의 자리를 통해서 당원들은 정기적으로 만날 수 있다.

» (추가질문: 유권자, 지지자, 당원 중에서 당원을 가장 자주 만나는가?) 그렇다.

» (추가질문: 당원과 접촉하는 방식이 일방향인가? 쌍방향인가? 유권자, 지지자, 당원에 대한 접촉 방식이 다 다른가? 만나자고 접촉을 제안하는 곳이 어딘가?) 일반 유권자들은 지역에 행사 같은 것 있을 때 가면 인사말만 하고 나오는 경우도 있지만 그렇지 않고 그 자리에서 같이 이야기하는 경우도 있다. 그 다음에 1년에 두 차례 정도 호별방문은 안 되기 때문에 지역 인사를 다니시는데, 그러다 보면 그 자리에서 만나서 자연스럽게 개인적인 일이나 지역의 현안 등에 대해 얘기하는 경우가 있다. 일반 유권자들을 모아서 만나기는 힘들다. 당직자들은 모임이 있으니까 거리를 찾아가는 것이다.

» (추가질문: 일반 유권자에게 의원이 먼저 다가가기보다는 어떤 행사가 있을 때 자연스럽게 만나는 건가?) 다가가는 경우는 설이나 명절 전후에 인사 가는 것이다. 거리를 다니신다. "오늘은 무슨 동"이라고 하면 어디를 가서 사람을 모아 놓고 하는 것이 아니고 다니면서 인사하고 "잠깐만 이리로 와 보시라" 하면 가서 뵙고 한다.

9. 귀 정당/의원을 지지하는 유권자들과 다른 정당/의원(후보)을 지지하는 유권자들 간의 차이가 있다고 생각하는가? 그렇다면 귀 정당/의원을 지지하지 않는 유권자들을 설득하기 위해서 어떤 노력을 하고 있는가?

» 차이가 많다. 상가 같은 데 가서 인사를 하면 "들어와서 차나 한잔 하고 가라" 하시는 분들도 있고 아니면 "들어오시지 마세요" 그런 분들도 있다. 성향이 많이 다르기 때문에, 아직까지 지역주의 같은 것이 많이 남아 있다. 정치인이 오지 말라 그래도 두 번, 세 번 찾아가면 처음처럼 강하게는 안 하신다.

그래서 매년 찾아뵈면 말은 한 번 터 주고 그런 경우들도 있긴 하다.

» 얼굴 자주 보는 방법밖에 없다. 집집마다 찾아갈 수는 없으니까 그렇게 보기는 힘들다고 하더라도 가게를 하신다거나 이런 분들 같은 경우에는 "지난번에 저기는 문도 못 들어가게 했는데 그래도 인사는 한 번 하고 가야지" 해서 두 번, 세 번 하다 보면 가끔 얘기를 하시는 분들이 있다.

» 그리고 지역의 행정 조직이라고 할 수 있는 통장협의회, 주민자치위원회, 그리고 아파트 같은 경우에는 동 대표 회의 같은 데 가면 지지자들도 있지만 반대하시는 분들도 있다. 그런데 가서 인사하고, 저녁식사하시는 자리에 가다 보면 자연스럽게 얘기를 하게 되는 경우가 생기긴 한다. 새누리당 싫어한다고. 그래도 지역 일이나 필요한 일이 있거나 혹은 아파트 단지에서 필요한 일이 있으면 "이런 것은 국회의원이니까 꼭 도와줘야 한다. 내가 찍어줄지 안 찍어 줄지는 모르겠지만" 혹은 큰 건 같은 경우에는 "이것 해 주면 내가 찍어줄지도 모른다."는 얘기를 하시기도 한다.

» (추가질문: 그런 모임은 어떻게 알고 가는가?) 지역에서 정보를 챙겨야 한다. 동에 문의를 하거나 아니면 지역의 현장에서 움직이는 시구의원들, 광역기초의원들이랑 거의 그런 자리에 갈 때는 같이 간다. 그분들은 일상적으로 부딪히는 분들이니까 사람들의 성향을 안다.

» (추가질문: 시구의원들은 굉장히 유권자들과 밀접한지?) 그렇다. 일단은 각 동의 당연직 동 주민자치위원이다. 그래서 계속 매일매일 맞부딪치는 사람이다.

» (추가질문: 시구의원과 국회의원 간의 소통이 자주 있는 편인가?) 되게 밀접하다.

» (추가질문: 유권자와 소통하는 데 있어서 시구의원의 도움을 많이 받는 건가?) 그렇다. 특히 초선의원들의 경우에는 더 할 것이다. 재선 이상이 되면 본인이 혼자 다녀도 지역사람들을 다 알기 때문에 초선의원 같은 경우에는 동네 국회의원이 누구인지 아는 사람이 얼마 되지 않을 것이다.

10. 유권자-정당/의원의 접촉과 소통의 경험이 유권자의 정치참여(투표참여 포함)와 행태에 실질적인 영향을 준다고 생각하는가?

» 그렇다. 특히 나이 있으신 분들은 더 그렇고, 젊은 사람들도 그런 경우들이 조금 있다. 일단 후보자로 나온 사람에 대한 인지도가 높으면 투표율이 높아지는 것이다. 그렇기 때문에 대면접촉이 상당히 중요하다.

11. 유권자의 지지를 이끌어 내는 데 있어서 현재 한국 정당 각각의 장단점이 무엇이라 생각하는가?

» 세대나 지역적으로 구분되는 것이 너무 커서 정당의 성향이라기보다는 일단 구도적으로 세대나 지역으로 정해져 있는 것이 있다. 그 다음에 인물로 할 수 있는 부분이 그나마 좀 있는 정도인 것 같다. 예를 들어 새누리당에서 복지 확대를 한다고 해서 젊은 유권자들이 새누리당을 찍을지는 잘 모르겠다. 새누리당이 그렇게 한다고 그러면 야당에서 그렇지 않을 이유도 없고, 그렇게 정책적인 차이가 옅어지면 어차피 또 다시 세대나 지역이 크게 작용할 수밖에 없는 것 같다.

» (추가질문: 정당의 장단점이라기보다는 구도라고 보시는 건가?) 그렇다. 흔히 돌아다니는 얘기로 10%다. 본인이 열심히 해서 할 수 있는 것은 10%라는 것이다. 본인이 +5%, 상대방이 −5%해서 10%인 것이다.

» 나이를 먹어 가면 보수적으로 되어 간다는 의미는 일반적으로 보수적으로 된다기보다 먹고사는 데 얼마나 도움이 되느냐를 보게 된다는 말 같다. 그런 측면에서 사실은 어느 당에서 획기적으로 일자리를 늘릴 수 있는 정책을 가지고 효과를 낸다면 젊은 층도 데려갈 수도 있을 것 같긴 하다. 새누리당에서 그러한 가시적인 효과를 낸다고 하면.

12. 한국의 정당들이 유권자들의 목소리를 정책결정과정에 제대로 반영하지 못하고 있다는 비판이 있는데, 그 원인과 해결방안이 무엇이라 생각하는가?

» 어느 정도 분명하다고 해야 할지 모르겠지만, 어느 목소리를 어디까지 듣느냐를 분명하게 밝히면 된다. 한 정당이 100의 목소리를 다 반영할 수는 없다. 기본적으로 보수를 지지하는 유권자층이 있고 보수 정책은 어떠해야 한다는 것이 있다고 본다. 개별 정책 사안에 있어서, 예를 들어 경제정책 같은 경우 시장을 지지한다면 그것에 맞는 정책에 대해서 분명하게 밝히면 된다.

» 이쪽에선 이런 얘기도 하고 저쪽에선 저런 얘기도 한다. 갑을논쟁이 촉발되기 시작하면서 그런 게 있었는데, 정치가 그럴 수밖에 없긴 하지만 여론에 휩쓸리는 일부라고 이야기를 하면 그냥 때려 맞는 거다. 그런데 그 이야기는 아무도 못 한다. "전체적으로 변화가 필요한 부분은 어느 정도고, 이것은 이러한 사안이기 때문에 제도적인 보완이 필요하다. 그렇지만 우리의 정책 방향은 이렇다"라는 것을 명확하게 구분하는 것이 필요하다.

» (추가질문: 정당에서 본인들이 반영해 줄 수 있는 목소리의 기준들을 명확하고 솔직하게 말해 주는 것이 비판들에 대한 답변이 될 수 있다고 보나?) 듣는 사람 입장에서는 만족하지 못할 수도 있지만, 정당에서 지지자와 지지하지 않는 자에 대한 두 가지 답변을 모두 해 줘야 하는 것이다.

13. 소속 정당의 운영방식 및 의사결정구조 등 전반에 대해 만족하는가?

» (당직 생활은 안 하셨음) 당이 그렇게 누구 한 사람 손에 획획 움직이지는 않는다. 그렇게 되려고 하면 이번 총선처럼 당이 힘들어진다. 그래서 대부분의 경우 의견들이 많이 반영되는 편이고 특히 입법이나 이런 측면에 있어서는 여당의 경우 정부와 소통도 많고 잘 되고 있는 편이다. 선거가 임박하지 않은 경우에는 원내가 주가 되기 때문에 의원총회 같은 것을 하면 비공개로 하고 본인들이 하고 싶은 얘기를 다 한다. 초선이든 하고 싶은 얘기를 다 한다. 그런데 결정이 어떻게 나게 되는지는 표결로 하는 경우도 있고, 당론을 다시 깅하는 경우로 있다. 입법 휠동을 아는 데 있어서는 많이 민주적인 편이다.

14. 의원의 입법 활동 과정에서 정당지도부와 유권자의 영향력은 각각 어느 정도인가? 정당지도부/유권자는 각각 어떻게 다르게 입법 과정에 영향을 주고 있는가?

» 지도부는 사실은 그런 일을 하라고 뽑은 것이다. 지도부가 있는 이유가 그런 의견을 조율하고 다수나 혹은 당의 노선이나 정책이 맞는 방향으로 이끌어 가라고 지도부를 뽑은 것이다. 개인적으로 다른 의견이 있다면 의견 표출은 할 수 있는 것이고, 다른 식으로 표현할 수도 있는 것이다. 그렇긴 하지만 전체적으로 당이 추구하는 정책적인 방향이나 이런 것은 있어야 하니까 그걸 이끌어 가라고 하는 것이다. 그걸 잘 하느냐 못 하느냐에 따라서 잘했다 못했다 평가를 받는 것이다.

» (추가질문: 법안 발의부터 통과까지 전 과정에서 정당지도부가 방향을 정해 주는가?) 그런 측면이 있다. 여당 같은 경우에는 정부에서 필요한 부분, 그리고 당에서 대선이나 총선에서 공약했던 부분을 끝까지 챙겨 가야 하는 책임을 지는 것이고, 야당 같은 입장에서는 정부와의 차별화를 위해서 해야 되는 것인데 의원 몇 명이 모인다고 해서 되는 것이 아니기 때문에 당에서 법안을 꼭 통과시켜야겠다는 의지가 있어야 한다. 당의 밑에서부터 모여진 것이든 아니면 위에서 "우리가 공약으로 했던 것이니까 꼭 통과시켜야 한다. 의원들의 노력이 필요하다"라든지 어떤 식으로든 영향력은 있어야 된다고 본다.

» (추가질문: 영향력의 강도는 어떤가? 이야기해 주는 정도인지 강압적인 정도인지) 강압적인 경우도 있다. "이것은 우리 당의 핵심 공약이니까 야당에서 무조건 반대하더라도 본회의에서 통과시켜야 한다"면 쫙 전화 돌려서 본회의장 대기를 하는데, 하루 종일 대기했는데도 표결 못 하고 그냥 넘어가는 경우도 있다. 지역구에도 못 가고 그냥 사무실이든 본회의장에서 계속 대기하다가 예를 들어 직권상정을 할 것이냐 안할 것이냐 하는 것이다. 예전 같은 경우에는 몸싸움. 본회의장에 들어와서 표결하고 표결에서 이겨야 통과가 되기 때문이다. 그런 경우가 있고 그 다음에 본회의에서 수정안으로 꼭

정치현장에서 진단하는 한국 정당과 민주주의

통과시켜야 한다. 그러면 새누리당 의원들이 다 서명해야 19대 같은 경우에 150명이 동의해서 올라간 법안이면 표도 기본적으로 150개 나온다고 볼 수 있다.

» (추가질문: 유권자의 영향력은 입법 발의부터 통과까지 전반적으로 어떤가?) 개별 유권자라기보다는 시민단체나 이익단체들 같은 경우에 법안을 같이 준비하는 경우도 있다. 준비해서 오면 타당한지 아닌지 검토해서 발의하는 경우도 있다. 개별 유권자들은 그런 것까지는 못한다. 의견을 받거나 의원 개개인이 본인이 어디서 들은 의견을 가지고 보좌진들을 통해서 "이런 쪽으로 법안을 한 번 만들어 봐라" 해서 만드는 경우도 있다.

» (추가질문: 단체들에서 먼저 연락이 오는 건가?) 그런 경우가 있다. 이런 법안이 필요하다든지. 저희는 주로 경제 분야, 세무 분야라든지 그런 경우에 온 경우들이 여러 번 있었다. 연금이나 건강보험이나 이런 재정 들어가는 부분들에 있어서.

» (추가질문: 의원님이 대표발의하시는 법안 중에서 정당지도부의 압력에 의해서 준비한 법안, 시민단체와의 대화를 통한 법안, 의원이 개인적으로 준비한 법안 등의 비율이 대략적으로 어떤가?) 그걸 어떻다고 얘기하긴 힘들다.

» (추가질문: 주로 개인적으로 준비하신 법안이 제일 많나?) 그게 제일 많다. 보좌진들도 그것이 본인들의 업무이고 일이기 때문에 일을 하다 보면 "아 이런 부분은 법을 바꿀 필요가 있다더라" 하는 생각이 들어 기본적인 질의서들을 마련하고 그걸 가지고 방향이 맞는지 틀린지 의원들과 상의해서 방향이 맞다고 정해지면 바꿔봐 그러면 그렇게 된다.

» (추가질문: 외부의 영향을 받기보다는 자체 개발하는 부분이 가장 큰 부분을 차지하나?) 따져 보면 그게 제일 많을 것 같다.

16. 선거캠페인 과정에서 정당지도부의 지인과 영향력은 어느 정도인가?

» 대선, 총선, 지방선거 등 선거의 종류마다 다르다. 캠페인 과정에서라고 하

면 지금 같은 상황에서는 지도부가 안 오는 것이 좋다. 언급도 안 해 주는 것이 좋다. 지원 유세하러 온다고 하면 제발 좀 안 왔으면 하는 경우가 많다. 서울뿐만 아니라 경북, 경남 등 영남 쪽에서도 이번에 그랬을 것이다. "되도록 오지 마라. 내가 여기서 그냥 잘할게". 그런데 예전에 박근혜 대통령이 비대위원장을 맡았던 19대 총선 같은 경우에는 오시면 좋다. 지지 세력들을 쫙 모아 주고 그때는 새누리당 비대위가 되게 잘했다는 평가를 받을 때였다. 그럴 때는 지도부에서 와 주시면 좋다.

» (추가질문: 지원유세 등의 영향력 말고 공약이나 캠페인 방식에 대한 방향성 제시를 해 주는 편인가?) 당 공약은 당에서 만들어 준다. 지역구 공약이나 지방 공약이나 이런 것들은 캠프에서 만들지만 당에서 추진해야 될 방향과 같은 것은 당의 정책위원회 등에서 만든다. 세부적인 걸로 들어가면 각 지역에 따라서 그런 공약이 도움이 될 수도 있고 안 될 수도 있다.

» (추가질문: 당 공약을 공보에 넣을지 말지 취사선택도 하는가?) 그렇다.

16. 한국의 사회통합 정도에 대해 어떻게 생각하는가? 높다고 생각하는가?

» 객관적으로 어떻다고 얘기하긴 좀 어려운 것 같다. 어디 비교하거나 이럴 것이 없기 때문이다. 그런데 우리나라의 정치참여가 많은 편으로 알고 있고 정치에 대한 관심도 많은 편으로 알고 있다. 통합이란 측면에서 온 국민이 하나가 될 필요는 없지만 어느 정도 나쁘진 않은 것 같다.

» (추가질문: 민주화 이전, 정권교체 전, 혹은 전 정권 등 과거와 비교하면 어떤가?) 민주적으로 되어간다는 것이 통합적으로 되어간다는 것은 아닌 것 같다. 소위 말하는 민주적으로는 되어가는 것 같다. 누구나 어떤 문제든지 다 쉽게 얘기하고 반대한다고 해서 예전처럼 크게 물리적인 부딪침이 생기는 것 같지도 않다. 여전히 시위하면 반대시위도 같이 하고 있긴 하지만 말이다. 들어주려는 노력도 많이 하는 것 같고 그런 측면에서는 좋아지고 있는 것 같다. 그런데 그것이 나중에 경제적인 문제나 이런 것으로 가면 어떻게

더 분열되는지는 잘 모르겠지만 그냥 느낌상.

17. 한국 사회의 가장 큰 갈등이 무엇이라 생각하는가?

» 언론이 제일 문제인 것 같다. 단편적으로만 보도하는 경우가 있다. 언론이 개방되어 인터넷 신문, 언론, 매체들이 많이 들어오면서 점점 더 보도가 단편적으로 되어 가는 것 같다. 정치문제뿐만 아니라 사회이슈, 연예계 쪽도 그렇고, 사건 사건적인 것들도 그렇고 단편적이 되어 가면 단편적인 보도로 인해서 사람들을 분열시키는 것 같다.

» (추가질문: 보좌진과 언론 간의 관계는 어떤가?) 정치인들의 갑이 기자이다. 우리나라 사회에서 최고의 갑은 기자, 언론인이고, 기자한테 갑은 본인 자녀의 담임선생님 정도인 것 같다. 기자에게 잘 보여야 한다. 표면적으로 갈등 있으면 안 된다.

» (추가질문: 지역 갈등, 세대갈등, 이념 갈등 중 언론이 부추기는 가장 심한 갈등은 무엇일까?) 정치적인 것을 얘기하면 거의 모든 것이 다 포괄되는 것 같다. 언론에서 보도를 너무 단편적으로 하는 것, 그리고 그런 단편적인 보도가 소위 말해서 베끼기 형식으로 쫙 퍼져 버리는 것이 제일 큰 문제다. 기자가 정말 사정 전후 사정을 다 보고 기자의 의견으로 해서 쓴 기사가 많지 않고 그냥 뭐가 어떻다 하는 기사를 누가 먼저 내느냐 하는 경쟁이 되다 보니 기사의 깊이가 점점 더 약해지고 있다. 먼저 보도가 나면 먼저 난 것을 서로 베껴서 확 확산되어 버리고, 그리고 나서 나중에 조금 문제가 생기면 뒷수습이 안 된다.

» (추가질문: 그러한 보도행태가 어떤 갈등을 부추긴다고 보는가?) 입장에 따라서 한쪽 면을 강화시켜 주는 것 같다. 예를 들어 국회의원들이 국정감사 자료를 요구할 때 정부 직원들과 감정적으로 대립하게 되는 경우도 있다. 그런데 국정감사의 기본은 정부에 자료요구를 해서 정부에서 나온 자료를 가지고 그걸 바탕으로 하는 것인데, "인터넷에서 다 구할 수 있는 자료인데 우리

보고 대신 베껴서 내게 한다."는 말을 정부 직원이 했고 이것이 기사화된 적
이 있었다. 그렇게 되면 "국회의원을 보좌하는 직원들이 갑질을 하나 보다."
생각할 수 있지만 그것이 아니다. 사실은 실제로는 인터넷상에 정보공개를
하고 있는 자료를 본인들이 만들어서 올리는 것이고, 그 자료를 가지고 국회
의원은 받아쓰는 것이 맞다. 인터넷에 떠 있는 자료를 여기서부터 여기까지
베끼고 여기서부터 여기까지는 못 베끼고 이런 것보다는 정리되어 있는 자
료들이 있다면 그 자료를 정부에서 직접 받아서 하는 것이 맞다. 원론적으로
는 그것이 맞는데 할 일 많은 정부직원들을 쓸데없이 국정감사한다고 인터
넷 긁어서 붙여서 자료 내게 만든다는 식으로 보도가 되었다. 그런데 그거를
긁어서 자료를 냈다고 하면 사실은 그 직원이 잘못한 것이다. 본인이 정리된
자료를 본인용으로 갖고 있어야 하는 것이다. 국정감사는 내용도 없고 국회
의원들은 일도 안 하면서 그냥 정부만 괴롭게 하고 공무원들만 괴롭게 한다
는 식의 분위기로 확 가 버린다.

**18. 한국 사회의 갈등을 해소하고 분열을 치유하는 데 있어 정당들이 어떤 역할
을 수행해야 한다고 생각하는가?**

» 홍보다. 보수정당은 어떻게 하는 것이 보수정당인지, 안보 측면에서, 사회적
인 측면에서, 그리고 경제적인 측면에서 명확히 하는 것이다. 사회적인 측면
에서 살인이나 흉악범에 대해서 보수는 어떻게 해야 되는지, 인권이 먼저인
지 아니면 사회안정, 경찰력 강화가 먼저인지 그런 측면에서 명확하게 해야
하는데 명확하지 않은 경우들이 생기고 있다. 얼굴을 노출할 것이냐 말 것이
냐 혹은 신상을 공개할 것이냐 말 것이냐 등에서 어떤 것이 보수적인 것이냐
하는 것이다. 경제적인 측면에서도 "대한민국은 대기업을 살려야 된다고 우
리는 믿는다. 그에 대한 우리 나름의 근거도 있다"는 것을 정책적으로 자신
있게 부딪혀 가는 모습들이 필요한 것 같다. 야당도 마찬가지고 진보정당도
마찬가지다. 사회적인 문제에서 인권이 중요하다고 한다면 "죄에 대한 판단

은 법원에서 내리는 것이고 그 전까지는 무조건 인권보호가 우선이다"라든지 흉악범의 경중에 대해서 정당이 판단할 수 있는 것은 아니기 때문에 그런 것에서 좀 자신 있게 할 필요가 있을 것 같다. 개선공단 문제도 마찬가지다.

» (추가질문: 갈등을 일으키는 문제에 대한 정당의 입장을 명확하게 밝히는 것이 나중에 통합으로 가는 방안 중에 하나가 될 수 있다고 보는가?) 그렇다.

» 경제정책에 관한 논쟁들이 되게 많다. 국회에서 서로 토론하는 것들도 되게 많은데 그게 깊이 있게 보도되기가 어렵다. 소위 말하는 양당의 경제전문가들이 언론에서 보여지는 백분토론 같은 곳에 나가도 사실은 발언할 수 있는 기회는 따져 보면 얼마 안 된다. 그러면 양당의 경제전문가로 대표해서 나온 사람들은 서로 인정을 한다. 인정을 하는 사람도 있고 못하는 사람도 있긴 하지만, "저 사람은 충분히 근거를 가지고 본인의 합리적이고 논리적인 단계에 따라서 저런 결론을 도출하는 것이고 나도 그렇다"는 것이 서로 맞다 보면 그런 사람들끼리는 토론이 된다. 그러면 결론을 도출해 내기도 쉽다. "이런 부분에서는 여당이니까 한 발 양보하라"든지 "지난번에 양보를 했으니까 이것에 대해서는 정부정책을 좀 도와줘야 하지 않겠느냐"든지 그런 부분이 된다. 그런데 그렇지 않을 경우 논리가 완전히 안 되어 있고 그냥 선전효과만 낼 경우에는 말이 세지고 토론을 보는 사람들 입장에선 재밌을 것이다. 속 시원한 경우도 있을 것이다. 하지만 그렇게 되면 결과가 없다. 그 사람들과는 타협이 안 되는 부분이 있다. 그래서 정당의 노선을 명확히 하라는 것은 근거를 서로 충분히 마련하고 정책적인 일관 그런 걸 가지면 서로에 대한 뿌리가 깊으면 오히려 타협이 더 잘 된다. 어떤 사안이 닥쳤을 때 "우리는 무조건 이것이다" 하는 것이 아니라 "그것도 이해할 만하다. 그러면 이 정도 선에서 혹은 이번에는 한발 물러서서 정부를 도와준다"는 타협이 가능하다.

» (추가질문: 언론에서도 이런 것을 명확하게 보도해 줘야 한다는 건가?) "이거는 원래 이렇습니다"라는 정도.

[마지막 추가 발언]

» 해명, 본인의 입장에 대한 설명이 제일 어려운 것 같다. 이것을 잘 하는 것이 정치라고 생각한다. 그것 말고 선전 혹은 광고, 연예인처럼 보이는 것이 점점 세지고 있는 것 같은 느낌이 든다. 잘 알리기도 어려운 것이 아쉽기도 하다. 어쨌든 정치에서 풀어 가야 하는 문제기 때문에 국민들한테 뭘 돌리거나 그럴 필요는 없는 것 같다.

» 여론조사가 바로미터는 된다. 하지만 여론조사로 정책을 결정한다든지 사람을 결정한다든지 하는 것은 아니지만 분위기가 이렇구나 하는 것을 보여주는 것이 된다.

1. 유권자들의 정당정치에 대한 신뢰 및 만족도가 낮다는 지적이 있는데, 그 이유는 무엇이라 생각하는가?

» 정치신뢰가 낮은 것은 기본적으로 정치라는 것이 반응하지 않는 정치. 민주주의에서 가장 중요한 것이 반응성인데, 유권자의 목소리와 의사가 정치 과정에 수렴되어서 그것이 정책으로 표출되어야 한다. 유권자가 아파하고 힘들어하는데 정치권이 반응하지 않는 정치가 사실은 제일 문제이지 아닌가 생각한다. 유권자들 만나보면 "정치하는 놈들 다 똑같다. 그놈들은 자기들 아쉬울 때 와서는 굽신굽신하는데 선거만 끝나고 나면 코빼기도 볼 수 없다"는 것이다. 이런 것이 결국에는 정치신뢰를 가장 떨어뜨리는 이유라고 생각한다.

» 그리고 텔레비전을 보면 만날 싸우는데 민생에 관련된 이야기가 나오고 늘 당리당략을 가지고 싸우는 것들이 유권자들을 엄청나게 짜증나게 하는 일들이 되어 버린 것이다. 그런 것들이 결국은 정치불신을 초래하는 원인이라고 볼 수 있다.

2. 민주화 이후 한국의 정당정치와 민주주의의 발전이 어느 정도 수준에 달했다고 생각하는가? 특히 어떤 부분이 발전했다고 생각하는가?

» 민주화라고 하는 민주주의의 형식적, 절차적 측면에 있어서는 상당히 변했는데 실질적 민주주의가 제대로 이루어지지 않고 있다. 제도는 변했으나 거기에 따른 문화는 뒷받침이 잘 안 되는 것 같다. 문화만의 얘기로 해 버리면 한국 민주주의는 쓰레기통에 장미가 피는 것과 같다는 얘기가 나올 수밖에 없다. 기본적으로 문화라는 게 뭐냐 하면 가장 중요한 것은 정치를 권력으로 인식하는 그런 것들이 변하지 않고 있다. 조선조 사색당파(四色黨派)에서도 보면 권력으로 생각하고 당파싸움을 치열하게 했던 것이다. 그러한 권력과 서비스 간의 개념이 지금 전도되어 있다.

» 결국은 정치를 서비스라고 생각하는 개념의 전환이 절실히 요구된다. 지금 현재와 같이 정치를 권력이라고 인식하는 한에서 한국의 정당정치가 변화되기가 매우 어렵지 않은가 하는 생각이 있다. 어떤 서비스라고 하는 개념에서 정치를 본다면 기존의 정치인들의 행태가 완전히 달라질 수 있을 것이다. 그러려면 우선 럭셔리한 정치, 럭셔리한 정당이라는 개념이 전부 없어져야 된다. 정치인들은 다른 일반인들이 모두 비행기에 타고 난 뒤에 맨 마지막에 탄다든지, 비행기가 지체가 되어서 보니까 정치인 한 명 때문에 못가고 있다든지, 공항에 내리면 온 지방의원들이 줄줄이 지역에 따라다니는 그런 인식 자체가 새롭게 달라져야 된다.

» 가끔 텔레비전에 나오는 핀란드나 유럽의 국회의원들처럼 어깨에 들어간 힘을 전부 빼는 것이 중요하다. 그래야지 결국은 실질적으로 '정치가 권력을 향수하고 누리는 자리에서 국민을 향한 서비스를 하는 직이다'라고 하는 정치의 개념 자체가 바뀔 수 있지 않겠나 하는 생각이다. 우리 정치 문화를 새롭게 쇄신하고, 정치에 대한 인식을 새롭게 쇄신하는 노력이 필요하지 않겠나 하는 맥락이다.

3. 한국 정당정치와 민주주의의 발전을 위해 어떤 측면의 개혁이 가장 우선되어야 한다고 생각하는가?

» 우리가 잘 안 된 점, 가장 중요한 문제가 무엇이냐 하면, 가령 300명의 국회의원들이 모여서 하나의 집합적 의사결정체로서 국회가 존재하듯이 또 하나의 정당이라고 하는 것은 그 속에 당원들, 작게는 의회의 구성원으로서 국회의원이 중심이 되어서 하나의 당론이라는 것을 만들어 내는 집단인데, 그 당론을 수렴하고 표출하는 과정이 지금 엉망이다. 그래서 특히 중요한 것이 자당에서 배출한 대통령이 추구하고자 하는 정책과 당이 엇박자가 나는 것이다. 가령 '증세 없는 복지는 허구다'라는 얘기가 당에서 나오는데, 청와대에서 그동안 기존의 4대 개혁안을 제시할 때 당과 상의를 한 번이라도 해본 적이 있느냐 하는 것이다.

» 적어도 정책의 큰 프로세스에서 당이라고 하는 것은 조직으로서의 정당 그리고 공직으로서의 정당 등 여러 가지 개념들이 있는데, 정부의 구성요소로서의 정당이 있는 것이다. 그런 정당들에서 나름대로 당론을 수렴하는 메커니즘과 토론 한 번 제대로 없는 것이다. 당의 최고위원회의 하면 막말하고 그러다가 공개 섹션이 딱 끝나고 나면 잡담만 하고 끝나 버린다. 그 사람들이 오늘 어디 나가서 무슨 얘기를 하려고 하는데 거기에 대한 토론도 없고 나중에 신문을 통해서 서로 알게 되는 것이다. 이것은 대단히 문제가 있는 정당이라고 생각한다.

» 당과 청와대, 당내 최고 권력기구 간에도 소통이 전혀 안 되고 토론이 안 된다. 당론이라는 것이 없는 것이다. 결국 중요한 어젠다 하나 생기면 의총에 가서 싸움만 하는 형태다. 그래서 적어도 상임위원회 중심 또는 어디가 중심이 되든지 간에 치열한 토론들을 하고 특히 전당대회 같은 경우에는 표만 찍고 끝나는 것이 아니라 거기에서 미국 전당대회처럼 정강정책을 가지고 며칠 토론을 한다든지 이런 과정들이 살아나야 당이 살 수가 있다.

» 그다음에 두 번째 문제는 결국 공천과 관련된 문제인데, 공천이라는 것이 지

금은 자파(自派)의 권력을 확대하는 수단으로 쓰이고 있다. 그래서 친노니, 친박이니, 친이니 하는 얘기들이 나오는데, 그게 어떻게 공천의 기준이 되는지. 적어도 이 나라의 20~30년을 내다볼 비전 있는 정세가들이 많이 들어와야 국회에서 토론도 활발해지고 전문성에 관해서 집중적인 검토도 이루어질 것이다. 친박, 친노 계파의 앞잡이와 같은 사람들이 전면에 배치되면 싸움밖에 안 되는 것이 아닌가. 이것들이 결국은 우리나라 정당정치를 망가뜨리는 두 가지의 큰 주제들이라 본다.

4. 정당정치에 대한 신뢰 및 만족도를 높일 수 있는 방안이 있을까?

» 반응성을 어떻게 높이느냐 하는 것이 제일 중요하다고 본다. 유권자들이 어려워하고 힘들어하고 고달파하는 부분에 대해서 정책적으로 반응을 해 주는 것이 중요하다. 당파적 대립과 극한 대결 대신에 민생에 초점을 둬서 서로 의견과 합의를 모아 나가는 자세 그래서 기본적으로 정책 대결이 중심이 되어야 한다.

» 지금처럼 당리당략을 가지고 싸우거나 심지어 사리사욕만 가지고 세상을 보고 정치를 보면 답이 안 나온다. 그런데 민생을 보는 정치적 경쟁을 하게 된다면 반응성 있는 정치가 가능하지 않겠느냐 생각한다. 당리당략을 두고 경쟁을 하다 보니 답이 안 나오는 것이다. 그래서 타협이 안 되고 극한 대결로 가게 된다. 그러한 극한대결, 비토크라시(Vetocracy, 거부권 정치)를 극복할 수 있는 대화와 상생의 메커니즘이 정치신뢰를 얻는 매우 중요한 과제라 생각한다.

5. 중앙당 지도부의 총선 공천에 대한 영향력 행사가 바람직하다고 생각하는가? 혹은 당내 후보 선출에서 상향식 공천의 제도화가 필요하다고 생각하는가?

» 유권자한테 맡기는 오픈프라이머리를 하면 국민이 주체가 되는 공천이 될

것 같다고 하면서 덜렁 여론조사를 하는데, 그것은 아주 잘못된 방법이라고 생각한다. 여론조사 자체도 잘못되고 국민들에게 개방성만 확대한다고 해서 그것이 제대로 된 공천이 되겠냐는 것이다. 결국 그것은 엄청난 신진 정치인들의 진입 장벽을 쌓아주는 것밖에 안 된다. 재원들이 당에 들어와서 뜻을 펼칠 수 있어야 하는데 그 사람들이 현역이라는 장벽 앞에서 다 쓰러져 버린다. 지금 정치인들을 보면, 실제 필드에 뛰어보면 4년간 거기서 다져 놓은 사람이 유리하겠는가 아니면 새로 진입한 사람이 유리하겠는가. 공정한 경쟁 틀 속에서 오픈프라이머리가 가능하겠냐는 문제 등 여러 가지 문제들이 있다.

» 그래서 가장 중요한 문제는 적어도 나라를 걱정하는 스테이츠맨(Statesman), 경세가를 어떻게 추천할 것이냐이다. 그러려면 유권자가 "이만한 사람이면 괜찮다"라고 생각하는 사람을 일정 부분 추천해서 중앙당에 주면 중앙당의 당 지도부가 당파적으로 결정하지 말고 적어도 중립적이고 객관적인 배심원들이 관여를 한다든지 하는 차원에서 당의 이념적 지향점, 미래에 대한 전문적 식견 이런 것까지 고려해서 배심원들이 의견을 걸러 내고, 또 그것을 기초로 해서 정당의 지도부들이 마지막에 결론을 내는 것이 옳은 것이 아닌가 하는 생각이 있다. 그래야 무엇을 위한 공천이냐에 대한 답이 나온다.

» 매우 부정적이다. 제도화해야 되는데 그것이 단순히 개방성의 확대, 오픈프라이머리로 가는 것만이 능사는 아니다. 적어도 나라의 장래를 논의할 수 있는 인재를 뽑아내는 과정이 정당의 공천과정이 되어야 한다. 그런데 지금은 그런 것이 안 되니까 결국 국회의 구성이 어떻게 되며, 또 그 국회에서 의원들의 행태는 어떻게 되냐는 것이다. 결국 문제의 시발점은 공천에 있는 것이다. 그런 것이 매우 중요하고 제대로 되어야 한다는 생각이다.

6. 한국형 정당개혁이 어떠한 방향으로 나아가야 한다고 생각하는가? 한국 정

당정치의 개혁 방안으로서 평소에 생각해 둔 아이디어가 있는가?

» 어떻게 정당이 정책정당으로 나아가느냐. 과거에는 정당의 구성원들이 돈도 줄 수 있고, 정보화가 안 된 사회에서는 정보를 제공하는 창구로서 정당이 의미가 있었다. 그런데 이제는 그런 세상이 아니고 SNS나 모든 IT 등 여러 가지 기술적 도구들이 많이 발달한 상황에서 정당의 유권자에 대한 효용, 당원에 대한 효용은 무엇이겠는가. 그래도 오늘날 많은 시민단체들이 활동을 하고 있지만, 정치의 주체로서 입법을 하는 당사자를 배출하는 것이 정당이다. 그러려면 정당이 정책정당으로 거듭나야 국회가 바르게 가고 거기에서 진정한 국민들이 원하는 바가 토론이 될 수가 있다. 그래서 정당은 정책으로 경쟁하는 정당 메커니즘을 만들어야 한다. 그것이 무슨 세를 불리고 허세를 부리고 권력의 메커니즘이 작동하는 그런 공간이 아니고 오히려 치열하게 나라의 비전을 가지고 서로 경쟁을 할 때, 국민이 봐서 "저 정당이 우리미래에 옳다" 이렇게 되어야 한다.

» 그러한 메커니즘을 어떻게 만들어 주느냐 하면, 당정협조 메커니즘의 쇄신이라든지 당과 정부, 정부와 야당 간의 치열한 토론들이 있는 절차적 프로그램들이 많이 만들어져야 된다. 또 정당 간의 경쟁은 밀실에서 원내 대표 간의 정치 게임에만 의존하지 말고, 당수토론, 원내대표토론 등을 상시화하자는 것이다. 텔레비전 앞에서 국민들이 보는 가운데서 여야가 정국 현안에 대해서 논의를 해야 된다. 그런 것들이 국민들이 볼 때, 국민들이 정보를 가지고 정확하게 판단을 할 수 있는 것이다. 종편에 논평도 아닌 정치평론가들이 모여 가지고 잡담식의 해설, 또 블랙박스 안에서 무슨 일을 하는지도 모르는 정치행위자들의 역할로는 국민들이 제대로 판단을 할 수 없는 것이 아닌가. 그래서 정책 기조의 당수토론이라든지 정책의장토론 등 각급 현안들이 발생할 때 매체를 통해서 정치행위자들이 국민 앞에서 하는 것이 중요하다는 얘기를 하고 싶다. 사실은 원내대표 회담이라는 것이 속기록에 한 줄도 남는 것이 아니다. 마지막에 합의문 몇 줄만 달랑 나온다. 그 안에 무슨 얘기들이

정치현장에서 진단하는 한국 정당과 민주주의

서로 오가는지는 국민들이 알 수가 없다. 그런 것을 우리가 앞으로 잘 한번 생각을 해 봐야 하고, 어떻게 제도적으로 표출할 수 있느냐하는 것들은 예를 들자면 당수토론이라든지 여러 가지 모습으로 나타날 수 있을 것이다.

7. 한국 정당정치의 개혁에 있어서 가장 큰 걸림돌이 무엇인가?

» 정치행위자들의 의식이 개혁에 문제가 된다. 권력으로서 정치를 인식하는 지금과 같은 행태를 버릴 수가 없는데, 정치는 국민에 대한 서비스다. 그래서 서번트 리더십(servant leadership, 섬김의 리더십)이라는 용어들도 나온다. 선거 때는 머슴이 되겠다고 주장하는데 당선만 되고 나면 권력자가 되어서 갑의 행세로 돌아서 버린다. 어떤 의원의 사례가 있다. 지역에 가면 연단을 유권자 자리보다 한참 높은 곳에 앉혀 놓고 돌아가면서 축사한다고 행사 본질은 뒷전이고 알지도 못하는 내빈을 30분 동안 소개하고 그러는 것이다. 그런 군림하고 누리려고 하는 정치가 있는 한, 사실은 잘 안 된다. 그런 정치인들의 마인드와 의식이 지금 많이 나아지고 있지만 많이 변해야 한다.

» 그래서 가장 중요한 것이 사실은 윤리이다. 우리나라는 국회에 윤리 규칙이 없다. 윤리 강령 정도가 하나 두루뭉술하게 있는데, 국회개혁위원회에서 의사규칙, 윤리규칙 안을 만들어 놨는데 당사자들은 그것을 안 한다. 미국은 보좌관이 어디 출장하는데 어디에서 지원금을 받아서 갈 수 있느냐 없느냐 같은 질문들을 매번 윤리위원회에서 한다. 본인의 행동이 국민들의 눈에 어떻게 비춰질까 하는 것을 꼼꼼하고 촘촘하게 해야 윤리의식이 바뀐다. 그렇지 않고서야 항상 교도소 담장 위를 걷는다고 하는데, 걸리면 재수 없는 것이라는 생각을 하는 것이다. 본인 스스로 몸가짐을 조신하게 하려고 하지 않는 것이다. 우선은 정치인들 또는 정당의 정치의식을 바꾸기 위해서는 윤리기준이 철저하게 적립되는 것이 필요하다. 그 안은 실제 국회개혁위원회에서 윤리규칙이 나온 것이 있다.

8. 유권자-정당/의원의 접촉은 주로 어떤 방식으로 이루어지는가?

» 오늘날 정당이나 정치인들이 유권자와 접촉하는 방식은 크게는 매스미디어라는 매개체를 통해 작동한다. 특히 신문의 역할이 크다가 이제는 방송으로 넘어오고 특히 종편이 매우 중요한 매개체로 유권자들에게 영향을 미치는 것 같다. 또 젊은 유권자들은 인터넷이라고 하는 매체를 통해서 많은 영향을 받는다. 그런데 실제 현장에서 소셜 네트워크에 익숙하지 않는 사람들은 주로 현역의원과 지방의원과 유권자 간의 계열관계에 의해서 유권자와의 접촉이 이루어진다. 가령 지방선거에서 공천을 줘서 당선시켜 놓은 지방의원들이 국회의원들을 대신해서 대소사를 찾아다니면서 이런저런 얘기를 하고 또 다른 의원이 오면 유권자들을 모아서 서로 만나기도 하는 이런 자리들을 만드는 것이다. 여러 가지 채널로 유권자들을 만나는 것이다. 그러나 오늘날 보면, 조직을 통한 당과 유권자의 접촉은 많이 줄어들고, 매스미디어가 발달되면서 그런 매체를 통해서 접촉하는 경우들이 많이 늘어나고 있는 추세에 있는 것이 아닌가 하는 생각을 할 수 있다.

9. 정당/의원의 일반 유권자, 지지자, 당원에 대한 접촉 방식이 어떻게 다른가?

» 평상시에 보기에는 큰 차이가 없다고 본다. 왜냐하면 오늘날 정당들이 그 정도로 섬세하지도 않은 것 같다. 경선에서 당원 비율에 따라서 투표에 동원하려고 생각하는 것 외에는 "왜 저 사람이 당원이고, 내가 어떻게 대우를 해야 할지"에 대한 개념이 오늘날 정당들에게는 없다. 그래서 평상시 활동을 통해서는 유권자냐, 지지자냐 당원이냐에 따라서 대상별 차별화된 메시지를 던져야겠다는 의식은 별로 없는 것 같고, 실제로 그런 구별 정도를 보이지 않는다고 본다.

» 다만 지역사회에 다양한 여론 지도층들이 있다. 시구군 단위에 가면 기초의원들이 있을 것이고 또 각급 사회단체의 장들, 간부들이 있다. 가령 시골에 가면 의용소방대도 있고, 새마을지도자도 있고, 여성단체 협의회, 자원봉사

자회 등 여러 형태들이 있다. 그런 단체의 장들, 대표자들과 같은 적극적인 활동층의 사람들은 다양한 행사를 통해서 정당 또는 정치인들과 접촉을 할 수 있겠지만 여타의 사람들은 일반 매스컴을 통해서 접촉하는 것이 통상적이다. 매스컴도 중앙의 매스컴들이 있을 것이고 지역으로 가면 지역신문들이 있다. 거기에서 우리 지역 출신 국회의원들이 무엇을 하고 있구나 하는 동향을 파악할 수는 있을 것이다. 다만 현역의 경우에는 당원들에 대해서 의정활동보고 형태로 해서 당원들에게 의정활동 보고서를 보낸다든가 아니면 보고회를 할 때 당원들을 우선적으로 해서 참석해 달라고 해서 자리를 만드는 등 조금 특징적인 모습을 보인다.

10. 귀 정당/의원을 지지하는 유권자들과 다른 정당/의원(후보)을 지지하는 유권자들 간의 차이가 있다고 생각하는가? 그렇다면 귀 정당/의원을 지지하지 않는 유권자들을 설득하기 위해서 어떤 노력을 하고 있는가?

» 여러 가지 사회의 균열구조라는 것이 있다. 가령 '영남은 새누리당 지지층이 강하고 호남은 더민주당 지지층이 강하다'는 나름대로 균열구조가 있는데, 새누리당을 지지하는 사람들은 약간 중도 우파이면서 좀 보수적인 사람이라는 생각을 할 수가 있고, 더민주당을 지지하는 사람들은 약간 진보적이면서 중도 좌 쪽에 서 있는 사람이지 않겠느냐고 이론적으로 얘기를 할 수는 있을 것이다. 그런데 새누리당의 지지층과 분명히 균열 축은 차이가 있다. 가령 지역에서도 그럴 것이다. 지역사회를 보면 새누리당층이 있는 반면에 무상급식연대, 농민회라고 해서 반새누리당 정서가 있는 층들이 있다. 그런 사회단체별로 차이가 날 수도 있다.

» 지지층의 차이는 있는데, 그것을 오늘날 유권자들이 잘 표출을 안 한다. 그 층도 사실은 무당파층이 될 수도 있고, 중도층이 될 수 있는 것이다. 그러나 이런 층들은 평상시에 어떤 어필리에이션(Affiliation, 소속)이 깊게 연결이 되어 있는 것이 아니고 선거가 임박했을 때 인물, 정당이 내세우는 어젠

다, 여러 가지 선거 당시의 이슈 등 이런 것들이 결부돼서 당의 지지자로 바뀌게 되는 것이다. 평상시에는 집토끼라고 해서 적극 지지층들을 관리하지만, 선거 때가 되면 산토끼라고 할 수 있는 어필리에이션이 약한 무당파층과 같은 이런 사람들에게 접근하는 것이 선거의 기본적인 본질이자 정석이다.

» 기본적으로 정책적으로는 보수층이 좀 안심하고 믿음을 가질 수 있는 정책적 지향점을 주장한다. 더민주당 지지층을 진보층이라고 본다면 정책 최고 결정자들은 고민을 많이 할 것이다. 어디에 잣대를 대고 어디에 선을 그어서 서로 반대 진영들을 무마하면서도 아군들도 잃지 않는 정책적 가이드라인을 그어 갈 것이냐 하는 것이 사실은 정치권의 특히 가장 중요한 정치 지도자의 역할이라고 봐야 한다. 거기서 반응성이 나오는 것이다. 국민들의 목소리는 막 아우성을 치는데, 재벌의 목소리만 반영한다면 국민들은 보수정당에서 등을 돌려버린다. 그런 문제들이다.

» 가령 비정규직 20대 청년이 지하철 사고가 났는데, 이것이 사실은 비정규직 문제라든지 하는 것들이 정책적 쟁점으로 부상할 수가 있는 것이다. 그러면 정규직의 이익 또는 재벌의 이익, 이런 사람들의 이익만을 생각하고 눈 감아버리고 무시할 수 있느냐 아니면 보수정당이지만 이 차제에 비정규직 문제 특히 노사관계에 있어서 매우 중요한 것인데 고용주한테 과감하게 "당신들의 양보가 필요하다"고 얘기할 것이냐가 정책적인 선택의 문제가 온다. 마음이 돌아서 있는 사람들의 마음을 끌어들일 수 있느냐 없느냐 하는 것들이 정책결정에 관련이 되어 있는 것이다. 그래서 자꾸 그런 것들을 가지고 토론을 하라는 얘기를 하는 것이다.

11. 유권자의 지지를 이끌어 내는 데 있어서 현재 한국 정당 각각의 장단점이 무엇이라 생각하는가?

» 많다. 끌어들이는 방법상에 서로 장단점이 있고, 정책사안마다 다 다를 수 있다. 더민주당이든 또는 새누리당이든 정해진 고정 패턴을 가지고 움직이

는 것은 아닐 것이고 그때 상황에 따라서 대처능력을 발휘한다. 아무래도 여당, 보수당은 반응하는 속도가 좀 느리지 않나 하는 것이 개인적인 생각이고 개별적 판단이다. 그리고 활용하는 매체들과 공감지수가 서로 다르다. 유권자들이 강물이고 정치가 그 위에 떠있는 배라고 할 수 있다. 그런데 강물이 출렁거려 버리면 배는 뒤집히기 마련이다. 맹자에 나오는 얘기다. 그러한 민심을 어떻게 읽어내느냐 하는 것이 참 중요하다.

» 반응성의 차이가 있는데 그 반응성은 야당이 아무래도 빠른 것 같다는 생각이 들고, 또 그 확산의 속도도 SNS라는 도구로 무장을 하고 있기 때문에 오히려 더 그런 것들이 지지층들에게는 빨리빨리 전달이 되고 사회적 반향을 불러일으키는 것이라 본다. 다만 보수층 또는 여당, 새누리당 같은 경우에는 그렇게 사안에 따라 신속한 반응성 측면에서 매우 떨어진다고 하더라도, 기존 지지층 간의 유대 등을 통해서 결속력을 강화하는 것이 아닌가 생각한다. 시대적 흐름, 변화 이런 것을 고려해 본다면 앞으로 어느 정당들이 어떻게 반응성, 또 유권자와의 공감지수를 높여 나갈 것이냐 하는 부분에서는 많은 차이가 있을 것 같다.

12. 유권자-정당/의원의 접촉과 소통의 경험이 유권자의 정치참여(투표참여 포함)와 행태에 실질적인 영향을 준다고 생각하는가?

» 매우 중요한 얘기다. 사실 "내 목소리가 아무리 떠들어도 지들은 따로 논다" 이렇게 생각하는 유권자들은 정치에 참여할 일이 없을 것이다. 그런데 "이 사안은 우리에게 매우 중요한 일이다"라고 생각하면 참여를 다 한다. 경남의 홍준표 지사가 무상급식을 폐지해 버리겠다고 하자 지역의 중고등학교 학부모들이 무상급식 학부모연대를 만들었다. 이 사람들이 뭉쳐서 도지사와 싸워 나가면서 "우리의 뭉친 힘이 중요하다. 우리의 한 표 한 표가 매우 중요하다" 이런 역할들에 대해서 자각을 하기 시작하는 것이다. 홍준표 지사 같은 사람들이 젊은 학부모들을 의식화시킨 아주 핵심 주범이라고 본다. 그런

사람들은 투표에 반드시 참여한다. 본인의 한 표가 엄청나게 중요하고 본인이 이 사안에 매우 밀접하게 관여가 되어 있다고 생각하기 때문이다.

» 관여도를 높여 주는 것이다. 그래서 선거에 관심도가 높을수록 정보가 많을수록 투표참여가 높다는 이야기가 있지 않은가. 그런 의식화된 연대를 만들어줘 버린 것이다. 무상급식에 대해서 매우 중요한 현안이라고 생각한다면 관심도도 높아지고 정보도 많이 가지고 있게 된다. 밴드를 통해서 600~700명씩 모여서 긴밀하게 소통하고, 오프라인에서도 가두 캠페인도 하고 그렇게 하면서 이 사람들이 나름대로 정치적 사안에 대해서 깊은 관심도를 가지게 되면 당연히 참여를 한다. 이번 선거결과 경남에서 몇 명이 야당이 되고 부산에서 몇 명이 야당이 되는 것이 그냥 나오는 것이 아니다. 그런 어떤 사회적 변화와 밀접히 관련이 되어 있다.

13. 한국의 정당들이 유권자들의 목소리를 정책결정과정에 제대로 반영하지 못하고 있다는 비판이 있는데, 그 원인과 해결방안이 무엇이라 생각하는가?

» 기본적으로 정치를 자꾸 권력으로만 생각하고 서비스라고 생각하지 못하는 것이다. 그래서 의식 자체가 반응성이 있어야 된다. 유권자가 아파하고 힘들어하고 괴로워하는데, 거기 항상 있어서 그 문제가 해결이 되도록 해 줘야 한다. 구의역 사건이 터졌다 그러면 비정규직의 권익을 어떻게 신장할 것인지에 대해서 법안들을 만들어 내기 위한 당내 토론도 이루어져야 하고, 무엇이 문제가 되는지 세미나도 해야 된다. 그런 것들이 이루어져야 한다. 그래서 그것을 집성해서 법안으로 만들어 주어야 된다. 국회 환노위 등에서 긴밀하게 토론을 해야 하고, 정부도 불러서 문제점을 따져서 개선점 요구를 해야 되는 것이다. 그런 총체적인 반응성을 높여 줘야 유권자가 "정치가 나를 편하게 하는구나. 정치가 나한테 도움이 되는구나" 하는 생각을 갖는다. 옛날에 공자가 그런 이야기를 했다. 깊은 산중에서 어떤 여인이 아기를 안고 울고 있기에 "왜 여기에 와서 울고 있느냐, 호랑이가 무섭지 않으냐" 물으니

"정치가 무서워서 여기와서 이러고 있다"고 했다. 세상이 그렇게 무서운 것이다. 호랑이보다 더 무서운 놈이 정치라는 것이다. 정치가 무섭게 느껴지고 짜증나게 느껴지지 않도록 해 주는 작업이 중요하다.

14. 한국의 사회통합 정도에 대해 어떻게 생각하는가? 높다고 생각하는가?

» 사회통합이 갈수록 떨어지고 있다고 봐야 한다.

15. 한국 사회의 가장 큰 갈등이 무엇이라 생각하는가?

» 과거에는 이념적 대결, 지역 대결, 특히 남북관계의 문제라든지, 또 민주화되면서 지역주의 문제, 이런 것들이 사회갈등의 중요한 부분이었다. 이제는 그런 부분들은 조금 줄어들었다고 봐야 하는데, 경제적인 양극화 현상이 신자유주의 이후에 갑자기 부상하게 되면서 가진 자와 못 가진 자, 1% 대 99%라는 논쟁들이 벌어지고 있다. 어찌 됐든 경제적 양극화가 우리 사회에 가져온 갈등은 엄청나게 심화되고 있고, 이런 부분은 결국은 삶의 문제와 직결되기 때문에 우리 사회 전체의 문제가 되었다. 과거에는 중산층이 두터워서 그 중산층이 사회통합의 견인차 역할을 해 왔는데, 이제는 그 중산층이 획기적으로 줄어들어 버렸다. 그러다보니 중산층이 없으니 결국은 양극화될 수밖에 없고, 통합이라는 것은 상당히 어려워져 버렸다. 구심점이 약해져 버렸기 때문이다.

» 경제가 원인이 된 불평등 구조는 매우 강하게 사회의 뿌리로 자리를 잡고 있는 형태고, 그것이 이념과 밀접하게 서로 연결고리가 되어 버리면 더더욱 갈등은 커진다. 그래서 그런 문제들이 매우 어렵고, 특히 앞으로는 저출산 고령화 때문에 지금 우리 사회가 60~70대를 기준으로 해서 재단이 되어 있는데, 100세 사회가 되어 버리니까 기존의 계파로서는 감당 못 하는 그런 복지 문제 등 여러 가지가 발생하는 것이다. 청년 한 명이 부양해야 할 노인의 숫자들이 엄청나게 많아지는 것이다. 그러다 보니 결국에는 세대갈등이 엄청

나게 격화될 가능성이 많다. 곧 초고령 사회로 진입을 할 것이기 때문에 그런 문제들을 국회 등에서 정책적으로 아울러 줘야 한다. 고속도로를 하나 닦는데 1조가 들어간다면 앞으로 고령화되고 저출산으로 인구는 계속 감소하는데 그런 SOC가 왜 필요한지, 앞으로 10년 후에 이를 부담해야 할 젊은이들의 입장을 생각해 가면서 정책을 결정하고 예산을 배분하는 역할들을 이제 누군가 해 줘야 한다. 그래서 외국에서는 미래사회위원회라든지 의회에서도 미래위원회 등을 만들어서 세대갈등을 어떻게 줄일 것이냐 하는 것을 통합적으로 고민을 많이 하는 것이다.

» 그리고 도농 간의 갈등이 앞으로 좀 많이 있을 수 있다고 본다. 지금 선거구도 인구비 2:1로 가야 되는데, 이러다 보니 도시는 과대대표되고 농어촌은 지역은 넓은데 과소대표되는 부분들의 이익을 어떻게 보장해 줄 수 있느냐는 것이다. 특히 농어촌에서 당선된 국회의원들 중에 농어촌을 아는 사람들이 별로 없다. 그러면 그 사람들의 본질을 긁어 주지 못하는 경우가 많아진다. 표피적인 얘기만 하고 코끼리 다리 만지기 식으로 가다 보니까 진정하게 지속가능성 차원에서 농민들의 생존 문제를 고민해 주지 않는 것이다. 그러다 보면 도농 간의 갈등이 더욱 더 깊어질 가능성도 상당히 있다고 본다.

16. 한국 사회의 갈등을 해소하고 분열을 치유하는 데 있어 정당들이 어떤 역할을 수행해야 한다고 생각하는가?

» 정당도 중요하지만 국회가 상당히 중요하다. 정당은 나름대로 어떤 이익을 집약하는 과정에서 자꾸 보는 특정 세력이 있는데, 보수당은 보수층 극단적인 사람들의 손을 들어주면서 지지를 극단화해 가는 경향들이 많다. 미국 공화당의 티파티 같은 사람들은 세금과 관련해서 극단적인 액션을 취하기도 한다. 강한 지지층들의 강한 지지를 유도하기 위해서 그럴 수도 있다는 것이다. 정당들이 그런 정책적 극단주의에서 벗어나서 사회통합이라고 하는 측면에서 정책적 중도 수렴화 등이 공화주의 관련 논쟁이라 할 수 있다. 그런

형태로 스탠스를 정해 가려고 하는 노력이 우선 있어야 된다. 그래야 국회에서 여야가 모여서도 정책의 수렴의 폭이 좁아지는 것이다. 그렇게 될 때 사회통합으로 갈 수 있는데, 그렇지 않고 정책적 극단주의를 취할 경우에 상당히 원심적 대결이 되기 때문에 어렵다.

» 어떤 교수도 가끔 그런 얘기를 하는데, 대표되지 않는 이익이 있어서는 곤란하다. 우리 사회에 가령 노사정위원회라고 하는 위원회를 만든다고 하면, 국회에서 여야 간에 얼마든지 정책이 충분히 수렴될 수 있다. 민노당도 있고 여러 정당이 있다면 말이다. 그런데 그렇지 않고 기득권 정당의 패권체계가 유지가 된다면 제3지대의 이익을 대변할 방법이 없다. 그러다 보면 이 사람들은 제도권 내에서 본인들의 의견이 받아들여지지 않으니 거리 투쟁을 하게 될 것이다. 그렇게 해서 조금 기형적으로 만들어지는 것들이 사실은 노사정위원회 등이다. 우리의 이익 대표 체계에서 한계가 있었던 것이다. 그러나 요즘은 이제 3당 체제가 되면서 이익이 좀 더 집중적으로 표출될 수 있는 그런 측면에서 이런 다당 체계가 갖는 강점도 있다는 생각을 한다.

1. 유권자들의 정당정치에 대한 신뢰 및 만족도가 낮다는 지적이 있는데, 그 이유는 무엇이라 생각하는가?

» 기본적으로 정당들 내부에서 파벌싸움이 있다. 잦은 이합집산도 파벌싸움에 기초해서 나오는 것 같다. 파벌들이 자꾸 흩어지고 흩어졌다가 선거할 때 다시 모이는 것 같다.

» 그런 것보다 더 심각한 문제는 언론들의 보도 행태가 반정치적이라는 것이다. 사실 내부에서 보면 정당들이 굉장히 많은 노력들을 한다. 그런데 그 노력은 보도하지 않고 싸우는 것만 보도한다. 그것이 더 재밌기 때문이다. 유권자들은 사실 정당정치에 접근하는 정보가 내부에 있는 사람이 아니라면 매체, 미디어밖에 없으니까 미디어의 영향을 많이 받는다. 미디어들의 반정치적인 보도 행태가 정당정치에 대한 신뢰도를 낮게 하는 요인이라고 생각한다.

2. 정당정치에 대한 신뢰 및 만족도를 높일 수 있는 방안이 있을까?

» 두 가지 차원이 있다. 정당 내부적으로는 이합집산과 같은 것을 당연히 안

해야 할 것이다. 파벌싸움을 그만하고 민생정책이나 정치개혁에 대한 정책적 제시를 좀 더 명확하게 해야 된다. 최근에 문제가 되었던 친인척 보좌관 채용 등과 같은 특권들을 내려놓아야 한다.

» 결국 기본적으로 의회정치의 기본 바탕은 정당정치이기 때문에, 정당에 대한 신뢰도와 만족도를 높일 수 있는 방안으로 정당이 많이 개방화되고 투명화되어야 할 것 같다. 지금 어느 정도는 되게 많이 올라왔다고 생각한다.

» (추가질문: 앞으로도 더 개혁이 필요하다고 생각하는지?) 개혁은 당연히 더 해야 한다. 지금도 불투명한 곳이 아직도 있다. 더 투명해져야 할 것이다.

3. 한국 정당정치와 민주주의의 발전을 위해 어떤 측면의 개혁이 가장 우선되어야 한다고 생각하는가?

» 당론 문제다. 당론이 의원들의 자율성을 많이 약화시키는 것 같다. 지금 당론이 과거 민주화 이후 YS나 DJ가 지배하고 있던 정당구조에 비해서는 많이 유연해졌는데, 그럼에도 불구하고 당론 문화가 아직 좀 있기 때문에, 당론 문화를 탈피해서 의원들 개개인이 자율성을 가져야 한다. 의원들이 당론에 엮이는 이유는 결국 공천 때문이다. 밉보이기 때문이다. 공천 같은 경우에도 더 많이 개방화되고 투명화되어야 한다. 공심위 같은 곳에서 찍어 내리는 공천은 없어져야 한다고 생각한다.

4. 중앙당 지도부의 총선 공천에 대한 영향력 행사가 바람직하다고 생각하는가? 혹은 당내 후보 선출에서 상향식 공천의 제도화가 필요하다고 생각하는가?

» 반반이다. 지금도 상향식 공천 제도는 당마다 제도화되어 있다. 그때그때마다 비율을 어떻게 할 것인가에 따라 다른 것이고 이미 상향식 공천 제도는 정해져 있다. 나머지 부분에서 전략공천 같은 명의로 행해지는 지도부의 찍어 내리는 공천과 같은 것들은 무차별적인 계과 안배식으로 여기는 몇 명,

여기는 몇 명 이런 식이 아니라 당 지도부가 전략적으로 선거에서 이기기 위한 행태라면 어느 정도 동의한다.

» 하향식도 합리적이어야 한다. 이해 안 되는 공천이 있다. 누구랑 가깝다고 갑자기 며칠 만에 어떤 지역구에 꽂히는 불합리적인 것 말고, 누가 보더라도 합리적이고 전략적인 공천이 필요하다고 생각한다.

» 100% 필요하다고 생각한다. 상향식 공천이라는 것은 당원이나 일반 시민들에 의해서 공천된다는 것인데, 선거에 나서는 사람을 당원들이 결정하지 못한다면 당원들이 왜 필요하겠는가. 정당이 당원들을 모집할 필요도 없는 것이다. 의원들 간의 전문가정당으로 만들어 버리면 대중정당은 필요 없는 것이다.

» (추가질문: 상향식과 하향식 모두 필요하다고 생각하는 건가?) 그렇다. 그런데 하향식도 합리적이어야 한다. 누구와 가깝다고 지역구에 꽂히는 불합리적인 것 말고, 누가 봐도 합리적인 전략적 공천이 필요하다고 생각한다.

5. 소속 정당의 운영방식 및 의사결정구조 등 전반에 대해 만족하는가?

» 더불어민주당 당원이고 대의원이다. 사실 어쩔 수 없다. 대의원도 지역에서 목소리를 크게 내기가 쉽지 않다. 더군다나 특히 현역의원이 있는 지역의 경우에는 더 그렇다. 당 지도부 내에서의 의견수렴 과정과 의사결정 방식은 잘 모르겠다. 예를 들어서 의원들이 모이는 의원총회에서 당 대표라고 해서 의원들의 의사결정에 반해서 지도를 내린다면 아마 당 지도부가 많이 흔들리고 공격을 받을 것이다.

» 그런데 그 이외의 하부조직들에서 의사결정구조는 아마 모든 정당이 어디든 민주적이진 않을 것이라 생각한다. 더군다나 현역의원이 있는 지역위원회 같은 경우라면 현역의원 중심으로 다 돌아가는 것이다. 의원 개개인의 퍼스낼리티(personality, 인격)에 따라서 운영방식이 다르기도 하다. 솔직히 말하면 제도화가 되어 있지 않다.

» (추가질문: 대의원이 일반 당원보다 높은 건 아닌가?) 높지 않고, 보통 구조가 대의원들은 의원들이 고른다. 원래 제도적으로는 선출이 명시되어 있다. 그런데 그렇게 하는 데는 거의 없고 진짜 잘 운영되는 한두 군데 정도는 있을지 모르겠다. 지역위원회가 240여 개 정도 있는데 그중에 10%도 아마 안 될 것이다.

» (추가질문: 한 지역구에 대의원이 몇 명 정도인가?) 정확한 명수는 모르지만 한 지역구에 대의원이 약 50명 이내로 있다. 지역위원회에 지역위원장이 있고 핵심 지도부인 상무위원회라는 곳이 있다. 이 밑에 대의원들이 있는 것이다. 그리고 그 밑에 평당원들이 있다. 대의원을 당원들이 선출해야 하는데, 선출하기보다는 의원들이 고르는 경우가 많다. 명문상으로는 제도화되어 있지만 실질적으로는 제도화되어 있지 않다. 지역위원회가 제대로 잘 운영되는 곳이 거의 없다. 옛날에 민주당의 호남 같은 경우 당원이 많은 곳에서는 지역위원회가 제대로 운영되는데, 이외 지역의 경우 제대로 되지 않는다.

6. 정당 내부 권한의 분권화 정도가 어떻다고 생각하는가? (중앙당-지구당 관계)

» 분권화가 거의 안 되어 있다. 중앙당 중심이다. 지구당이 딱히 할 수 있는 역할이 없다. 민주당은 지역의원회, 새누리당은 운영협의회인가 그렇다. 명칭이 당마다 다르다. 도·당급 정도면 모르겠지만 지구당 정도는. 왜냐하면 실무인원이라는 것이 없다. 그냥 당 사무국장이 한 명 있는데 사무국장도 무급이고 지역위원장도 당연히 무급이다. 자기가 알아서 생계를 꾸려야 한다.

7. 한국 정당정치의 개혁에 있어서 가장 큰 걸림돌이 무엇인가?

» 정당의 중앙과 지방이 어느 정도 분권화가 되어야 한다고 생각한다. 지금은 거의 중앙당에서 예산 등 모든 것들을 다 내려주기 때문에 지구당이나 도당 같은 경우 중앙당에 예속될 수밖에 없다. 독자적으로 할 수 있는 사업이 별

로 없다. 도당 같은 경우에도 그냥 딱 5~6명 두고 정책 실장 한 명, 조직 국장 한 명 두고 그냥 돌아다니는 것이다. 각 시도당별로 정책을 만들 수 있는 예를 들면 중앙당에 민주정책연구원이 있고, 새누리당 같은 경우에는 여의도연구원이 있다. 그런 식으로 각 시도당이 지역정책을 만들 수 있는 싱크탱크를 하나씩 갖고 있어야 한다.

» 시도당이라고 해 봐야 정책 실장 한 명이 있는데, 시군 여러 군데의 정책들을 어떻게 파악할 수 있겠는가. 정당들이 관을 이길 수 없다. 정당이 말 그대로 관의 공무원들로부터 나오는 정책적 제안에 맞서 시도당의 5명의 인원으로 무엇을 할 수 있겠는가. 정당에서 나오는 정책의 퀄리티가 관을 따라갈 수가 없다. 이런 것들이 한국정당에 걸림돌이라고 할 수 있다.

» 한국 정당정치의 개혁에 있어서 가장 큰 걸림돌은 추상적이지만 관성이다. 해 왔던 대로 쭉 가는 것이다. 중앙당 집중의 관성이다.

8. 한국형 정당개혁이 어떠한 방향으로 나아가야 한다고 생각하는가? 한국 정당정치의 개혁 방안으로서 평소에 생각해 둔 아이디어가 있는가?

» 이런 이야기는 이미 벌써 굉장히 많은 논의가 되고 있는 이야기다. 그런데 선거나 전당대회 등 이런 때 공약으로만 되지 잘 실천이 안 된다. 결국에는 예산 문제이기 때문이다.

» 중앙당이 국고보조금으로 운영되다 보니 시민들이 정당정치를 불신하니까 당에 국고보조금이 들어가는 것을 굉장히 반대하는 사람들이 많다. 그런데 시도당들이 독립적으로 무엇인가 정책적 기능이나 독립적 역할을 하려면 예산이 없으면 할 수가 없다. 사람을 쓰는 것부터 예산이기 때문이다. 그런 예산 문제를 중앙당이 어떻게 해결하느냐.

» 더군다나 우리나라는 예전 군부정권이나 90년대 초반까지만 해도 기업의 자금들이 정치자금으로 많이 들어 왔는데, 지금은 투명화되어 자금조달을 할 수가 없다. 자금조달 문제가 핵심인 것 같다. 개혁을 하려면 돈이 필요한

데, 이 돈을 어떻게 확보하느냐가 문제다. 우리나라는 정치자금에 규제가 많고 제한적이다. 미국 같은 경우에는 정치활동위원회(PAC: Political Action Committee) 같은 것을 만들어서 제한 없이 기부를 받는다.

» (추가질문: 정당이 돈에 대한 접근이 편해지는 게 개혁하고 어떻게 연결이 되는 건가?) 정당에게 예산이 필요한데, 정당의 자금 확보가 국고보조금 외에는 당비밖에 없다. 그런데 우리나라는 당비를 내는 진성당원이 거의 없다. 대의원임에도 불구하고 월에 2천원밖에 안 낸다. 2천원으로 당비를 얼마나 많이 확보할 수 있겠는가. 정당이 돈을 모으는 방법을 앞으로 어떻게 투명화하느냐가 문제겠지만, 한편으로는 돈이 없으면 개혁이 안 될 것 같다. 시도당과 지구당들이 권한을 가지고 운영이 되려면 돈이 필요한데, 우리나라는 2004년에 오세훈법(정치자금법)을 통과시키면서 지구당을 없애고 다 막아 놨다. 그런데 또 정치가 돈과 연결되면 부패하기 마련이기 때문에 굉장히 아이러니하다. 정치권이 돈이랑 엮이면 사고가 날 수밖에 없다. 정당에 국고보조금을 더 많이 주는 것에 대한 사회적 합의가 있을지도 사실은 잘 모르겠다. 워낙 정치에 대한 불신이 많기 때문이다.

9. 유권자-정당/의원의 접촉은 주로 어떤 방식으로 이루어지는가?

» 의원은 선거에서 당선되는 사람이기 때문에 득표활동을 4년간 계속 해야 한다. 당선되기 전에는 당선되기 위해서 하는 것이고, 당선된 사람은 또 당선되려고 하는 것이다. 그러니까 의원이 먼저 유권자에게 다가간다. 지역 사람들, 유지를 만나서 도와 달라고 한다. 그리고 지역의 간담회 등 지역에 큰 조직들이 많다. 이장, 통장들, 새마을부녀회, 새마을지도자, 노인회 등 이런 지역조직이 동네마다, 마을마다 다 있다. 마을마다 4~5명씩 지역조직의 장들이 있다. 리(里)마다, 동마다, 통마다 장이 있다. 그들이 선거에서 키 역할을 하는 키맨이다. 이분들에게 밉보이면 안 된다. 이분들을 통해서 간담회 같은 것을 조직해서 의견 수렴을 하고, 불편한 것이 있으면 의원들이 해결하려

고 노력을 많이 한다. 지역 보좌관들은 어떤 사람이 영향력이 있는지 알고 있다. 선거 때 동네마다 유리한 지역이 있는데, 전략적으로 의견을 수렴하는 방식으로 이뤄진다. 선거 때는 선거법에 걸리기 때문에 캠프에서 간담회를 주최하지 못한다. 현역의원이 되었을 때 간담회를 조직한다.

» (추가질문: 현역의원들은 선거 때 간담회를 조직할 수 있나?) 현역의원들은 일반 원외 후보보다 약간 더 자유로운 측면이 있다.

» 선거 때는 상시적으로 선거운동하면서 유권자를 만난다. 또 지역행사 같은 곳에 가서 유권자들을 만나서 인사드리고 한다. 그런데 접촉이 사실 쌍방향은 아니고 의원이 유권자에게 하는 단방향이다.

10. 정당/의원의 일반 유권자, 지지자, 당원에 대한 접촉 방식이 어떻게 다른가?

» 당원들은 매월 당원모임을 한다. 지역마다 당원 월례모임이 있고 거기에 당원들이 나온다. 여기에 대의원도 포함되고 상무의원도 포함된다. 월별로 모이는 날짜가 정해져 있다.

» 지지자는 만나기가 쉽지 않다. 지지자도 당원으로 가입시킨다는 것이 어려운 문제다. 사람들이 정치를 신뢰하지 않다 보니 당에 들어오는 것을 되게 부담스러워 한다. 본인이 당에 들어와서 당원으로 활동하는 것을 부담스러워 한다. 당 지지자라 하더라도 진짜 열혈 지지자가 아니면 보기가 쉽지가 않다. 열혈 지지자는 당원은 아니지만 선거 때 캠프로 찾아오기도 하고, 지역 사무실로 와서 관심을 갖기도 하는데, 그런 분들이 아니면 접촉할 수 있는 방법이 없다. 우리가 그렇다고 지지자인지 아닌지 알 수가 없다.

11. 귀 정당/의원을 지지하는 유권자들과 다른 정당/의원(후보)을 지지하는 유권자들 간의 차이가 있다고 생각하는가? 그렇다면 귀 정당/의원을 지지하지 않는 유권자들을 설득하기 위해서 어떤 노력을 하고 있는가?

» 실무진 입장에서는 모르지만 의원들은 악수를 해 보면 안다고 한다. 출마하

는 사람이 아니면 실무자들은 알 수가 없다. 수행을 오래한 사람들은 옆에서 보면 그나마 감이 온다. 당연히 지지하지 않는 사람은 후보를 반기지 않는다. 눈빛이 다르다. 그런데 반기는 사람은 악수하는 느낌이 다르다고 한다. 딱 감이 온다고 한다. 대충 선거운동을 해 보면 되겠다 안 되겠다 감이 온다고 한다. 이번 선거에서도 후보가 당선될 것이라 느꼈다고 한다. 여론조사에서 20% 이상씩 뒤졌었고 우리 정당이 이겨 본 적이 없는 지역구였다. 그래서 솔직히 질 것이라 생각했는데 후보는 이길 것이라고 했었다. 이번에 100%이기니까 걱정하지 말라는 말을 후보가 했었다. 사무실 안에 있는 사람들은 모르는 현장의 감이 있는 것 같다.

» (추가질문: 유권자들 간에 정당/후보 지지에 따라 성향이 다르다고 보는가?) 사람들이 후보를 다 미리 정해 놓는 것 같다. 선거캠페인으로 움직이는 사람은 몇 안 되는 것 같다. 여론조사에 나타나는 것보다 실제 부동층은 사실 더 조금인 것 같다. 과학적으로 증명은 안 되지만 말이다.

» 엄청 많이 한다. 공약도 하고 어려운 쪽을 일정상 선거전략적으로 더 많이 방문한다. 민주당의 경우에는 노인층에게 굉장히 취약한데 노인정을 더 많이 방문한다. 우리 지역구는 노인 인구가 거의 35% 정도 되니까 거기에서 표를 못 얻으면 당선이 안 된다. 지역구에 리(里)가 900여 개 되고 노인정이 900여 개있다. 900개를 다 못 가니까 면(面)에서도 큰 곳 위주로 노인정을 가서 어르신께 인사드리고 절한다. 이런 것이 다 우리를 안 찍는 사람들에게 표를 받기 위한 노력이다.

» (추가질문: 캠페인에 의해 유권자의 투표선택이 잘 안 바뀐다고 말씀하셨는데, 그렇다면 오히려 가능성이 있는 곳에서 선거운동하는 것이 유리하지 않은가?) 가능성이 있는 곳은 찍어 줄 것이라고 본다. 가능성이 있는 곳과 가능성이 없는 곳을 반반씩 배치한다. 안 찍어 줄 것이라 생각해서 아예 안 갈 수는 없다.

» (추가질문: 이번 선거에서 노인층으로부터 표를 받았다고 생각하는가?) 그렇

다. 노인층에서 안 찍어 줬다면 당선될 수 없었을 것이다. 우리 지역구는 노인 전체가 비토(veto, 거부)를 하면 당선될 수 없는 곳이다. 유권자 비율 자체가 2040세대가 40%미만이다. 5060이상이 60%다. 여론조사 결과 세대 지지율을 보면 40대까지만 이기고 50대 이상은 민주당이 지는 걸로 나온다. 우리가 이번에 간발의 차이로 이겼는데 노인층에서 우리를 안 찍어 줬다면 당선이 안 되었을 것이다.

12. 유권자-정당/의원의 접촉과 소통의 경험이 유권자의 정치참여(투표참여 포함)와 행태에 실질적인 영향을 준다고 생각하는가?

» 투표참여는 잘 모르겠다. 우리가 선거운동을 한다고 해서 유권자들이 더 투표에 참여할 것 같지는 않다. 투표에 참여한다는 것이 사회적으로 보면 규범적이다. 사람들이 그 규범적 행동에 맞게 하기 위해서 결정하는 것이지, 캠페인 때문에 사람들이 투표장에 더 나가거나 할 것 같지는 않다. 젊은 사람들 아니면 모르겠다.

» (추가질문: 그러면 후보자 선택 자체에는 영향력을 주는 것 같나?) 후보자 선택 자체에는 크지는 않더라도 좀 영향을 주는 것 같다. 한 번도 안 본 사람이랑 본 사람은 다를 것이다.

» (추가질문: 선택은 안 바뀌더라도 그 후보에 대한 태도는 바뀔 수 있는 걸까?) 그렇다. 선택은 안 바뀌더라도 그 후보에 대한 태도는 바뀔 수 있을 것이다. 아예 욕하던 사람들이 한 번 왔다 가면 '성실하네' 두 번 왔다 가고 계속 왔다 갔다 하면 '괜찮네' 이렇게 생각이 바뀌는 것 같다.

» 이번에 캠페인하면서 작년 9월부터 웬만한 노인정은 한 번도 거르지 않고 가려고 노력했다. 큰 곳은 두 번도 하고 세 번도 갔다. 그런 노력들이 당연히 증명은 안 되지만 득표에 역할을 하지 않았을까 생각한다.

13. 한국의 정당들이 유권자들의 목소리를 정책결정과정에 제대로 반영하지 못

하고 있다는 비판이 있는데, 그 원인과 해결방안이 무엇이라 생각하는가?

» 비판은 당연히 있는데 이 부분은 정당들이 아무리 잘해도 나오는 비판이라 생각한다. 당연히 우리나라 인구 5천만 명의 이해관계를 정책적으로 어떻게 다 반영하겠는가. 그 어느 나라 정부도 못 하고 정당도 못 하는 일이다. 새누리당에 비판적이지만 새누리당도 그렇고 민주당도 그렇고 실제로 정당들은 유권자들의 목소리를 정책결정과정에 반영하려고 굉장히 많은 노력들을 하고 있다. 다만 유권자들에게 만족스럽지 못 한 것이다. 정당들은 현실을 고려해야 하기 때문에 모두 반영하기 어렵다. 당장 첫 번째로 예산 문제가 있다. 노인들에게 50만 원씩 주고 싶고 100만 원씩 주고 싶다. 대학생 반값등록금 하고 싶다. 그런 목소리를 반영해서 민주당은 반값등록금을 실현하려고 계속 단계적으로 추진하고 있다. 새누리당 같은 경우에도 그렇다. 각자 본인들의 지지집단에 대해서 좀 더 정책적으로 목소리를 반영하려고 노력을 굉장히 많이 한다고 생각한다. 비판은 있지만 제대로 반영하지 못하고 있는 것은 아니라고 생각한다.

» 내부에서 보면 정당들이 열심히 일 많이 한다. 의원님들도 그렇다. 매일 싸우는 것만 언론에 보도되어서 그렇다. 민주당에 4대 민생 TF팀이 존재한다. 서민주거, 가계부채, 청년일자리 등 TF팀이 실제로 현장에도 방문하고 그 사람들의 목소리를 듣고 정책적으로 반영하려고 굉장히 많이 노력하고 있다. 그런데 이런 점에 대해서는 일반 유권자들을 잘 알지 못한다. 홍보를 안 하는 것이 아니라 홍보를 해도 주요 뉴스로 다뤄지지 않는다. 이런 뉴스보다는 누가 싸웠다는 내용이 더 뉴스로 다뤄지는 것 같다.

14. 의원의 입법 활동 과정에서 정당지도부와 유권자의 영향력은 각각 어느 정도인가? 정당지도부/유권자와 어떻게 다르게 입법 과정에 영향을 주고 있는가?

» 정당이 핵심적으로 추진하는 입법 과제들의 경우에는 당론으로 정해서 의

원들 전원이 발의를 한다. 이런 경우에는 중앙당 지도부의 영향력이 있다. 하지만 그 이외에 의원들 개개인의 입법 과정은 다 자율적으로 이루어진다. 지도부가 이런 입법을 하지 말라고 하거나 하는 것이 없다. 당이 핵심적으로 추진하는 입법 과제에 대해서 의원들이 반대를 하거나 하면 그것에 대해서 제재는 있겠지만, 의원들 개개인이 입법 활동하는 데에는 딱히 당이 간섭하지 않는다. 왜냐하면 의원들 자체가 헌법기관이기 때문이다.

» (추가질문: 입법 과정에서 유권자들의 영향력은 어떤가?) 유권자들의 영향력이 지금은 되게 많이 강해졌다. 개개인의 유권자는 의원에게 영향을 미치기 어렵기 때문에 조직과 네트워크를 만드는 것이다. 예를 들어서 총선 시민단체 같은 모임을 만들어서 세게 요구하면 의원들이 여론에 밀려서 안 할 수가 없다. 세월호의 경우에도 진상규명을 위한 연대가 만들어졌고 이를 지지하는 여론들이 있으니까 민주당 같은 경우에 관련 입법 활동을 안 하면 당이 살아남기 어렵다. 유권자 개개인 한 명 한 명은 영향력이 없지만, 유권자들이 모이면 영향력이 충분히 있다.

15. 선거캠페인 과정에서 정당지도부의 지원과 영향력은 어느 정도인가?

» 두 가지 차원으로 나눠 볼 필요가 있는 것 같다. 중앙당의 선거전략, 선거구도를 이끌어 나가는 공중전, 서로 프레임을 어떻게 가져가느냐, 정부비판 프레임, 박근혜 정부 심판론으로 가져갈 것이냐 경제 실정론으로 가져갈 것이냐 등 이런 전략들에 대해서 당연히 지도부가 전적으로 책임을 지고 결정하는 것이다. 선거에서 지면 지도부들이 물러나는 것이다. 이번 총선에서 새누리당 김무성 대표가 물러났다.

» 하지만 실제로 각각 지역의 캠프들에 대해서는 영향력이 없다. 캠프의 의사결정은 캠프에서 한다. 공약도 중앙당 공약은 몇 개를 보긴 한다. 중앙당 공약은 중앙당 공약 차원으로 지역공약은 지역공약 차원으로 따로 가는 것이다. 하나하나 중앙당이 결정해 주거나 그러지는 않는다.

16. 정당과 후보자가 부담하는 비용의 비율은 어느 정도인가?

» 정당에서 지역구 캠프에 5천만 원을 내려 줬다. 이것은 당이 빌려준 것도 아니고 그냥 준 것이다. 이런 자금도 박빙지역에나 많이 내려 준다. 우리 캠프는 많이 받았다고 생각한다. 우리 캠프의 공식적인 선거비용이 2억 천만 원이다. 이 비용은 선거운동 기간 13일에 한한다. 나머지 예비후보 기간 등에는 정치자금을 쓴 것인데, 정치자금은 후보 개인이 조달할 수밖에 없다. 펀딩을 한다든지 개인의 자산을 쓴다든지 할 수밖에 없다.

» 정치자금 문제는 개선이 많이 필요하다. 단적으로 예를 들어서 선거현수막을 예비후보 때부터 120일을 건다. 13일만 선거운동하고 당선될 사람은 13일만 걸어도 된다. 120일 동안 예산이 400만 원 들었다면 13일 동안만 보전을 해 준다. 400만 원을 120일로 나누고 곱하기 13일을 해서 그만큼만 딱 보전해 주고 나머지는 후보 본인 돈으로 쓰는 것이다. 그래서 돈 없는 사람이 선거운동하기 쉽지 않다.

» 후원 한도가 1억 5천인데, 1억 5천을 채우기가 쉽지 않다. 더구나 질 것이라고 생각되는 캠프에 누가 돈을 내겠는가. 선거 초반에 20% 이상 지는 것으로 여론조사 결과가 나와서 아무도 이길 줄 몰랐고 후원 받기가 쉽지 않았다.

17. 한국의 사회통합 정도에 대해 어떻게 생각하는가? 높다고 생각하는가?

» 우리나라는 굉장히 분열적이다. 오히려 과거보다 분열적 상황이 점점 더 심해지는 것 같다. 이것은 정치권의 잘못이라고 생각한다.

18. 한국 사회의 가장 큰 갈등이 무엇이라 생각하는가?

» 가장 큰 것은 세대갈등이다. 이번 선거에서도 나타났지만 세대갈등이 모든 이슈를 다 덮어버린 것 같다. 지역 같은 경우에도 젊은 사람이 많은 동네는 더불어민주당이 당선된다. 젊은 사람, 노동자가 많이 사는 곳은. 이번 총선에서 더민주가 부산에서 5석 얻었다.

» 지역갈등이 아직 있다. 지역갈등이 원래 바탕이다. 그런데 지역갈등을 덮는 것이 이제는 세대문제인 것 같다. 최근 갤럽에서 나온 여론조사 결과에 따르면 20대에서 "박근혜 잘했다"가 13%고, "못했다"가 60~70%다. 50~60대 이상에서는 "박근혜 잘한다"가 70%고 "못한다"가 13%다. 물론 20대에서 30대로 갈수록 옅어지기도 하지만, 앞으로 세대갈등이 좀 더 심해질 것 같다.

» 경제 불평등도 굉장히 심하다. 양극화되어 있다.

» 세대갈등이 결국 이념갈등과 같다. 나이가 많을수록 보수적이지 않은가. 세대가 핵심이라고 생각한다. 세대갈등이나 이념갈등은 거의 같이 맞물려서 가는 것 같고, 이념갈등이 세대적으로 표출되는 것이다.

» (추가질문: 충청 지방도 젊은 사람들은 민주당, 노인 분들은 새누리당 이런 것이 있나?) 그렇다. 전국적으로 보편적인 현상이다. 물론 충청도에서 민주당이 좀 약하지만, 젊은 사람들 가운데 민주당을 좋아하는 비율이 조금 더 세다. 전반적으로 충청도에서 새누리가 6이고 우리가 4라면, 젊은 층에서는 4정도만 우리를 좋아해도 나이 먹은 사람들은 1밖에 안 좋아한다. 젊은 사람들이 우리를 더 싫어할지라도 노인층에 비해서는 더 낫다는 것이다.

19. 한국 사회의 갈등을 해소하고 분열을 치유하는 데 있어 정당들이 어떤 역할을 수행해야 한다고 생각하는가?

» 정당이 기본적으로 선거에 이기기 위해 분열을 이용해서는 안 된다. 분열을 통해서 선거에서 승리하려고 하면 안 된다. 무엇이든 갈등을 조장하면 안 된다. 정당은 갈등을 조정하고 이해관계를 조절하고 사회통합을 이끌어 내야 하는데, 실제로는 선거에 이기기 위해서 당장 이기는 것이 시급하니까 분열적으로 많이 행동한다. 편을 갈라서 선거에서 이기려는 행동을 많이 한다. 그런 행동은 자제해야 할 것 같다. 평소에는 정당이 잘 한다. 평소에는 민주당이 안보 공약도 내고 노인 공약도 내고 한다. 그런데 선거 때가 되면 정당이 이익에 급급해서 그게 잘 안 된다.

» (추가질문: 그렇다면 어떤 역할을 해야지 사회통합을 이룩할 수 있을까요?) 교과서적인 이야기지만, 정책적으로 노력을 많이 해야 한다. 싸우지 말아야 하는데 안 싸우기가 쉽지 않다. 정당이란 정책적으로 이념을 같이하는 사람들이 모인 것이다 보니 이념이 다르면 싸울 수밖에 없다. 정책적으로 나아가는 지향점이 다르다 보니 싸울 수밖에 없는데, 싸우더라도 정책에 대해서 싸워야 한다. 또한 당연히 지금보다 더 유권자들의 목소리를 정책적으로 잘 반영하도록 노력해야 할 것이다.

20. 정당개혁의 방향성에 대한 당내 논의가 실제로 어느 정도 (활발하게) 이루어지고 있는가? 어느 정도 합의가 이뤄지고 있다고 보는가?

» 정당들도 어떻게 해야 정당개혁이 잘 되는지 다 알고 있다. 분권화해서 시도당의 역량을 강화해야 하고, 의원들의 공천에 자율성을 줘야 하고 이러한 방향들은 다 알고 있는데 현실적으로 실현이 안 되는 것이다. 개혁 방안들이 너무 많이 나와 있다. 당내에서 합의도 이미 다 되어 있고 다 알고 있다. 이미 답이 나와 있는 것이다.

[마지막 추가 발언]

» 정당이나 국회의원들이 실질적으로 노력을 굉장히 많이 하고 있다. 물론 몇 명은 놀고 있지만, 정당이나 국회의원들이 유권자들의 목소리를 반영하기 위해서 더 좋은 나라를 만들기 위해서 노력을 굉장히 많이 하는데 안타깝다.

» (추가질문: 자기 욕심이 아닌가?) 정치적 자기 욕심이 굉장히 강한 동기부여가 된다. 본인이 더 좋은 활동을 하지 않으면 당선될 수 없기 때문이다. 본인의 이익을 위해서만 활동하는 사람을 유권자들이 뽑아 주지 않는다. 유권자들은 바보가 아니다. 재선을 위한 욕심, 본인 입신을 위한 욕심이 사실은 굉장히 좋은 정치활동을 하는 강한 동기부여가 된다. 나쁘게만 볼 것이 아니다.

» (추가질문: 이런 생각들은 현장에서 뛰시면서 바뀌신 건가?) 외부에서는 보기 쉽지 않지만 내부에서 보면 노력을 많이 하는 것이 느껴진다. 보좌진들도 노력을 많이 한다. 세비를 동결해야 한다거나 반으로 줄여야 한다거나 국회의원 줄여야 한다는 이야기를 많이 하는데 개인적으로 반대한다. 오히려 더 늘려야 한다고 생각한다. 국회의원 300명의 세비가 1억씩 나간다고 아까워하지만, 우리나라 예산 350조를 선출되지 않은 권력들이 다 행사를 한다. 행정고시를 본 사람들이 다 좌지우지하는 것이다. 기획재정부의 예산국장 같은 사람이 1조, 2조짜리 사업에 서명한다. 그것을 감시하는 사람이 국회의원들이다. 국회 예산이 1년에 5천억이다. 국민들을 대표하는 국회의원들이 자율성을 가지고 보좌 인력을 더 늘려 줘서 정부를 잘 감시하면 허탕 치는 1~2조짜리 사업을 많이 막아 낼 수 있다. 국회의 기능을 훨씬 더 강화할 필요가 있다고 생각한다. 그런데 언론들의 반정치적 보도 행태가 어렵게 만든다. 국회가 휘둘리지 않도록 자율성을 가져야 한다.

1. 유권자들의 정당정치에 대한 신뢰 및 만족도가 낮다는 지적이 있는데, 그 이유는 무엇이라 생각하는가?

» 최근에는 공천 갈등 때문에 문제가 많았다. 3당인 국민의당이 출현하는 등의 결과는 이를 여실히 보여 준다. 과거 20년이 넘는 기간 동안 양당구도였다가 처음으로 3당구도가 됐는데 이 과정이 해소되는 차원에서 민의의 결과라고 본다.

2. 정당정치에 대한 신뢰 및 만족도를 높일 수 있는 방안이 있을까?

» (추가질문: 3당이 생긴 것이 정당정치의 만족도를 높일 수 있는 방안이 될 수 있을지?) 3당구도가 한 가지 방법이 될 수 있다. 여당인 새누리당 입장에서는 양당구도로 가는 게 익숙하지만 유권자들에게는 나쁘지 않을 것이다. 3당구도가 되는 건 정치공학적으로 새로운 흐름이라고 본다. 시간이 좀 지나보면 알게 될 것이다. 결과가 어떻게 될지는 두고 봐야 할 것이다.

3. 한국 정당정치와 민주주의의 발전을 위해 어떤 측면의 개혁이 가장 우선되어

야 한다고 생각하는가?

» 일단 공천 문제 해결이 우선시되어야 할 것이다. 김무성 대표가 개혁적으로 하려고 노력을 했다. 유권자들이 원하고 선택하는 후보를 내서 소위 말하는 당선 가능성이 높은 사람들한테 정치참여의 기회를 많이 주는 그런 방향으로 가는 것이 기득권 정치인들에게는 불리할 수도 있겠지만 정치신인들의 진입을 용이하게 할 수 있기 때문에.

4. 중앙당 지도부의 총선 공천에 대한 영향력 행사가 바람직하다고 생각하는 가? 혹은 당내 후보 선출에서 상향식 공천의 제도화가 필요하다고 생각하는 가?

» 어느 정도는 있어야 한다. 정당의 당원들, 특히 자비를 내고 있는 책임당원들의 존재 가치를 위해서는.

» 꼭 필요한 것은 아니지만 어느 정도는 필요하다고 생각한다. 점점 역할이 줄어들고 있긴 하지만 아직까지 정당정치에서는 지도부의 역할이 필요하다. 전문성이 있는 사람들을 상대 당의 후보와 잘 매치해서 하는 것이기 때문에 비례대표라든지 지역구에서 이루어지는 전략공천이 나쁘다고 보진 않는다. 그렇게 해서 이기기도 하고 지기도 했는데 이번같이 갈등이 있었을 때에는 피로감을 느끼기도 한다. 그렇지 않았을 때는 잘 맞아떨어졌을 때도 있었다고 생각한다.

» (추가질문: 지도부의 영향력이 더 중요하다고 생각하시는 것 같은데 맞는지?) 아직까지는 국민들한테 모든 것을 맡기기는 어려울 것 같다. 국회에서 오래 있었던 입장에서 봤을 때 정치를 잘 하기 위해서는 어느 정도 트레이닝이 되고 경험이 있는 사람이 들어와야 빨리 적응하고 정책활동, 의정활동을 하는 데 어려움이 적다. 언론에 많이 나왔던 정치신인들 중 인기로 인지도에 편승해 당선된 사람들은 쇼맨십은 강하지만 정치 돌아가는 거에 대해서는 잘 모를 수도 있다.

5. 소속 정당의 운영방식 및 의사결정구조 등 전반에 대해 만족하는가?

» 의원들에게 질문해야 하겠지만 보좌진의 입장에서 보면 여당에 이번에 3~4
선 의원들이 많았는데 이런 분들이 위원장 선출하는 구조를 보면 민주적이
고 더 전투적이다. 그에 반해 야당은 선수나 나이라든지 이런 것에 딱 맞추
어 가는 반면 여당인 새누리당이 오히려 더 진보적인 것 같다. 의사결정구조
는 아무래도 새누리당은 추대가 많은 것도 그렇고 아직까지는 좀 보수적이
다. 하지만 19대 국회부터는 의원총회에서도 토론이 많이 이루어지고 자신
의 주장을 분명하게 내세우는 측면이 많다. 그래서 전반적으로 만족하는 편
이다.

6. 한국형 정당개혁이 어떠한 방향으로 나아가야 한다고 생각하는가? 한국 정
당정치의 개혁 방안으로서 평소에 생각해 둔 아이디어가 있는가?

» 어떤 방식으로든 정당개혁은 이루어져야 한다. 17대 국회부터 국회에 있었
지만 4년씩 지날 때마다 많이 발전되어가고 있는 것 같다. 개인적으로는 발
전을 위해서 의원들이 3선 정도까지만 해야 한다고 생각한다. 왜냐면 의원
들이 예전에 있다가 다시 국회로 들어오면 옛날 생각을 하니까 그러한 부분
이 발전을 저해한다고 생각할 때가 있다. 물론 국민들 입장에서는 다선 의원
이 있으면 좋긴 하다. 하지만 국회에서 봤을 때는 예전의 좋지 않은 습관들
을 가지고 다시 들어오는 의원들이 있기 때문에 발전하다가 예전의 모습으
로 다시 돌아가는 경우가 있다.

7. 유권자-정당/의원의 접촉은 주로 어떤 방식으로 이루어지는가?

» 대표적인 걸로 현역의원, 특히 지역구 의원들은 의정보고회를 통해 유권자
와 많이 접촉한다. 그 이외에도 각종 지역 행사라든지 연말연시에 일부러 재
래시장을 많이 찾기도 한다. 실례로 20대 국회가 개원한지 한 달 보름 정도
지난 시점에서 다음 주에 지역구에 있는 각 동사무소에서 주민들에게 그동

안의 활동 사항들을 보고할 예정이다. 예전에는 1년에 한 번 정도 이런 시간을 가졌는데 서울이나 경기 등 치열한 지역구일수록 유권자와 많이 접촉한다. 그래야 유권자들에게 어필을 할 수 있기 때문이다. 또한 예전과 다르게 스마트폰이 많이 보급되어서 우편을 통한 의정보고서뿐만 아니라 매달 문자도 주민들에게 보낸다. 또한 SNS를 이용한 부분도 많이 강화되어 있다.

» 또한 민원인의 날이라고 해서 국회의원실에서 자주 진행하고 있다. 한 달에 한두 번 정도 날을 정해서 온 시·도의원, 보좌진, 의원할 것 없이 지역구 사무실에서 유권자들에게 민원이나 정책 제안 등을 받는 등 그러한 방식들이 요즘에는 보편화되어 있다. 주민들이 의지만 있다면 얼마든지 지역 사무실에 찾아와서 사소한 민원부터 정책적으로 법안의 내용까지도 많이 제안을 해 준다. 추가적으로 SNS로도 많은 소통을 하고 있다.

8. 정당/의원의 일반 유권자, 지지자, 당원에 대한 접촉 방식이 어떻게 다른가?

» 우리 지역구 같은 경우에는 야당세가 강한데도 불구하고 앞으로 지역을 발전시킬 수 있을 것이라는 인물론으로 의원님을 지지하는 경우도 많았다. 더불어민주당이나 국민의당 지지자들도 찍어주는 분들도 많았다. 우리 지역구는 특별한 지역 현안이 존재하는데 그 당시의 의원보다 원외 위원장의 활동이 더 많았기 때문이다.

» 당원들 같은 경우 의원실에서 명부를 가지고 있기 때문에 바로 전화도 드리고 할 수 있다. 그렇지만 일반 유권자 같은 경우에는 접촉 방식이 제한적이다. 그렇기 때문에 한계가 존재한다. 선거 때는 유권자 명부가 나와서 주소 등을 동사무소에서 발급받을 수 있지만 평소 때는 접촉할 수 있는 방식이 마땅치 않다. 선거법상으로도 현역국회의원이 유권자, 지지자들이 지인들에게 문자를 보내게 되어 있다. 따라서 평소에 문자드리는 분들은 지인이라고 판단한다. 당원에 가입되어 있는 분들과는 할 수 있지만 일반 유권자에게 문자 등을 무작위로 살포하게 되면 선거법에 위반된다.

» (추가질문: 당원과 유권자 모두 의원이 먼저 다가가는 편인가?) 민원인의 날에는 유권자들이 현수막 등을 보고 찾아온다. 유권자들은 생업으로 인해 바쁘기 때문에 의원들이 자주 찾아가야 한다. 그래서 가장 접촉하기 힘든 분들이 회사원들이다. 출퇴근을 하고 주말에는 외부라 나가기 때문에 접촉하기 쉽지 않다. 당원보다 일반 유권자들은 접촉이 쉽지 않다.

9. 귀 정당/의원을 지지하는 유권자들과 다른 정당/의원(후보)을 지지하는 유권자들 간의 차이가 있다고 생각하는가? 그렇다면 귀 정당/의원을 지지하지 않는 유권자들을 설득하기 위해서 어떤 노력을 하고 있는가?

» 의원들은 특히 잘 느낀다. 악수 한 번으로 손잡는 힘이 다르다고 하고 눈빛만 봐도 선거운동을 해 봤던 후보자들은 다 안다고 한다. 보좌진 같은 경우에는 명함을 돌리거나 하다 보면 알 수 있다. 육감 같은 걸로 아는 것이다.

» 선거기간 중에 시간이 있을 때는 당연히 노력하는데 급박할 때는 설득하는데 시간이 오래 걸리기 때문에 지지해 주는 분들부터 결집하려고 한다. 선거운동 중 시간이 있을 때나 평소에 의정활동을 할 때는 이런 분 저런 분 끌어안기 위해 그분들이 원하는 정책이라든지 제안을 많이 들어준다. 그렇게 해서 보편 다수들에게 표를 얻기 위해 노력하는 것이다. 선거 때도 초반에는 여야 할 것 없이 젊은층, 노인층 전체적으로 다가갔다가 마지막에 좁혀질 때는 표 결집을 위해 지지해 주는 분들한테 좀 더 집중할 수밖에 없다.

» 하지만 의원은 선거 때도 막판까지 반대하는 쪽 유권자들을 설득하기 위해 노력했다. 예를 들어 해당 지역현안 같은 경우에도 야당 쪽 성향을 가진 분들이 많이 연관되어 있는데 여당의원으로서 그쪽에서 주장하는 부분에 많이 귀 기울였다. 지역구 의원이기 때문에 그 사안에 대해서는 여야 할 것 없이 피해자 분들을 대변하는 역할을 할 수 있어야 하기 때문이다. 그때는 의원이 모두를 끌어안았다.

» (추가질문: 그분들과 더 많이 만났다는 말씀인가?) 그렇다. 그분들이 원하는

거에 대한 것들을 다 만나서 얘기를 들어드려야 한다. 그래야 유권자 분들이 100% 다 돌아서지는 않고 그래도 저 사람이 잘할 거 같아서 뽑아 주는 그런 분들이 계시다.

10. 유권자-정당/의원의 접촉과 소통의 경험이 유권자의 정치참여(투표참여 포함)와 행태에 실질적인 영향을 준다고 생각하는가?

» 그렇다. 특히 이익집단 같은 경우 자신들이 원하는 부분을 법제화해 달라고 요구한다. 그런 분들이 원하는 것들을 해소해 주겠다고 공약함으로써 우리 유권자가 된다. 나중에는 표가 어디로 갈지는 모르겠지만 그분들이 원하는 걸 최대한 들어드리고 입법화해 주면 여야 성향 따질 것 없이 득표에 도움이 된다.

11. 유권자의 지지를 이끌어 내는 데 있어서 현재 한국 정당 각각의 장단점이 무엇이라 생각하는가?

» 요즘에는 이념 스펙트럼이 많이 좁아졌다. 야당 쪽은 선거운동을 어떻게 하는지 모르겠지만 선거를 세 번 치러 본 경험에 비추어 보았을 때 여당 쪽은 대부분 예산에 치중하는 편이고 야당은 법안 쪽에 치중한다. 아무래도 예산을 끌어오기 위해서는 여당이 유리하기 때문이다. 그러한 측면에서 비교적 쉽지 않은 야당의원들은 '법안 발의를 이만큼 많이 했다'는 식으로 홍보를 한다. 아무래도 현역의원들과 내각에 있는 장관들하고는 관계가 더 가까울 수 있다. 그러한 부분에서 여당은 유리한 부분이 있는 것 같다. 야당의원은 그렇지 못하기 때문에 제도나 법안을 만들기 위해 노력을 조금 더 기울이는 것 같다.

12. 한국의 정당들이 유권자들의 목소리를 정책결정과정에 제대로 반영하지 못하고 있다는 비판이 있는데, 그 원인과 해결방안이 무엇이라 생각하는가?

» SNS 등이 많이 발전했기 때문에 정당이 역할을 못 한다고 생각하지 않는다. 유권자들의 목소리가 무엇인지 모르는 게 아니라 소속되어 있는 당 정체성과 보수 정치 할 때 보수들의 고정 관념 때문이다. 요즘에는 대부분 유권자들이 원하는 쪽으로 가게 되어 있다.

» (추가질문: 정당이 제대로 유권자의 목소리를 반영하고 있다면 왜 그러한 비판이 제기되는 것인가?) 계파라든지 당 대표라든지 그런 사람들의 생각 때문이다. 정치인들은 유권자, 국민이 원하는 쪽으로 갈 수밖에 없다. 그런데 그렇지 못한 경우는 국익과 반하는 내용이 있다든지 좌편향적인 내용이 있을 때 고집하는 것이다.

» (추가질문: 당 정체성 등의 어쩔 수 없는 원인으로 인해 유권자들의 의견을 반영하지 못하고 있는 상황에서 해결책이 있나?) 여당이든 야당이든, 야당이 여당이 되면 또 여당의 입장에서 정부 쪽을 어느 정도 대변하는 역할을 해야 하기 때문에 딱히 없는 것 같다. 예를 들면 그렇게 하면 세수가 준다거나 안보상으로 문제가 생기기 때문에 그렇게 되는 것이다.

» (추가질문: 당장은 해결이 어렵다고 보시는 건가?) 그거 때문에 선거를 하는 것이다. 그렇게 해서 국민들이 심판을 해 주시는 것이다. 모든 걸 끌어안을 수 있으면 정당이 없고 선거도 없을 것이다. 유권자 분들께서 피로감을 느끼시는 것도 있겠지만 잘 못했다고 생각하니까 선거로 심판해 주시는 것이다.

13. 의원의 입법 활동 과정에서 정당지도부와 유권자의 영향력은 각각 어느 정도인가? 정당지도부/유권자는 각각 어떻게 다르게 입법 과정에 영향을 주고 있는가?

» 300개의 의원실은 모두 입법기관이기 때문에 의원들이 원하는 쪽으로 자유롭게 입법 활동을 하고 있다. 다만 당에서 추진하는 중점 추진 법안들은 존재한다. 그런 법안들에 대해서는 소속정당의원으로서 굳이 반대하지 않는다. 그럼에도 불구하고 자신의 지역구와 연관이 있다면 반대할 수 있다.

» (추가질문: 유권자 분들의 영향력은 어떠한가?) 또한 보좌진 입장에서 어떻게 보면 성과를 내야 하기 때문에 유권자들이 '이렇게 법안을 바꿔달라'는 등의 의견을 주면 감사하다. 그러한 의견을 들으면 바로바로 검토하고 있다.

» (추가질문: 선거과정에서 지도부의 영향력이나 지원 정도는 어느 정도인가?) 당 대표, 원내 대표, 비례 대표분들, 상위 선관위에 있는 당선 예정자 분들이 와서 많이 도와주셨고 영향력은 그 당시 상황이 오히려 안 좋을 때는 바쁘신데 안 오셔도 된다고 하실 때도 있다.

14. 한국의 사회통합 정도에 대해 어떻게 생각하는가? 높다고 생각하는가?

» 다른 나라보다는 높지 않을까 생각한다. 그나마 같은 언어를 쓰고 있고 같은 민족이 살고 있기 때문에 높은 편이다. 통합정도를 이념적·지역적으로 생각을 해서 그렇지 다른 나라와 비교했을 때는 높다고 생각한다.

» (추가질문: 통시적으로 우리나라 내에서 보았을 때는 사회통합 수준이 어떠한가?) 예전보다는 높다고 생각한다. 아무래도 수도권 지역에 사람들이 많이 몰려 있으니까 이제 유권자들은 자신의 이익과 관련된 부분을 많이 중시한다. 그렇기 때문에 지역색은 많이 사라지는 것 같고 자신이 처한 입장에서 이익에 따라 행동하는 방향으로 바뀔 것이다.

15. 한국 사회의 가장 큰 갈등이 무엇이라 생각하는가?

» 세대갈등이 앞으로 커질 것이라고 생각한다. 이제 지역갈등은 점점 줄어들고 세대갈등이 커질 것이다. 또한 세대갈등과 경제 불평등이 연결되고 같이 간다고 본다. 갈수록 'N포 세대'가 되기 때문이다.

16. 한국 사회의 갈등을 해소하고 분열을 치유하는 데 있어 정당들이 어떤 역할을 수행해야 한다고 생각하는가?

» 갈등 해소를 위해 정당은 입법 활동이라든지 정책 활동을 유권자들에게 최

대한 혜택을 주고 부담을 덜어 주는 방향으로 지속할 수 있다. 정당들은 이러한 측면에서 더 노력해야 할 것이다.

» (추가질문: 한국 사회의 갈등을 해소하고 분열을 치유하는 데 있어서 정당의 개혁이나 정당과 유권자의 연계 소통 이러한 노력들이 정당들의 역할에 부합한다고 보나?) 부합한다고 본다. 그나마 그런 역할을 할 수 있는 게 정당이다. 다른 조직은 쉽지 않다. 정당이 많은 역할을 그나마 하고 있고 그런 역할을 더 해야 한다고 생각한다.

17. 정당개혁의 방향성에 대한 당내 논의가 실제로 어느 정도 (활발하게) 이루어지고 있는가? 어느 정도 합의가 이뤄지고 있다고 보는가?

» 유권자들에게 상실감이나 그런 모습을 보여 주지 않기 위해서는 빨리 하는 것이 맞다.

» (추가질문: 본인의 당내에서는 빨리 개혁을 해야 한다는 논의가 이루어지고 있는가?) 그렇다. 의원총회라든지 당내 모임에서 개혁에 대한 논의가 이루어지고 있다. 의원들마다 소속되어 있는 공부 모임 같은 것이 있다. 그런 곳에서 매주, 매일 포럼 같은 것들이 계속해서 열리고 있다.

» (추가질문: 개혁 방향에 있어서 계파 간에 생각이 다르다고 보나?) 개혁 방향성에 대해 합의는 되어 있는데 누구를 중심으로 개혁을 진행해 갈 것인가에 대한 의견은 다르다. 이번 20대 총선을 통해 정당의 많은 문제가 드러났기 때문에 개혁에 대한 답은 모두 알고 있다. 하지만 다들 서로의 이해가 존재하기 때문에 그런 부분으로 인해 개혁이 잘 되지 않는 것 같다.

··이 책을 기획하고 집필한 정치학자들

윤종빈

현 | 명지대학교 정치외교학과 교수
현 | 미래정치연구소 소장
현 | 재단법인 한국의회발전연구회 상임이사
• 저서 및 논문
 "국회의원 선거구획정의 쟁점과 개선방안"(『현대정치연구』 2017, 공저), "한국 유권자의 정치신뢰와 정당일체감"(『한국정당학회보』 2015, 공저), 『국민의 참여가 민주주의를 살린다』(푸른길 2017, 공저), 『정당이 살아야 민주주의가 산다』(푸른길 2015, 공저), 『2012대통령선거 구조와 쟁점』(도서출판 오름 2013, 공저)

조원빈

현 | 성균관대학교 정치외교학과 부교수
현 | 한국정당학회 연구이사
전 | 미국 켄터키대학교 정치학과 조교수
• 저서 및 논문
 "아프리카 정당체제 제도화와 민주주의"(『국제정치논총』 2016), "정치사회제도에 대한 신뢰와 사회갈등"(『정치·정보연구』 2016), "Looking Toward the Future: Alternations in Power and Popular Perspectives on Democratic Durability in Africa"(Comparative Political Studies 2014, 공저), 『현대 동아시아 국가의 형성과 발전』(대한민국역사박물관 2016, 공저)

이정진

현 | 국회입법조사처 입법조사관

현 | 한국정당학회 부회장

전 | 한국선거학회 연구이사

• 저서 및 논문

"개방형 경선과 여성대표성: 제도적 고찰과 미국 사례를 통해(『정치·정보연구』 2015, 공저), "지방선거와 여성정치참여, 그리고 매니페스토"(『의정논총』 2014), "지구당 폐지를 둘러싼 담론구조와 법 개정 논의"(『한국정치외교사논총』 2010), 『정당과 정당체계의 변화: 접근과 해석』(오름 2011, 공저)

박경미

현 | 전북대학교 정치외교학과 부교수

전 | 경남대학교 극동문제연구소 객원연구위원

전 | 서강대학교 현대정치연구소 전임연구원

전 | 한양대학교 제3섹터연구소 연구교수

• 저서 및 논문

"정당의 정치사회화 기능에 관한 탐색적 연구: 동·서독 출신의 정당일체감과 정치적 태도"(『한국과 국제정치』 2016), "지역발전 격차론과 지역투표에 관한 탐색적 연구: 1988~2012년 총선의 선거구별 집합자료 분석"(『한국과 국제정치』 2015), "Media Use Preference: The Mediating Role of Communication on Political Engagement"(Journal of Pacific Rim Psychology 2015, 공저), 『정당이 살아야 민주주의가 산다』(푸른길 2015, 공저)

박지영

현 | 명지대학교 미래정치연구소 연구교수

• 저서 및 논문

"민주주의의 두 얼굴: 왜 대중은 선거에서 잘못된 선택을 하는가?"(『의정연구』 2017), "Homo Civicus vs. Homo Politicus: Why Some People Vote But Not Others"(『미래정치연구』 2017), "Policy Popularity: The Arizona Immigration Law"(Electoral Studies 2016)

조진만

현 | 덕성여자대학교 정치외교학과 조교수

현 | 한국정당학회 부회장

현 | 중앙선거여론조사심의위원회 위원

• 저서 및 논문

"유권자의 선거품질에 대한 인식과 선거관리위원회에 대한 평가"(『한국정당학회보』 2015), "선거와 민주주의에 대한 만족: 과정과 결과"(『한국정치학회보』 2013, 공저), "민주화 이후 한국 재·보궐선거의 투표율 결정요인 분석"(『한국정당학회보』 2009), 『견제와 균형: 인사청문회의 현재와 미래를 말하다』(써네스트 2013, 공저)

이한수

현 | 아주대학교 정치외교학과 조교수

전 | 경북대학교 사회과학연구원 전임연구원

전 | 경희대학교 인류사회재건연구원 학술연구교수

• 저서 및 논문

"Legislative Response to Constituents' Interests in New Democracies: The 18th National Assembly and Income Inequality in Korea"(Government and Opposition 2016, 공저), "TV Debates and Vote Choice in the 2012 Korean Presidential Election: Does Viewing TV Debates Activate Partisan Voting?" (Korea Observer 2016), "Televised Presidential Debates and Learning in the 2012 Korean Presidential Election: Does Political Knowledge Condition Information Acquisition?"(International Journal of Communication 2015, 공저)

유성진

현 | 이화여자대학교 스크랜튼학부 부교수

전 | 한국정당학회 총무이사

• 저서 및 논문

"Growth of Citizen Movements and Changes in the Political Process in Korea and the US: Similarities and Differences"(Asia-Pacific Social Science Review, 2016), "동성결혼 합법화는 어떻게 가능하였는가?: 여론과 정당정치 그리고 연방주

의"(『한국과 국제정치』 2015), "정치신뢰와 풀뿌리유권자운동: 티파티운동의 사례를 중심으로"(『미국학논집』 2013), 『미국의 대외정책과 동아시아정책』(경희대학교 출판문화원 2017, 공저), 『정당이 살아야 민주주의가 산다』(푸른길 2015, 공저),

한정훈

현 | 서울대학교 국제대학원 조교수
전 | 숭실대학교 정치외교학과 조교수

• 저서 및 논문

"한국유권자의 이념성향: 통일의 필요성 인식에 미치는 효과에 관한 사례분석"(『한국정치학회보』 2016), "유럽의회 선거의 지지정당 결정과 범유럽적 요인: 영국의 사례를 중심으로"(『한국정치학회보』 2015), "Party Politics and the Power to Report: Informational Efficiency in Bicameralism"(Journal of European Public Policy 2014), 『정당이 살아야 민주주의가 산다』(푸른길 2015, 공저)

한의석

현 | 성신여자대학교 정치외교학과 조교수
현 | 성신여자대학교 동아시아연구소 소장

• 저서 및 논문

"일본 정당정치의 변화와 지속" (『일본연구논총』 2017), "21세기 일본의 국가안보전략" (『국제정치논총』 2017), "정치의 세습화와 일본의 세습의원"(『일본연구』 2016), 『국민의 참여가 민주주의를 살린다』(푸른길 2017, 공저), 『정당이 살아야 민주주의가 산다』(푸른길 2015, 공저)

이재묵

현 | 한국외국어대학교 정치외교학과 조교수
현 | 한국정당학회 연구이사

• 저서 및 논문

"유권자의 계급배반과 정치지식"(『한국정치학회보』 2017, 공저), "국회의원 선출유형에 따른 입법활동 차이 분석: 제19대 국회를 중심으로"(『한국정당학회보』 2017, 공저), 『미국정치와 동아시아 외교정책』(경희대학교출판문화원 2017, 공저)

임유진

현 | 경희대학교 미래사회통합연구센터 연구교수

전 | 연세대학교 연세–SERI EU센터 박사후연구원

• 저서 및 논문

"유럽선진민주주의의경제적불평등과복지국가"(『동서연구』 2016), "An Explor-
atory Analysis of the Political Economy of Inequality and Redistribution in
Advanced Democracies"(Korean Journal of International Studies 2016), "정당정
치와 한국 복지정치의 전환: 국회 회의록 분석을 통한 2007년 국민연금 개혁의 정
치과정"(『한국정당학회보』 2015)

정수현

현 | 명지대학교 미래정치연구소 연구교수

현 | 숭실대학교 정치외교학과 초빙교수

• 저서 및 논문

"후보자의 지역대표성이 득표율과 당선가능성에 미치는 영향력: 제20대 국회의원
선거 결과에 대한 분석"(『한국정치연구』 2017), "규제의 확대와 통제: 미국 연방정
부 규제의 변천과정과 규제심사에 관한 연구"(『동서연구』 2015), 『국민의 참여가
민주주의를 살린다』(푸른길 2017, 공저), 『이슈를 통해 본 미국정치』(서울대학교출
판문화원 2014, 공저)

정회옥

현 | 명지대학교 정치외교학과 부교수

현 | 미래정치연구소 부소장

현 | 한국정치학회 연구이사

• 저서 및 논문

"Religious involvement and group identification: The case of Hispanics in the
United States"(The Social Science Journal 2014), "한국인의 정당지지와 이민에
대한 태도"(『한국사회』 2014, 공저), "Minority Policies and Political Participation
Among Latinos: Exploring Latinos' Response to Substantive Representation"
(Social Science Quarterly 2013), 『정당이 살아야 민주주의가 산다』(푸른길 2015,
공저)